Franz Brandl

Cocktails

MEINER FRAU GABRIELE
MEINEN KINDERN SILVIA UND FRANZ
FÜR MICHAEL, PAULCHEN UND LUZ

südwest

Franz Brandl

Über 1000 Drinks

Cocktails

mit und ohne Alkohol

Inhalt

Cocktails mit Alkohol

Cocktails ohne Alkohol

Ein Wort zuvor

Die Idee zu diesem Buch entstand bereits Mitte der 80er Jahre, zu einer Zeit, in der noch wenig Literatur über das Thema Warenkunde und Mixen angeboten wurde. Da mein 1982 erschienener „Mixguide" mehr auf den Bedarf der Fachleute ausgerichtet war, fehlte ein Buch, das hauptsächlich Mixmöglichkeiten aufzeigte. Im Jahre 1988 erschien dann mein „Großes Cocktail-Buch" in dieser Verlagsgruppe. 1990 folgten die „Mixgetränke ohne Alkohol". Im Jahr 2001, nach neun bzw. sechs Auflagen, habe ich beide Bücher zusammengefasst und modernisiert. Die äußerst verbraucherfreundliche Gestaltung wurde beibehalten, die Warenkunde fast völlig neu geschrieben und die Rezepte entsprechend überarbeitet. Im Jahr 2006 veranlassten mich die vielen Veränderungen im Getränkeangebot zu einer weiteren völligen Überarbeitung und zur Erweiterung um einige Produktgruppen. Davon ausgehend, dass ein Hobby-Mixer mit einem kleinen Flaschenbestand beginnt, ist dieses Buch nach alkoholischen und nicht alkoholischen Gruppen geordnet. Dadurch ließen sich die Möglichkeiten, die jedes Getränk zum Mixen bietet, kompakt und übersichtlich zusammenfassen. Fragen nach dem Ursprung oder den unterschiedlichen Qualitäten beantwortet eine zugeordnete ausführliche Warenkunde. Über Gläser, Bargeräte und Mixzutaten geben eigene Kapitel Auskunft.

Ich hoffe, Sie haben viel Freude und Erfolg mit diesem Buch, und wünsche Ihnen ein herzliches **„good shake it"**.

Ihr Barmeister Franz Brandl

Einführung

Franz Brandl ist einer der wenigen deutschen Barmeister.
Seine Ausbildung führte über den klassischen Weg bis hin zur 1976 erfolgreich abgelegten Barmeisterprüfung. Während seiner langjährigen Berufspraxis eröffnete und leitete er in seiner Heimatstadt München als Barchef der ersten Stunde die „Harry's New York Bar" und Eckart Witzigmanns Bar im weltberühmten Dreisterne-Restaurant „Aubergine". Weitere wertvolle Erfahrungen brachte ihm die Tätigkeit als Barmanager im Eröffnungsteam des Sheraton-Hotels.
Mit zahlreichen Büchern und Veröffentlichungen in der Fachpresse hatte Franz Brandl großen Anteil am Wiedererstehen der Cocktailkultur. Sein erstes Buch, der 1982 erschienene „Mixguide", zählt heute zu den Klassikern der Barliteratur und war für viele ein Wegweiser im damals beginnenden neuen Zeitalter der Mixgetränke. Einige seiner Bücher wurden in andere Sprachen übersetzt und andere mit Silber- und Goldmedaillen der „Gastronomischen Akademie Deutschlands" ausgezeichnet. Sein Buch „Liköre der Welt" erhielt den „World Cookbook Award at Périgueux" als „Best Spirits Book in Germany" des Jahres 2000.
Mit dem hier vorliegenden Buch schuf Franz Brandl ein leicht verständliches und informatives Barbuch, das in seiner Ausführlichkeit sowohl den Fachleuten als auch den Hobby-Mixern und -Mixerinnen alle wichtigen Fragen beantwortet.

Diese zwölf Liköre und Spirituosen sowie Sekt und Champagner sollten Sie in Ihrer Hausbar haben:
Curaçao Blue, Cointreau, Campari, Weinbrand, Scotch Whisky, Bourbon Whiskey, weißen und braunen Rum, Gin, Wodka, Tequila, Cachaça, Sekt und Champagner

Die Hausbar

Im Rezeptteil dieses Buches finden Sie vielfältige Möglichkeiten, die in Ihrer Bar vorhandenen Alkoholika zu mixen. Die hier benutzte Gliederung vereinfacht die Suche nach dem richtigen Drink zur richtigen Zeit. Es wurden den Getränkearten die dazugehörigen Rezepte zugeordnet.

Cocktailliebhaber konnten in früherer Zeit oftmals lesen, dass sich schon mit wenigen Flaschen eine Hausbar gründen lasse. Zu dieser Grundausstattung gehörten Gin, Vermouth Dry und Rosso sowie ein Orangenlikör. Aufbauend auf dem Martini Cocktail kann man damit tatsächlich enorm viele verschiedene Cocktails mixen. Aber dieser Vorschlag hat einen gravierenden Nachteil: Alle Drinks ähneln sich sehr stark im Geschmack, und der einzige Unterschied besteht in der Kombination und der Bemessung der Zutaten. Außerdem sind sie meist zu alkoholstark und eignen sich für zu wenige Gelegenheiten. Dieses Sortiment wird also nur ein recht eintöniges Cocktailangebot bringen. Um Ihnen zu einer sinnvollen Grundausstattung Ihrer Hausbar einige Anhaltspunkte zu geben, habe ich hier eine Getränkeauswahl zusammengestellt. Mit den nebenstehend genannten zwölf Spirituosen plus Sekt und Champagner lässt sich eine große Anzahl der unterschiedlichsten Cocktails mixen. Dazu benötigt man nur noch Sirupe, Säfte und Obst zum Garnieren.

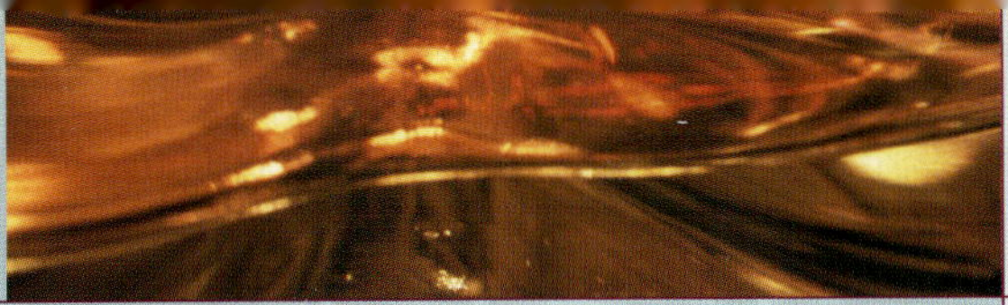

Zur Grundausstattung benötigt man:

An Säften und Limonaden
Orangensaft
Zitronensaft
Grapefruitsaft
Maracujanektar
Ananassaft
Tomatensaft
Cola
Sodawasser
Tonic Water
Bitter Lemon
Ginger Ale

An Mixzutaten und Früchten
Zuckersirup
Kokossirup
Lime Juice Cordial
Grenadine
Angostura
Cream of Coconut
Cocktailkirschen
Orangen
Zitronen
Limetten
Bananen
Erdbeeren
Ananas
Sahne
Milch
Kaffee
Salz
Selleriesalz
Pfeffer
Muskat
Nelken
Zimt
Tabasco
Worcestershire-Sauce
Consommé

Schnell zubereitet sind:

Campari mit Sodawasser, Orangensaft, Maracuja Nektar, Tonic Water
Blue Curaçao mit Orangensaft, Tonic Water, Bitter Lemon, Sekt
Cointreau mit Orangensaft, Tonic Water, Bitter Lemon, zum Kaffee
Weinbrand mit Cola, Soda, zum Kaffee
Scotch Whisky mit Sodawasser, Cola, Ginger Ale
Bourbon Whiskey mit Sodawasser, Cola, Ginger Ale, Seven Up
Weißer Rum mit Cola, Orangensaft, Bitter Lemon, Tonic Water
Brauner Rum mit Cola, Orangensaft, Bitter Lemon, Tonic Water, zum Tee, als Grog
Gin mit Tonic Water, Bitter Lemon, Orangensaft, Cola
Wodka mit Tonic Water, Bitter Lemon, Orangensaft, Cola oder eisgekühlt zum Bier
Tequila mit Orangensaft, Bitter Lemon, Tonic Water, Cola oder gekühlt zum Bier
Cachaça mit Bitter Lemon, Tonic Water, Cola, Orangensaft, zum Caipirinha
Sekt ungemischt oder mit Orangensaft
Champagner ist ungemischt zu jeder Gelegenheit passend

Mit dem „Hausbar-Sortiment" und wenigen weiteren Zutaten lassen sich weit über 100 Drinks mixen. In der nachfolgenden Aufstellung sind nach Gruppen geordnet die wichtigsten erfasst.

Vielfach schreckt der Hobbymixer vor der Einrichtung einer eigenen Hausbar zurück. Das schnelle Hantieren der Profis mit zum Teil unbekannten Gerätschaften erweckt den Eindruck der Alchemie und Nichtnachvollziehbarkeit. Doch weit gefehlt! Die Schnelligkeit ist bedingt durch die berufliche Ausübung und wird unterstützt durch die professionelle Einrichtung, welche ein anderes Tempo zulässt.

Wenn Sie sich für einige Cocktails entschieden haben, die Zutaten, Eis-und Arbeitsgeräte vorbereitet sind, wird es auch Ihnen leicht fallen, eine größere Anzahl von Gästen zu bewirten. In folgender Aufstellung sind alle wichtigen Bargerätschaften angegeben. Mit Ausnahme des Shakers und des Strainers (Barsieb), die unbedingt vorhanden sein müssen, findet sich alles in irgendeiner Form im Haushalt oder lässt sich provisorisch ersetzen.

Barglas (auch Rühr- oder Mixglas)

Dickwandiges, hohes Glas mit Ausgießschnabel. Im Barglas werden hauptsächlich Short-Drinks gemixt. Diese bestehen zumeist aus Spirituosen und Likör, Vermouth, Sirup oder Südwein, beinhalten jedoch keine Säfte oder trübende Zutaten.

Mit dem Barglas werden die meisten Before- und After-Dinner-Drinks zubereitet.

Barlöffel

Der ca. 25 cm lange Löffel dient zum Verrühren von Cocktailzutaten mit Eiswürfeln im Barglas. Er ist gleichzeitig eine kleine Maßeinheit für dickflüssige Liköre, Sirups und Crèmes. In den Rezepten steht die Maßeinheit „ein Barlöffel" für das Volumen von 0,5 cl.

Barmesser

Das mittelgroße Sägemesser mit zwei Spitzen benutzt man zum Schneiden von Früchten und Aufspießen von Fruchtstücken. Im Handel werden diese Messer als Tomatenmesser angeboten.

Barsieb (Strainer)

Das Spiralsieb hält beim Abseihen aus dem Shaker oder Barglas die Eisstücke zurück.

Blender

Ein elektrischer Mixer, der über einen nach unten gerichteten Metallstab mit Quirl verfügt. Dieser vermischt in einem von unten eingehängten Metallbecher die Zutaten.

Champagner-Flaschenverschluss

Damit werden angebrochene Champagner- oder Sektflaschen fest verschlossen, der Kohlensäureverlust also verhindert. Er erlaubt, eine angebrochene Flasche bis zum nächsten Tag aufzubewahren.

Cocktailspieße

Kleine Spießchen aus Holz oder Kunststoff zum Aufspießen von Cocktailkirschen, Oliven usw.

Elektromixer

Der Elektromixer (auch Standmixer) dient zum Pürieren von Früchten und Gemüse, zur Zubereitung von Mixgetränken mit schwer mischbaren Zutaten und auch zum Sahne schlagen. Er ist anstelle des Shakers gut einsetzbar, wenn auch größere Mengen zubereitet werden sollen.

Eiseimer

Ein Gefäß aus Glas, Kunststoff oder Metall zur Aufbewahrung von Eiswürfeln. Es sollte sich auch zum Aufstellen am Tisch eignen.

Eiszange und Eisschaufel

Zum Aufnehmen von Eiswürfeln, die in Trinkgläser, Shaker oder Barglas gegeben werden.

Hebelkorkenzieher

Er sollte eine breite Spirale haben und mit einem Schneidemesser sowie einem Kapselheber ausgerüstet sein.

Holzstößel

Braucht man zum Ausdrücken von Limetten oder Minze im Glas.

Messglas

Zum Abmessen von Flüssigkeiten. Es eignen sich aber auch Schnapsgläser mit 2-cl- und 4-cl-Eichung.

Muskatreibe

Zum Abreiben von Muskatnüssen. Am besten sind Reiben mit einem Hohlraum zur Aufbewahrung der Muskatnuss.

Schneidebrett

Ein größeres Holz- oder Kunststoffbrett als Unterlage beim Schneiden von Früchten.

Bar-Ausstattung

Shaker (Schüttelbecher)
Drei Modelle von Shakern sind auf dem Markt: Der zweiteilige aus Edelstahl oder Silber, der dreiteilige aus Edelstahl oder Silber mit im Mittelteil eingebautem Sieb und der Boston-Shaker, der aus einem kleineren Glasteil und einem größeren Edelstahlteil besteht. Geschüttelt werden alle Mixgetränke, die schwer vermischbare Zutaten enthalten. Als Faustregel gilt: Alle Mixgetränke, die Säfte oder Sahne enthalten, werden geschüttelt. Somit ist die Frage, ob gerührt oder geschüttelt wird, aufgrund der Zutaten sofort beantwortet. Fachgemäßes Schütteln bewirkt eine gute Vermischung, außerdem wird rasch die Kälte des Eises angenommen und man erhält bei vielen Rezepten eine schöne Schaumkrone.

Spiralschäler
(Zestenreißer, Kanneliermesser), damit lassen sich lange dünne Schalen von Orangen oder Zitronen schälen.

Stirrer
Ein langer Kunststoffstab zum Rühren von Longdrinks und zum Aufspießen von Früchten.

Trinkhalme
Sollten in verschiedenen Längen und Farben vorhanden sein.

Easy Caipi
Die Easy Caipi-Limettenpresse erleichtert die Vorbereitung zum Mixen von Caipirinhas. Man gibt die Limettenstücke und den Zucker in ein stabiles Becherglas, setzt die Easy Caipi-Presse auf und drückt etwa fünfmal darauf. Easy Caipi ist im privaten und professionellen Einsatz eine große Hilfe, mit ihm schafft man schnell, ohne Kraftaufwand und ohne Spritzer, im Handumdrehen die Basis für den Caipirinha.

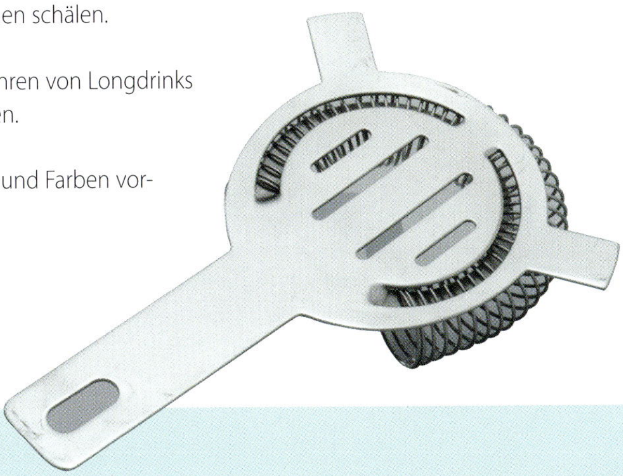

So geheimnisvoll das Hantieren eines Bar-Profis auch aussieht, es beschränkt sich auf vier, in sich aber grundverschiedene Zubereitungsarten.
Mixgetränke werden entweder durch Schütteln im Shaker, im Elektromixer, durch Rühren im Mixglas oder durch direktes Anrichten im Trinkglas zubereitet.
Grundsätzlich werden alle Mixgetränke, die Fruchtsäfte enthalten, geschüttelt. Es gibt nur wenige Ausnahmen. Diese sind entweder durch den geringen Saftanteil oder durch die Herstellungsweise begründet.
Gerührt werden alle Mischungen, die aus Vermouth, Spirituosen, Likören usw. bestehen und nach Zubereitung klar bleiben.
Vor Beginn des Mixens müssen sämtliche benötigten Zutaten griffbereit sein.

Schütteln im Shaker

Beim Schütteln gibt man zuerst das Eis in den Unterteil des Shakers, gießt eventuell angesammeltes Schmelzwasser ab und gibt die Zutaten, entsprechend der Rezeptur ①, beginnend mit Sirup, Säften, Sahne usw. dazu.
Kohlensäurehaltige Getränke wie Tonic Water, Sekt, Sodawasser oder Cola niemals mitschütteln! Sie werden nur zum Auffüllen der bereits in Trinkgläser abgeseihten Cocktails verwendet.
Für Anfänger (und auch Profis) empfiehlt sich diese Reihenfolge, da bei Verwechslungen oder falschen Abmessungen der Schaden ohne große Verluste durch Neubeginn zu beheben ist:
Der geschlossene Shaker wird in waagerechter Haltung in Schulterhöhe kräftig vom Körper weg und wieder zum Körper hin geschüttelt ②. So ist der Kühlweg am längsten und die Wirkung am intensivsten.
Geschüttelt wird je nach Art der Drinks verschieden lange. Die Dauer richtet sich zum Teil nach Größe und Festigkeit der Eiswürfel, aber auch nach Menge und Art des Inhalts.
Flips und Sahnegetränke sollten nicht verwässern. Bei Cocktails mit Sirup und Säften erzeugt richtiges Schütteln außer der Kühlung und guten Vermischung eine Schaumkrone, die jeden Drink appetitlicher aussehen lässt. Mischungen, die mit Sodawasser oder Limonaden aufgefüllt werden, schadet ein langes Schütteln und die Abgabe von Schmelzwasser keinesfalls.
Nach dem Schütteln wird der Shaker abgesetzt. Dies geschieht beim klassischen zweiteiligen Metallshaker mit dem größeren Unterteil, beim Boston-Shaker mit dem Metalloberteil, da dieses größer als der Glasteil ist. Dadurch ist auch im Gegensatz zum Metallshaker, dessen Kopfteil zum Schließen nach innen eingesetzt wird, ein Füllen des Glasteils bis zum Rand möglich. Nach dem Schütteln gießt man mit Hilfe des Barsiebs die Drinks in die vorbereiteten Gläser ③ und garniert, wenn erforderlich, mit Früchten ④. Das Barsieb hat die Aufgabe, das verbliebene Eis im Shaker zurückzuhalten.

Zubereitung mit dem Shaker

Zubereitung

Mixen mit dem Elektromixer

(siehe S. 13, ①–④)

Bei der Zubereitung im Elektromixer gelten die gleichen Regeln wie beim Schütteln. Hier ersetzt die Maschine die körperliche Tätigkeit, zerstört aber auch die Atmosphäre, die durch die Zubereitung von geschüttelten Cocktails entsteht. Der Anwendungsbereich des Elektromixers sollte sich auf das Pürieren von Früchten und auf die Zubereitung von Cocktails, die feste Creams enthalten, beschränken.

Rühren im Mixglas

Beim Rühren von Cocktails im Mixglas wird im Grunde wie beim Shaken vorgegangen. Also trockene Eiswürfel verwenden oder eventuelles Schmelzwasser abgießen, mit Mixbitter, Sirup, Vermouth usw. beginnen und am Schluss die teureren Zutaten wie Spirituosen und Liköre dazugeben. Dann wird mit dem Barlöffel schnell und kräftig gerührt, am besten spiralförmig von oben nach unten. Durch das Barsieb wird abgeseiht.
Für Short-Drinks empfiehlt es sich, tiefgekühlte Gläser zu verwenden.

Anrichten im Trinkglas

Für Cocktails, die im Trinkglas angerichtet werden (z. B. Champagner Cocktail, Old Fashioned, Irish Coffee oder Caipirinha), gibt es kein festes Grundrezept. Die Zubereitung ist jeweils verschieden und bei den Rezepten angegeben.
Als wichtigste Regel für alle Zubereitungsarten gilt: Alle Mixdrinks müssen eiskalt sein, denn nichts ist schlimmer als ein lauwarmer Drink.
Um die Zubereitungsart schnell erkennbar zu machen, sind den Mix-Rezepten die auf Seite 13 abgebildeten Symbole zugeordnet.

Das Abmessen

Wichtig beim Mixen eines Cocktails ist das Abmessen der Zutaten. Der Handel bietet Messbecher aus Metall mit 2-cl- und 4-cl-Eichung an. Man kann aber auch Schnapsgläser mit der gleichen Eichung verwenden. Grundsätzlich beginnt man mit Sirup oder Sahne, also mit den kleineren Anteilen. Diese kann man noch nach Augenmaß eingießen. Die größeren Anteile sowie die Liköre und Spirituosen sollte man aber abmessen. Kohlensäurehaltige Limonaden oder Sekt zum Auffüllen müssen direkt in den Drink gegeben werden, da der Umweg über das Messglas einen Kohlensäureverlust mit sich bringt.

Eiswürfel

Viel zum Gelingen eines Cocktails trägt das verwendete Eis bei. Es darf, so abwegig es klingen mag, nicht zu kalt sein. Ideal sind deshalb Eiswürfel aus dem Eiswürfelbereiter, die eine Temperatur von 0 °C aufweisen. Eiswürfel aus der Tiefkühltruhe sind mit –15 °C zu kalt.
Zu kalte Eiswürfel lösen sich beim Mixen zu langsam auf, und durch das fehlende Schmelzwasser wird nicht der optimale Kühleffekt erzeugt. Steht kein Eiswürfelbereiter zur Verfügung, sollten Eiswürfel aus der Tiefkühltruhe deshalb einige Zeit vor der Verwendung bereitgestellt werden.

Herstellung von Crushed Ice

Zur Herstellung von Crushed Ice gibt man Eiswürfel auf ein Küchentuch aus Leinen und faltet es zu einem Beutel zusammen. Diesen legt man auf einen festen Untergrund und schlägt mit einem Fleischklopfer oder einem Holzhammer darauf. Die kleinen Eisstücke gibt man mit einem Löffel in das Glas oder nimmt sie direkt mit dem Glas vom Tuch auf. Crushed Ice lässt sich auch für eine größere Runde Gäste gut vorbereiten. Dazu gibt man das nicht unmittelbar benötigte zerstoßene Eis in Gläser und stellt diese bis zum Gebrauch ins Gefrierfach.

Zuckerrand

Eine hübsche Dekoration ist ein Zuckerrand am Glas. Dazu wird das Fruchtfleisch eines Zitronenviertels leicht eingeschnitten und darin der Glasrand mit der Öffnung nach unten gedreht. Anschließend tupft man den Glasrand in eine Schale mit Zucker. Durch ein leichtes Klopfen am Glas entfernt man die nicht anhaftenden Anteile. Auch farbige Zuckerränder lassen sich leicht herstellen. Dazu taucht man den Glasrand in eine Schale mit farbigem Sirup und anschließend in den Zucker.

Vorbereitung zur Party

Auch ein großer Ansturm kann von einem Hobbymixer bewältigt werden. Mit wenigen Handgriffen – und ohne Qualitätseinbußen – ist man darauf vorbereitet. Will man z. B. drei verschiedene Mixdrinks anbieten, so braucht man dazu nur drei Karaffen zu je zwei Litern. In die Karaffen gibt man die zehnfache Menge der einzelnen Rezepturen und rührt gut um. Wenn der jeweilige Drink gemixt werden soll, verfährt man wie sonst auch, muss aber nicht aus jeder Flasche eingießen, sondern mit einem Griff nur aus der Karaffe.

Eigenkreationen

Das Erfinden eines neuen Rezepts ist gar nicht so schwer. Wichtig ist, dass die Zutaten zueinander passen. Beginnend mit dem Sirup gießt man mit einem Messglas die Zutaten in den Shaker, rührt nach jeder Zugabe um und probiert.
Erst wenn alle Bestandteile zugegeben sind und der Drink schmeckt, gibt man das Eis hinzu und schüttelt. Durch die Kühlung und das Schmelzwasser verbessert sich in der Regel jeder Drink enorm.

Zubereitung mit dem Elektromixer

Garnituren

Grundsätzlich verwendet man zum Garnieren eines Cocktails frische, essbare Früchte. Sie sollten mit der Geschmacksrichtung der jeweiligen Drinks harmonieren und im Verhältnis zum Volumen des Drinks stehen, d. h. den Drink nicht mit Früchten überladen. Für die Garnierung schneidet man die Früchte oder Fruchtstücke ein, steckt sie an den Glasrand, gibt sie direkt in den Drink (z. B. Kirschen oder halbe Zitronenscheiben) oder legt sie aufgespießt über den Glasrand.

Die Symbole für die drei Zubereitungsarten von links nach rechts:
Rühren im Mixglas
Schütteln im Shaker
Mixen mit dem Elektromixer

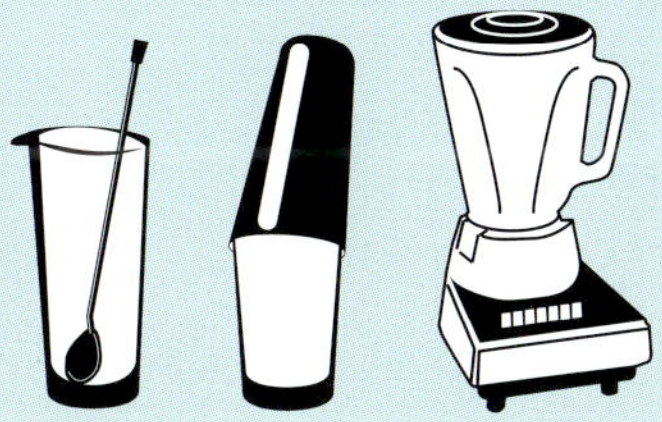

Die hier vorgestellten Gläser wurden uns freundlicherweise von der Firma Schott Zwiesel zur Verfügung gestellt.

Mit den hier abgebildeten Gläsern lassen sich fast alle Cocktails und Mixgetränke dieses Buches ansprechend präsentieren. Sonderformen wie das Irish-Coffee-Glas oder der Pimm's-Krug lassen sich problemlos ersetzen.
Die für die Bargetränke benötigten Gläser sollten nach mehreren Kriterien ausgewählt werden. Sie müssen ansprechend aussehen, dabei aber auch zweckmäßig und wirtschaftlich sein. Berücksichtigen sollte man auch, dass die Gläser eines Sortiments zueinander passen. Die Glasindustrie, die heutzutage jede Form in vielen Varianten anbietet, erlaubt dabei einen großen Spielraum. Während im privaten Bereich gerne dünne und oft übergroße Gläser verwendet werden, sollten im professionellen Barbetrieb die Kriterien Platzangebot und Bruchsicherheit im Vordergrund stehen.

Glassortiment

SCHOTT ZWIESEL

Die wichtigsten Gläserformen sind:
Cocktailglas, Cocktailschale, großes Longdrinkglas, Tumbler, kleines und großes Weinglas, Schwenker, Sektkelch und Schnapsglas. Fast jedes Glas ist mehrfach einsetzbar – so kann ein kleines Weinglas auch für Südweine und Spirituosen wie Obstbrände und Grappa, ein Sektkelch auch für Sours, Flips und für Cocktails anstelle einer Cocktailschale verwendet werden.

Die Symbole für die wichtigsten Gläser von links nach rechts: Longdrinkglas, Stielglas, Fancyglas, Cocktailglas oder -schale, Tumbler, Glas für Heißgetränke

Für die hier aufgeführten Mixzutaten wird die hauptsächliche oder jeweilige Verwendung in Stichworten angegeben.

Ananas
Piña Colada, Ananasbowle, Garnierung

Angostura
unentbehrlicher Aromatic-Bitter

Bananen
zum Pürieren und Garnieren

Rohrzucker
Brauner oder weißer Rohrzucker für Caipirinha usw., zum Süßen von Heißgetränken

Cocktailkirschen
rote oder grüne zum Garnieren

Cocktailzwiebeln
für Gibson, Wodka Gibson

Consommé
Bull Shot, Bloody Bull

Eier
Eigelb für Flips, Eiweiß für viele Cocktails

Erdbeeren
zum Pürieren und Garnieren, für Bowlen

Gurken
zu Moscow Mule, Pimm's Cup, Gurkenbowle

Himbeeren
für Bowlen

Honig
Batida de Mel, Banana Milk Shake

Karambole
zum Garnieren

Ketchup
Prairie Oyster

Kiwi
Garnierung tropischer Drinks, Bowlen

Kumquats
zum Garnieren, für Bombay Crushed

Limetten
Saft, Zugabe zu Longdrinks, zur Garnierung

Melonen
püriert für Melon Kiss, zur Bowle, Garnitur für Longdrinks

Milch
Hot Milk Punch, alkoholfreie Mixgetränke

Minze
Garnierung für viele Mixgetränke

Muskat
Zugabe zu Flips und Cocktails

Nelken
heiße Getränke, Feuerzangenbowle

Öl
Prairie Oyster

Oliven
grüne Oliven mit Stein für Martini Cocktail

Orangen
Saft und Garnierung

Orangenbitter
Mixbitter zur Geschmacksabrundung

Pfeffer
Prairie Oyster, zum Würzen von Bloody Mary, Bull Shot usw.

Pfirsiche
zum Pürieren, Sangria, Bowle

Physalis
zum Garnieren

Sahne
Flips, viele Cocktails und heiße Getränke

Salz
Salzrand am Glas für Margarita, Galliano Margarita, Salty Dog

Schokoladenraspel
auf die Sahnehaube bei heißen Getränken

Selleriesalz
zum Würzen von Bloody Mary, Bull-Shot, Bloody Bull u. v. a.

Tabasco
Longdrinks mit Tomatensaft oder Consommé, Prairie Oyster

Worcestershire-Sauce
Verwendung wie Tabasco

Würfelzucker
Champagner-Cocktails, heiße Getränke und Old Fashioneds

Zimtstangen
heiße Getränke, Feuerzangenbowle, Sangria

Zitronen
Saft, Zugabe zu Longdrinks, Garnierung

Mixzutaten

44 % vol
ANGOSTURA
AROMATIC BITTERS
200 ml
PRODUCT OF TRINIDAD
THE ORIGINAL & GENUINE
LEA & PERRINS
WORCESTERSHIRE SAUCE
Für mehr Geschmack im Handumdrehen
CUM CORTICE ANGOSTURAE
ANGOSTURA BITTER
48% vol
200 ml
NATURALE PUTAMENE CITRI AURANTII
BITTERLYNE ORANGE
ORANGE-BITTER
40% vol
200 ml
The Bitter Truth
Orange Bitters
Aromatic Bitters
Lemon Bitters
Cocktail Flavoring
Genuine

Grundrezepte und ihre Herstellung

Im weiteren Sinne bezeichnet man alle Mixgetränke als Cocktails. Man unterscheidet jedoch mehr als dreißig Untergruppen. Die wichtigsten werden hier vorgestellt.

Cocktails

Der klassische Cocktail gehört in die Kategorie der Short-Drinks. Dies sind kurze, alkoholstarke Getränke.
Sie werden in Before- und After-Dinner-Drinks unterteilt.

Before-Dinner-Drinks

Diese Kategorie umfasst alle trockenen Mischungen, d. h. solche, die keine oder nur wenige süße Zutaten enthalten. Man trinkt sie vor dem Essen zur Anregung des Appetits. Die bekanntesten dieser Art sind der Martini Cocktail und der Manhattan. Sie entsprechen jedoch mehr dem amerikanischen Geschmack. Viele der den jeweiligen Getränkearten zugeordneten Drinks eignen sich zum Genuss vor dem Essen.

After-Dinner-Drinks

Hierzu zählen die Short-Drinks, die Sirupe, süße Liköre oder Sahne in größeren Anteilen enthalten. Sie werden nach Abschluss des Essens getrunken und sollen die Verdauung fördern. Außer den Klassikern wie Brandy Alexander, B and B oder Rusty Nail zählen heute im weitesten Sinn auch Sours, Flips oder Hot Drinks wie z. B. Irish Coffee dazu.
Die Grenze bei der Einteilung in Before- oder After-Dinner-Drinks ist schwer zu ziehen. Man sollte grundsätzlich Herbes vor und Süßes nach dem Essen zu sich nehmen. Je nach persönlichem Geschmack eignen sich manche Cocktails für beide Anlässe. Während des Essens trinkt man keine Mixgetränke.

Champagner-Cocktails

Die Möglichkeiten, die Champagner beim Mixen bietet, sind groß. Champagner eignet sich – ob leicht aromatisiert, mit Säften und Fruchtpürees oder in Verbindung mit Spirituosen und Likören – je nach Zusammensetzung für viele Gelegenheiten vom frühen Morgen bis in die späten Abendstunden. Je nach Geschmacksintensität, Spritzigkeit und Alkoholstärke trinkt man Champagner-Cocktails zum zweiten Frühstück, als Aperitif zum Lunch, zur Cocktailstunde am späten Nachmittag genauso wie als Before- oder After-Dinner-Drink am Abend.
Die Verwendung von gut gekühltem Champagner der Geschmacksrichtung „Brut" oder „Extra Dry" ist eine wichtige Voraussetzung für das Gelingen.
Deutsche Hersteller bieten hervorragende trockene Sektsorten an, mit denen sich der Champagner im Cocktail ohne weiteres ersetzen lässt. Im fachlichen Bereich werden diese Cocktails als Sekt-Cocktails bezeichnet.

Aperitifs

Als Aperitif (von lateinisch aperire = öffnen) bezeichnet man Getränke, die vor dem Essen genossen werden. Man unterscheidet hierbei weinhaltige Aperitifs, anishaltige Spirituosen sowie Bitter-Aperitifs und -Mixgetränke (Before-Dinner-Drinks). Zu den weinhaltigen Aperitifs zählen auf Weinbasis hergestellte Marken wie z. B. Dubonnet und St. Raphaël, die Vermouths, aber auch die trockenen Sorten von Südweinen wie Sherry und Port. Von den anishaltigen Spirituosen sind Pernod, Ricard und Ouzo die bekanntesten Vertreter.
Zu den Bitter-Aperitifs zählen Campari und Aperol. Die jeweiligen Zubereitungsmöglichkeiten finden Sie bei den Stichworten.

Longdrinks

Anstelle der früheren klassischen Unterteilung in unzählige Untergruppen werden heute als Longdrinks alle diejenigen Getränke bezeichnet, die eine größere Flüssigkeitsmenge aufweisen.
Zu den bekanntesten zählen die einfachen und schnell herzustellenden Mischungen wie Gin/Wodka mit Tonic Water oder Bitter Lemon, Rum mit Cola, Whisky mit Soda oder Ginger Ale und viele weitere Spirituosen und Liköre in Verbindung mit Limonaden oder Säften.
Hierzu gibt man in ein hohes Glas einige Eiswürfel, 4 cl der gewünschten Spirituose bzw. des Likörs und füllt mit Soda, Cola, Limonade oder Saft auf.
Die Palette der gemixten Longdrinks umfasst unzählige Mischungen und Geschmacksrichtungen durch Verwendung von Sirupen, Creams, Säften, Likören und Spirituosen. Sehr beliebt sind exotische Mischungen auf Rum-Basis.
Longdrinks sind die idealen Getränke für Partys, geselliges Beisammensein und lange Nächte.

Drink-Kategorien

Um eine bessere Abgrenzung im Rezeptteil zu erzielen, sind alle Longdrinks der jeweiligen Spirituose zugeordnet.

Fizzes

Der Fizz hat seit langer Zeit einen festen Platz auf jeder Getränkekarte. Wenn auch die große Gin-Fizz-Ära vorbei ist, so soll dieser Getränkegruppe jedoch Referenz erwiesen werden. Fizzes bestehen wie die Sours in der Regel aus einer Spirituose, Zitronensaft und Zuckersirup. Sie werden im Shaker lange und kräftig geschüttelt und in mittelgroßen Gläsern ohne Stiel unter Zugabe von Sodawasser serviert. Bei der Zubereitung ist ein ausgewogenes Verhältnis zwischen Zitronensaft und Zuckersirup für das Gelingen ausschlaggebend. Die Fizzes, die ohne Garnitur und den oft verwendeten Zuckerrand gemixt werden, sind beliebte Drinks.

Collins

Der Collins weist eine nahe Verwandtschaft zum Fizz auf. Er wird jedoch im Longdrink-Glas auf Eiswürfeln unter Zugabe einer Zitronenscheibe und einer Cocktailkirsche angerichtet.
Collins zählen zu den Longdrinks und erfreuen sich als erfrischende Durstlöscher großer Beliebtheit.

Flips

Flips sind bekömmliche, magenfreundliche Getränke, die sich zum Genuss zwischen den Mahlzeiten, vorzugsweise zum zweiten Frühstück und zum Fünf-Uhr-Tee, eignen.

Sie werden in der Regel unter Verwendung von Eigelb, Sahne und Zuckersirup hergestellt. Flips sollten mit großen, trockenen Eiswürfeln – um ein Verwässern zu verhindern – kurz und kräftig geschüttelt werden. Man serviert Flips in mittelgroßen Stielgläsern oder Sektkelchen unter Zugabe einer Prise Muskatnuss.

Fancy Drinks

Als Phantasiegetränke bezeichnet man alle Mixgetränke, die aufgrund ihrer jeweils verschiedenen Zubereitungsart in keine Cocktailgruppe einzuordnen sind.

Sours

Sours sind relativ konzentrierte Getränke, denen der geschmacksprägende Zitronensaftanteil ihren Namen gab.
Der klassische Sour auf der Basis von Whisky muss sich heute seine Beliebtheit mit einer großen Anzahl von Spirituosen teilen. Verwendet werden viele destillierte Spirituosen wie Gin, Wodka, Rum, Tequila, Cognac, Weinbrand, Calvados usw., aber auch eine große Zahl von Likören. Sours bestehen in der Regel aus der Basisspirituose, Zitronensaft und Zuckersirup, vereinzelt wird Orangensaft zugegeben.
Sie werden im Shaker geschüttelt und in kleinen Stiel- oder Fizzgläsern serviert. Als Garnitur gibt man eine halbe Orangenscheibe und eine Cocktailkirsche dazu.
Der Sour ist das ideale Getränk für Unentschlossene, eignet sich als Drink zwischendurch und zur Einstimmung für einen langen Abend.

Alkoholfreie Mixgetränke

Ausführliches und Wissenswertes über diese Getränkegruppe findet sich im Rezeptteil.

Bowlen

Alles Wissenswerte über die beliebten Bowlen und ihre Zubereitung finden Sie im Rezeptteil.

Hot Drinks

Hot Drink steht als Oberbegriff für heiße Getränke, deren bekanntester Vertreter „Irish Coffee" ist.
Vielerlei Spirituosen und Liköre eignen sich zum Genuss in Verbindung mit Kaffee, z. T. auch mit Tee, Schokolade oder heißem Wasser. Im weitesten Sinne zählt auch erhitzter Wein, wie z. B. Glühwein, zu dieser Getränkekategorie.

Tropical Drinks

Als weitere Möglichkeit der Unterteilung wird seit einigen Jahren die Rubrik „Tropical Drinks" genutzt. Damit lässt sich das große Longdrink-Angebot unterteilen und Drinks mit Rum, Tequila, Cachaça usw. gut unterbringen. Auf großen Barkarten dient dies auch der Übersichtlichkeit.

Fachausdrücke

Auf diesen Seiten werden oft benutzte Fachausdrücke und Etikettenaufschriften erklärt. Die in Klammern angefügten Abkürzungen (e) für englisch, (f) für französisch, (i) für italienisch und (sp) für spanisch weisen auf den sprachlichen Ursprung hin.

After-Dinner-Drink (e)
In den USA gebräuchliche Bezeichnung für Getränke nach dem Essen.

Âge inconnu (f)
Vorwiegend auf Calvados-Etiketten für „Alter unbekannt". Weist auf ein Alter von mindestens sechs Jahren für das jüngste Destillat hin.

Amaro (i)
Bezeichnung für Bitter, Bitterspirituosen.

Amontillado (sp)
Meist halbtrockener, bernsteinfarbener Sherry.

Aperitif (f)
Von lat. aperire = öffnen. Bezeichnung für Getränke, die vor den Mahlzeiten zur Anregung des Appetits getrunken werden.

Balthasar
Riesenflasche Champagner mit 12 Liter Inhalt (16 Normalflaschen).

Bas-Armagnac (f)
Auf Armagnac-Etiketten Hinweis auf die Anbauregion.

Before-Dinner-Drink (e)
Herbe, appetitanregende Getränke, die vor den Mahlzeiten getrunken werden.

Bl.
Abkürzung für Barlöffel in Rezepten, er fasst ca. 0,5 cl.

Blended (e)
Vermischt, vermengt, z. B. Blended Whisky.

Boston Shaker (e)
Zweiteiliger Schüttelbecher mit einem Metall- und einem Glasteil.

Brut (f)
Herb, naturherb im Sinne von nicht süß, extrem trocken. Bezeichnung für Champagner und Sekt, wenn die Dosage (s. dort) zwischen 0–15 g/l liegt.

Champagner- und Sekt-Flaschengrößen

1/4 Flasche	0,2 l
1/2 Flasche	0,375 l
1/1 Flasche	0,75 l
Magnum	1,5 l
Jeroboam (Doppel-Magnum)	3,0 l
Rehoboam	4,5 l
Methusalem	6,0 l
Salmanasar	9,0 l
Balthasar	12,0 l
Nebukadnezar	15,0 l

Die gebräuchlichsten Handelsgrößen sind die 1/4- bis Doppel-Magnumflaschen. Einige Champagnerhäuser bieten in Deutschland alle Größen bis Salmanasar an. Deutsche Sekt-Produzenten in der Regel nur bis zur Magnum-Flasche.

Champagner- und Sekt-Geschmacksrichtungen
Mit der Dosage (s. dort) wird die Geschmacksrichtung der Champagner bestimmt. Es bedeuten:
Dosage zero, Brut nature
= naturherb / unter 3 g/l
Extra Brut
= extra herb / Dosage 0–6 g/l
Brut
= herb, naturherb / Dosage 0–15 g/l
Extra Dry, Extra Sec
= sehr trocken / Dosage 12–20 g/l
Sec
= trocken / Dosage 17–35 g/l
Demi Sec
= halbtrocken / Dosage 33–50 g/l
Doux
= mild / mehr als 50 g/l

Choice (e)
Steht auf Südwein- und Spirituosen-Etiketten für ausgewählt, auserlesen.

C. M. (f)
Diese Abkürzung findet man mit einer langen Kenn-Nummer auf Champagneretiketten. C. M. = Coopérative de Manipulants, d. h., Hersteller ist eine Winzergenossenschaft.

Copita (sp)
Typisches Sherryglas, es ähnelt einer Biertulpe en miniature.

Cordials (e)
Amerikanisch-englischer Sammelbegriff für Liköre.

cl
Maßangabe bei den Rezepten. 1 cl ist der hundertste Teil eines Liters. Ein kleines Schnapsglas fasst 2 cl.

Cream (e)
Beim Sherry Bezeichnung für einen tiefroten, süßen, fast cremigen Wein.

Crémant (f)
Champagner, dem zur zweiten Gärung weniger Zucker und Gärstoffe zugesetzt wurden. Der Crémant entwickelt deshalb weniger Schaum und lässt die Eigenart seiner Grundweine besonders zur Geltung kommen.

Crème de (f)
Der Zusatz Crème bei Likören bedeutet besondere Süße, der Zuckergehalt liegt bei über 250 g/l.

Cuvée (f)
Fassmischung, bei Champagner und Sekt die Mischung von Weinen verschiedener Lagen und Jahrgänge.

Dash (e)
Steht bei Rezeptangaben für einen Spritzer Flüssigkeit (Abk.: d).

Degorgieren (f)
Das Enthefen beim Champagner und bei den nach der Méthode Champenoise hergestellten Schaumweinen.

Dekantieren (f)
Das Umgießen von Weinen in Karaffen unter Abtrennung des Depots. Wird hauptsächlich bei alten Rot- und Portweinen angewandt.

Demi Sec (f)
Halbtrocken, Bezeichnung für halbtrockene Champagner mit einer Dosage von 33–50 g/l.

Depot (f)
Satz, Sediment – vor allem bei alten Rot- und Portweinen.

Digestif (f)
Getränke, die nach den Mahlzeiten getrunken werden. Cognac, Armagnac, Calvados, Liköre und Cocktails, wie z. B. Brandy Alexander, B and B und Irish Coffee, eignen sich vorzüglich.

Dosage (f)
Dosage ist der Zusatz von in Wein gelöstem Zucker, der bei der Champagnerherstellung den beim Degorgieren entstandenen Flüssigkeitsverlust ausgleicht und die Geschmacksrichtung bestimmt.

Dry (e)
Französisch sec, deutsch trocken. Beim Champagner der Hinweis auf eine Dosage von 17–35 g/l. Im englischen Sprachgebrauch auch für trockene bzw. herbe Getränke.

Égrappé (f)
Wird für den aus Kelterrückständen destillierten Marc verwendet, wenn vor dem Keltern die Trauben entstielt wurden.

Extra Dry (e)
Bezeichnung beim Champagner für sehr trocken, mit einer Dosage von 12–20 g/l.

Fermier (f)
Häufig auf Calvados-Etiketten als Hinweis darauf, dass dieser – im Gegensatz zu industriell hergestellten Produkten – aus einer kleinen bäuerlichen Produktion stammt.

Fine Champagne (f)
Bei Cognac Bezeichnung für eine Mischung von Destillaten der beiden besten Gebiete Grande Champagne und Petite Champagne mit mindestens 50 % Grande-Champagne-Anteil.

Fino (sp)
Die trockenste Sherry-Sorte.

Frappé (f)
Geschlagen. Meist im Zusammenhang mit Likören, wenn diese auf klein geschlagenem Eis serviert werden.

Gallone (e)
Flüssigkeitsmaß. Die englische Gallone = 4,54 l, die US-Gallone = 3,78 l.

Glen (e)
Bergschlucht, Tal. Bestandteil vieler schottischer Malt-Whisky-Markennamen.

Grande Champagne (f)
Kernzone des Cognac-Gebietes (Charente), aus der die besten zur Cognac-Destillation verwendeten Weine stammen.

Hors d'Âge (f)
Auf den Flaschenetiketten von Armagnac, Cognac und Calvados. Es ist ein Hinweis auf das Alter des Produkts. Der jüngste Bestandteil muss mindestens sechs Jahre im Eichenholzfass gelagert worden sein.

Infusion
So wird das Verfahren genannt, bei dem aromatische Substanzen wie Kräuter und Gewürze in Alkohol eingelegt und destilliert werden.

Jeroboam
Bezeichnung für eine Doppel-Magnum-Champagnerflasche mit 3 Liter Inhalt.

M. A. (f)
Diese Abkürzung findet man mit einer langen Kenn-Nummer auf Champagner-Etiketten. Sie weist auf eine Nebenmarke oder Spezialabfüllung des Herstellers hin.

Magnum
Doppelflasche Champagner oder Sekt mit 1,5 Liter Inhalt.

Ebenerdiges Chai (Reifekeller) in der Region Cognac

Manzanilla (sp)
Besonders leichter und trockener Sherry, der nur in den Bodegas von Sanlucar de Barrameda reift.

Mazeration
Auslaugung. Ein Verfahren, bei dem die aromatischen Substanzen für die Spirituosenherstellung mit Alkohol aus den Grundstoffen ausgelaugt werden.

Methusalem
Übergroße Champagnerflasche mit 6 Liter Inhalt, entspricht acht Normalflaschen.

Millésime (f)
Mit Jahresangabe.

Mist (e)
Nebel. In England, Irland und den USA Bestandteil von Spirituosen- und Cocktailnamen.

Napoléon (f)
Auf Cognac-, Armagnac- und Calvados-Etiketten ein Altershinweis. Der jüngste Bestandteil muss mindestens sechs Jahre Lagerzeit im Eichenholzfass aufweisen.

Nebukadnezar
Übergroße Champagnerflasche mit 15 Liter Inhalt, entspricht 20 Normalflaschen.

N. M. (f)
Abkürzung für Négociant Manipulant. Findet sich auf Champagner-Etiketten mit einer langen Kenn-Nummer. Es besagt, dass ein Champagner-Haus der Hersteller ist.

Oloroso (sp)
Wohlriechend. Trockene bis leicht süße Sherry-Geschmacksrichtung.
on the rocks (e)
Spirituosen oder Liköre, die nur auf Eiswürfeln serviert werden.
Pays d'Auge (f)
Herkunftsbezeichnung beim Calvados. Produkte aus dem Auge-Tal gelten als die besten.
Proof (e)
Früher in Großbritannien, Kanada und den USA zur Angabe des Alkoholgehalts verwendete Bezeichnung. Ein Proof entsprach in Großbritannien 0,5715 %vol, in Kanada und den USA 0,5 %vol.
Z. B. 80 US-Proof = 0,5 %vol x 80 = 40 %vol.
75 engl. Proof = 0,5715 %vol x 75 = 43 %vol
Rehoboam
Übergroße Champagnerflasche mit 4,5 Liter Inhalt, entspricht 6 Normalflaschen.
R. M. (f)
Abkürzung für Récoltant Manipulant. Findet sich auf Champagner-Etiketten mit einer langen Kenn-Nummer als Hinweis, dass diese Marke von einem Champagner-Winzer hergestellt wird.
Salmanasar
Übergroße Champagnerflasche mit 9 Liter Inhalt, entspricht 12 Normalflaschen.
Sauvage (f)
Wild wachsend, unkultiviert. Findet sich hauptsächlich bei französischen Obstdestillaten, z. B. Framboise sauvage = Himbeergeist aus wild wachsenden Himbeeren.
Sec (f)
Trocken. Geschmacksbezeichnung für Champagner und Sekt mit einer Dosage von 17–35 g/l, nach deutschen Begriffen eher zu den milden als zu den trockenen Sorten zählend.

Single Malt (e)
Bei schottischem Malt-Whisky Zusatz auf Etiketten für „unverschnittenes Produkt eines Destillationsvorganges".
Sour Mash (e)
Verfahren zur Einleitung der Gärung bei Bourbon-Whiskey.
Straight (e)
Auf Etiketten von Bourbon-Whiskey. Es bedeutet reiner, unverschnittener Bourbon.
Sweet Mash (e)
Selten benutztes Verfahren zur Einleitung der Gärung bei Bourbon-Whiskey.
Triple Sec (f)
Dreifach trocken, Mindestalkoholgehalt 35 %vol bei Curaçao-Likören.
Tumbler (e)
Dickwandiges Becherglas, Whiskyglas.
Twist of ... (e)
Hauptsächlich mit „Lemon Peel". Mit Peel wird ein größeres Stück Zitronen- oder Orangenschale bezeichnet, das zum Aromatisieren über dem Getränk ausgepresst wird.
Uisge Beatha (e)
Gälisch für Wasser des Lebens. Davon leitet sich der Name Whisky ab.
Unblended (e)
Unvermischt (hauptsächlich auf Etiketten von schottischem Malt-Whisky).
Vecchia (i)
Bei Spirituosen für alt bzw. lange Lagerung.
Vénérable (f)
Ehrwürdig. Auf Spirituosen-Etiketten Hinweis auf lange Lagerung.
Vieux, Vieil, Vieille (f)
Alt. Bezeichnung bei Armagnac, Calvados und Cognac für eine Lagerzeit von mindestens 6 Jahren für den jüngsten Bestandteil der Spirituose.
Vintage (e)
Eigentlich Weinlese. Auf Etiketten von Champagner, Portwein und Madeira für Jahrgangsgewächse verwendet.
V.S.O.P. (e)
V. = Very, S. = Superior, O. = Old, P. = Product.
Bei Cognac, Armagnac und Calvados Hinweis auf eine Lagerzeit von mindestens fünf Jahren für den jüngsten Bestandteil.
Bei deutschem Weinbrand ist ein Jahr Lagerzeit vorgeschrieben.
X. O. (e)
Abkürzung für extra old. Bei Cognac und Armagnac steht X. O. wie Napoléon, Vieux, Hors d'Âge usw. für eine Lagerzeit von 6 Jahren für den jüngsten Bestandteil.

Hier wird Wein zu „Geist": Destillationsanlagen und Reifekeller von Rémy Martin in Cognac

Mischplan

In dieser Tabelle sind die am häufigsten verwendeten Spirituosen, Liköre und Zutaten nach ihrer Verwendbarkeit geordnet.

Es wurden in erster Linie die Mixrezepte dieses Buches berücksichtigt. Ausnahmen bestätigen jedoch die Regel. Grundsätzlich ist es empfehlenswert, nicht zu viele verschiedene Alkoholika in einem Drink zu verwenden und beim Genuss unterschiedlicher Mixturen bei einer Basisspirituose zu bleiben. Auf keinen Fall sollte man verwandte Produkte wie Weinbrand/Cognac, Scotch/Bourbon, Portwein/Sherry oder Gin und Wodka miteinander mischen, da dies geschmacklich keinen Vorteil bringt. Hocharomatische Produkte sollten als Basis eines Drinks dienen und mit weniger intensiven klaren Spirituosen wie z. B. Gin, Wodka, Rum oder Tequila alkoholisch verstärkt werden.

	Vermouth	Campari	Pernod	Champagner/Sekt	Gin	Wodka	Rum	Tequila	Cognac/Weinbrand	Whisky	Cointreau/Curaçao	Grand Marnier	Galliano	Amaretto	Malibu	Apricot Brandy	Crème de Bananes	Kaffeelikör	Kirschlikör	Fruchtsäfte	Limonaden	Cola	Cream of Coconut	Sirupe	Kaffee	Sahne	Eier
Vermouth		👍	✊	✊	👍	👍	✊	✊	✊	👍	✊	✊	✊	✊	✋	✋	✋	✋	✊	✊	✋	✋	✋	✊	✋	✊	✊
Campari	👍		✋	👍	👍	👍	✋	✋	✋	✋	👍	✋	✋	✋	✋	✋	✋	✋	✋	👍	👍	✋	👍	👍	✋	👍	👍
Pernod	✊	✋		✋	✊	✊	✋	✋	✋	✋	✊	✋	✋	✋	✋	✋	✋	✋	✋	👍	👍	👍	✊	👍	✋	👍	👍
Champagner/Sekt	✊	👍	✋		✊	✋	✊	✋	👍	✊	👍	👍	✋	✋	✋	✊	✊	✋	✊	👍	✋	✋	✋	✊	✋	✊	✊
Gin	👍	👍	✊	✊		✋	✋	✋	✋	✋	👍	👍	✊	✊	✊	👍	👍	✋	👍	👍	👍	👍	👍	👍	✋	👍	👍
Wodka	👍	👍	✊	✋	✋		✋	✋	✋	✋	👍	👍	👍	👍	👍	👍	👍	👍	👍	👍	👍	👍	👍	👍	✋	👍	👍
Rum	✊	✋	✋	✊	✋	✋		✋	✋	✋	👍	👍	👍	👍	👍	👍	👍	👍	👍	👍	👍	👍	👍	👍	👍	👍	👍
Tequila	✊	✋	✋	✋	✋	✋	✋		✋	✋	👍	👍	👍	👍	👍	👍	👍	👍	👍	👍	👍	👍	👍	👍	👍	👍	👍
Cognac/Weinbrand	✊	✋	✋	👍	✋	✋	✋	✋		✋	👍	👍	👍	👍	👍	👍	👍	👍	👍	👍	✊	👍	✋	✊	👍	👍	👍
Whisky	👍	✋	✋	✊	✋	✋	✋	✋	✋		👍	✊	✊	👍	✊	✊	✊	✊	👍	👍	👍	👍	✋	✊	👍	👍	👍
Cointreau/Curaçao	✊	👍	✊	👍	👍	👍	👍	👍	👍	👍		✋	👍	✋	✊	✊	✊	✊	✊	👍	👍	✊	👍	👍	👍	👍	👍
Grand Marnier	✊	✋	✋	👍	👍	👍	👍	👍	👍	✊	✋		✊	✋	✋	✊	✊	✋	✋	👍	👍	✋	✋	✋	👍	👍	✊
Galliano	✊	✋	✋	✋	✊	👍	👍	👍	👍	✊	👍	✊		✊	✋	✊	✊	✊	✊	👍	✋	✋	👍	✋	👍	👍	✊
Amaretto	✊	✋	✋	✋	✊	👍	👍	👍	👍	👍	✋	✋	✊		✊	✊	✊	✊	✊	👍	✋	✋	👍	✊	👍	👍	✊
Malibu	✋	✋	✋	✋	✊	👍	👍	👍	👍	✊	✊	✋	✋	✊		✊	✊	✊	✊	👍	👍	✋	👍	✊	👍	👍	✊
Apricot Brandy	✋	✋	✋	✊	👍	👍	👍	👍	👍	✊	✊	✊	✊	✊	✊		✊	✊	✊	👍	✊	✋	✊	✊	✊	👍	👍
Crème de Bananes	✋	✋	✋	✊	👍	👍	👍	👍	👍	✊	✊	✋	✊	✊	✊	✊		✊	✊	👍	✊	✋	👍	👍	✊	👍	👍
Kaffeelikör	✋	✋	✋	✋	✋	👍	👍	👍	👍	✊	✊	✊	✊	✊	✊	✊	✊		✊	👍	✋	✋	✊	✋	👍	👍	✊
Kirschlikör	✊	✋	✋	✊	👍	👍	👍	👍	👍	👍	✊	✋	✊	✊	✊	✊	✊	✊		👍	👍	✊	👍	✊	✋	👍	👍
Fruchtsäfte	✊	👍	👍	👍	👍	👍	👍	👍	👍	👍	👍	👍	👍	👍	👍	👍	👍	👍	👍		👍	✊	👍	👍	✋	👍	👍
Limonaden	✋	👍	👍	✋	👍	👍	👍	👍	✊	👍	👍	👍	✋	✋	👍	✊	✊	✋	👍	✊		✋	✋	👍	✋	✋	✋
Cola	✋	✋	👍	✋	👍	👍	👍	👍	👍	👍	✊	✋	✋	✋	✋	✋	✋	✋	✊	✋	✋		✋	✋	✋	✋	✋
Cream of Coconut	✋	👍	✊	✋	👍	👍	👍	👍	✋	✋	👍	✋	👍	👍	👍	✊	👍	✊	👍	👍	✋	✋		👍	✋	👍	✊
Sirupe	✊	👍	👍	✊	👍	👍	👍	👍	✊	✊	👍	✋	✋	✊	✊	✊	👍	✋	✊	👍	👍	✋	👍		✋	👍	👍
Kaffee	✋	✋	✋	✋	✋	✋	👍	👍	👍	👍	👍	👍	👍	👍	👍	👍	✊	✊	✋	✋	✋	✋	✋	✋		👍	👍
Sahne	✊	👍	👍	✊	👍	👍	👍	👍	👍	👍	👍	👍	👍	👍	👍	👍	👍	👍	👍	👍	✋	✋	👍	👍	👍		👍
Eier	✊	👍	👍	✊	👍	👍	👍	👍	👍	👍	👍	✊	✊	✊	✊	👍	👍	✊	👍	👍	✋	✋	✊	👍	👍	👍	

Die Symbole in der Tabelle bedeuten:

👍 = passen hervorragend zusammmen

✊ = passen mit Einschränkungenn zusammen (in kleinen Mengen) – nicht als Basis oder Geschmacksgeber

✋ = passen grundsätzlich nicht zusammen – nur seltene Ausnahmen

Unter den Weinaperitifs ist der Vermouth der bekannteste; Weltberühmtheit erlangten italienische und französische Produkte.

Aus Wermutkraut (botanisch: Artemisia absinthium) hergestellte Arzneien wurden bereits im Altertum gegen vielerlei Krankheiten verordnet. Die heutige Bezeichnung „Vermouth" ist in dieser Schreibweise nur für italienische und französische Marken zulässig und stammt aus dem Althochdeutschen: „wermout win" war ein mit Wermutkraut angesetzter Wein. Die älteste Produktionsstätte für Vermouth dürfte im Gebiet von Cuneo, südlich von Turin, zu suchen sein. Hier lässt sich die Herstellung aromatisierter Weine bis ins 16. Jahrhundert zurückverfolgen.

Der Ursprung

Die Landschaft um das norditalienische Städtchen bietet die besten Bedingungen für die Reben des Moscato d'Asti, eine Weinsorte, die sich ganz besonders gut zum Würzen mit Kräuterauszügen eignet. Heute verwendet man jedoch auch trockene, neutrale Weine. Um 1786 produzierte die Turiner Firma Carpano erstmalig in größerem Ausmaß Vermouthwein aus Moscata d'Asti unter Zusatz von reinem Alkohol, aromatischen Kräutern und Zucker. Seit jener Zeit hat sich Turin als Zentrum der Vermouthweinherstellung einen Namen gemacht. Der „Vino Vermouth di Torino" ist heute führend und charakteristisch für einen ganz bestimmten Vermouthtyp. Der „Torino" – seine Hauptsorten sind der rubinrot leuchtende „Colorato" oder „Rosso", der grünlich weiße, süßherb schmeckende „Bianco" und der trockene, herbe, kaum Restzucker enthaltende „Secco" oder „Dry" – hat so charakteristische Merkmale, dass seine Ursprungsbezeichnung international geschützt wurde. Kerngebiet der Vermouthherstellung in Italien ist das Produktionsdreieck Turin – Cuneo – Alessandria. Es umschließt das Hauptanbaugebiet des Moscatoweins mit der Stadt Asti.

Die Herstellung

Bei der Herstellung von Vermouth sind vier Arbeitsgänge erforderlich: die Zusammenstellung der Ausgangsweine, die Produktion des Kräuterauszugs zur Aromatisierung des Weins, Schönung und Filtration bzw. Stabilisierung des entstandenen Vermouthweins sowie die Lagerung des Fertigprodukts bis zur Abfüllreife. Die für den Auszug verwendete Kräutermischung enthält außer dem Wermutkraut noch weitere aromatische Zugaben. Bis vor kurzem betrug der Alkoholgehalt zwischen 15,5 %vol und 18 %vol. Die Erhöhung der Steuern für Zwischenerzeugnisse über 15 %vol führte jedoch dazu, dass einige Produzenten den Alkoholgehalt senkten. Neben den Vermouths genießen besonders die Weinaperitifs Frankreichs Weltruf. Diese „Apéritifs à Base de Vin" werden aus Wein, Mistelle (Weine, bei denen die Gärung des Mosts durch Alkoholzusatz verhindert wurde), Alkohol und Gewürzauszügen hergestellt. Weitere bekannte Weinaperitifs sind Sherry und Port.

Empfehlungen

Vermouths und Weinaperitifs trinkt man gekühlt oder on the rocks mit Zugabe einer halben Zitronen- oder Orangenscheibe. Beliebt sind auch die frischen, leichten Longdrinks, die man mit Soda Water, Tonic Water oder Bitter Lemon erhält. Vermouths und die „Apéritifs à Base de Vin" sind Bestandteil weltbekannter Cocktailklassiker.

Weinaperitifs

Bekannte Marken

A & A – Asbach & Auslese Zwei hoch geschätzte deutsche Spezialitäten, der Weinbrand Asbach und Riesling-Auslese-Wein, sind die Zutaten dieser neu entwickelten Komposition. Alkoholgehalt 19 %vol.

Carpano Punt e Mes Carpano in Turin war der erste Hersteller von Vermouth. Der Aperitivo „Punt e Mes" wird seit 1870 hergestellt. Er ist eine Spur bitterer als roter Vermouth und hat 16 %vol.

Cinzano 1757 in Turin gegründet und seit Mitte des 19. Jahrhunderts einer der großen Vermouthproduzenten. Cinzano Vermouth wird als Bianco, Rosso und Dry angeboten. 1995 kam der Orancio, mit einer zartherben Orangennote dazu (alle 15 %vol). Diesem folgte der fruchtig-frische, von Limonen und Limetten geprägte Limetto (14,8 %vol).

Dubonnet Den „Grand Apéritif de France" Dubonnet gibt es seit Mitte des 19. Jahrhunderts. Er wird als „Rouge" und „Blanc" angeboten. Beide 16 %vol.

Martini Martini & Rossi in Turin ist der größte Vermouthproduzent und auch in anderen Bereichen der Wein- und Spirituosenindustrie tätig. Seit 1992 ist Martini im Besitz von Bacardi. Martini Vermouth wird als Rosso, Bianco, Rosé und Dry (alle 15 %vol) angeboten. Außerdem gibt es die aromatische Variante „Martini d'Oro" mit 9 %vol.

Noilly Prat Der „König des trockenen Vermouths" war der Erste auf dem Markt. Er wird in Marseillan, nahe Sète, am Rande des Mittelmeeres in Südfrankreich hergestellt. Der außergewöhnliche und aufwändig hergestellte Noilly Prat ist weltweit die führende Marke, 18 %vol.

St. Raphaël Berühmter französischer Wein-Aperitif. Der „Rouge" ist würzig-herb, der „Gold" ist etwas feiner und subtiler. Beide 14,9 %vol.

Vermouth Cassis

4 cl Vermouth Dry
2 cl Crème de Cassis
kaltes Sodawasser

Vermouth und Cassis mit Eiswürfeln in ein Longdrinkglas gießen, mit Sodawasser auffüllen und leicht verrühren. Mit einer Zitronenschale abspritzen und diese mit ins Glas geben.

Dubonnet Fizz

5 cl Dubonnet
1 cl Cherry Brandy
4 cl Orangensaft
2 cl Zitronensaft
kaltes Sodawasser

Die Zutaten – ohne Sodawasser – mit Eiswürfeln im Shaker lange und kräftig schütteln, in ein Longdrinkglas abseihen und mit etwas Sodawasser auffüllen.

Bentley

3 cl Dubonnet Rouge
3 cl Calvados

Die Zutaten in ein mit Eiswürfeln gefülltes Rührglas geben, gut vermischen und in ein gekühltes Cocktailglas abseihen. Mit einer Zitronenschale abspritzen.

Dubonnet Cocktail

3 cl Dubonnet Rouge
3 cl Gin

Die Zutaten in ein mit Eiswürfeln gefülltes Rührglas geben, gut vermischen und in ein gekühltes Cocktailglas abseihen. Mit einer Zitronenschale abspritzen.

Perfect Cocktail

2 cl Vermouth Dry
2 cl Vermouth Rosso
2 cl Gin

Die Zutaten in ein mit Eiswürfeln gefülltes Rührglas geben, gut vermischen und in ein gekühltes Cocktailglas abseihen. Mit einer Zitronenschale abspritzen.

St. Raphaël Cooler

4 cl St. Raphaël Rouge oder Gold
2 cl Cointreau
4 cl Orangensaft
kaltes Tonic Water

Die Zutaten – ohne Tonic Water – mit Eiswürfeln im Shaker kräftig schütteln und durch das Barsieb in ein Longdrinkglas auf einige Eiswürfel abgießen. Mit kaltem Tonic Water auffüllen und leicht umrühren. Mit einer Orangenscheibe und einer Physalis garnieren.

Wedding Bells

2 cl Dubonnet
2 cl Gin
2 cl Cherry Brandy
2 cl Orangensaft

Die Zutaten mit Eiswürfeln schütteln und in ein Stielglas abseihen.

Berry Rosso

3 cl Cinzano Rosso
2 cl Wodka
1 cl Erdbeersirup
2 cl Zitronensaft
8 cl Orangensaft

Mit Eiswürfeln im Shaker kräftig schütteln und durch das Barsieb in ein Longdrinkglas auf Crushed Ice abgießen. Mit einer Erdbeere garnieren.

Die Geschichte des leuchtend roten Bitters beginnt 1862. In diesem Jahr wurde Campari Bitter erstmals den Gästen im Mailänder Café-Restaurant „Camparino" präsentiert. Seither hat sich Campari Bitter als absoluter Marktführer weltweit durchgesetzt, und heute findet man Campari in über 160 Ländern der Erde.

Campari wirkt durch seine Kräuterextrakte appetitanregend und ist in vielen Varianten ein hervorragender Aperitif. Er trägt zwar seit alters her die Bezeichnung Bitter, ist aber kein Bitter im Sinne der Magenbitter. Während sich viele Bitter nicht Bitter nennen, trägt Campari diese Benennung, ohne ein so genannter Bitter zu sein.

Die Marke

Bis heute liegt der Campari-Bitter-Produktion das Originalrezept zugrunde, dessen Erfolg insbesondere von der exakten Dosierung und sorgfältigen Zubereitung der einzelnen Zutaten abhängt. Die Mischung aus Kräutern, Wurzeln und Früchten wird in heißem destilliertem Wasser aufgeweicht, anschließend mit reinem Alkohol versetzt und in mehreren Filtergängen von Trübstoffen befreit. In diesem Stadium wird der halbfertige Campari in mit Glas ausgekleideten Großbehältern aufbewahrt.

Das seit jeher geltende Gebot, nur natürliche Ingredienzien für die Campari-Bitter-Herstellung zu verwenden, beherzigt man bei Campari noch heute. So ist für die charakteristische Farbgebung der natürliche Farbstoff Cochenille verantwortlich, der bereits von den Inkas in Südamerika genutzt und von den Spaniern nach Europa gebracht wurde. Natürliche Rohstoffe, moderne Produktionsanlagen sowie strenge Kontrollanalysen während aller Produktionsstufen garantieren einen gleich bleibenden hohen Qualitätsstandard. Alkoholgehalt 25 %vol.

Empfehlungen

Zu den klassischen Campari-Drinks zählen Americano und Negroni. Sie sind unkompliziert zu mixen und wegen des unvergleichlichen Geschmacks stets zu empfehlen. Aufgrund ihres niedrigen Alkoholgehalts sind die klassischen Campari-Longdrinks zu fast jeder Tageszeit ein Genuss. Erfrischend-spritzig sind Campari Soda und Campari & Wodka mit Tonic. Fruchtig-exotisch der Campari mit Orangensaft, Maracujanektar oder Grapefruitsaft.

Campari Soda mischt man stets mit Sodawasser und nicht mit Tafel- oder Mineralwasser. Auf die Zugabe von Zitronenscheiben sollte man verzichten, denn diese verfälschen den Geschmack. Stattdessen empfiehlt sich die Verwendung von Orangenscheiben oder -schalen. Campari Soda gibt es auch fertig gemixt (10 %vol) in einem Fläschchen mit einzigartigem Design und knapp 10 cl Inhalt. Er ist fix und fertig zum Genuss und schmeckt am besten eisgekühlt.

Campari

Das kleine Fläschchen, das zum Kultigsten gehört, was Italiens Designer-Avantgarde je hervorgebracht hat, wurde von dem futuristischen Künstler Fortunato Depero bereits 1932 entwickelt. Damit war der kleine Rote mit den klaren Formen der erste Premix der Welt. Er wird in Italien seit Jahrzehnten hundermillionenfach verkauft, und auch außerhalb Italiens kommen immer mehr Genießer auf den aufregenden Geschmack.

Americano

3 cl Campari
3 cl Vermouth Rosso
Sodawasser

Campari und Vermouth mit Eiswürfeln in ein Longdrinkglas geben, mit Sodawasser auffüllen und leicht umrühren. Mit einem Stück Orangenschale abspritzen und diese mit ins Getränk geben.

Negroni

2 cl Campari
2 cl Vermouth Rosso
2 cl Gin
Sodawasser

Die Zutaten – ohne Sodawasser – mit Eiswürfeln in ein Longdrinkglas geben, mit Sodawasser auffüllen und leicht umrühren. Mit einem Stück Orangenschale abspritzen und diese mit ins Getränk geben.

Campari Orange

4 cl Campari
Orangensaft
Campari in ein Fancyglas mit Eiswürfeln gießen und mit Orangensaft auffüllen. Mit einer Orangenscheibe garnieren.

Italian Blossom

4 cl Campari
4 cl Orangensaft
kalter Prosecco
Campari und Orangensaft in ein Longdrinkglas mit Eiswürfeln gießen und mit Prosecco auffüllen. Mit einer Orangenscheibe garnieren.

Campari Cup

3 cl Campari
2 cl Wodka
Orangen-, Grapefruitsaft oder Maracujanektar
Campari und Gin auf Eiswürfel in ein Longdrinkglas gießen und mit Fruchtsaft auffüllen. Mit einer Orangenscheibe garnieren.

Tropic Campari

3 cl Campari
2 cl Gin
2 cl Grand Marnier
4 cl Orangensaft
kaltes Bitter Orange
Die Zutaten – ohne Bitter Orange – mit Eiswürfeln im Shaker kräftig schütteln und in ein Longdrinkglas auf einige Eiswürfel abgießen. Mit Bitter Orange auffüllen. Mit Fruchtspieß und Minzezweig garnieren.

Margaret Rose

3 cl Campari
kalter Prosecco
Campari mit einem Eiswürfel in ein Kelchglas geben und mit Prosecco auffüllen. Mit einer Orangenschale abspritzen und diese dazugeben.

Campari Maracuja

4 cl Campari
Maracujanektar
Campari in ein Longdrinkglas mit Eiswürfeln gießen und mit Maracujanektar auffüllen. Mit einer Orangenscheibe garnieren.

Campari Shakerato

5 cl Campari
Mit einigen Eiswürfeln im Shaker gut schütteln und in ein kleines Stielglas abgießen.

Campari Grapefruit

4 cl Campari
Grapefruitsaft
Campari in ein Longdrinkglas mit Eiswürfeln geben und mit Grapefruitsaft auffüllen.

Im Bild: Italian Blossom und Campari Orange >

Campari & Wodka

3 cl Campari
3 cl Wodka
kaltes Tonic Water
In ein Longdrinkglas einige Eiswürfel geben und Campari und Wodka dazugießen. Mit Tonic Water auffüllen. Eine halbe Orangenscheibe dazugeben.

Campari Hot Honey

4 cl Campari
1 Esslöffel Honig
1 Esslöffel Zitronensaft
heißes Wasser
Zitronenschalenspirale
In ein Whiskyglas den Campari geben und mit etwa 1/8 l heißem Wasser auffüllen. Den Honig und den Zitronensaft einrühren. Ein langes Stück Zitronenschale dazugeben.

Rosanna

3 cl Campari
1 cl Cointreau
4 cl Orangensaft
kalter Prosecco
Im Shaker mit Eiswürfeln schütteln, in Stielglas abgießen. Mit Prosecco auffüllen. Eine Erdbeere an den Glasrand stecken.

Camparissimo

2 cl Campari
1 cl Gin
2 cl Cointreau
6 cl Orangensaft
Im Shaker mit Eiswürfeln schütteln und in eine Cocktailschale abgießen.

Der italienische Bitter-Aperitif Aperol stammt aus Padua in Norditalien, einer Stadt, deren Tradition der Spirituosenerzeugung bis weit ins vorige Jahrhundert zurückreicht.
1880 gründete Giuseppe Barbieri, ein junger Kaufmann, dort eine Likörfabrik. In den folgenden 30 Jahren machte er sein Unternehmen zu einem der fortschrittlichsten seiner Zeit.
Die Söhne des Firmengründers Silvio und Luigi setzten anlässlich der 1. Internationalen Mustermesse 1919 in Padua ihre Idee in die Tat um, zu der anfänglich reinen Likörproduktion einen Aperitif hinzuzunehmen. Sie stellten ein neues Produkt mit dem einprägsamen Namen Aperol vor.

Die Marke

Dieser orangerote Aperitif, hergestellt aus Rhabarber, Chinarinde, Enzian, Bitterorangen, aromatischen Kräutern und Alkohol, war in jeder Hinsicht ein Novum. Anders als es den damaligen Trinkgewohnheiten entsprach, war Aperol mit seinen 11 %vol ein eher leichtes Getränk.
Heute beträgt der von der EU festgelegte Mindestalkoholgehalt für Bittergetränke 15 %vol und auch Aperol wird seit 2005 mit dieser Alkoholstärke angeboten.

Empfehlungen

Aperol trinkt man auf Eis bzw. mit Sodawasser. Er ist aber auch eine beliebte Grundlage für Mixgetränke, weil seine Geschmackskomponenten mit Beigaben wie Orangen- oder Grapefruitsaft, Tonic-Water, Champagner oder Prosecco und vielerlei Spirituosen harmonieren.

< *Im Bild: Francis*

Aperol

Italian Gipsy

4 cl Aperol
4 cl Orangensaft
kalter Prosecco

Aperol und Orangensaft in einen hohen Sektkelch geben und mit kaltem Prosecco auffüllen.

Donatello

4 cl Aperol
2 cl Wodka
1 cl Carpano Punt e Mes

Die Zutaten in ein mit Eiswürfeln gefülltes Rührglas gießen, gut umrühren und in ein gekühltes Cocktailglas abgießen. Mit einer Orangenschale abspritzen und diese ins Getränk geben.

Aperol Cocktail

2 cl Aperol
2 cl Cointreau
2 cl Vermouth Dry

Die Zutaten in ein mit Eiswürfeln gefülltes Rührglas gießen, gut umrühren und in ein gekühltes Cocktailglas abgießen. Mit einer Orangenschale abspritzen und diese ins Getränk geben.

Nadris

4 cl Aperol
2 cl Gin
4 cl Orangensaft

Die Zutaten im Shaker mit Eiswürfeln gut schütteln und in eine Cocktailschale abgießen.

Francis

4 cl Aperol
3 cl Gin
3 cl Grapefruitsaft
kaltes Bitter Lemon

Die Zutaten – ohne Bitter Lemon – mit Eiswürfeln im Shaker gut schütteln und in ein Longdrinkglas auf einige Eiswürfel abgießen. Mit Bitter Lemon auffüllen, leicht rühren und mit einer Zitronenscheibe garnieren.

Florida

4 cl Aperol
4 cl Grapefruitsaft
kaltes Tonic Water

In ein Longdrinkglas mit Eiswürfeln geben, mit Tonic Water auffüllen. Zitronenscheibe an den Glasrand stecken.

Shaft

3 cl Aperol
3 cl Gin
kalter Prosecco

Aperol und Gin in ein Longdrinkglas mit Eiswürfeln geben und mit kaltem Prosecco auffüllen. Mit einer Zitronen- oder Orangenscheibe garnieren.

Aperol Sour

4–6 cl Aperol
2 cl Orangensaft
2 cl Zitronensaft
1 cl Zuckersirup

Im Shaker mit Eiswürfeln gut schütteln und in ein Longdrinkglas abgießen. Mit einer halben Orangenscheibe und einer Cocktailkirsche garnieren.

Maria Grazia

4 cl Aperol
4 cl Grapefruitsaft
kalter Prosecco

Aperol und Orangensaft mit einigen Eiswürfeln in ein Longdrinkglas geben. Mit Prosecco auffüllen.

Aperol Sprizz

4 cl Aperol
6 cl kalter Prosecco
1 Spritzer Sodawasser

In einen Tumbler einige Eiswürfel geben, den Aperol dazugießen und mit kaltem Prosecco aufgießen. Mit etwas Sodawasser abspritzen. Eine halbe Orangenscheibe dazugeben.

*< **Im Bild: Aperol Sour und Twisting Aperol** >*

Ortensia

2 cl Aperol
3 cl Scotch Whisky
2 cl Vermouth Rosso

Die Zutaten in ein mit Eiswürfeln gefülltes Rührglas gießen, gut umrühren und in ein gekühltes Cocktailglas abgießen. Mit einer Orangenschale abspritzen und diese ins Getränk geben.

Bologna

2 cl Aperol
2 cl Gin
2 cl Vermouth Dry

Die Zutaten in ein mit Eiswürfeln gefülltes Rührglas gießen, gut umrühren und in ein gekühltes Cocktailglas abgießen. Mit einer Orangenschale abspritzen und diese ins Getränk geben.

Imperial Cocktail

4 cl Aperol
2 cl Gin
2 cl Zitronensaft

Die Zutaten im Shaker mit Eiswürfeln gut schütteln und in eine Cocktailschale abgießen.

Valentino

2 cl Aperol
2 cl Vermouth Dry
2 cl Gin
1 cl Rose's Lime Juice

Im Rührglas mit Eiswürfeln verrühren, ins Cocktailglas abgießen. Eine Cocktailkirsche dazugeben.

Twisting Aperol

4 cl Aperol
kalter Prosecco

Einige Kumquats von allen Seiten mit einem Cocktailspieß mehrmals einstechen und mit dem Aperol in ein großes Stielglas geben. Mit Prosecco auffüllen.

Alle bei uns bekannten Anisgetränke stammen aus den europäischen Mittelmeerländern und der Türkei. In großer Vielfalt werden in Frankreich, Italien, Spanien und Griechenland Anis-Spirituosen und -Liköre hergestellt.

Sie haben alle trotz verschiedener Zubereitungen den Anis als gemeinsamen Geschmacksgeber. Anis wird im Mittelmeerraum, in Indien, Japan und Südamerika angebaut. Der gehaltvollere Sternanis gedeiht in Vietnam, China, Japan und auf den Philippinen.

Der französische Arzt Dr. Ordinaire entwickelte das erste Absinth-Elixier. Als er 1793 starb, gelangte das Rezept in den Besitz von Henri Louis Pernod, und damit begann die Erfolgsgeschichte der „Spiritueux Anisées".

Der Ursprung

Die Marke Pernod war überaus erfolgreich, und zur Mitte des 19. Jahrhunderts kamen glorreiche Jahre für Pernod. Er wurde das Getränk der Künstler und Bohémiens, füllte Cafés und belebte die Geister der Künstler. Zu dieser Zeit hatte Pernod 65–75 %vol Alkohol, und ein berühmtes Absinth-Ritual wurde entwickelt. Wasser wurde über einen perforierten Löffel mit einem Zuckerwürfel in ein mit Pernod gefülltes Glas gegossen. Das Ritual war visuell ein schönes, rätselhaft anmutendes Schauspiel, und die Mischung war erfrischend. Sehr schnell wurde „La fée verte" oder „die grüne Fee" unter den Pariser Künstlern und Literaten so populär, dass die „Cocktailstunde" in die „l'heure verte" (grüne Stunde) umbenannt wurde. Die große Beliebtheit des Absinth und seine stark berauschende Wirkung, die auf einem hohen Alkoholgehalt und dem hohen Anteil an Thujon, einem Extrakt des Wermutkrauts (Artemisia absinthium) und anderen Wirkstoffen beruhte, führten 1915 aus gesundheitspolitischen Gründen zum Verbot des Absinth in Frankreich. Diesem Verbot schlossen sich bald andere Länder an, so 1923 auch Deutschland. Dieses allgemeine Verbot bedeutete für den Pernod und alle anderen Absinthmarken das zeitweilige Aus. Obwohl wissenschaftliche Untersuchungen bewiesen, dass Anis völlig ungefährlich ist, hob man in Frankreich das Verbot erst 1932 wieder auf. 1920 wurde der Pernod wieder legalisiert, allerdings mit einer abgemilderten Rezeptur und einem geringeren Alkoholgehalt. 1938 wurde dann mit einer ganz neuen Rezeptur der heutige Pernod eingeführt. Nach der Aufhebung des Verbots konnte auch Paul Ricard mit der Produktion seines „Pastis" – heute die fünftgrößte Spirituosenmarke der Welt – beginnen. Dem Absinth-Verbot verdankt der Pastis auch seinen Namen. Er leitet sich von „Pastiche" (franz.: Nachahmung) ab. Die Hauptbestandteile des Ricard sind Anis, Süßholzwurzel, aromatische Kräuter und Alkohol. Er wird auf dem Weg der Mazeration, d. h. durch Auslaugung der aromatischen Substanzen in Alkohol hergestellt. Pernod ist anders als Pastis. Seine Basis ist ein Extrakt, der aus der Mischung einer Essenz mit Anethol hergestellt wird. Diese Essenz ist ein Destillationsprodukt aus Alkohol, in dem man würzige Kräuter ziehen ließ. Anethol wird durch Destillieren von Sternanis gewonnen. Die Essenz, der Extrakt von Sternanis, Wasser und dreifach destillierter Alkohol sind die Bestandteile von Pernod. Durch dieses Verfahren unterscheidet sich Pernod vom Pastis.

Im Jahr 2000 hat der französische Gesetzgeber den Absinth in seiner traditionellen Heimat auf Grundlage der heute geltenden gemeinsamen europäischen Gesetzgebung wieder zum Verkauf zugelassen. Mit der

Anisées

Marke Absente (55 %vol) ist auch bereits ein Nachfolger des verruchten Absinth auf dem deutschen Markt. Er unterscheidet sich von seinen Ahnen in einem wichtigen Punkt: Er enthält die Wirkstoffe „berauschender" Kräuter nur in geringer, verträglicher und zulässiger Dosis.

Weitere bekannte Anisspirituosen sind der griechische Ouzo, bei dem Anis mit einem Alkoholdestillat aus Trauben doppelt destilliert wird, und der türkische Raki, dessen alkoholische Basis meist ein Destillat aus Weintrauben oder Rosinen ist, dem bei der Destillation Anis zugesetzt wird.

Älter als die Anisspirituosen ist der Anisette-Likör. Mit einem Anisette-Rezept legte im Jahre 1755 die in der Krankenpflege tätige Marie Brizard in Bordeaux den Grundstein für eines der größten Likör-Unternehmen Frankreichs. Seit nunmehr acht Generationen ist das Unternehmen in Familienbesitz, und bis heute wird der Anisette unverändert hergestellt. Er ist die Hauptmarke der Firma und eine der größten Likörmarken Frankreichs. Der Anisette von Marie Brizard wird aus Anis und weiteren zwölf Pflanzen und Gewürzen sowie den Schalen von Zitrusfrüchten hergestellt. Diesen natürlichen Grundstoffen werden die aromatischen Essenzen jeweils getrennt, entweder durch Destillieren oder Auslaugen, entzogen. Die dann folgende Komposition ergibt das Herzstück des Anisette. Nach Zugabe von Zucker, Alkohol und Wasser ist der Anisette dann im Prinzip fertig. Der Anisette von Marie Brizard hat viele Nachahmer gefunden, und ihm ähnlich sind die spanischen Anisados. Sie sind ebenfalls wasserhell und werden als dulce (süß) mit geringerem und als seco (trocken) mit höherem Alkoholgehalt angeboten.

Ein weiterer, äußerst erfolgreicher Likör mit Anisgeschmack ist der Sambuca. Er zählt zu den bekanntesten italienischen Likören und ent-

wickelt sich auch bei uns immer mehr zur Trendspirituose. Destillate aus Sternanis und grünem Anis bilden die Grundlage des Sambuca, abgerundet wird der Geschmack durch weitere Gewürze. Dazu kommen Neutralalkohol, Zucker und Wasser. Irrtümlich wurde in der Vergangenheit geglaubt und verbreitet, der Name Sambuca lasse sich von der lateinischen Bezeichnung Sambucus für Holunder ableiten, und die alkoholische Basis sei aus Holunder. Der Ursprung des Wortes Sambuca ist jedoch auf die Sarazenen zurückzuführen, die im Mittelalter nach Italien kamen und dort diverse neue Gewürze aus dem Orient einführten. Die von den Sarazenen verwendete Bootsart hieß Sambuco, und davon stammt der heute bekannte Sambuca ab. Der Mindestalkoholgehalt für Sambuca ist mit 38 %vol für einen Likör relativ hoch. Dieser unterstützt seinen Digestifcharakter. Man trinkt Sambuca vorzugsweise zum oder im Kaffee. Seine Wirkung als Digestif verstärkt man gerne mit der Zugabe von zwei oder drei Kaffeebohnen (con la mosca = mit der Fliege). Diese werden in den Sambuca gegeben, zerkaut und mitgetrunken. Diese Mischung von Koffein und Anis macht ihn zu einer anregenden Verdauungshilfe und einem Genuss für die Geschmacksnerven. Beliebt ist es auch, den „Sambuca con la mosca" anzuzünden. Sambuca wird auch bereits mit Kaffee vermischt als „Sambuca Negra" angeboten.

Empfehlungen

Fast alle Anisées sollten ungekühlt aufbewahrt werden, denn Kühlschranktemperaturen verursachen eine Trübung. Sollte es doch geschehen sein, so verschwindet diese ohne Qualitätsverluste bei Zimmertemperatur nach einigen Stunden. Während man Anisados, Anisette und Sambuca in der Regel pur trinkt, werden Pernod, Pastis und der Absinth immer mit Wasser verdünnt. Das Wasser muss klar, kühl und frisch sein. Mineralwasser mit Kohlensäure wird auf keinen Fall verwendet. Beim Pastis sollte man auf die Zugabe von Eiswürfeln verzichten, denn auf Eis reagiert die Anisessenz mit einem Ölfilm auf der Oberfläche. Ouzo und Raki kann man kühlen, denn sie werden sowohl pur als auch mit Eis oder Wasser getrunken. Beliebt ist z. B. beim Pernod aber auch die Zugabe von Orangensaft, Cola oder Bitter Lemon. Absente trinkt man ebenfalls mit kaltem Wasser, oder man versucht das klassische Absinth-Ritual. Dazu gibt man 4 cl Absente in ein mittelgroßes Becherglas, darüber legt man einen perforierten Löffel mit einem Stück Würfelzucker und übergießt diesen langsam mit Wasser, bis er sich aufgelöst hat. Dann gibt man weiteres Wasser dazu. Dabei bewirkt das Wasser, dass die leuchtend grüne Farbe des Absente die typisch opaken Farbtöne hervorbringt.

Bekannte Marken

Absente Seit dem Jahr 2000 angebotener „entschärfter" französischer Absinth mit 55 %vol.

Anisette Wasserheller Anislikör, wurde erstmals von Marie Brizard 1755 in Bordeaux hergestellt. Er hat viele Nachahmer gefunden und ist heute im Programm aller großen Likör-Sortimentsproduzenten. Marie Brizard Anisette hat 25 %vol.

Pastis 51 Diese große Pastis-Marke von Pernod kam durch den Zusammenschluss von Pernod und Ricard als zweite große Pastis-Marke neben Ricard zur Groupe Pernod Ricard. Alkoholgehalt 45 %vol.

Pernod Ursprünglich als Absinth die erste große Anisspirituose in Frankreich. Die Marke Pernod unterscheidet sich durch das Herstellungsverfahren vom Pastis. Alkoholgehalt 40 %vol. Seit 1998 wird auch wieder ein Pernod „Absinthe" mit 68 %vol angeboten.

Ricard Mit über 70 Millionen verkauften Flaschen jährlich ist Ricard die größte Pastismarke und auch die größte französische Spirituosenmarke. Alkoholgehalt 45 %vol.

Ouzo 12 Seit 1880 auf dem Markt und heute mit jährlich 12 Millionen Flaschen die größte Ouzomarke. Alkoholgehalt 38 %vol.

Tsantali Ouzo Tsantali ist der bedeutendste Erzeuger und Exporteur von Ouzo und Wein aus Nordgriechenland, und der zweitgrößte Ouzoproduzent des Landes. Tsantali Ouzo, der für seine hervorragende Produktqualität mehrfach mit internationalen Preisen ausgezeichnet wurde, wird in Flaschen in Form einer griechischen Säule mit 38 %vol angeboten.

Tomate

4 cl Pernod oder Pastis
1 cl Grenadine
Die Zutaten in ein mit Eiswürfeln gefülltes Longdrinkglas geben und mit eiskaltem, klarem Wasser auffüllen, leicht umrühren.

Perroquet

4 cl Pernod oder Pastis
1 cl Pfefferminzsirup
Die Zutaten in ein mit Eiswürfeln gefülltes Longdrinkglas geben und mit eiskaltem, klarem Wasser auffüllen, leicht umrühren.

Pernod Blanc

5 cl Pernod
5 cl Sahne
2 cl Mandelsirup
4 cl Orangensaft
Die Zutaten im Shaker mit Eiswürfeln gut schütteln, in ein Longdrinkglas auf Eiswürfel abgießen, Schokoladenraspel darüber streuen.

Pernod Flip

3 cl Pernod
1 cl Cointreau
1 cl Zitronensaft
1 cl Zuckersirup
2 cl Sahne
1 Eigelb
Im Shaker mit Eiswürfeln kurz und kräftig schütteln, in ein Flipglas oder einen Sektkelch abgießen und mit etwas Muskatnuss bestreuen.

Bitter Pernod

3 cl Pernod
3 cl Wodka
3 cl Zitronensaft
Bitter Lemon
Pernod, Wodka und Zitronensaft in ein Longdrinkglas mit Eiswürfeln geben, gut rühren und mit Bitter Lemon auffüllen, mit einer Zitronenscheibe garnieren.

< Im Bild: Tomate

Roman Candle

4 cl Sambuca
2 cl Amaretto
2 cl Grenadine
4 cl Orangensaft
Mit Eiswürfeln im Shaker gut schütteln und in einen Tumbler auf Eiswürfel abgießen.

Roman Creme

3 cl Sambuca
3 cl Kaffeelikör
4–6 cl Sahne
Die Zutaten mit Eiswürfeln im Shaker gut schütteln und in eine Cocktailschale abgießen.

Pernod Suissesse

5 cl Pernod
2 cl Sahne
1 Eiweiß
1 cl Mandelsirup
Die Zutaten im Shaker mit Eiswürfeln gut schütteln und in eine Cocktailschale abgießen.

Mauresque

4 cl Pernod oder Pastis
1 cl Mandelsirup
Die Zutaten in ein mit Eiswürfeln gefülltes Longdrinkglas geben und mit eiskaltem, klarem Wasser auffüllen, leicht umrühren.

Pernod Colada

6 cl Pernod
4 cl Kokossirup
10 cl Ananassaft
2 cl Sahne
Mit Eiswürfeln im Shaker kräftig schütteln und durch das Barsieb in ein Longdrinkglas auf Crushed Ice abgießen. Mit einem Ananasstück und einer Cocktailkirsche garnieren.

Pernod Riviera

4 cl Pernod
16 cl Orangensaft
Mit Eiswürfeln in ein Longdrinkglas geben und eine halbe Orangenscheibe dazugeben.

Gelber Vogel

2 cl Pernod
2 cl Kokossirup
5 cl Ananassaft
1 cl Zitronensaft
Mit Eiswürfeln im Shaker kräftig schütteln und durch das Barsieb in einen Tumbler auf einige Eiswürfel abgießen.

Long Squash

2 cl Pernod
2 cl Blue Curaçao
1 Spritzer Angostura
12 cl Maracujanektar
Die Zutaten in ein mit Eiswürfeln gefülltes Longdrinkglas geben und leicht umrühren. Mit einer Orangenscheibe garnieren.

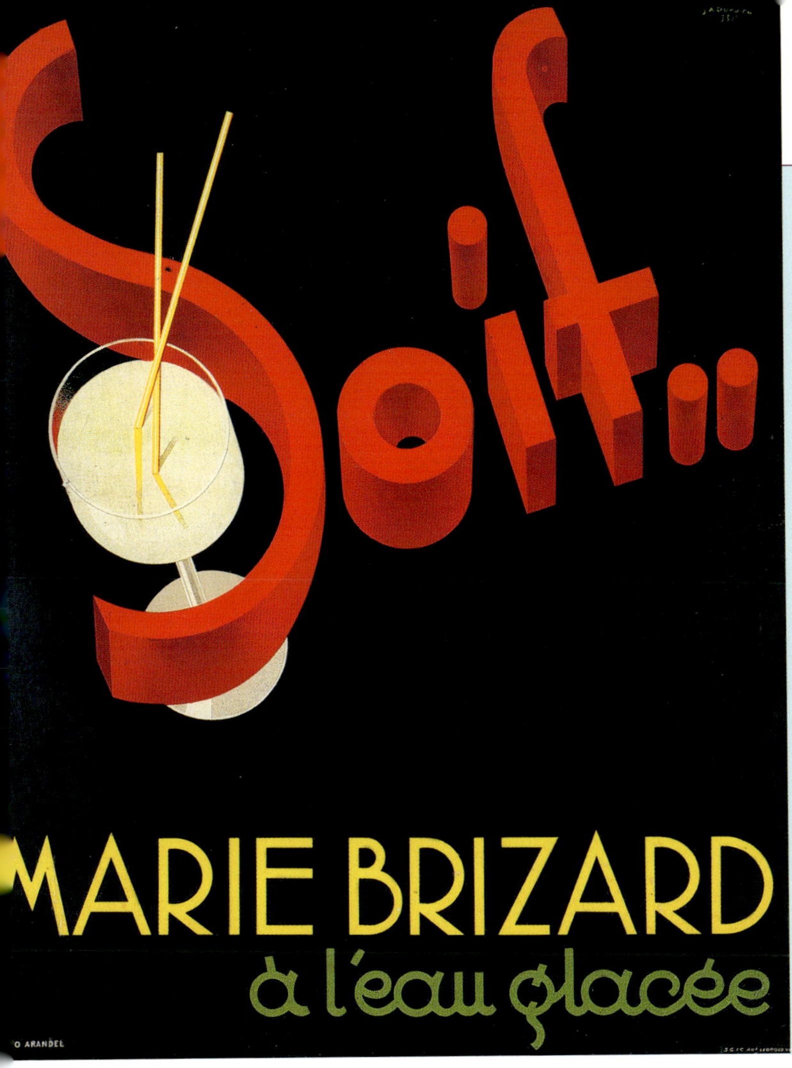

Soleil

2 cl Pernod
10 cl Orangensaft
1 Kugel Vanilleeis
Pernod und Vanilleeis in eine Cocktailschale geben und mit Orangensaft auffüllen.

Anis Fizz

5 cl Pernod
3 cl Zitronensaft
2 cl Zuckersirup
kaltes Sodawasser
Die Zutaten – ohne Sodawasser – mit Eiswürfeln im Shaker gut schütteln und in ein Longdrinkglas auf Eiswürfel abgießen. Mit Sodawasser auffüllen. Eine Zitronenscheibe dazugeben.

Blue Wind

2 cl Anisette
2 cl Gin
1 cl Blue Curaçao
1 cl Zitronensaft
kaltes Tonic Water
Die Zutaten – ohne Tonic Water – mit Eiswürfeln im Shaker gut schütteln und in ein Longdrinkglas auf Eiswürfel abgießen. Mit Tonic Water auffüllen und eine Zitronenscheibe dazugeben.

Yellow Star

2 cl Pernod
2 cl Crème de Bananes
2 cl Gin
1 cl Maracujasirup
8 cl Orangensaft
Die Zutaten mit Eiswürfeln im Shaker gut schütteln und in einen Tumbler auf Eiswürfel abgießen. Einen Fruchtspieß mit Erdbeeren und Pfirsichstücken über den Glasrand legen.

Alligator

2 cl Pernod oder Pastis
2 cl Blue Curaçao
1 Spritzer Angostura
12 cl Maracujanektar
Mit Eiswürfeln im Shaker kräftig schütteln und durch das Barsieb in ein Longdrinkglas auf Eiswürfel abgießen. Eine Zitronenscheibe mit einer Cocktailkirsche anstecken.

Im Bild: Yellow Star und Alligator >

Sherry

Der Sherry, einer der berühmtesten Weine der Welt, wurde schon vor Jahrhunderten an den Tafeln der damals Mächtigen und Reichen geschätzt. Die Heimat des Sherry ist Andalusien im Süden Spaniens.
Nur in einem eng begrenzten Anbaugebiet um das Städtedreieck Jerez de la Frontera, Sanlúcar de Barrameda und Puerto de Santa María in der Provinz Cadiz wird Sherry hergestellt.

Vor gut 400 Jahren brachten britische Seefahrer die erste Schiffsladung Sherry vom spanischen Cadiz ins englische Plymouth. Die Begeisterung der Engländer wuchs schnell und so anhaltend, dass schließlich im 19. Jahrhundert der Sherry zum Modegetränk des britischen Weltreichs wurde.

Und damit erklärt sich auch schon der Name Sherry. Die Engländer nämlich, die dem Sherry zu seinem weltweiten Siegeszug verhalfen, konnten das harte spanische Wort „Jerez" (sprich „Cheres") so schlecht aussprechen, dass sie es in ein weicher klingendes, einschmeichelndes Wort umwandelten: Sherry (sprich „Scherri").

Die Herstellung

Der Wein, aus dem Sherry hergestellt wird, wächst in einem nur etwa 100 Quadratkilometer großen, an der Atlantikküste liegenden Anbaugebiet. Hauptanbauregion ist die Gegend um Jerez de la Frontera. Hier bieten sich den Rebstöcken der Sherry-Trauben ideale Wachstumsbedingungen. Der berühmte weiße Kalkboden, der die Sonne wie ein Spiegel reflektiert, 295 Sonnentage im Jahr, der Winterregen und der Wind, der vom Atlantik herüberweht, geben dem Sherry seinen unverwechselbaren Charakter.

Zwei Sorten von Sherry-Reben werden hauptsächlich angebaut: Palomino, die am häufigsten verwendete, und Pedro Ximenez. Alle Trauben sind hell, manche haben einen goldgrünen oder leicht rötlichen Schimmer.

In den Kelterhäusern werden die Trauben heute längst nicht mehr mit den Füßen gestampft, sondern von modernen Keltermaschinen gepresst. Der gekelterte Most wird in riesige Eichenfässer gefüllt, die in Bodegas gelagert werden. Bodegas nennt man die hohen, einem Kirchenschiff ähnlichen oberirdischen Wein-„Keller", in denen der Most zum Wein und der Wein zum Sherry reift. Eines der Geheimnisse bei der Sherry-Herstellung: Sherry braucht viel Luft. Deshalb lagert der Sherry in den Bodegas, durch deren Fensteröffnungen immer genügend frische Meeresluft von der nahen Küste ziehen kann. In diesen oft dreischiffigen Hallen reifen die Weine in langen, drei- bis vierfach übereinander liegenden Fassreihen. Die Sherry-Fässer sind nie ganz gefüllt und nie ganz dicht verschlossen. Denn ohne diesen Luftraum in und über den Fässern könnte sich die „Blume" auf der Oberfläche des Weins nicht entwickeln.

In den ersten drei Monaten des Jahres wird der neue Wein klassifiziert. An Farbe und Aroma ist die Entwicklung des Weins erkennbar. Nach der Klassifizierung wird der Sherry mit reinem Weinalkohol auf den gewünschten Alkoholgehalt von 15 bis 20 %vol eingestellt.

Es gibt bei Sherry zwei Methoden der Veredelung des Reifens: das Anada-System und das Solera-System. Einige Sherrys altern und reifen nach dem heute seltenen Anada-System. Dabei wird der Wein nicht verschnitten, sondern während der gesamten Reifezeit sich selbst überlassen. Es eignen sich aber nur wenige Weine für diesen Prozess; sie sind bei uns kaum zu kaufen.

Fast alle Sherry-Sorten werden heute im Solera-Verfahren ausgebaut. Dies ist ein komplizierter, mehrjähriger Reifevorgang, bei dem jüngere Weine durch Beimengung älterer veredelt werden. Die Lagerfässer mit 520 Liter Inhalt liegen in Dreier- oder Viererreihen übereinander. Die oberen Fässer enthalten den jüngeren Wein, der, wenn er in diese Fassreihe gelangt, bereits eine dreijährige Entwicklung hinter sich gebracht hat. Von Jahr zu Jahr wird nun der Wein aus der vierten Reihe in die dritte, aus der dritten in die zweite und aus der zweiten Reihe in die unterste umgefüllt. Beim Umfüllen darf keinem Fass mehr als ein Drittel oder höchstens die Hälfte entnommen werden. Die fehlende Menge muss sofort durch Nachfüllen aus dem darüber liegenden Fass ergänzt werden. Das kontinuierliche Umfüllen und Vermischen gewährleistet eine stets gleich bleibende Qualität der jeweiligen Geschmacksrichtung.

Die Sorten

Man unterscheidet beim Sherry fünf Grundtypen: Fino, Amontillado, Manzanilla, Oloroso und Cream.

Der Fino ist ein trockener, herber Sherry. Man erkennt ihn leicht an seiner hellgoldenen, blassblanken Färbung. Finos, die häufig auch unter den Bezeichnungen „Dry", „Very Dry" oder auch „Very Pale Dry" angeboten werden, haben ein ganz besonders delikates, feines Mandelaroma; sie sind säurearm und sollten als trockene Sherry-Sorte immer gut gekühlt serviert werden.

Alle Finos eignen sich hervorragend als Aperitif, für Cocktails und zu Gerichten mit Meerestieren.

Der Amontillado ist dem Fino eng verwandt, aber nicht ganz so trocken. Die milden, halbtrockenen Amontillados sind daher oft auch mit den Bezeichnungen „Medium Dry" etikettiert. Amontillados haben stets eine etwas dunklere Farbe als die Finos, ähnlich dem Bernstein, und sind vollmundiger, körperreicher im Geschmack.

Der Amontillado ist besonders als Aperitif beliebt, den man während des ganzen Tages und zu jeder Gelegenheit trinken kann.

Der Manzanilla ist eigentlich ein Fino, der im besonderen Klima von Sanlúcar de Barrameda an der Atlantikküste ausgebaut wird. Er ist sehr hell, sehr trocken, sehr leicht im Geschmack und etwas säurereicher als andere Sherrys.

Oloroso, der „Wohlriechende", ist der klassische Sherrytyp, der den spanischen Wein in der Welt berühmt gemacht hat. Oloroso ist ein trockener bis leicht süßer, würziger Sherry von dunkelgoldener Farbe. Mit seinem zarten Nussaroma, seinem vollmundigen, kräftigen Bukett ist der Oloroso ein wundervoller Zwischendurch-Drink.

Der Cream Sherry ist die süße Variante des Oloroso und ausgesprochen mild. Vor der Reifung wird der Oloroso mit dem Wein der süßen Pedro-Ximenez-Traube gemischt. So entsteht ein gehaltvoller, dunkelrubinroter, dickflüssiger Dessertwein.

Empfehlungen

Sherry gibt es für jeden Geschmack. Die trockenen Sorten eignen sich besonders als Aperitif, die Halbtrockenen trinkt man tagsüber zwischen den Mahlzeiten, zu Nüssen und Knabbergebäck; Cream Sherry passt am besten zum Dessert und zum Kaffee. Als weitere Faustregel gilt: Je trockener, desto kälter soll Sherry getrunken werden.

Bei Medium Sherry empfiehlt sich eine nur leichte Kühlung. Halbsüßen und Cream Sherry genießt man mit Zimmertemperatur. Der Alkoholgehalt beträgt je nach Sorte 15 bis 20 %vol.

Bekannte Marken

Domecq „La Ina" – Very Dry Pale Fino – ist die international bekannte Domecq Sherry-Spitzenmarke und ist einer der berühmtesten Fino Sherrys. Das renommierte Unternehmen setzte Maßstäbe in der Sherry- und Brandy-Herstellung und genießt auch durch den Premium-Brandy „Carlos I" große Bekanntheit (siehe Brandy).

Harveys Bei diesem renommierten Sherryhaus ist nicht – wie sonst meist der Fall – der Fino, sondern der Cream Sherry das Flaggschiff. Harveys Bristol Cream wird in tiefblauen Flaschen aus dem seit dem 18. Jahrhundert in Bristol hergestellten „Bristol Blue Glass" angeboten.

Die Heimat des Sherrys ist das sonnige Andalusien im Süden Spaniens.

Emilio Lustau Für seine Sortenvielfalt gerühmtes Haus. Als Solera-Reserva-Sherrys werden außergewöhnliche klassische Abfüllungen und auch rare Spezialitäten angeboten.
Das Almacenista- (Lagerhalter-) Angebot bietet eine Vielfalt an einmaligen und nicht reproduzierbaren Sherryspezialitäten.
Dry Sack Die berühmteste Sherrymarke des Hauses Williams & Humbert ist der Medium Dry Sherry „Dry Sack". Er wurde bis in die 1990er Jahre in Jutesäckchen verpackt angeboten und ist der bekannteste Medium Sherry.
Osborne Das 1772 von dem Engländer Thomas Osborne gegründete Unternehmen ist neben den Sherrys auch für seine Portweine und Brandys bekannt. Nach Deutschland werden alle Sherry-Qualitäten exportiert.
Tio Pepe Der Fino Muy Seco Sherry „Tio Pepe" des Hauses Gonzalez Byass ist die älteste eingetragene Sherrymarke und einer der berühmtesten Fino-Sherrys.
Sandeman Das 1790 gegründete Haus zählt zu den größten Sherryfirmen. Das Markenzeichen von Sandeman, die um 1920 eingeführte Figur mit dem langen schwarzen Umhang, der „Capa Negra", ist auf allen Etiketten zu sehen. In Deutschland werden die Sorten Medium Dry, Dry Seco und Rich Golden angeboten.
Williams & Humbert Collection
Williams & Humbert, das Sherryhaus mit dem berühmten „Dry Sack", brachte mit der „Collection" ein weiteres Sherry-Highlight auf den Markt. Dahinter verbirgt sich die große, seit 1857 bestehende Sherrymarke „Don Zoilo". Unter dem neuen Namen werden diese nun in ganz neuen Ausstattungen angeboten. Schon immer hatten die Soleras für „Don Zoilo" ein Alterungssystem von 12 Jahren. Dies darf nun auch auf den Etiketten angegeben werden. Angeboten werden die sechs bekanntesten Sherrytypen: „Fino Very Dry" und „Manzanilla Very Dry" sind mit etwa sechs Jahren natürlich jünger, um die typische, herbe Frische zu erhalten. Als 12 Years Old gibt es „Oloroso Dry", „Amontillado Medium Dry", „Cream Sweet" und "Pedro Ximénez Very Sweet".

Bamboo

4 cl Fino Sherry
2 cl Vermouth Dry
2 Spritzer Orange Bitter
Die Zutaten in ein mit Eiswürfeln gefülltes Rührglas geben, gut vermischen und in ein gekühltes Cocktailglas abgießen.

Brandy Fino

2 cl Fino Sherry
2 cl Cognac
2 cl Drambuie
Die Zutaten in ein mit Eiswürfeln gefülltes Rührglas geben, gut vermischen und in ein gekühltes Cocktailglas abgießen. Mit einer Zitronenschale abspritzen und die Schale in den Drink geben.

Adonis

4 cl Fino Sherry
2 cl Vermouth Rosso
2 Spritzer Orange Bitter
Die Zutaten in ein mit Eiswürfeln gefülltes Rührglas geben, gut vermischen und in ein gekühltes Cocktailglas abgießen. Mit einer Zitronenschale abspritzen und die Schale in den Drink geben.

Doña Dolores

4 cl Cream Sherry
2 cl Brauner Rum
1 cl Dubonnet
3 cl Orangensaft
Mit Eiswürfeln im Shaker gut schütteln und in eine Cocktailschale abgießen.

Andalusia Cooler

5 cl Cream Sherry
2 cl Cherry Brandy
5 cl Orangensaft
1 cl Zitronensaft
kaltes Bitter Lemon
Die Zutaten – ohne Bitter Lemon – in einem mit Eiswürfeln gefüllten Shaker gut schütteln und in ein Longdrinkglas auf einige Eiswürfel abgießen. Mit Bitter Lemon auffüllen und mit einer Orangenscheibe garnieren.

Creamy Orange

4 cl Cream Sherry
1 cl Cognac
4 cl Orangensaft
2 cl Sahne
Mit Eiswürfeln im Shaker gut schütteln und in eine Cocktailschale abgießen.

Duke of Marlbourough

3 cl Fino Sherry
3 cl Vermouth Rosso
3 cl Zitronensaft
1 cl Grenadine
Mit Eiswürfeln im Shaker gut schütteln und in eine Cocktailschale abgießen.

Sherry Flip

4 cl Sherry Medium
1 cl Cognac
1 cl Zuckersirup
2 cl Sahne
1 Eigelb
Die Zutaten im Shaker mit Eiswürfeln kurz und kräftig schütteln und in ein Flipglas oder einen Sektkelch abgießen. Mit etwas Muskat bestreuen.

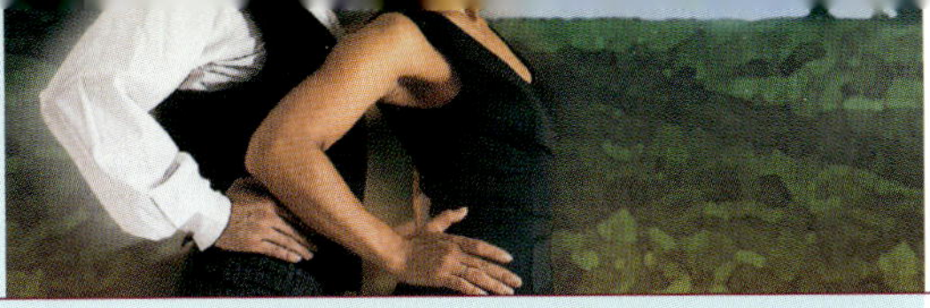

Granada

3 cl Fino Sherry
2 cl Brandy de Jerez
2 cl Cointreau
In ein Rührglas auf Eiswürfel geben, gut verrühren und durch das Barsieb in ein Cocktailglas abgießen. Mit einer Orangenschale abspritzen und diese mit einer Cocktailkirsche dazugeben.

In the Sack

4 cl Cream Sherry
6 cl Aprikosennektar
6 cl Orangensaft
2 cl Zitronensaft
Mit Eiswürfeln im Shaker kräftig schütteln und durch das Barsieb in ein Fancyglas auf einige Eiswürfel abgießen. Mit Ananas und Cocktailkirsche garnieren.

Dizzy Izzy

3 cl Cream Sherry
3 cl Bourbon Whiskey
2 cl Ananassaft
2 cl Zitronensaft
Mit Eiswürfeln im Shaker gut schütteln und in ein Stielglas abgießen.

Spanish Milkmaid

6 cl Cream Sherry
6 cl Orangensaft
2 cl Cognac
6 cl Sahne
Mit Eiswürfeln im Shaker kräftig schütteln und durch das Barsieb in ein Fancyglas abgießen. Mit Ananasstück und Erdbeere garnieren und mit gehackten Pistazien bestreuen.

< Im Bild: Dizzy Izzy, In the Sack und Spanish Milkmaid >

Port

Port, einst der Wein der Könige und vornehmen englischen Clubs, findet auch bei uns immer mehr Liebhaber.
Portwein ist von köstlicher Vielfalt, er besitzt eine unvergleichliche Farb- und Aromapalette. Er kann rot oder weiß sein, ein schwerer, süßer Dessertwein, ein halbtrockener, feuriger Appetitmacher, ein kräftiger, bekömmlicher Männerwein oder ein delikater, leichter Wein aus weißen Trauben.

Seine Farbe gibt Auskunft über das Alter. Vom dunkelsten Rot, über Rotbraun bis zur Topasfarbe reicht sein Farbenspiel. Dunkles Rot ist im Allgemeinen bezeichnend für einen jungen Wein. Durch jahrelange Lagerung und Sauerstoffzutritt im Eichenholzfass wird roter Portwein immer eine Nuance heller, weißer dagegen wird etwas volltöniger, so dass sie sich im Alter ähneln.

Der Ursprung

Port gibt es seit 1680, als zum erstenmal englische Weinkaufleute dem portugiesischen Rotwein aus dem Douro-Tal aus Gründen der besseren Haltbarkeit bis zu 20 Prozent Weindestillat beimischten und ihn dann nach England verschifften, eine Methode, die sich stets verfeinerte, an der sich aber bis heute nichts Grundlegendes geändert hat.

Das Douro-Tal erstreckt sich von der spanischen Grenze im Osten über eine Länge von etwa 100 Kilometer nach Westen. Dieser Landstrich ist durch Gebirgszüge vor den atlantischen Winden geschützt und besteht hauptsächlich aus Schiefer. Bereits 1756 wurde die Anbaufläche des Portweins festgelegt.

Port unterscheidet sich generell von den übrigen in Portugal angebauten Weinen.

Terrassen und Stützmauern sind typisch für das Weinbaugebiet am Douro. Der wasserdurchlässige Schieferboden vulkanischen Ursprungs bietet ideale Bedingungen für die Reben. Der Schiefer speichert die Hitze des Tages und wirkt wie ein Wärmekissen in den teils bitterkalten Nächten dieses Hochlandes.

Die Herstellung

Etwa 20 verschiedene Rebsorten, deren Trauben von Mitte September bis Mitte Oktober geerntet werden, gedeihen hier. Die Gärung des Mostes findet in großen Bottichen statt und wird nach einer bestimmten Zeit durch Zugabe von Weindestillat unterbrochen. Dabei wird auch der Alkoholgehalt auf ca. 20 Grad erhöht.

Je früher der Alkohol beigefügt wird, desto süßer wird der Wein, je später, desto trockener. Bis zum Frühjahr bleibt der Wein im Anbaugebiet. Dann wird er in große Fässer umgefüllt und in die ca. 100 Kilometer entfernte Hafenstadt Vila Nova de Gaia gebracht. Hier, gegenüber der namensgebenden Stadt Porto, beginnt nun in riesigen Lagerhallen die „Hohe Schule des Portweins", die lange Zeit der Lagerung und Reife.

Portwein verdankt genau wie Champagner seine Qualität und seinen gleich bleibenden Geschmack der gelungenen Cuvée, d. h. Weine verschiedener Jahrgänge und Weinlagen werden nach Bouquet und Körper ausgesucht und in riesigen Verschnittfässern miteinander „vermählt". So entsteht der für das jeweilige Portweinhaus typische Geschmack. Die endgültige Reifung erhält der Portwein in kleinen Eichenholzfässern.

Nur in ca. drei von zehn Erntejahren werden Jahrgangs-Portweine, so genannte Vintage-Ports ausgebaut. Sie werden aus den Trauben eines Jahrgangs hergestellt, lagern nur etwa zwei Jahre im Fass und dann nicht selten 30 Jahre und länger auf der Flasche.

Die Sorten

Die großen Portweinfirmen bringen ihre bekanntesten Sorten mit den Bezeichnungen Red, Ruby, Tawny, Light Tawny und White auf den Markt. Es ist die Kunst des Kellermeisters, für ständig gleich bleibende Qualität, das heißt Eigenart, Farbe und Süße zu sorgen. Diese „Wood Ports" verbringen ihre gesamte Reifezeit im Fass.

Vintage Ports sind Jahrgangs-Portweine aus einem einzigen außergewöhnlichen guten Weinjahr, mit sehr feinem Bouquet und von tief dunkelroter Farbe. Sie werden nach zwei bis drei Jahren Fassruhe auf Flaschen gezogen. Da der Vintage in Flaschen altert und Depot absetzt, muss er vor dem Genießen sorgfältig dekantiert und kurzfristig getrunken werden.

Der Late Bottled Vintage ist ein Port aus einem guten Jahrgang, der die Eigenschaften eines Vintage aufweist. Er lagert etwa fünf bis sechs Jahre im Fass, ehe er dann auf Flaschen abgezogen wird.

Colheitas sind Portweine aus einem Jahrgang, die im Unterschied zum Vintage im Fass reifen und frühestens nach sieben Jahren auf Flaschen gefüllt werden. Erntejahr und Abfülldatum stehen auf der Flasche.

Die Portweine mit angegebenem Alter reifen ebenfalls im Fass und gehören zu den Besonderheiten unter den Portweinen.

Empfehlungen
Portwein bietet man in zur Hälfte gefüllten kleinen, ballonförmigen Gläsern an. Man sollte Portwein einen Tag lang vor dem Öffnen aufrecht stehenlassen, damit sich altersbedingte Trübungen am Boden absetzen können. Rote Portweine serviert man bei Zimmertemperatur, weiße dagegen kellerkühl. Angebrochene Flaschen lassen sich wegen des höheren Alkoholgehalts längere Zeit aufbewahren. Portwein ist kontaktfreudig – er eignet sich ausgezeichnet zum Mixen von Cocktails, Longdrinks und Flips.

Bekannte Marken

Delaforce Das große, international bekannte Portweinhaus ist in Deutschland mit einer großen Sortimentsauswahl vertreten.

Fonseca Guimaraens Fonseca Ports werden hauptsächlich aus eigenen Weinen produziert. Alle Sorten werden in höchster Qualität angeboten, und einen legendären Ruf genießen die alten Vintage-Ports.

Osborne Weltberühmt ist Osborne für seine Sherrys und Brandys. Des Weiteren zählt Osborne mit seinen vielfach ausgezeichneten und prämierten Portweinen zu den renommierten Produzenten.

Ramos-Pinto Das renommierte Haus ist seit 1989 im Besitz von J.-C. Rouzard, dem Inhaber des weltberühmten Champagnerhauses Louis Roederer. Ramos-Pinto bietet in Deutschland ein umfangreiches Sortiment, darunter mehrere Vintage und Colheita Ports, an.

Royal Oporto Die 1756 gegründete Real Companhia Velha ist das älteste Unternehmen Portugals und aus königlicher Gründung. Unter dem Markennamen Royal Oporto wird auf den internationalen Märkten ein reichhaltiges Programm verschiedener Portwein-Qualitäten angeboten. Nach Deutschland werden alle klassischen Sorten sowie 10-40 Jahre alte Qualitäten und Vintage Ports importiert.

Sandeman Sandeman ist eines der größten Sherryhäuser und auch Portweinproduzent. In Deutschland werden auch die Sorten Tawny und White angeboten.

Warre's Warre's war die erste englische Firma in Portugal und ein Pionier im Portweinhandel. In Deutschland wird ein umfangreiches Sortiment, darunter viele Vintage und Late Bottled Ports angeboten.

Princetown

2 cl Roter Portwein
4 cl Gin
1 Spritzer Orange Bitter

Die Zutaten in ein mit Eiswürfeln gefülltes Rührglas geben, gut vermischen und in ein gekühltes Cocktailglas abgießen. Mit Zitronenschale abspritzen.

Port in a Storm

5 cl Roter Portwein
2 cl Cognac
leichter Rotwein

In ein Longdrinkglas auf einige Eiswürfel Portwein und Cognac geben. Mit dem leichten Rotwein auffüllen und mit Orangen- und Zitronenscheibe und einem Minzezweig garnieren.

Porto Flip

4 cl Roter Portwein
1 cl Cognac
1 cl Zuckersirup
2 cl Sahne
1 Eigelb

Die Zutaten mit Eiswürfeln im Shaker kurz und kräftig schütteln. In ein Flipglas oder einen Sektkelch abgießen und mit etwas Muskatnuss bestreuen.

Ginger Rogers

3 cl Roter Portwein
3 cl Cognac

In einem mit Eiswürfeln gefüllten Rührglas gut verrühren und in ein gekühltes Cocktailglas abgießen.

Delicia

4 cl Tawny Port
2 cl Cognac oder Brandy
1 cl Cointreau
kaltes Bitter Lemon

Die Zutaten – ohne Bitter Lemon – in ein Longdrinkglas auf einige Eiswürfel gießen und gut verrühren. Mit Bitter Lemon auffüllen und eine halbe Orangenscheibe und Cocktailkirschen dazugeben.

Champagner

Die Heimat des Champagners ist eine weite, zum Teil recht hügelige Landschaft, etwa 150 km nordöstlich von Paris gelegen. Aus dieser eng begrenzten Region stammen die edelsten Schaumweine der Welt.

Schon vor 2000 Jahren wurde in der Champagne Wein angebaut. Der Champagner, wie wir ihn heute kennen, entwickelte sich jedoch erst ab dem frühen 18. Jahrhundert.

Der Ursprung

Die Champagne ist die kleinste Weinbauregion Frankreichs und liegt schon sehr nahe an der nördlichen Grenze für den Weinbau. Das Anbaugebiet ist auf etwa 34000 ha begrenzt, davon sind rund 30000 ha ertragfähig. Das wichtigste Kriterium für die Begrenzung des Weinbaugebiets war die Beschaffenheit der Böden. Die Kreideböden und die Mikroelemente sind einmalig. Es gibt zwar auch anderswo in Europa vergleichbare Böden, doch nirgendwo sind die Voraussetzungen für den Weinbau, der dann einen so herrlichen Schaumwein ergibt, so günstig wie in der Champagne. Das Champagner-Anbaugebiet bildet keine einheitliche Fläche und ist unterteilt in mehrere Bereiche. In den Hauptorten Reims und Epernay sind die meisten Champagner-Häuser ansässig.

Die Herstellung

Rund 15000 Winzer, etwa 40 Genossenschaften und etwa 265 Champagner-Häuser produzieren jährlich etwa 270 Millionen 1/1 Flaschen. Champagner ist vor allem ein Weißwein, obwohl er vorwiegend aus blauen Trauben gewonnen wird. Ausschließlich drei Rebsorten machen fast den ganzen Rebstockbestand aus – die beiden blauen Pinot Noir und Pinot Meunier und der weiße Chardonnay. Diese Rebsorten wurden unter Berücksichtigung des Klimas gewählt, um leichte und feine Weine zu erzielen. Durchschnittlich werden etwa 3/4 blaue und 1/4 weiße Trauben gelesen. Geerntet wird in der Champagne meist Ende September. Sobald das Lesegut in der Kellerei eintrifft, wird jede Rebsorte getrennt gekeltert und ein langer Werdegang beginnt. Nach dem Keltern kommt als nächster Schritt der frische Most zur ersten Gärung in Holzfässer oder Tanks. Diese ist nach rund drei Wochen beendet, und der junge, stille Wein wird gefiltert und von der Hefe getrennt. Zu diesem Zeitpunkt beginnt nun die Arbeit nach der „Méthode Champenoise". Sie ist die typische und allein zugelassene Methode der Champagner-Herstellung und umfasst fünf Schritte.

1. *Die Cuvée.* Grundsätzlich besteht ein Champagner aus mehreren Weinen verschiedener Lagen und Jahrgänge. Der Grund dafür ist das nördliche Klima des Weinbaugebiets, das zur Folge hat, dass nicht nur jährliche Schwankungen, sondern auch unterschiedliche Entwicklungen der verschiedenen Lagen innerhalb eines Weinjahrgangs auszugleichen sind. Die Zusammenstellung dieser Weine ist die Cuvée, ihr Ziel: die gleichbleibende Qualität und den typischen Geschmack einer Marke oder eines Herstellers zu garantieren.
2. *Die zweite Gärung.* Die Weine der Cuvée werden miteinander vermischt und dann auf Flaschen gefüllt. Dabei wird ihnen eine kleine Menge „Fülldosage" beigegeben. Sie besteht aus Hefe und in altem Wein aufgelöstem Rohrzucker und löst die zweite Gärung aus. Diese dauert rund 3 bis 4 Monate und findet in den für die Champagne typischen kühlen Kellern statt, die zum Teil bereits in der Römerzeit vor rund 2000 Jahren in den Kreideboden gegraben wurden.
3. *Das Reifen.* Sobald die zweite Gärung abgeschlossen ist, bilden die abgestorbenen Hefen in jeder Flasche ein so genanntes Depot. Auf diesem Satz reift der Champagner meist mehrere Jahre. 15 Monate sind gesetzlich vorgeschrieben, üblich sind jedoch 3 Jahre bzw. 5 Jahre bei Jahrgangs-Champagnern.
4. *Das Rütteln.* Um den Gärungssatz aus der Flasche entfernen zu können, muss sich dieser im Flaschenhals ansammeln. Dazu werden die

Flaschen am Ende ihrer Reifezeit mit dem Kopf nach unten in schräge Rüttelpulte gelegt. Dort werden sie nun in regelmäßigen Abständen leicht gerüttelt und dabei allmählich senkrecht gestellt. Man erreicht damit, dass das Hefedepot sich nach und nach im Flaschenhals sammelt.

5. *Das Degorgieren.* Die auf dem Kopf stehenden Flaschen sind nun fertig zum „Degorgieren". Dazu taucht man den Flaschenhals in eine Gefrierlösung, dabei gefriert der Satz innerhalb einiger Minuten zu einem Eisklötzchen. Beim Öffnen der Flaschen treibt der Kohlensäuredruck den Eispfropfen hinaus. Dabei geht ein wenig Wein verloren. Dieser wird im gleichen Arbeitsgang durch die Versanddosage ersetzt. Sie besteht aus Wein derselben Cuvée und etwas altem Champagner, in dem Rohrzucker gelöst ist. Das Mischungsverhältnis und die Menge der Dosage richten sich nach der Geschmacksrichtung, die der Champagner bekommen soll. Nach Zugabe der Dosage werden die Flaschen mit Naturkorken verschlossen und etikettiert. Der Champagner ist dann fertig und kann nach einigen Wochen Ruhezeit zum Versand kommen.

Wissenswertes

Je nach Zuckergehalt der Versanddosage ist der Champagner herb bis mild. Die Dosagen betragen für Extra Brut (extra herb) zwischen 0 und 6 g Restzucker pro Liter, bei Brut (herb) weniger als 15 g, für Extra Dry (extra trocken) zwischen 12 und 20 g, für Sec (trocken) zwischen 17 und 35 g, für Demi Sec (halbtrocken) zwischen 33 und 50 g und für Doux (mild) mehr als 50 g Restzucker pro Liter. Champagner mit unter 3 g/l Dosage werden mit den Bezeichnungen Brut Nature, Pas Dosé und Dosage Zero angeboten. Diese Champagner sind ausnahmslos sehr herb. Es gibt eine Reihe zusätzlicher Besonderheiten und Wissenswertes zu diesem umfassenden Thema: Außer den „normalen", sowie den Jahrgangs-Champagnern (Vintage/Millésimé) und den Spitzen-Cuvées aus den besten Weinen und der ersten Pressung, gibt es noch einige Besonderheiten. Eine davon ist der Rosé-Champagner. Er wird entweder durch Zusatz eines Rotweins aus der Champagne zur Cuvée oder durch Roséweinbereitung roter Rebsorten hergestellt. Wird Champagner nur aus Chardonnay-Trauben hergestellt, kann er – muss aber nicht – die Bezeichnung Blanc de Blancs tragen. Der Crémant schließlich ist ein Champagner, der einen niedrigeren Druck als normaler Champagner aufweist. Dem Crémant wird bei der zweiten Gärung weniger Zucker und Hefe

Champagner ist vornehm und edel und immer die richtige Wahl.

als üblich zugegeben. Er entwickelt deshalb weniger Kohlensäure, und die Eigenart seiner Grundweine kommt ausgeprägter zur Geltung. Es gibt die Bezeichnung Crémant auch für den Sekt verschiedener französischer Regionen und man sollte diese nicht mit den Crémants der Champagne verwechseln. In der Champagne werden auch Stillweine erzeugt, die Coteaux Champenois. Sie werden weiß, rot und in geringen Mengen auch als Rosé angeboten. Beim Champagner handelt es sich um den meistkontrollierten Wein der Welt. Eine der vielen Regelungen ist, dass Champagner das Weinbaugebiet nur in Flaschen verlassen darf. Des Weiteren sind zur Feststellung der Identität die Etiketten mit einer Erzeugernummer versehen (siehe Fachausdrücke). Champagner wird in 10 Flaschengrößen von 0,2 Liter bis 15 Liter angeboten (siehe Fachausdrücke). Die für den Konsum gebräuchlichste Flasche ist die Normalflasche mit 0,75 Litern Inhalt und über 90 Prozent Anteil am Gesamtmarkt. Von der Gesamtproduktion wird rund ein Drittel exportiert. Davon etwa 20 Millionen Flaschen nach Deutschland. Die Spezialcuvées, Jahrgangs- und Rosé-Champagner haben daran einen Anteil von 7 Prozent. Fast die gesamte Menge, nämlich 95 Prozent, kommt in der Geschmacksrichtung „Brut" zu uns.

Empfehlungen

Man serviert Champagner nicht in irgendeinem Glas, sondern immer in schmalen, zarten Gläsern. Ideal sind Kelche, Flöten oder Tulpen. Die berühmt-berüchtigten Schalen sind am wenigsten geeignet, denn an der großen Oberfläche verflüchtigt sich der Duft mit der feinen Kohlensäure im Nu. Nur Mixgetränke, die mit Champagner aufgegossen werden, erlauben die Schale. Niemals sollte mit einem Quirl die Kohlensäure herausgerührt werden, denn dann fehlt das feine Prickeln und Perlen und somit die Frische. Sicher kommt der Champagner trinkfertig aus der Kellerei und braucht keine Reifelagerung mehr, trotzdem sollte er einige Tage ruhen. Auch sollte er liegend lagern, da er ja wie Wein mit Naturkorken verschlossen ist. Kellerkühl ist die ideale Trinktemperatur, doch auch der Kühlschrank erfüllt den gleichen Zweck. Aber niemals ins Tiefkühlfach legen und niemals eiskalt servieren. Die beste Temperatur liegt bei 6-9 Grad. Bei Zimmertemperatur erwärmt sich der Champagner schnell, darum ist ein eisgefüllter Kühler der beste Aufbewahrungsort für die angebrochene Flasche. Für diese gibt es auch Spezialverschlüsse, die die Frische bis zum nächsten Tag bewahren.

Champagner passt immer: zum Empfang am Vormittag, zum Aperitif, zur Cocktailstunde und zu jedem Anlass am Abend. Auch viele bekannte Cocktails sind mit Champagner entstanden. Zum Mixen verwendet man am besten Champagner mit der Dosage Brut.

Bekannte Marken

Bollinger Das bedeutende Haus Bollinger in Ay wurde 1829 von dem aus Württemberg stammenden Joseph Bollinger gegründet und ist bis heute in Familienbesitz. Eine Besonderheit ist der Bollinger R. D. (Récemment Dégorgé) Extra Brut mit Jahrgang. Er reift acht Jahre auf der Flasche und wird erst vor dem Verkauf degorgiert.

Deutz Das renommierte Haus Deutz in Ay wurde 1838 von den aus Aachen stammenden Deutz und Geldermann gegründet. Deutz ist seit 1997 im Besitz von Roederer. Das Unternehmen verfügt über großen Weinbergbesitz und produziert jährlich rund eine Million Flaschen.

Alfred Gratien Im Jahre 1864 gründete Alfred Gratien in Epernay das Haus, dass heute eines der wenigen in Familienbesitz ist. Gratien ist bekannt als traditionsgebundenes Haus und gilt als eine der besten

kleinen Champagnerfirmen. In Deutschland werden die Qualitäten Brut-Classique, Paradis Brut und Paradis Rosé angeboten.

Charles Heidsieck Heidsieck wurde 1785 von dem Westfalen Florens-Louis Heidsieck gegründet. Heute gibt es außer Charles Heidsieck noch die Häuser Piper-Heidsieck und Heidsieck & Co. Monopole. Charles und Piper sind im Besitz von Rémy Martin (Cognac). Man produziert jährlich rund 3 Mio. Flaschen und eine Besonderheit ist die Angabe der Jahreszahl (Mise en Cave) der Kellereieinlagerung bei einigen Qualitäten.

Piper-Heidsieck Zählt mit jährlich rund 5 Millionen Flaschen zu den größeren Unternehmen. Piper ist im Besitz von Rémy Martin und das größte Haus das sich aus der Heidsieck-Dynastie entwickelte. Berühmte Special-Cuvées sind Florens-Louis, Brut Sauvage und der Rare.

durch den Zusammenschluss mit dem Cognac-Haus die Grundlage der LVMH-Gruppe, zu der auch weitere Champagner-Häuser gehören. Bei Moët & Chandon lagern weit über 100 Mio. Flaschen, und etwa 25 Mio. werden jährlich verkauft. Die weltweit meistverkaufte Einzelmarke ist der Brut Impérial des Hauses. Berühmt ist das Unternehmen auch für die Spitzencuvée Dom Pérignon.

Mumm Das berühmte Haus Mumm wurde 1827 von der Frankfurter Weinhändlerfamilie Mumm in Reims gegründet. Die jährliche Produktion beträgt rund 11 Mio. Flaschen, wobei der Großteil auf den Klassiker „Cordon Rouge" entfällt.

Perrier Jouet Das 1811 von Pierre-Nicolas Perrier-Jouet in Epernay gegründete Haus produziert jährlich rund 3 Mio. Flaschen. Außer durch seine hervorragenden Qualitäten ist das Unternehmen bekannt durch die Cuvée Belle Epoque Brut Vintage. Diese Prestige-Cuvée wird in einer Replik, der von dem berühmten Glaskünstler Emile Galle im Jahre 1902 entworfenen, blumengeschmückten Jugendstilflasche angeboten.

Pommery Das im Jahr 1836 gegründete Haus Pommery in Reims ist einer der bedeutendsten Champagnerhersteller, und seine Keller zählen zu den schönsten in der Champagne. Ab 1991 war Pommery im Besitz von Moët & Chandon und seit 2002 ist Pommery Teil der erst seit 1976 im Champagnergeschäft tätigen Firma Vranken.

Weinberg in der Champagne

Lanson Lanson in Reims ist eines der ältesten Champagnerhäuser und zählt zu den Grandes Marques (Grande Marque bedeutet wörtlich übersetzt große oder berühmte Marke). Das 1760 gegründete Haus ist heute im Besitz der Gruppe BCC (Boizel Chaoine Champagne), einem der Giganten in der Champagne. Lanson wird in Deutschland in sieben Qualitäten angeboten, wobei der berühmte „Black Label" Brut in allen Größen von der 0,2 Liter-Flasche bis zur Nebukadnezar- Flasche mit 15 Litern Inhalt erhältlich ist. Eine weitere Berühmtheit ist der vielfach ausgezeichnete „Rosé" Brut. Weitere sind der „Gold Label" Brut - Millésimé und der „Ivory Label" Demi-Sec. Zur „Crème de la Crème" der Champagne-Top-Marken zählt die „Noble Cuvée". Diese Cuvée gibt es als „Brut", als „Blanc de Blancs" und als „Brut Rosé". Noble Cuvée „Brut" und „Blanc de Blancs" werden mit Jahrgang angeboten.

Laurent Perrier Das 1812 in Tours-sur-Marne gegründete Haus gilt heute als das größte in Familienbesitz. Der Jahresabsatz beträgt rund 7,5-Mio. Flaschen. Sechs Qualitäten werden in Deutschland angeboten, überragend darunter die Spitzencuvées „Grand Siecle".

Moët & Chandon 1743 in Epernay gegründet, ist Moët & Chandon heute das mit Abstand größte Champagner-Haus. 1971 schuf man

Roederer Zu den noblen Häusern zählt zweifelsohne das 1776 gegründete Privatunternehmen Louis Roederer in Reims. Das Haus Roederer gilt als Spezialist für kräftige, bouquetreiche Champagner. Rund 1,5-Mio. Flaschen werden jährlich verkauft, und nur äußerst limitiert ist die Spitzencuvée „Cristal" zu haben. Roederer Cristal, 1876 erstmals hergestellt, ist eine der berühmtesten Marken und ein Symbol für höchste Qualität. Er wird auch in kleinsten Mengen als Rosé angeboten.

Taittinger Der Ursprung des Hauses Taittinger geht auf das Jahr 1734 zurück. Pierre Taittinger erwarb 1931 das Unternehmen und verlegte den Firmensitz nach Reims. Taittinger ist eines der wenigen bedeutenden Häuser in Familienbesitz und verfügt über 250 ha eigene Weinberge in 30 verschiedenen Lagen. Diese decken die Hälfte des Bedarfs für die rund vier Millionen jährlich verkauften Flaschen. Neben den klassischen Qualitäten genießt die Spitzen-Cuvée „Comtes de Champagne" Millésimé (Brut und Rosé Brut) höchstes Ansehen. Eine der großen Ideen des Hauses war die Collection Taittinger. Für diese werden seit 1983 Jahrgangs-Champagner in besondere, von berühmten zeitgenössischen Künstlern gestaltete Flaschen gefüllt. Diese „Collection-Flaschen" sind bereits begehrte Sammlerobjekte.

Max Joseph

2 Spritzer Orange Bitter
2 cl Calvados
1 cl Weißer Port
1 cl Apricot Brandy
kalter Champagner

Die Zutaten – ohne Champagner – in einem Rührglas mit Eiswürfeln gut vermischen und in einen großen Kelch abgießen. Mit Champagner auffüllen. Mit einem Stück Orangenschale abspritzen. Die Schale und eine Cocktailkirsche dazugeben.

Sternstunde

2 cl Calvados
2 cl Cointreau
4 cl Maracujanektar
kalter Champagner

Die Zutaten – ohne Champagner – mit Eiswürfeln im Shaker gut schütteln und in einen großen Kelch abgießen. Mit Champagner auffüllen. Einen Karambolastern mit einer Cocktailkirsche an den Glasrand stecken.

Gabriela

2 cl Triple Lime Liqueur
1 cl Calvados
1 cl Roter Portwein
kalter Champagner

Die Zutaten – ohne Champagner – in einem Rührglas mit Eiswürfeln gut vermischen und in einen großen Kelch abgießen. Mit Champagner auffüllen. Mit einem Stück Orangenschale abspritzen. Die Schale und eine Cocktailkirsche dazugeben.

Ohio

2 Spritzer Angostura
2 cl Canadian Whisky
2 cl Vermouth Rosso
2 cl Cointreau
kalter Champagner

Die Zutaten – ohne Champagner – in einem Rührglas mit Eiswürfeln gut vermischen und in einen großen Kelch abgießen. Mit Champagner auffüllen. Mit einem Stück Orangenschale abspritzen. Die Schale und eine Cocktailkirsche dazugeben.

< *Im Bild: Sternstunde*

Black Velvet

kalter Champagner
Guinness Stout

Einen Champagnerkelch zur Hälfte mit Champagner füllen und mit Guinness Stout aufgießen.

Alfonso

1 Stück Würfelzucker
2 Spritzer Angostura
4 cl Dubonnet Rouge
kalter Champagner

Den Zuckerwürfel mit Angostura im Champagnerkelch tränken. Dubonnet und einen Eiswürfel dazugeben. Mit Champagner auffüllen, mit einem Stück Zitronenschale abspritzen und diese dazugeben.

Caribbean Champagne

1 cl Weißer Rum
1 cl Crème de Bananes
1 Spritzer Angostura
kalter Champagner

In einem Champagnerkelch einen Eiswürfel, Rum, Crème de Bananes und einen Spritzer Angostura geben. Mit Champagner auffüllen. Einige Bananenstückchen und Cocktailkirschen am Spieß dazugeben.

Bellini

Weiße Pfirsiche
kalter Champagner

Die Pfirsiche schälen und pürieren. Etwas Pfirsichmus in einen Champagnerkelch geben und langsam mit kaltem Champagner auffüllen.

Kir Royal

1 cl Crème de Cassis
10 cl kalter Champagner

Den Cassis in ein Kelchglas geben und mit Champagner auffüllen.

Pomme d'Amour

2 cl Calvados
1 cl Cointreau
1 cl Erdbeerlikör
10 cl kalter Champagner

Die Zutaten – ohne Champagner – mit Eiswürfeln in einem Becherglas auf Eiswürfeln gut verrühren. Mit Champagner auffüllen.
Einen Babyapfel an den Glasrand stecken.

Prince of Wales

2 cl Cognac
1 cl Orange Curaçao
1 Spritzer Angostura
kalter Champagner

In ein großes Stielglas einige Eiswürfel, Cognac, Orange Curaçao und einen Spritzer Angostura geben. Mit Champagner auffüllen. Drei Cocktailkirschen, je eine halbe Orangen- und Zitronenscheibe dazugeben.

I.B.U.

2 cl Cognac
2 cl Apricot Brandy
2 cl Orangensaft
kalter Champagner

Die Zutaten – ohne Champagner – mit Eiswürfeln im Shaker kräftig schütteln und durch das Barsieb in eine Cocktailschale abgießen. Mit Champagner auffüllen.

dazugeben und mit Champagner auffüllen. Mit einer Zitronenschale abspritzen und diese ins Glas geben.

Champagner Cocktail II

2 cl Cointreau
2 cl Cognac
kalter Champagner
Cointreau und Cognac mit Eiswürfeln im Rührglas gut mischen. In einen großen Kelch abgießen und mit Champagner auffüllen. Eine Cocktailkirsche und eine halbe Orangenscheibe dazugeben.

< Im Bild: Kir Royal, Pomme d'Amour und Prince of Wales

schütteln. Durch ein Barsieb in ein großes Stielglas abgießen und mit Champagner auffüllen. Mit einer halben Orangenscheibe und einer Cocktailkirsche garnieren.

Vermouth Cassis Royal

2 cl Vermouth Dry
3 cl Crème de Cassis
10 cl kalter Champagner
Die Zutaten – ohne Champagner – in ein mittelgroßes Longdrinkglas mit Eiswürfeln geben. Mit kaltem Champagner auffüllen und leicht umrühren. Eine halbe Zitronenscheibe dazugeben.

Red Kiss

2 cl Brauner Rum
2 cl Kirschlikör
4 cl Ananassaft
10 cl kalter Champagner
Die Zutaten – ohne Champagner – mit Eiswürfeln im Shaker schütteln. Durch das Barsieb in eine Cocktailschale abgießen und mit kaltem Champagner auffüllen. Mit Cocktailkirschen und Ananasstück garnieren.

French 75

4 cl Gin
2 cl Zitronensaft
1 cl Zuckersirup
10 cl kalter Champagner
Die Zutaten – ohne Champagner – mit Eiswürfeln im Shaker gut schütteln. Durch ein Barsieb in ein großes Stielglas abgießen und mit Champagner auffüllen.

Dream's Cocktail

2 cl Dubonnet Rouge
2 cl Cointreau
2 cl Grapefruitsaft
kalter Champagner
Die Zutaten – ohne Champagner – mit Eiswürfeln im Shaker kräftig schütteln und durch das Barsieb in eine Cocktailschale abgießen. Mit Champagner auffüllen.

Pick me up

1 Spritzer Angostura
1 cl Grenadine
2 cl Zitronensaft
4 cl Cognac
10 cl kalter Champagner
Die Zutaten – ohne Champagner – mit Eiswürfeln im Shaker gut schütteln. Durch ein Barsieb in eine Cocktailschale abgießen und mit Champagner auffüllen. Eine halbe Zitronenscheibe dazugeben.

Champagner Cocktail

1 Stück Würfelzucker
2 Spritzer Angostura
kalter Champagner
Den Zuckerwürfel in eine Champagnertulpe geben, mit Angostura tränken, einen Eiswürfel

Champagner Flip

1 cl Cognac
4 cl Weißwein
1 cl Zuckersirup
2 cl Sahne
1 Eigelb
kalter Champagner
Die Zutaten – ohne Champagner – mit Eiswürfeln im Shaker kurz und kräftig schütteln, in ein Stielglas abgießen, mit Champagner auffüllen und mit Muskat bestreuen.

Moulin Rouge

2 cl Apricot Brandy
2 cl Gin
2 cl Zitronensaft
1 cl Grenadine
10 cl kalter Champagner
Die Zutaten – ohne Champagner – mit Eiswürfeln im Shaker gut

Sparkling Strawberry

2 cl Strawberry Liqueur
2 cl Cognac
4 cl Ananassaft
kalter Champagner
Die Zutaten – ohne Champagner – mit Eiswürfeln im Shaker kurz und kräftig schütteln, in ein Stielglas abgießen. Mit Champagner auffüllen. Erdbeere an den Glasrand stecken.

Sekt

Sekt ist die in Deutschland übliche Bezeichnung für Schaumwein, und nirgendwo auf der Welt wird so viel davon getrunken wie bei uns.

Die Deutschen sind Schaumweinweltmeister – eine Position, die weder Wirtschaftskrisen noch die hohe Sektsteuer bisher ernsthaft erschüttern konnte. Rund fünf Liter trinken die Deutschen pro Kopf und Jahr.

Der Ursprung

Wo und wann der erste Schaumwein im Glas perlte, ist nicht sicher auszumachen; aber alle Zeugnisse deuten auf Südfrankreich als Entstehungsort, wo 1544 der „Blanquette de Limoux" erwähnt wird. Er gilt als erster französischer Schaumwein. Gut hundert Jahre später wurde dann der Champagner „entdeckt", dessen Herstellung sich im 19. Jahrhundert zu einem blühenden Wirtschaftszweig entwickelte.

Frankreich, dem ersten Herstellerland von schäumendem Wein, folgten 1826 Deutschland und 1842 Österreich. In Italien begann um 1870 die Astiproduktion, und 1872 trat Spanien dann in den Kreis der Schaumweinerzeuger ein. Heute produzieren fast alle Weinländer auch Schaumwein. Die Ukraine mit der Krim zählt zu den Großen unter den Schaumweinerzeugern. Der weltberühmte Krimsekt wird zum Teil nach dem traditionellen Flaschengärungsverfahren hergestellt. Der exportierte Krimsekt wird nicht nur rot und süß, sondern auch weiß und trocken angeboten. Frankreich bietet außer dem Champagner auch die regional begrenzten „Crémant" und überregionale Sorten an. Seit den 80er Jahren nimmt mit der Nachfrage auch die Zahl der Schaumwein herstellenden Länder stetig zu. Höchsten Qualitätsansprüchen genügen die „Sparklings" Kaliforniens, aber auch die Kap-Sekte Südafrikas und die australischen „Sparkling Wines".

Um die Entstehung des Wortes „Sekt" ranken sich zahlreiche Legenden. Gesichert ist jedoch, dass die Bezeichnung ihren Ursprung im spanischen „vino seco" (= trockener Wein) hat. Ende des 19. Jahrhunderts hatte sich der Begriff Sekt für schäumenden Wein in Deutschland durchgesetzt. Ganz genau müssen nur die Juristen sein, denn Sekt ist zwar rechtlich gesehen immer Schaumwein, aber nicht jeder Schaumwein ist zugleich Sekt. Unter Schaumwein versteht man, wie der Name schon sagt, ein schäumendes Weinerzeugnis. Seine Qualität hängt ab von der Güte des Rohstoffs, also dem Wein oder den Trauben. Aus minderwertigen Grundweinen lässt sich trotz aller technischer Finessen kein guter Sekt herstellen. Nicht jede Rebsorte eignet sich zur Sektproduktion. Für einen guten Sekt braucht man Trauben mit viel Säure. Deutscher Riesling liefert die besten Grundweine, er verfügt über alle Eigenschaften (Säure, Rasse, Eleganz), die einen Spitzensekt garantieren. Aber deutscher Riesling ist rar und teuer, weshalb sich die Sektproduzenten nach ausländischen Quellen umsahen. Frankreich und vor allem Italien wurden die billigen Zulieferer.

Die Herstellung

Schaumwein kann in unterschiedlichen Verfahren hergestellt werden: Das klassische Schaumweinverfahren ist die Produktion durch zweite Gärung. Dem vergorenen Grundwein wird dabei Fülldosage aus Hefe und Traubenmost zugesetzt. In der geschlossenen Flasche oder im Drucktank lösen die Hefepilze dann die zweite Gärung aus, wobei der zugefügte Zucker in Kohlendioxid und Alkohol aufgespalten wird. Ist die Gärung beendet und die Lagerung abgeschlossen, entfernt man durch Filtern oder Degorgieren Hefe und Trübstoffe. Nach Zugabe der Versanddosage, die den Geschmack bestimmt, ist der Sekt fertig. Dabei sind drei verschiedene Methoden zur Durchführung der zweiten Gärung gebräuchlich: Es gibt die klassische Flaschengärung (Rüttelmethode), die Flaschengärung mit Filterenthefung, die auch Transvasiertechnik genannt wird, und die Großraum- oder Tankgärung. Nur noch wenige Sektkellereien halten bis heute an der traditionellen Methode des

Rüttelverfahrens fest. Die Filterenthefung ist eine Übergangsform zur Großraumgärung, bei der zweite Gärung und Reifelagerung noch in Flaschen stattfinden, aber in Großbehältern gefiltert wird. Das Großraumgärverfahren, bei dem der komplette Produktionsprozess in druckfesten Großtanks abläuft, stellt die wirtschaftlich wichtigste Methode dar. Allen drei Verfahren gemeinsam ist der erste Produktionsschritt, die Zusammenstellung der Cuvée zum harmonischen Rohstoff. Verschiedene Weine werden verschnitten, um Sektmarken gleichbleibender Qualität – unabhängig vom Erntejahrgang – herstellen zu können. Die Güte der Cuvée bestimmt wesentlich die Qualität des fertigen Produkts. Der Streit zwischen Traditionalisten und Neuerern um die klassische Flaschen- und die moderne Tankgärung ist bis heute im Gange, doch erscheint er fast müßig: die Tankgärung ist in den letzten Jahren entscheidend vervollkommnet worden. Ausschlaggebend sind allein die Qualität der Grundweine und die Zeit der Hefelagerung; stimmen beide Faktoren, erhält man ein gutes Endprodukt – unabhängig davon, ob die Gärung in der Flasche oder im Tank stattgefunden hat. Für den Gesetzgeber ist „Schaumwein" der Oberbegriff für alle Erzeugnisse, die durch erste oder zweite Gärung aus Trauben, Traubenmost, Tafelwein oder Qualitätswein hergestellt werden und die in geschlossenen Behältnissen bei 20 °C auch ausschließlich aus der Gärung stammende Kohlensäure einen Überdruck von mindestens drei Atmosphären aufweisen. Der Unterschied zwischen „Schaumwein" und „Qualitätsschaumwein" wird durch Alkoholgehalt, Mindestlagerzeit und zulässige Schwefelmenge bestimmt. Die Cuvée für Qualitätsschaumwein muss mindestens zehn Prozent Alkohol enthalten, die schwefelige Säure darf 185 Milligramm je Liter nicht übersteigen und die Herstellungsdauer einschließlich Alterung muss von Beginn der Gärung an mindestens sechs Monate bei Tankgärsekt, neun Monate bei Flaschengärsekt betragen. Deklarierungspflichtig ist der Restzuckergehalt, der die Süße des Schaumweins bestimmt (siehe Seite 20 bei Fachausdrücken unter Champagner- und Sektgeschmacksrichtungen).

Empfehlungen

Die richtige Trinktemperatur liegt für weißen Sekt bei 5 bis 7 °C, für Rosé-Sekt bei 6 bis 8 °C und für roten Sekt bei 9 bis 11 °C. Als Gläser eignen sich am besten Sektkelche und Flöten. Bauchigere Formen verwendet man für Sekte mit ausgeprägter Blume. Schalen sind gänzlich ungeeignet. Sekt sollte vor dem Öffnen mindestens einen Tag ruhig und kühl gelagert haben und auch beim Öffnen vorsichtig behandelt werden. Er verlässt die Kellerei auf dem Höhepunkt seiner Entwicklung, und durch lange Lagerzeit wird er keinesfalls besser.

Bekannte Marken

Adam Adam Brut und Rosé sind die Spitzensekte des Hauses Henkell und tragen den Namen des Firmengründers. Für den Brut werden Chardonnay-Weine, für den Rosé Gamay-Weine verwendet. Beide haben eine Dosage von 12 g/l.

Deinhard 1833 begann die Sektgeschichte der damaligen Weinhandlung Deinhard in Koblenz. Die Spitzenmarke „Lila" wurde bereits 1910 vorgestellt. Seit 1997 ist Deinhard im Besitz von Henkell & Söhnlein, die klassischen Deinhard-Marken sind jedoch weiterhin im Sortiment.

Fürst von Metternich Fürst von Metternich ist die große deutsche Nobel-Sektmarke. Der Staatskanzler Fürst von Metternich war einst Besitzer der Domäne Johannisberg und er förderte den Riesling-Anbau im Rheingau. Dieser ist bis heute die Grundlage der Fürst von Metternich Cuvées. Angeboten werden die drei Cuvées Trocken, Extra Trocken und Brut mit Jahrgang. Letzterer wird aus Weinen des Bereichs Johannisberg im klassischen Flaschengärverfahren hergestellt.

Henkell Von Adam Henkell 1832 in Mainz gegründet und heute in Wiesbaden-Biebrich beheimatet. Henkell Trocken wird seit 1894 hergestellt und ist einer der ältesten großen Markenartikel Deutschlands und

weltweit der bekannteste deutsche Sekt. Zum weltweit größten Sektproduzenten Henkell & Söhnlein gehören außer den Henkell- und Söhnlein-Marken die Sektfirmen Deinhard, Fürst von Metternich, Lutter & Wegner, Carstens, Rüttgers, Schloß Rheinberg und Cantor.

Kessler Georg Christian Kessler gründete 1826 in Esslingen am Neckar die erste deutsche Sektkellerei. Alle Marken werden bis heute im Flaschengärverfahren hergestellt. Flaggschiff im großen Sortiment ist die klassische Spitzenmarke des Hauses, das „Kessler Hochgewächs".

Mumm Die Frankfurter Weinhändlerfamilie Mumm gründete 1827 in Reims das Champagnerhaus Mumm. Nach dem ersten Weltkrieg eröffnete der letzte deutsche Inhaber 1922 in Frankfurt am Main die Firma Mumm & Co. Später kamen beide Häuser in den Besitz des Multis Seagram, der im Jahr 2000 auch die deutsche Mumm verkaufte. Mumm ist eine der bekanntesten deutschen Sektmarken und wird in den Abfüllungen Mumm Dry und Extra Dry, sowie Jules Mumm Dry und Jules Mumm Medium Dry angeboten.

Söhnlein 1864 von Johann Jacob Söhnlein in Wiesbaden-Schierstein gegründet. 1876 schuf er die Marke „Rheingold", das älteste heute noch bestehende Sekt-Warenzeichen. Im Jahre 1987 erfolgte der Zusammenschluss mit Henkell und bis heute zählt Söhnlein zu den bekanntesten Sektmarken. Außer dem aus Rhein-Riesling-Weinen im traditionellen Flaschengärverfahren hergestellten „Rheingold" gibt es die große Marke „Brillant" als Jahrgangssekt. Angeboten wird er als „Trocken", „Medium Dry", Rot „Halbtrocken" und „Trocken", für Diabetiker geeignet. Neu eingeführt wurde 2006 der Brillant Sparkling „alkoholfrei".

Rotkäppchen Im Süden von Sachsen-Anhalt, im Städtchen Freyburg, hat die Sektkellerei Rotkäppchen ihren Sitz. Sie wurde 1856 gegründet und erlebt seit der Wiedervereinigung einen nicht für möglich gehaltenen Aufstieg zur meistverkauften Sektmarke Deutschlands. Zum Unternehmen gehören inzwischen auch die Sektfirmen MM, Mumm und Geldermann. Außer der klassischen Linie, in der Rotkäppchen „Trocken", „Halbtrocken", „Mild", „Rubin" (rot) und Diabetikersekt „Trocken" angeboten werden, gibt es im Flaschengär-Sortiment die Qualitäten „Brut", „Extra Trocken" und „Riesling Trocken", des Weiteren den Weißburgunder „Extra Trocken Saale-Unstrut Sekt".

Österreichischer Sekt/Schlumberger Nach Frankreich und Deutschland war Österreich das dritte Sekt produzierende Land. Robert Schlumberger gründete 1842 in Wien die erste Sektkellerei. Bis heute ist das seit 1973 zu Underberg gehörende Unternehmen mit jährlich drei Millionen verkauften Flaschen der führende Hersteller in Österreich. Alle Schlumberger-Sekte sind Jahrgangssekte mit der Dosage Brut, und alle werden im traditionellen Flaschengärverfahren hergestellt. Schlumberger wird in den Abfüllungen „Sparkling Brut" (aus Welschriesling), „Chardonnay", „Rosé" (aus Pinot Noir) und DOM angeboten. Der DOM wurde von österreichischen Top-Winzern kreiert und wird im Schlumberger DOM-Keller aus im Eichenholzfass gereiften Chardonnay und Pinot Noir bereitet.

Summer Delight

1 cl Cointreau
1 cl Bananenlikör
4 cl Pfirsichnektar
kalter Sekt

Liköre und Pfirsichnektar mit einem Eiswürfel in eine große Cocktailschale geben. Leicht umrühren und mit Sekt auffüllen. Einen Spieß mit Bananenscheiben und Cocktailkirsche dazugeben.

Flying

2 cl Cointreau
2 cl Gin
2 cl Zitronensaft
kalter Sekt

Die Zutaten – ohne Sekt – mit Eiswürfeln im Shaker gut schütteln und in einen großen Kelch abgießen. Mit Sekt auffüllen.

Vulcano

3 cl ungekühlter Himbeergeist
2 cl Blue Curaçao
kalter Sekt

Himbeergeist und Blue Curaçao in eine Schale geben und unter leichtem Rühren anzünden. Das ätherische Öl einer Orangenschale in die Flamme spritzen, die Schale ins Glas geben und mit kaltem Sekt auffüllen. Eine Cocktailkirsche dazugeben.

Wild Strawberry

2 cl Strawberry Liqueur
6 cl Guavennektar
10 cl kalter Sekt

Die Zutaten – ohne Sekt – in ein Longdrinkglas mit Eiswürfeln geben. Mit kaltem Sekt auffüllen und umrühren.

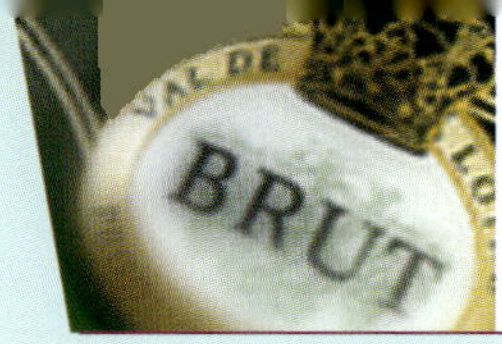

Adria Look

2cl Blue Curaçao
2cl Gin
2cl Hitchcock Zitronensaft
kalter Sekt

Die Zutaten – ohne Sekt – mit Eiswürfeln im Shaker kräftig schütteln und durch das Barsieb in ein großes Sektglas abgießen. Mit Sekt auffüllen. Ein Aprikosenstück an den Glasrand stecken und zwei Cocktailkirschen in das Glas geben.

Night and Day

1 cl Cognac
1 cl Apricot Brandy
4 cl Orangensaft
10 cl kalter Sekt

Die Zutaten – ohne Sekt – mit Eiswürfeln im Shaker schütteln und durch ein Barsieb in ein großes Stielglas abgießen. Mit kaltem Sekt auffüllen.

Fiesta Trinidad

2 cl Triple Sec Curaçao
1 cl Crème de Banane
kalter Sekt

In einen Sektkelch einen Eiswürfel und die Liköre geben. Mit Sekt auffüllen. Halbe Orangenscheibe dazugeben.

Caribbean

2 cl Weißer Rum
2 cl Crème de Banane
4 cl Bananennektar
kalter Sekt

Im Shaker mit Eiswürfeln schütteln, in Longdrinkglas auf Eiswürfel abgießen. Mit Sekt auffüllen. Kiwischeibe an den Glasrand stecken.

Blow up

2 cl Erdbeersirup
2 cl Triple Sec Curaçao
6 cl Orangensaft
10 cl kalter Sekt

Die Zutaten – ohne Sekt – mit Eiswürfeln im Shaker schütteln und durch ein Barsieb in ein Longdrinkglas auf einige Eiswürfel abgießen. Mit Sekt auffüllen. Mit einer Erdbeere garnieren.

Green Ghost

4 cl Bols Grüne Banane
6 cl Orangensaft
10 cl kalter Sekt

Grüne Banane und Orangensaft in ein Longdrinkglas mit Eiswürfeln geben. Mit Sekt auffüllen und umrühren. Einen Spieß mit Bananenscheiben und einer Cocktailkirsche über den Glasrand legen.

Azzurro Bacio

3 cl Blue Curaçao
2 cl Limettensirup
1 cl Zitronensaft
10 cl kalter Sekt

Die Zutaten – ohne Sekt – mit Eiswürfeln im Shaker schütteln und durch ein Barsieb in ein großes Stielglas abgießen. Mit kaltem Sekt auffüllen.

Im Bild: Blow up, Green Ghost und Azzurro Bacio >

Hemingway

4 cl Weißer Rum
2 cl Zitronensaft
1 cl Zuckersirup
kalter Sekt

Die Zutaten – ohne Sekt – mit Eiswürfeln im Shaker gut schütteln und in einen großen Kelch abgießen. Mit Sekt auffüllen.

Nektaris

1/3 Sauerkirschnektar
2/3 kalter Sekt

Sekt in einen Sektkelch geben und mit Sauerkirschnektar auffüllen. Eine Cocktailkirsche dazugeben.

Mimosa

1/3 Orangensaft
2/3 kalter Sekt

Den Orangensaft in einen Sektkelch geben und vorsichtig mit Sekt auffüllen.

Ritz

2 cl Cointreau
2 cl Cognac
2 cl Orangensaft
kalter Sekt

Die Zutaten – ohne Sekt – mit Eiswürfeln im Shaker gut schütteln und in einen großen Kelch abgießen. Mit Sekt auffüllen.

Frankreich, dem ersten Herstellerland von schäumendem Wein, folgten 1826 Deutschland und 1842 Österreich. In Italien begann um 1870 die Asti-Produktion, und 1872 trat Spanien dann in den Kreis der Schaumweinerzeuger ein. Heute produzieren fast alle Weinländer auch Schaumwein. Seit den 1980er Jahren nimmt mit der Nachfrage auch die Zahl der Schaumwein herstellenden Länder stetig zu. Beste Qualitäten bieten die „Cavas" Spaniens und die Sekte und „Crémants" Frankreichs. Altbekannt ist auch der nicht nur rot und mild angebotene Krimsekt. Berühmt ist Italien für seinen Asti und den seit den 1980er Jahren so erfolgreichen Prosecco. Auch die „Neue Welt" ist vertreten und neben den hervorragenden kalifornischen „Sparklings" sind auch Schaumweine aus Südafrika und Australien bei uns zu finden.

Französischer Sekt Neben dem Champagner sind eine große Anzahl französischer Sekte auf dem Markt. Frankreich verfügt über zahllose Grundweine zur Sektherstellung und diese werden oftmals außerhalb der Ernteregionen verarbeitet und ohne Herkunftsangabe als Mousseux verkauft. Es gibt aber viele in ihren Regionen hergestellte Schaumweine. Diese erhielten zu ihrer Aufwertung und zum Hinweis auf ihre Region ab den 1970er Jahren die Bezeichnung „Crémant" und eine eigene Appellation Controlée als Ursprungsbezeichnung. Die Bezeichnung „Crémant" steht dabei nicht – wie bis 1994 in der Champagne – für einen Champagner mit wenig Kohlensäure, sondern für die Herstellung durch Flaschengärung. Zwar sind die Rebsorten von Region zu Region unterschiedlich, wesentliche Regeln der Schaumweinerzeugung sind jedoch einheitlich vorgeschrieben. Zu diesen Regeln zählen beispielsweise die Ertragsmenge bei der Pressung und die Verweildauer von neun Monaten auf der Hefe in der Flasche. 1975 wurden der „Crémant de Bourgogne", 1976 der „Crémant d´Alsace" und der „Crémant de Loire" eingeführt. Diesen folgten die „Crémant" de Limoux, C. de Jura, C. de Bordeaux und C. de Die. Ende der 1980er Jahre wurde dann die Bezeichnung „Crémant" EU-weit übernommen und zugleich der Begriff „Méthode champenoise" für Flaschengärung allein dem Champagner zugesprochen.

Internationaler Sekt

Spanischer Sekt (Cava) Im Herzen Kataloniens, 50 Kilometer südwestlich von Barcelona, liegt die hügelige Landschaft Penedès, das Zentrum der spanischen Sektherstellung. Dort wird seit den 1860er Jahren der spanische Schaumwein produziert. Er wird im traditionellen Flaschengärverfahren hergestellt und nennt sich „Cava". Etwa 150 Millionen Flaschen werden jährlich erzeugt, das entspricht etwa 90 Prozent der gesamten Schaumweinproduktion des Landes. Spanien ist nach Frankreich das größte Erzeugerland von Schaumweinen nach der traditionellen Flaschengärung. Die gesetzlichen Bestimmungen für den Cava besagen, dass der Wein neun Monate in der Flasche auf der Hefe verbracht haben muss. Dem Cava verleiht die Macabeotraube Fruchtigkeit und Frische, die Xarel.lo Festigkeit und Säure und die Parelada Milde, Duftigkeit und Finesse. Seit einigen Jahren ist die Chardonnaytraube erlaubt, aber auch Riesling und Gewürztraminer werden angebaut. Die Cava werden in den Geschmacksrichtungen „Extra Brut" (Brut de Brut), „Brut Zero", „Brut Nature", „Brut" und in beachtlichem Umfang auch als „Semi Seco" (Demi-Sec/mild-lieblich) angeboten.

Italienischer Sekt, Asti und Prosecco Auch in Italien erfreut sich Sekt, der dort „Spumante" genannt wird, großer Beliebtheit. Annähernd 200 Millionen Flaschen werden jährlich getrunken. Über die Hälfte davon entfällt auf den süßen Asti Spumante aus der im Piemont heimischen Moscatotraube. Im Unterschied zum Sekt stammt die Süße des Asti vom Most. Dieser wird in Drucktanks gefüllt und gärt nur einmal. Aus dem Most wird nicht erst Wein, sondern schon Asti. Die Gärzeit ist relativ kurz, und ein großer Teil der natürlichen Mostsüße bleibt erhalten. Daneben gibt es aber auch eine große Zahl trockener Weine, aus denen Sekt

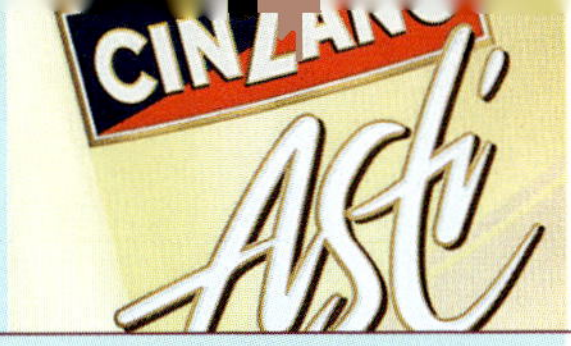

hergestellt wird. Sie stammen zumeist aus Trauben der Pinot-Familie, die in den Anbaugebieten des Nordens, in den Regionen Piemont, Lombardei, Trentino und Veneto, gelesen werden. Auch Chardonnay wird zunehmend verwendet. Rund 90 Prozent dieser Spumantes entstehen durch Tankgärung, die besten jedoch im Flaschengärverfahren (Metodo Classico). Relativ unbekannt war bis in die späten 1980er Jahre der Prosecco. Die weiße Proseccotraube wird vor allem nördlich von Venedig angebaut. Nur den Weinen, die aus dem rund 3000 Hektar großen Weinbaugebiet um Conegliano und Valdobbiadene stammen, steht die Ursprungsbezeichnung D.O.C. zu. Neben dem Prosecco Spumante gibt es den Perlwein Prosecco Frizzante. Dieser weist eine kürzere Gärzeit und weniger Kohlensäure auf und entspricht nicht den Vorschriften für Sekt. Diesem Umstand verdankt der leichte, frische Frizzante auch die Befreiung von der Sektsteuer. Im Gegensatz zum Prosecco Spumante werden die Frizzanteflaschen wie Wein verkorkt und die Korken mit Schnüren, dem „Spagno"-Verschluss, gesichert.

Bekannte Marken

Blanc Foussy (Fr) Die Sektkellerei Blanc Foussy befindet sich in Rochecorbon, östlich von Tours, am Ufer der Loire. Westlich davon liegt die Region Touraine, aus der die für den Blanc Foussy verwendeten Weine stammen. Diese sind zu 90 % Chenin Blanc – die Hauptsorte der Touraine – und zu 10 % Chardonnay. Es werden ausgesuchte Moste von Vertragswinzern angekauft, die Vinivikation erfolgt in den eigenen Kellereien. Für die anschließende Flaschengärung bieten Kalksandstein-Keller aus dem 16./17. Jahrhundert die idealen Reifebedingungen. Alle Foussy-Sekte werden nach der „Méthode Traditionnelle" hergestellt und Blanc Foussy ist Marktführer im Segment „Appellation Touraine Contrôlée". Nach Deutschland werden drei Sorten exportiert: Die beiden „Appellation Touraine Contrôlée" Blanc Foussy „Tête de Cuvée" Brut und „Rosé" Brut, ferner der Appellation Crémant de Loire Contrôlée „Crémant de Loire" Brut.

Endrizzi (It) Der renommierte Weinbaubetrieb Endrizzi in San Michele all´Adige / Trentino wurde ab 1885 von Francesco Endrici (Trentiner Dialekt: Endrizzi) aufgebaut und wird heute in der vierten Generation von Dr. Paolo und Christine Endrici geführt. Endrizzi ist berühmt für seine qualitativ hochwertigen Weine, die unverwechselbar zu den besten der Region zählen. Mit dem „Endrizzi Brut" Riserva, Metodo Classico, Trento DOC, wird auch ein ausgezeichneter Sekt angeboten. Dieser trockene, aus Chardonnay und Pinot Noir hergestellte Sekt reift 4 bis 5 Jahre auf der Flasche und vereint in sich alle Vorzüge einer Spitzencuvée.

Castillo Perelada (Sp) Das Unternehmen „Cavas de Castillo de Perelada" hat seinen Sitz in Villafranca del Penedès. Das attraktive Städtchen Perelada mit seiner einzigartigen Kombination historischer Viertel, kultureller Veranstaltungen und einem vom Wein gezeichneten Charakter wird überragt vom Castillo. Dieses 600 Jahre alte Schloss mit seinem sehenswerten Wein-Museum, seiner Bibliothek, der Spielbank, dem 5-Sterne-Hotel, dem Golfclub und dem Park mit 600 Baumarten ist das Wahrzeichen der Stadt und auch der Marke. In den historischen, schon im 15. Jahrhundert von den Karmeliter-Mönchen zur Weinerzeugung genutzten Kellergewölben von Castillo Perelada reift heute die Spitzen-

marke „Gran Claustro" Cava Brut Nature. Die anderen werden in einer 1970 gebauten Kellerei außerhalb des Schlosses verarbeitet. Die Sorten: „Reserva" Brut, „Rosado" Brut, „Cuvée Especial" Brut Nature mit Jahrgang, „Gran Claustro" Brut Nature mit Jahrgang und „Torre Galatea" Rosado Brut.

Cinzano (It) Das für seinen Vermouth (siehe Weinaperitif) weltbekannte Unternehmen ist auch ein traditionsreicher Hersteller von schäumenden Weinen. Berühmt ist das Unternehmen seit jeher für seinen Asti. Neu sind der halbtrockene Qualitätssekt Cinzano Semi Secco und dem Trend der Zeit entsprechend, der Prosecco Spumante.

Freixenet (Sp) Freixenet (sprich: Freschenet) in Sant Sadurni/Penedès ist der größte Cavaproduzent. 1889 wurde der Grundstein gelegt, und die Nachfahren des Gründers bauten das Haus zum größten Cavaproduzenten und einer der weltweit größten Sektkellereien aus. In Deutschland werden die Sorten „Carta Nevada" Semi Seco, „Cordon Negro" Brut und „Rosado" Seco angeboten. Neu eingeführt wurde die „Cuvée Especial XXI" – veintiuno – in den Abfüllungen „Brut" und „Seco".

Gratien & Meyer (Fr) Die Sektkellerei Gratien & Meyer wurde im Jahre 1854 in Saumur an der Loire gegründet und zählt zu den ältesten Sektkellereien Frankreichs. Seither haben sich fünf Generationen des Familienbetriebs der Herstellung von Sekt, Champagner und Weinen auf höchstem Niveau gewidmet. Die Gratien & Meyer Sekte werden nach den höchsten Qualitätskriterien und im Verfahren der traditionellen Flaschengärung hergestellt. Die Hauptmarke, der Crémant de Loire Brut, erfährt dabei die außergewöhnlich lange Reifezeit von 18 Monaten in den Tuffsteinkellern der Kellerei. Ausschließlich aus eigenem Traubengut hergestellt werden die Cuvée Flamme Brut und Cuvée Flamme Brut Rosé.

Kriter (Fr) Der Ursprung von Kriter geht auf eine kleine, traditionsreiche Sektkellerei in Beaune/Burgund zurück. 1959 wurde die Firma neu gegründet und heute ist Kriter einer der größten Sekthersteller und Sektexporteure Frankreichs. In Deutschland werden angeboten: Kriter „Brut" Blanc de Blancs, Kriter „Demi Sec" Blanc de Blancs, Kriter „Brut Prestige" Chardonnay mit Jahrgang und Kriter „Rosé" aus Pinot Noir und Cabernet Franc.

Krimskoye (Ukr) Krimsekt zählt seit jeher zu den Spitzenprodukten der Sektindustrie der ehemaligen UdSSR. Der berühmteste und größte Produzent in der Ukraine ist Krimskoye. Gegenüber anderen Sektsorten der Ukraine unterliegt der Krimsekt, und somit auch Krimskoye, einem dreijährigen Produktionsprozess und wird ausschließlich nach dem traditionellen Flaschengärverfahren hergestellt. Krimsekt gibt es weiß als Halbtrocken und Trocken, größere Bekanntheit genießt aber der berühmte rot-milde Krimsekt.

Roederer Quartet (US) Anfang der 1980er Jahre kaufte der Inhaber des Champagnerhauses Roederer im kalifornischen Anderson Valley 150 Hektar Rebfläche, um dort mit den Rebsorten der Champagne, Pinot Noir und Chardonnay, edle Schaumweine herzustellen. Seinen Namen verdankt der Roederer Quartet den vier Weinbergen des Gutes. Angeboten werden Roederer Quartet „Brut" und Roederer Quartet „Brut" Rosé. Beide werden im traditionellen Flaschengärverfahren hergestellt und zählen zu den besten „Sparklings" der USA.

Prosecco Yello (It) Prosecco Yello ist eine Marke unter dem Dach von Henkell & Söhnlein, dem weltweit größten Sektproduzenten. Ursprünglich eine Marke des Hauses Deinhard, kam diese durch die Übernahme von Deinhard zu Henkell & Söhnlein. Prosecco Yello wird als Frizzante angeboten und im Ursprungsgebiet hergestellt. Yello präsentiert sich in einer modernen Ausstattung und ist leicht und trocken.

Canella (It) Die Sektkellerei Canella in Donà di Piave bei Venedig gilt als einer der Erzeuger der am höchsten bewerteten Prosecchi Spumante. Angeboten werden der Canella Prosecco di Conegliano DOC Spumante und Canella Prosecco Frizzante. Berühmtheit erlangte Canella auch durch ihre fertig gemischten Cocktailklassiker Bellini, Rossini und Mimosa. Diese fruchtigen Aperitifs werden aus Prosecco und dem Fruchtmark weißer Pfirsiche mit etwas Waldhimbeere (Bellini), mit dem Fruchtfleisch frischer Erdbeeren (Rossini) und dem herbfruchtigen Saft sizilianischer Orangen (Mimosa) hergestellt.

Limetto Prosecco

1 Teil Cinzano Limetto
1 Teil Cinzano Prosecco
In einen Tumbler Eiswürfel geben und Cinzano Limetto und Prosecco zu gleichen Teilen dazugießen.

Black Magic

6 cl kalten roten Traubensaft
2 cl Curaçao Triple Sec
10 cl kalten trockenen Sekt
In einen großen Sektkelch einen Eiswürfel, den Traubensaft und den Curaçao geben. Mit kaltem, trockenem Sekt auffüllen. Einige rote Weintrauben halbieren und dazugeben.

Im Bild: Limetto Prosecco >

Im Bild: Vermouth-Cassis „Royal" >

Vermouth Cassis Royal II

3 cl Vermouth Dry
3 cl Crème de Cassis
6 cl schwarzer Johannisbeer Nektar
8 cl kalter Sekt
Die Zutaten – ohne Sekt – mit Eiswürfeln im Shaker kräftig schütteln und in ein Longdrinkglas auf einige Eiswürfel abgießen. Mit kaltem Sekt auffüllen und eine Johannisbeerrispe an den Glasrand hängen.

Scarlet Bellini

2 cl Pfirsichlikör
4 cl Blutorangensaft
10 cl kalten Prosecco Spumante
In einen großen Sektkelch einen Eiswürfel, den Pfirsichlikör und den Blutorangensaft geben. Mit kaltem Prosecco Spumante auffüllen. Eine halbe Blutorangenscheibe dazugeben.

Vellini

1 1/2 cl Vanilla Vodka
1 1/2 cl Strawberry Liqueur
10 cl kalten Prosecco Spumante
In einen großen Sektkelch einen Eiswürfel, den Vanilla Vodka und den Strawberry Liqueur geben. Mit kaltem Prosecco Spumante auffüllen. Eine Erdbeere an den Glasrand stecken.

Passion Bellini

2 cl Passoa Maracuja Liqueur
4 cl Maracuja Nektar
10 cl kalten Prosecco Spumante
In einen großen Sektkelch einen Eiswürfel, den Passoa Liqueur und den Maracuja Nektar geben. Eine halbe Maracuja auslöffeln und das Fruchtfleisch dazugeben. Mit kaltem Prosecco Spumante auffüllen.

Gin

Die Geschichte des Gins beginnt im 16. Jahrhundert in Holland. Dort stellten Schnapsbrenner Genever, einen mit Wacholder aromatisierten Branntwein her. Wahrscheinlich waren es englische Truppen, die das Rezept mit in ihre Heimat brachten. Im Laufe der Zeit änderte sich das Herstellungsverfahren und auch der Name. Aus dem holländischen Genever (von Wacholder: franz. genièvre) wurde der englische Gin.

Der große Durchbruch auf dem Weg zum englischen Nationalgetränk kam erst im 18. Jahrhundert. Ein großer Teil des damals hergestellten Gins war jedoch von sehr zweifelhafter Qualität, und anfangs nahm der Konsum dieses „schlechten" Gins das Ausmaß einer nationalen Krise an. Das besserte sich jedoch, als sich die Ginhersteller um eine höhere Qualität ihrer Produkte bemühten. Ihnen war zu verdanken, dass der Gin im 19. Jahrhundert ein respektables Getränk wurde. Der Gin war immer eine, wenn nicht die tragende Säule der Cocktailkultur. Die Branntweinsteuer bewog in Deutschland ab den 1980er Jahren viele Hersteller zur Absenkung des Alkoholgehalts von damals meist 43 %vol auf die zulässigen 37,5 %vol. Hier setzte zur Freude der Gin-Tonic-Trinker seit einigen Jahren ein Umdenken ein, und heute werden wieder Gin-Marken mit einem Alkoholgehalt von bis zu 47 %vol angeboten.

Die Herstellung

Früher wurde der englische Gin aus Korndestillaten hergestellt. In der heutigen Zeit verwendet man sehr hoch ausgebrannten (96 %vol) neutralen Alkohol landwirtschaftlichen Ursprungs. Dieses Destillat wird unter Zusatz von Wasser auf 60 %vol Alkohol reduziert und zusammen mit Wacholderbeeren und Gewürzen – Anis, Angelika, Fenchel, Kalmus, Kardamom, Koriander, Lavendel, Mandel, Zimt, Kümmel u. a. – noch einmal destilliert. Auf Trinkstärke herabgesetzt, ist Gin ohne Lagerzeit trinkfertig. Man unterscheidet zwei Arten: den trockenen Dry Gin oder London Dry Gin und den mit Zucker gesüßten Old Tom oder Plymouth Gin. Der zweite Gin-Typ ist in Deutschland weniger bekannt. Plymouth Gin war früher schwerer und aromatischer als London Gin, hat sich aber im Laufe der Jahre dem leichteren, international berühmteren London Gin angeglichen.

Die Verwendung

Anfang des 20. Jahrhunderts kamen in London die ersten „American Bars" auf, und hier spielte der Gin bald eine bedeutende Rolle. Auch außerhalb Englands verbreitete sich der Gin rasch. In den britischen Kolonien wurde Gin mit Tonic Water das beliebteste Getränk. In den Jahren zwischen den Weltkriegen wurde Gin schließlich als internationale Spirituose bekannt, hauptsächlich durch den Cocktail, der sich verblüffend rasch in Nordamerika und später in der ganzen westlichen Welt durchsetzte.

Gin wird heute in nahezu allen Ländern Westeuropas, in den USA und in Kanada hergestellt. Gin, für den nach EU-Recht ein Mindestalkoholgehalt von 37,5 %vol vorgeschrieben ist, wird trotz seiner Klarheit und seines aromatischen Bouquets selten pur getrunken. Er ist jedoch als Basis für Cocktails, Mixgetränke und Longdrinks unentbehrlich im Bestand jeder Bar.

Die Marken

Beefeater Der trockene und aromatische Beefeater (40 %vol) ist die Nummer drei unter den großen Ginmarken. Beefeater wird in London von der James Burrough Ltd. hergestellt und ist im Besitz von Pernod Ricard. Auf den internationalen Märkten wird auch der „Crown Jewel" Finest Triple Distilled Gin (50 %vol) angeboten. Neu im Programm sind der Beefeater „Lime" und „Orange", beide 40 %vol.

Bombay Sapphire Zu Beginn der 1990er Jahre wurde dem klassischen Bombay Gin der Bombay Sapphire zur Seite gestellt. Der in saphirblauen

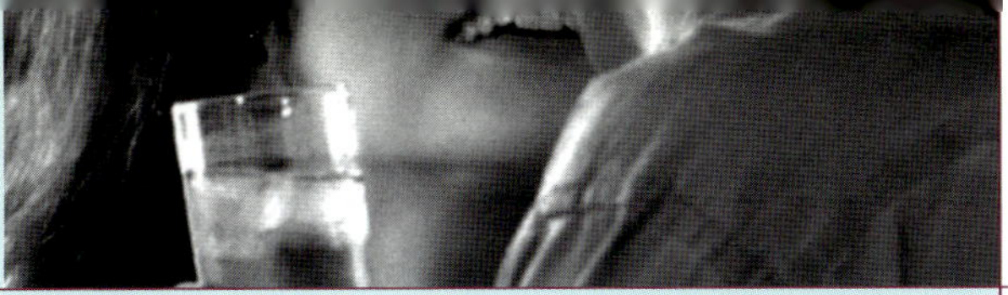

Flaschen abgefüllte Sapphire kam mit 47 %vol auf den Markt und wird in Deutschland seit Ende 2004 leider nur noch mit 40 %vol angeboten.

Finsbury Finsbury London Dry Gin (37,5 %vol) stammt aus der gleichnamigen, 1740 in London gegründeten Destillerie. Seit seiner Etablierung auf dem deutschen Markt zählt Finsbury zu den führenden Marken. Neu ist der Finsbury Platinium, ein exzellenter, sechsfach destillierter Super-Premium-Gin mit 47 %vol.

Gordon's Gordon´s ist die größte Ginmarke. Die erste Destillerie wurde 1769 in London erbaut und bis 1934 wurde ausschließlich in London produziert. Seither arbeiten aber auch Destillerien in anderen Ländern. Alkoholgehalt 37,5 %vol.

Hendrick's Hendrick´s Gin gilt als Super-Premium-Gin und als Hersteller bürgt der Name William Grant´s & Sons (Glenfiddich) für seine untadelige Qualität. Er wird in einer Grant´s Destillerie in Girvan/Schottland hergestellt und in Repliken einer dunkelbraunen viktorianischen Apothekenflasche angeboten. Da sein Duft auch eine Spur von Gurke erkennen lässt, empfiehlt man Gin-Tonic-Trinkern anstelle der Zugabe von Zitrone ein Stück geschälte Gurke. Hendrick´s gibt es seit 1999 und er wird mit 44 %vol angeboten.

Svensk Die schwedische Gin- und Wodka-Marke Svensk wird seit 1996 angeboten. In Motola, am Vättersee – Schwedens tiefster und reinster See –, werden nun seit Aufhebung des Staatsmonopols wieder Spirituosen produziert. Der in formschön gestylte Flaschen abgefüllte Svensk Gin hat 40 %vol Alkoholgehalt.

Tanqueray Der in außergewöhnlichen (einem englischen Hydranten nachgebildeten) Flaschen angebotene Tanqueray ist Kult unter den Gin-Fans und auch die bevorzugte Marke des Autors. Tanqueray wurde 1740 von Charles Tanqueray gegründet und Tanqueray Gin gibt es seit 1830. Im Jahr 2000 wurde der in schlanken, nostalgischen Art-déco-Flaschen abgefüllte Tanqueray No.TEN auf dem Markt eingeführt. Dieser zeichnet sich durch ein ausgeprägtes Citrus- und Wacholderaroma aus. Beide haben 47,3 %vol..

Big Ben

5 cl Gin
2 cl Zitronensaft
4 cl Orangensaft
1 cl Grenadine
kaltes Bitter Lemon

Die Zutaten – ohne Bitter Lemon – mit Eiswürfeln im Shaker gut schütteln und in ein Longdrinkglas auf Eiswürfel abgießen. Mit Bitter Lemon auffüllen. An den Glasrand eine Limettenscheibe mit einer Cocktailkirsche stecken.

Martini Dry

5 cl Gin
1 cl Vermouth Dry

Die Zutaten in ein mit Eiswürfeln gefülltes Rührglas geben, gut vermischen und in ein gekühltes Cocktailglas abgießen. Eine grüne Olive dazugeben oder mit Zitronenschale abspritzen.

Gibson

5 cl Gin
1 cl Vermouth Dry

Die Zutaten in ein mit Eiswürfeln gefülltes Rührglas geben, gut vermischen und in ein gekühltes Cocktailglas abgießen. Einige Cocktailzwiebeln dazugeben oder mit Zitronenschale abspritzen.

Red Snapper

5 cl Gin
1 cl Zitronensaft
12 cl Tomatensaft
3–5 Spritzer Worcestershire-Sauce
2 Spritzer Tabasco
frisch gemahlener Pfeffer
Selleriesalz

Die Gewürze, den Gin und den Zitronensaft in ein Longdrinkglas mit einigen Eiswürfeln geben, mit Tomatensaft auffüllen und gut rühren.

Bombay Crushed

4 Kumquats
2 Barlöffel brauner Zucker
4–6 cl Bombay Gin
2 cl Rose's Lime Juice

Die Kumquats halbieren und in einem Tumbler ausdrücken. Braunen Zucker, Gin und Lime Juice dazugeben. Gut vermischen, das Glas mit Crushed Ice füllen und nochmals umrühren.

Pink Lady

4 cl Gin
1–2 cl Zitronensaft
1–2 cl Grenadine
1/2 Eiweiß

Die Zutaten im Shaker mit Eiswürfeln gut schütteln und in ein Stielglas abgießen.

Hot Toddy

5 cl Gin
3 cl Zitronensaft
2 cl Zuckersirup
Nelken
Zimtstange

Gin, Zitronensaft und Zuckersirup erhitzen, in ein feuerfestes Glas geben und mit heißem Wasser auffüllen. Nelken und Zimtstange dazugeben.

Gin Sour

5 cl Gin
3 cl Zitronensaft
1–2 cl Zuckersirup

Die Zutaten im Shaker mit Eiswürfeln kräftig schütteln und in ein Stielglas abgießen. Mit einer halben Orangenscheibe und einer Cocktailkirsche garnieren.

Pink Sling

4 cl Gin
2 cl Crème de Cassis
1 cl Grenadine
2 cl Zitronensaft
10 cl Ananassaft

Alle Zutaten im Shaker mit Eiswürfeln gut schütteln und in ein Longdrinkglas auf Eiswürfel abgießen. Mit einer Zitronenscheibe und Cocktailkirsche garnieren.

Red Lips

2 cl Gin
2 cl Cherry Brandy
2 cl Campari
6 cl Orangensaft

Im Shaker mit Eiswürfeln schütteln, in Tumbler auf Eiswürfel abgießen. Eine halbe Orangen- und Zitronenscheibe und eine Cocktailkirsche dazugeben.

Singapore Sling II

4 cl Gin
2 cl Cherry Brandy
2 cl Zitronensaft
1 cl Grenadine
1 cl Bénédictine
4 cl Ananassaft
1 Spritzer Angostura
kaltes Sodawasser

Im Shaker mit Eiswürfeln gut schütteln und in ein Longdrinkglas auf Eiswürfel abgießen. Mit Sodawasser auffüllen und leicht umrühren. Ein Ananasstück mit einer Cocktailkirsche an den Glasrand stecken.

Gimlet

4 cl Gin
2 cl Rose's Lime Juice

Gin und Lime Juice mit Eiswürfeln im Rührglas gut vermischen, in ein Cocktailglas abgießen und mit einer Limettenscheibe garnieren. Das Verhältnis zwischen Gin und Lime Juice kann man nach Geschmack verändern. Statt mit Gin lässt sich der Gimlet auch mit Wodka mixen.

Cranberry Cooler

6 cl Gin
2 cl Cranberrysirup
12 cl Orangensaft

Ein Longdrinkglas mit grob zerschlagenen Eiswürfeln füllen. Dazu den Gin und den Orangensaft geben und gut verrühren. Den Sirup langsam darüber gießen. Eine Orangenscheibe an den Glasrand stecken und Trinkhalme dazugeben.

Im Bild: Gimlet und Cranberry Cooler >

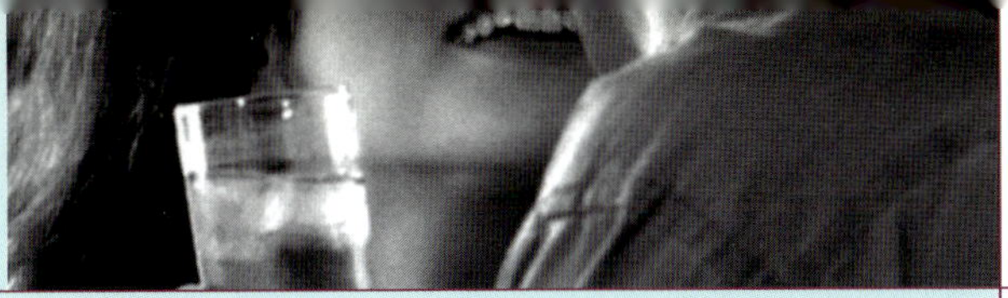

Flaschen abgefüllte Sapphire kam mit 47 %vol auf den Markt und wird in Deutschland seit Ende 2004 leider nur noch mit 40 %vol angeboten.
Finsbury Finsbury London Dry Gin (37,5 %vol) stammt aus der gleichnamigen, 1740 in London gegründeten Destillerie. Seit seiner Etablierung auf dem deutschen Markt zählt Finsbury zu den führenden Marken. Neu ist der Finsbury Platinium, ein exzellenter, sechsfach destillierter Super-Premium-Gin mit 47 %vol.
Gordon's Gordon´s ist die größte Ginmarke. Die erste Destillerie wurde 1769 in London erbaut und bis 1934 wurde ausschließlich in London produziert. Seither arbeiten aber auch Destillerien in anderen Ländern. Alkoholgehalt 37,5 %vol.
Hendrick's Hendrick´s Gin gilt als Super-Premium-Gin und als Hersteller bürgt der Name William Grant´s & Sons (Glenfiddich) für seine untadelige Qualität. Er wird in einer Grant´s Destillerie in Girvan/Schottland hergestellt und in Repliken einer dunkelbraunen viktorianischen Apothekenflasche angeboten. Da sein Duft auch eine Spur von Gurke erkennen lässt, empfiehlt man Gin-Tonic-Trinkern anstelle der Zugabe von Zitrone ein Stück geschälte Gurke. Hendrick´s gibt es seit 1999 und er wird mit 44 %vol angeboten.
Svensk Die schwedische Gin- und Wodka-Marke Svensk wird seit 1996 angeboten. In Motola, am Vätternsee – Schwedens tiefster und reinster See –, werden nun seit Aufhebung des Staatsmonopols wieder Spirituosen produziert. Der in formschön gestylte Flaschen abgefüllte Svensk Gin hat 40 %vol Alkoholgehalt.
Tanqueray Der in außergewöhnlichen (einem englischen Hydranten nachgebildeten) Flaschen angebotene Tanqueray ist Kult unter den Gin-Fans und auch die bevorzugte Marke des Autors. Tanqueray wurde 1740 von Charles Tanqueray gegründet und Tanqueray Gin gibt es seit 1830. Im Jahr 2000 wurde der in schlanken, nostalgischen Art-déco-Flaschen abgefüllte Tanqueray No.TEN auf dem Markt eingeführt. Dieser zeichnet sich durch ein ausgeprägtes Citrus- und Wacholderaroma aus. Beide haben 47,3 %vol..

Big Ben

5 cl Gin
2 cl Zitronensaft
4 cl Orangensaft
1 cl Grenadine
kaltes Bitter Lemon
Die Zutaten – ohne Bitter Lemon – mit Eiswürfeln im Shaker gut schütteln und in ein Longdrinkglas auf Eiswürfel abgießen. Mit Bitter Lemon auffüllen. An den Glasrand eine Limettenscheibe mit einer Cocktailkirsche stecken.

Martini Dry

5 cl Gin
1 cl Vermouth Dry
Die Zutaten in ein mit Eiswürfeln gefülltes Rührglas geben, gut vermischen und in ein gekühltes Cocktailglas abgießen. Eine grüne Olive dazugeben oder mit Zitronenschale abspritzen.

Gibson

5 cl Gin
1 cl Vermouth Dry
Die Zutaten in ein mit Eiswürfeln gefülltes Rührglas geben, gut vermischen und in ein gekühltes Cocktailglas abgießen. Einige Cocktailzwiebeln dazugeben oder mit Zitronenschale abspritzen.

Red Snapper

5 cl Gin
1 cl Zitronensaft
12 cl Tomatensaft
3–5 Spritzer Worcestershire-Sauce
2 Spritzer Tabasco
frisch gemahlener Pfeffer
Selleriesalz
Die Gewürze, den Gin und den Zitronensaft in ein Longdrinkglas mit einigen Eiswürfeln geben, mit Tomatensaft auffüllen und gut rühren.

Bombay Crushed

4 Kumquats
2 Barlöffel brauner Zucker
4–6 cl Bombay Gin
2 cl Rose's Lime Juice

Die Kumquats halbieren und in einem Tumbler ausdrücken. Braunen Zucker, Gin und Lime Juice dazugeben. Gut vermischen, das Glas mit Crushed Ice füllen und nochmals umrühren.

Pink Lady

4 cl Gin
1–2 cl Zitronensaft
1–2 cl Grenadine
1/2 Eiweiß

Die Zutaten im Shaker mit Eiswürfeln gut schütteln und in ein Stielglas abgießen.

Hot Toddy

5 cl Gin
3 cl Zitronensaft
2 cl Zuckersirup
Nelken
Zimtstange

Gin, Zitronensaft und Zuckersirup erhitzen, in ein feuerfestes Glas geben und mit heißem Wasser auffüllen. Nelken und Zimtstange dazugeben.

Gin Sour

5 cl Gin
3 cl Zitronensaft
1–2 cl Zuckersirup

Die Zutaten im Shaker mit Eiswürfeln kräftig schütteln und in ein Stielglas abgießen. Mit einer halben Orangenscheibe und einer Cocktailkirsche garnieren.

Pink Sling

4 cl Gin
2 cl Crème de Cassis
1 cl Grenadine
2 cl Zitronensaft
10 cl Ananassaft

Alle Zutaten im Shaker mit Eiswürfeln gut schütteln und in ein Longdrinkglas auf Eiswürfel abgießen. Mit einer Zitronenscheibe und Cocktailkirsche garnieren.

Red Lips

2 cl Gin
2 cl Cherry Brandy
2 cl Campari
6 cl Orangensaft

Im Shaker mit Eiswürfeln schütteln, in Tumbler auf Eiswürfel abgießen. Eine halbe Orangen- und Zitronenscheibe und eine Cocktailkirsche dazugeben.

Singapore Sling II

4 cl Gin
2 cl Cherry Brandy
2 cl Zitronensaft
1 cl Grenadine
1 cl Bénédictine
4 cl Ananassaft
1 Spritzer Angostura
kaltes Sodawasser

Im Shaker mit Eiswürfeln gut schütteln und in ein Longdrinkglas auf Eiswürfel abgießen. Mit Sodawasser auffüllen und leicht umrühren. Ein Ananasstück mit einer Cocktailkirsche an den Glasrand stecken.

Gimlet

4 cl Gin
2 cl Rose's Lime Juice

Gin und Lime Juice mit Eiswürfeln im Rührglas gut vermischen, in ein Cocktailglas abgießen und mit einer Limettenscheibe garnieren. Das Verhältnis zwischen Gin und Lime Juice kann man nach Geschmack verändern. Statt mit Gin lässt sich der Gimlet auch mit Wodka mixen.

Cranberry Cooler

6 cl Gin
2 cl Cranberrysirup
12 cl Orangensaft

Ein Longdrinkglas mit grob zerschlagenen Eiswürfeln füllen. Dazu den Gin und den Orangensaft geben und gut verrühren. Den Sirup langsam darüber gießen. Eine Orangenscheibe an den Glasrand stecken und Trinkhalme dazugeben.

Im Bild: Gimlet und Cranberry Cooler >

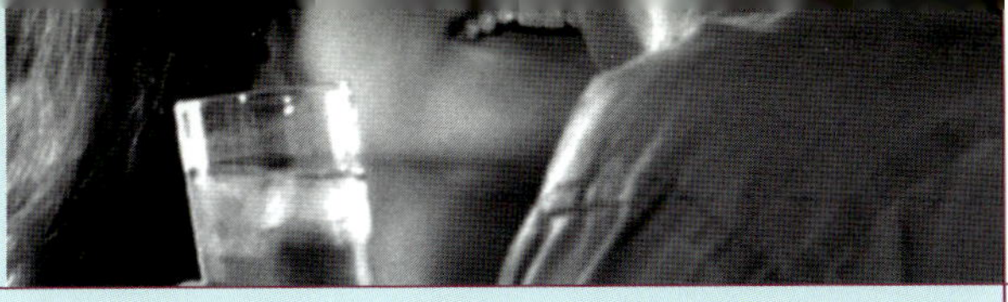

Flaschen abgefüllte Sapphire kam mit 47 %vol auf den Markt und wird in Deutschland seit Ende 2004 leider nur noch mit 40 %vol angeboten.

Finsbury Finsbury London Dry Gin (37,5 %vol) stammt aus der gleichnamigen, 1740 in London gegründeten Destillerie. Seit seiner Etablierung auf dem deutschen Markt zählt Finsbury zu den führenden Marken. Neu ist der Finsbury Platinium, ein exzellenter, sechsfach destillierter Super-Premium-Gin mit 47 %vol.

Gordon's Gordon´s ist die größte Ginmarke. Die erste Destillerie wurde 1769 in London erbaut und bis 1934 wurde ausschließlich in London produziert. Seither arbeiten aber auch Destillerien in anderen Ländern. Alkoholgehalt 37,5 %vol.

Hendrick's Hendrick´s Gin gilt als Super-Premium-Gin und als Hersteller bürgt der Name William Grant´s & Sons (Glenfiddich) für seine untadelige Qualität. Er wird in einer Grant´s Destillerie in Girvan/Schottland hergestellt und in Repliken einer dunkelbraunen viktorianischen Apothekenflasche angeboten. Da sein Duft auch eine Spur von Gurke erkennen lässt, empfiehlt man Gin-Tonic-Trinkern anstelle der Zugabe von Zitrone ein Stück geschälte Gurke. Hendrick´s gibt es seit 1999 und er wird mit 44 %vol angeboten.

Svensk Die schwedische Gin- und Wodka-Marke Svensk wird seit 1996 angeboten. In Motola, am Vättersee – Schwedens tiefster und reinster See –, werden nun seit Aufhebung des Staatsmonopols wieder Spirituosen produziert. Der in formschön gestylte Flaschen abgefüllte Svensk Gin hat 40 %vol Alkoholgehalt.

Tanqueray Der in außergewöhnlichen (einem englischen Hydranten nachgebildeten) Flaschen angebotene Tanqueray ist Kult unter den Gin-Fans und auch die bevorzugte Marke des Autors. Tanqueray wurde 1740 von Charles Tanqueray gegründet und Tanqueray Gin gibt es seit 1830. Im Jahr 2000 wurde der in schlanken, nostalgischen Art-déco-Flaschen abgefüllte Tanqueray No.TEN auf dem Markt eingeführt. Dieser zeichnet sich durch ein ausgeprägtes Citrus- und Wacholderaroma aus. Beide haben 47,3 %vol..

Big Ben

5 cl Gin
2 cl Zitronensaft
4 cl Orangensaft
1 cl Grenadine
kaltes Bitter Lemon

Die Zutaten – ohne Bitter Lemon – mit Eiswürfeln im Shaker gut schütteln und in ein Longdrinkglas auf Eiswürfel abgießen. Mit Bitter Lemon auffüllen. An den Glasrand eine Limettenscheibe mit einer Cocktailkirsche stecken.

Martini Dry

5 cl Gin
1 cl Vermouth Dry

Die Zutaten in ein mit Eiswürfeln gefülltes Rührglas geben, gut vermischen und in ein gekühltes Cocktailglas abgießen. Eine grüne Olive dazugeben oder mit Zitronenschale abspritzen.

Gibson

5 cl Gin
1 cl Vermouth Dry

Die Zutaten in ein mit Eiswürfeln gefülltes Rührglas geben, gut vermischen und in ein gekühltes Cocktailglas abgießen. Einige Cocktailzwiebeln dazugeben oder mit Zitronenschale abspritzen.

Red Snapper

5 cl Gin
1 cl Zitronensaft
12 cl Tomatensaft
3–5 Spritzer Worcestershire-Sauce
2 Spritzer Tabasco
frisch gemahlener Pfeffer
Selleriesalz

Die Gewürze, den Gin und den Zitronensaft in ein Longdrinkglas mit einigen Eiswürfeln geben, mit Tomatensaft auffüllen und gut rühren.

Singapore Sling

1 Spritzer Angostura
4 cl Gin
2 cl Cherry Brandy
3 cl Zitronensaft
1 cl Grenadine
kaltes Sodawasser

Die Zutaten – ohne Sodawasser – mit Eiswürfeln im Shaker gut schütteln und in ein Fancyglas auf einige Eiswürfel abgießen. Mit etwas Sodawasser auffüllen. Mit einer Zitronenscheibe und einer Cocktailkirsche garnieren.

White Lady

4 cl Gin
2 cl Cointreau
2 cl Zitronensaft

Im Shaker mit Eiswürfeln gut schütteln und in eine Cocktailschale abgießen.

Tom Collins

5 cl Gin
3 cl Zitronensaft
2 cl Zuckersirup
kaltes Sodawasser

Die Zutaten – ohne Sodawasser – mit Eiswürfeln im Shaker gut schütteln und in ein Longdrinkglas auf einige Eiswürfel abgießen. Mit etwas Sodawasser auffüllen. Mit einer Zitronenscheibe und einer Cocktailkirsche garnieren.

Blue Lady

4 cl Gin
2 cl Blue Curaçao
2 cl Zitronensaft

Im Shaker mit Eiswürfeln gut schütteln und in eine Cocktailschale abgießen.

Bronx

4 cl Gin
2 cl Vermouth Rosso
2 cl Vermouth Dry
3 cl Orangensaft

Im Shaker mit Eiswürfeln gut schütteln und in eine Cocktailschale abgießen.

Gin Alexander

4 cl Gin
2 cl Crème de Cacao Weiß
4 cl Sahne

Im Shaker mit Eiswürfeln gut schütteln und in eine Cocktailschale abgießen. Mit etwas Muskat bestreuen.

Flamingo

4 cl Gin
2 cl Apricot Brandy
2 cl Zitronensaft
1 Barlöffel Grenadine

Im Shaker mit Eiswürfeln gut schütteln und in eine Cocktailschale abgießen.

Paradise

4 cl Gin
2 cl Apricot Brandy
4 cl Orangensaft

Im Shaker mit Eiswürfeln gut schütteln und in eine Cocktailschale abgießen.

< Im Bild: Tom Collins, White Lady und Singapore Sling

Silvia

3 cl Gin
2 cl Crème de Bananes
1 cl Cointreau
4 cl Orangensaft

Im Shaker mit Eiswürfeln gut schütteln und in eine Cocktailschale abgießen.

Florida Sling

4 cl Gin
2 cl Cherry Brandy
3 cl Zitronensaft
1 cl Grenadine
6 cl Ananassaft

Die Zutaten im Shaker mit Eiswürfeln gut schütteln und in ein mit Eiswürfeln zur Hälfte gefülltes Longdrinkglas abgießen. Mit Kirschen und Ananasstücken garnieren.

Saxonia

4 cl Gin
2 cl Apricot Brandy
1 cl Grenadine
2 cl Zitronensaft
6 cl Orangensaft

Die Zutaten im Shaker mit Eiswürfeln gut schütteln und in ein mit Eiswürfeln zur Hälfte gefülltes Longdrinkglas abgießen. Mit einer Orangenscheibe und einer Cocktailkirsche garnieren.

Claridge

2 cl Gin
2 cl Vermouth Dry
1 cl Cointreau
1 cl Apricot Brandy

Die Zutaten mit Eiswürfeln im Rührglas gut vermischen und in ein gekühltes Cocktailglas abgießen.

Vanity

2 cl Gin
2 cl Blue Curaçao
1 cl Grenadine
2 cl Zitronensaft
3 cl Ananassaft

Die Zutaten mit Eiswürfeln im Shaker kräftig schütteln und in ein Stielglas abgießen. Eine Physalis an den Glasrand stecken.

Strawberry Dawn

4 cl Gin
2 cl Cream of Coconut
einige Erdbeeren

Die Zutaten im Elektromixer gut durchmixen. Die Mischung mit Eiswürfeln im Shaker gut durchschütteln und in eine Schale abgießen. Eine Erdbeere an den Glasrand stecken.

Clover Club

4 cl Gin
2 cl Zitronensaft
1 cl Grenadine
1 Eiweiß

Die Zutaten im Shaker mit Eiswürfeln gut schütteln und in ein Stielglas abgießen.

Gin Fizz

5 cl Gin
3 cl Zitronensaft
2 cl Zuckersirup
kaltes Sodawasser

Die Zutaten – ohne Sodawasser – mit Eiswürfeln im Shaker lange und kräftig schütteln. In ein Longdrinkglas abgießen und mit etwas Sodawasser auffüllen.

Gin Tonic

4 cl Gin
kaltes Tonic Water

Den Gin in ein Longdrinkglas mit Eiswürfeln geben und mit Tonic Water auffüllen. Eine halbe Scheibe Zitrone dazugeben.

Orangen Fizz

5 cl Gin
5 cl Orangensaft
2 cl Zitronensaft
1 cl Zuckersirup
kaltes Sodawasser

Die Zutaten – ohne Sodawasser – mit Eiswürfeln im Shaker lange und kräftig schütteln. In ein Longdrinkglas abgießen und mit etwas Sodawasser auffüllen.

Silver Fizz

5 cl Gin
3 cl Zitronensaft
2 cl Zuckersirup
1 Eiweiß
Sodawasser

Die Zutaten – ohne Sodawasser – mit Eiswürfeln im Shaker lange und kräftig schütteln. In ein Longdrinkglas abgießen und mit etwas Sodawasser auffüllen.

Golden Fizz

5 cl Gin
3 cl Zitronensaft
1 Eigelb
kaltes Sodawasser

Die Zutaten – ohne Sodawasser – mit Eiswürfeln im Shaker lange und kräftig schütteln. In ein Longdrinkglas abgießen und mit etwas Sodawasser auffüllen.

Gin Orange

4 cl Gin
10 cl Orangensaft

Gin und Orangensaft in ein mit Eiswürfeln gefülltes Longdrinkglas geben, kurz rühren. Eine Orangenscheibe an den Glasrand stecken.

Royal Fizz

5 cl Gin
3 cl Zitronensaft
2 cl Zuckersirup
1 Ei
kaltes Sodawasser

Die Zutaten – ohne Sodawasser – mit Eiswürfeln im Shaker lange und kräftig schütteln. In ein Longdrinkglas abgießen und mit etwas Sodawasser auffüllen.

Sarabande

4 cl Gin
4 cl Crème de Cacao Braun
8 cl Orangensaft
4 cl Sahne

Mit Eiswürfeln im Shaker gut schütteln und in ein Longdrinkglas auf einige Eiswürfel abgießen. Den fertigen Drink mit Schokoladenraspeln bestreuen.

Im Bild: Vanity >

Bombay Crushed

4 Kumquats
2 Barlöffel brauner Zucker
4–6 cl Bombay Gin
2 cl Rose's Lime Juice

Die Kumquats halbieren und in einem Tumbler ausdrücken. Braunen Zucker, Gin und Lime Juice dazugeben. Gut vermischen, das Glas mit Crushed Ice füllen und nochmals umrühren.

Pink Lady

4 cl Gin
1–2 cl Zitronensaft
1–2 cl Grenadine
1/2 Eiweiß

Die Zutaten im Shaker mit Eiswürfeln gut schütteln und in ein Stielglas abgießen.

Hot Toddy

5 cl Gin
3 cl Zitronensaft
2 cl Zuckersirup
Nelken
Zimtstange

Gin, Zitronensaft und Zuckersirup erhitzen, in ein feuerfestes Glas geben und mit heißem Wasser auffüllen. Nelken und Zimtstange dazugeben.

Gin Sour

5 cl Gin
3 cl Zitronensaft
1–2 cl Zuckersirup

Die Zutaten im Shaker mit Eiswürfeln kräftig schütteln und in ein Stielglas abgießen. Mit einer halben Orangenscheibe und einer Cocktailkirsche garnieren.

Pink Sling

4 cl Gin
2 cl Crème de Cassis
1 cl Grenadine
2 cl Zitronensaft
10 cl Ananassaft

Alle Zutaten im Shaker mit Eiswürfeln gut schütteln und in ein Longdrinkglas auf Eiswürfel abgießen. Mit einer Zitronenscheibe und Cocktailkirsche garnieren.

Red Lips

2 cl Gin
2 cl Cherry Brandy
2 cl Campari
6 cl Orangensaft

Im Shaker mit Eiswürfeln schütteln, in Tumbler auf Eiswürfel abgießen. Eine halbe Orangen- und Zitronenscheibe und eine Cocktailkirsche dazugeben.

Singapore Sling II

4 cl Gin
2 cl Cherry Brandy
2 cl Zitronensaft
1 cl Grenadine
1 cl Bénédictine
4 cl Ananassaft
1 Spritzer Angostura
kaltes Sodawasser

Im Shaker mit Eiswürfeln gut schütteln und in ein Longdrinkglas auf Eiswürfel abgießen. Mit Sodawasser auffüllen und leicht umrühren. Ein Ananasstück mit einer Cocktailkirsche an den Glasrand stecken.

Gimlet

4 cl Gin
2 cl Rose's Lime Juice

Gin und Lime Juice mit Eiswürfeln im Rührglas gut vermischen, in ein Cocktailglas abgießen und mit einer Limettenscheibe garnieren. Das Verhältnis zwischen Gin und Lime Juice kann man nach Geschmack verändern. Statt mit Gin lässt sich der Gimlet auch mit Wodka mixen.

Cranberry Cooler

6 cl Gin
2 cl Cranberrysirup
12 cl Orangensaft

Ein Longdrinkglas mit grob zerschlagenen Eiswürfeln füllen. Dazu den Gin und den Orangensaft geben und gut verrühren. Den Sirup langsam darüber gießen. Eine Orangenscheibe an den Glasrand stecken und Trinkhalme dazugeben.

Im Bild: Gimlet und Cranberry Cooler >

Orange Oasis

4 cl Gin
2 cl Cherry Brandy
12 cl Orangensaft
kaltes Ginger Ale

Im Shaker mit Eiswürfeln schütteln, in Longdrinkglas auf Eiswürfel abgießen. Mit etwas Ginger Ale auffüllen. Eine halbe Orangenscheibe dazugeben.

Méditerranée

2 cl Gin
2 cl Blue Curaçao
kaltes Bitter Lemon

In ein Longdrinkglas auf Eiswürfel geben und mit Bitter Lemon auffüllen. Eine Orangenscheibe dazugeben.

Kiss in the Dark

2 cl Gin
2 cl Cherry Brandy
2 cl Vermouth Dry

Im Rührglas mit Eiswürfeln verrühren, in vorgekühltes Cocktailglas abgießen. Eine Cocktailkirsche dazugeben.

Im Bild: Méditerranée und Banana Boat >

Parisian

2 cl Gin
1 cl Crème de Cassis
2 cl Vermouth Dry

Alle angegebenen Zutaten in einem Rührglas mit Eiswürfeln gut verrühren und in ein vorgekühltes Cocktailglas abgießen.

Banana Boat

3 cl Gin
3 cl Crème de Bananes
12 cl Orangensaft
einige Tropfen Grenadine

Im Shaker mit Eiswürfeln schütteln, in ein großes Fancyglas auf Eiswürfel abgießen. Einige Tropfen Grenadine darauf träufeln. Mit Orangenscheibe und Cocktailkirsche garnieren.

Silver Moon

3 cl Gin
3 cl Apricot Brandy
6 cl Orangensaft

Im Shaker mit Eiswürfeln kräftig schütteln und durch das Barsieb in eine Cocktailschale abgießen. Eine halbe Orangenscheibe und eine Cocktailkirsche dazugeben.

Scorpio

4 cl Gin
2 cl Cointreau
4 cl Sahne
1 Kugel Zitroneneis

Im Elektromixer gut durchmixen und in ein Stielglas abgießen. Mit einer Zitronenscheibe und frischer Minze garnieren.

Green Jungle

2 cl Gin
4 cl Bols Grüne Banane
1 cl Apricot Brandy
1 cl Zitronensaft
8 cl Orangensaft

Alle Zutaten im Shaker mit Eiswürfeln gut schütteln und in ein Fancyglas auf Eiswürfel abgießen.

Wodka

Das russische Nationalgetränk Wodka (deutsch: Wässerchen) hat seinen Ursprung in Polen. Dort bezeichnete man als Wodka verschiedene, als Heilmittel geltende Wässer.
Der Zeitpunkt der ersten alkoholischen Destillation ist unbekannt. Sicher ist aber, dass in Polen bereits im 17. Jahrhundert sich viele der Wodkabrennerei widmeten.

Wodka war bis Anfang des 20. Jahrhunderts nur in Polen und Russland verbreitet. Erst nach dem Ersten Weltkrieg begannen russische Emigranten außerhalb ihrer alten Heimat mit der Wodkaproduktion. In Deutschland beschränkte sich die Herstellung anfangs hauptsächlich auf Berlin.
Für die westliche Welt begann in den 1960er Jahren das Wodka-Zeitalter. In den USA, dem klassischen Land der Mixgetränke, ersetzte der Wodka vielfach den Gin, da er sich den amerikanischen Trinksitten besser anpassen ließ.

Die Herstellung

Als Rohstoffe werden bei der Wodkaherstellung hauptsächlich Gerste, Roggen, Weizen oder auch Kartoffeln verwendet. Die Auswahl der Rohstoffe hat jedoch kaum Bedeutung, da sich bei der mehrfach aufeinanderfolgenden Destillation fast alle Geschmacksstoffe verlieren. Bei Wodka will man, im Gegensatz zu anderen Spirituosen, ein reines, weiches, neutral schmeckendes Produkt. Dies wird durch eine mehrfache, meist über Holzkohle vorgenommene Filtrierung erreicht.
Außer den klaren, neutralen Wodkas werden auch aromatisierende Sorten hergestellt. Die bekanntesten sind der Zubrov(w)ka und die mit Zitrone, Pfeffer oder Fruchtauszügen versetzten Sorten.
Jeder dieser Wodkas erhält dadurch einen mehr oder minder ausgeprägten Geschmack. Besonders intensiv ist dieser beim russischen Pertsovka (nach Pfeffer) und beim russischen und polnischen Zubrovka/Zubrowka. Diese leicht gelblichen Wodkas erhalten einen an Waldmeister erinnernden Geschmack durch Zugabe von cumarinhaltigem Büffelgras.

Mit aromatisierten Wodkas gemixte Drinks erhalten eine zusätzliche aparte Geschmacksnote.
Da die benötigten Rohstoffe für die Wodkaherstellung nicht von geographischen Verhältnissen abhängig sind, ist auch die Produktion über die ganze Welt verbreitet. Wodka wird außer in den traditionellen Ländern Polen und Russland in Finnland, Schweden, Deutschland, England, Kanada, Frankreich und in großem Umfang in den USA hergestellt.

Empfehlungen

Pur trinkt man Wodka eisgekühlt, on the rocks, mit Fruchtsäften oder Bitter Limonaden. Weltbekannt sind Longdrinks wie Screw Driver, Wodka Tonic und Bloody Mary.
Aufgrund seiner vielfachen Verwendungsmöglichkeiten ist Wodka heute aus dem Bestand einer Bar nicht mehr wegzudenken.

Bekannte Marken

Absolut Die schwedische Marke Absolut ist seit 1879 bekannt. Genau 100 Jahre später begann mit einer äußerst erfolgreichen Werbekampagne ein kometenhafter Aufstieg. Heute ist Absolut mit rund 120 Millionen verkauften Flaschen (2005) die drittgrößte Spirituosenmarke der Welt. Ein weiteres Highlight sind die aromatisierten Wodkas. 1986 wurde Absolut „Peppar" eingeführt und war damals der erste Flavoured Wodka, der im internationalen Markt verkauft wurde. Dem Peppar folgte 1988 der „Citron", und dieser verhalf den aromatisierten Wodkas zum Durchbruch. Es folgten „Kurant" (Johannisbeere), „Mandrin", „Raspberri" (Himbeere), „Vanilia" und zuletzt (2006) „Apeach" (Pfirsich). Die neueste Sorte ist der mit Grapefruit aromatisierte „Red Ruby", der zur Zeit (2006) nur in Schweden, Polen und den USA erhältlich ist. Außer dem Original und den sieben aromatisierten Sorten wird seit einigen Jahren auch der Super-Premium-Vodka „Level" in einer etwas schlankeren Flasche angeboten (alle 40 %vol).

Alpha Noble Neu auf dem Markt ist der Alpha Noble Ultra Premium (40 %vol). Im Osten Frankreichs, in Fougerolles am südlichen Rand der Vogesen wird er seit Ende 2005 hergestellt. Französischer Weizen und das Wasser aus den Bergen der Vogesen sind die Basis für diesen Premium-Vodka. Alpha Noble entsteht in kleinen Chargen in einem sechsfachen Destillationsprozess, wobei der sechste Destillationsvorgang sein „Finish" in einer Pot Still (Kupferbrennblase) durchläuft. Nach der mit den modernsten Methoden vorgenommenen Filterung wird Alpha Noble in speziell für ihn gestylten Flaschen abgefüllt.

Gorbatschow Ist der führende Wodka und zugleich die meistverkaufte „weiße" Spirituose in Deutschland. Die Firma wurde bereits 1921 von russischen Emigranten in Berlin gegründet und ist seit 1960 im Besitz von Henkell & Söhnlein. Der klassische Gorbatschow hat 37,5 %vol, es gibt ihn aber auch mit 50 und 60 %vol. Neu seit 2003 ist der „Platinum 44". Dieser Premium-Wodka wird in einem aufwändigen Verfahren hergestellt und mit 44 %vol angeboten.

Grasovka Dem polnischen Grasovka „Bison Brand Vodka" (40 %vol) wird ein Halm eines in Ostpolen wachsenden Steppengrases (Mariengras/Büffelgras) zugegeben und der Wodka damit aromatisiert. Die in Polen frei lebenden Büffel (Bisons/Wisente = polnisch: Zubr) lieben dieses Gras, und daher die Bezeichnung „Zubrovka". Das kumarinhaltige Gras verleiht dem Zubrovka/Grasovka einen milden Waldmeistergeschmack und den leichten Farbton.

Moskovskaya Der Namenszusatz „Osobaya" bedeutet „Moskau Spezial". Moskovskaya wird seit 1965 nach Deutschland exportiert und ist bei uns der meist verkaufte russische Wodka. Der international bekannteste russische Wodka ist zwar Stolichnaya, doch Moskovskaya ist der Klassiker, an dem als Qualitätsmaßstab alle anderen Wodkas gemessen werden. Eine weitere Moskovskaya-Marke ist der Moskovskaya „Cristall", der von der Cristall-Brennerei hergestellt wird. Beide 40 %vol.

Russian Standard Dieser russische Premium-Vodka wird seit 2006 in drei Qualitäten auch in Deutschland angeboten. Seine Rezeptur geht zurück auf eine 1894 in St. Petersburg von dem Wissenschaftler Dimitri I. Mendeleev entwickelte Rezeptur. Der Russian Standard „Original" wurde auf Basis der Original-Rezeptur 1998 eingeführt. Er wird vierfach destilliert und mehrfach filtriert. Ihm folgte 2004 der „Imperia". Dieser erfährt eine achtfache Destillation und eine aufwändige Kristallquarz-Filtration. Die Spitzenmarke, der „Platinum", wird seit 2001 angeboten, ihn zeichnet eine zusätzliche Silber-Filtration aus. Alle 40 %vol.

Skyy Die Skyy Spirits Inc. in San Francisco/USA ist Hersteller von Skyy-Vodka. Diese junge, seit 1994 produzierte amerikanische Wodkamarke wird seit 1999 auch in Deutschland angeboten. Skyy-Vodka wird durch vierfache Destillation und eine dreifache Filtrierung hergestellt. Der in bemerkenswerte blaue Flaschen abgefüllte Skyy-Vodka hat 40 %vol. Neu seit 2006 sind die aromatisierten Sorten Citrus, Berry und Vanilla, alle 37,5 %vol.

Smirnoff Smirnoff hatte seinen Ursprung 1818 in St. Petersburg und war schon bis zur russischen Revolution unglaublich erfolgreich. 1939 kamen Rezeptur und Namensrechte nach vielen Umwegen in die USA. Ab den 1960er Jahren begann der Aufstieg des Smirnoff. Angeboten werden neben der Hauptmarke, die heute Smirnoff No. 21 heißt (37,5 %vol), der Smirnoff No. 57 (50 %vol) und die neuen „Flavoured" Vodkas der Reihe „Smirnoff Twist". Dies sind Smirnoff-Vodkas, die nach ihren Aromastoffen Vanilla, Orange, Raspberry (Himbeere) und Citrus benannt sind. Alle 37,5 %vol.

Stolitschnaya Bedeutet „Wodka aus der Hauptstadt". Die Marke existiert seit den 1950er Jahren und etwa zehn Jahre später begann man mit dem Export. Heute ist er einer der meist konsumierten Wodkas der Welt. Der größte Teil der Produktion wird in Russland abgesetzt, doch mit etwa 40 Millionen jährlich verkauften Flaschen ist man auch im Exportgeschäft sehr erfolgreich. Aufgrund einer dezenten Zuckerung schmeckt er sehr mild. Neu ist der „Elit". Dieser Ultra-Premium-Vodka wird nach speziellen Verfahren in der Destillationstechnik und der Filtrierung nach modernsten Erkenntnissen hergestellt. Beide 40 %vol.

Svensk In Schweden bestand bis 1995 ein Staatsmonopol für Spirituosen. Ab 1996 war erstmals seit 1917 der Weg frei für neue Unternehmen und mit der Gründung von Svensk ging die erste private Brennerei Schwedens seit dieser Zeit in Betrieb. In Motola am Vätternsee werden seither Wodka und Gin aus besten Zutaten hergestellt. Svensk-Vodka hat sich einen festen Platz unter den Premium-Marken erobert und seit 2005 wird er auch in Deutschland angeboten. Svensk–Vodka gibt es auch mit natürlichen Aromen, dies in den Sorten „Wild Strawberry", „Lemon", „Apple" und „Vanilla", alle mit 40 %vol.

Wyborowa Ist mit Abstand die bekannteste Wodkamarke Polens und eine der größten Marken überhaupt. Für den Export-Wyborowa werden ausschließlich Roggen-Destillate aus zwei der berühmtesten Brennereien Polens verwendet. Wyborowa (der „Auserwählte" – von Wybor = der Wähler) gibt es seit den 1920er Jahren, und in den 1970er Jahren wurde er auch in Westeuropa bekannt. Neu ist der seit 2005 auch in Deutschland angebotene Wyborowa „Exquisite" (Single Estate). Basierend auf einer einzigartigen Rezeptur, wird der „Exquisite" nur aus einer Roggensorte und nur in einer Destillerie hergestellt. Angeboten wird der „Exquisite" in einer modern gestylten Flasche und wie das Original mit 40 %vol.

Wodka Gibson

5 cl Wodka
1 cl Vermouth Dry
Die Zutaten in ein mit Eiswürfeln gefülltes Rührglas geben, gut vermischen und in ein gekühltes Cocktailglas abgießen. Einige Cocktailzwiebeln dazugeben oder mit Zitronenschale abspritzen.

White Cloud

4 cl Wodka
2 cl Crème de Cacao Weiß
2 cl Sahne
2 cl Cream of Coconut
Im Elektromixer gut durchmixen. Die Mischung im Shaker mit Eiswürfeln gut schütteln und in eine Cocktailschale abgießen.

Chi-Chi

6 cl Wodka
8 cl Ananassaft
4 cl Cream of Coconut
Alle Zutaten im Elektromixer gut durchmixen und in ein mit gestoßenem Eis zur Hälfte gefülltes Longdrinkglas abgießen. Mit Früchten garnieren.

Wodka Fizz

5 cl Wodka
3 cl Zitronensaft
2 cl Zuckersirup
kaltes Sodawasser
Die Zutaten – ohne Sodawasser – mit Eiswürfeln im Shaker lange und kräftig schütteln. In ein Longdrinkglas abgießen und mit etwas Sodawasser auffüllen.

Wodka Martini

5 cl Wodka
1 cl Vermouth Dry
Die Zutaten in ein mit Eiswürfeln gefülltes Rührglas geben, gut vermischen und in ein gekühltes Cocktailglas abgießen. Eine grüne Olive dazugeben oder mit Zitronenschale abspritzen.

Wodka Gimlet

4 cl Wodka
2 cl Rose's Lime Juice
Wodka und Lime Juice mit Eiswürfeln im Rührglas gut vermischen, in ein Cocktailglas abgießen und mit einer Limettenscheibe garnieren. Das Verhältnis zwischen Wodka und Lime Juice kann man verändern.

Barbara

4 cl Wodka
2 cl Crème de Cacao Braun
4 cl Sahne
Wodka, Crème de Cacao Braun und Sahne im Shaker mit Eiswürfeln gut schütteln. Den Drink durch das Barsieb in eine Cocktailschale abgießen.

Bloody Mary

5 cl Wodka
1 cl Zitronensaft
frisch gemahlener Pfeffer
Selleriesalz
2 Spritzer Tabasco
4 Spritzer Worcestershire-Sauce
12 cl Tomatensaft
In ein Longdrinkglas auf einige Eiswürfel die Gewürze, Zitronensaft und den Wodka geben. Mit Tomatensaft auffüllen und gut rühren.

< Im Bild: Wodka Tonic, Swimming Pool und White Russian

Salty Dog

5 cl Wodka
Grapefruitsaft

Den Rand eines Longdrinkglases in einem Zitronenviertel drehen, in eine mit Salz gefüllte Schale tupfen, nicht haftendes Salz durch leichtes Klopfen am Glas entfernen. Einige Eiswürfel in das Glas geben, den Wodka darüber gießen und mit Grapefruitsaft auffüllen.

Road Runner

4 cl Wodka
2 cl Amaretto
2 cl Sahne
2 cl Cream of Coconut

Im Elektromixer mit Eiswürfeln gut durchmixen. Die Mischung in eine Cocktailschale abgießen.

Mango Cooler

4 cl Wodka
2 cl Cointreau
4 cl Orangensaft
2 cl Zitronensaft
8 cl Mangonektar

Mit Eiswürfeln im Shaker gut schütteln und in ein Longdrinkglas auf einige Eiswürfel abgießen. Mit Früchten garnieren.

Black Russian

4 cl Wodka
2 cl Kaffeelikör

Wodka und Kaffeelikör im Rührglas mit Eiswürfeln gut vermischen und durch ein Barsieb in ein kleines Stielglas abgießen.

Springtime Cooler

4 cl Grasovka
2 cl Blue Curaçao
6 cl Orangensaft
3 cl Zitronensaft
1 cl Zuckersirup

Mit Eiswürfeln im Shaker gut schütteln und in ein Longdrinkglas auf einige Eiswürfel abgießen. Mit Früchten garnieren.

Wodka Sling

4 cl Wodka
2 cl Kirschlikör
3 cl Zitronensaft
1 cl Grenadine
10 cl Ananassaft

Im Shaker mit Eiswürfeln schütteln, in Longdrinkglas auf Eiswürfel abgießen.

Wodka Tonic

4 cl Wodka
kaltes Tonic Water

Den Wodka in ein mit Eiswürfeln gefülltes Longdrinkglas geben, mit Tonic Water auffüllen. Eine halbe Scheibe Zitrone dazugeben.

Bull Shot

5 cl Wodka
1 cl Zitronensaft
frisch gemahlener Pfeffer
Selleriesalz
2 Spritzer Tabasco
3–5 Spritzer Worcestershire-Sauce
12 cl Consommé

In ein Longdrinkglas auf einige Eiswürfel die Gewürze, Zitronensaft und den Wodka geben. Mit Consommé auffüllen und gut rühren.

Screw Driver

5 cl Wodka
12 cl Orangensaft

Wodka und Saft in ein mit Eiswürfeln gefülltes Longdrinkglas geben, kurz rühren. Eine Orangenscheibe an den Glasrand stecken.

Wodka Collins

5 cl Wodka
3 cl Zitronensaft
2 cl Zuckersirup
kaltes Sodawasser

Die Zutaten – ohne Sodawasser – mit Eiswürfeln im Shaker gut schütteln und in ein Longdrinkglas auf einige Eiswürfel abgießen. Mit etwas Sodawasser auffüllen. Mit einer Zitronenscheibe und einer Cocktailkirsche garnieren.

Balalaika

4 cl Wodka
2 cl Cointreau
2 cl Zitronensaft

Die Zutaten im Shaker mit Eiswürfeln gut schütteln und in eine Cocktailschale abgießen.

Swimming Pool

4 cl Wodka
2 cl Blue Curaçao
2 cl Sahne
12 cl Ananassaft
2 cl Cream of Coconut

Im Elektromixer gut durchmixen und in ein mit gestoßenem Eis zur Hälfte gefülltes Fancyglas abgießen. Mit Früchten garnieren.

White Russian

4 cl Wodka
2 cl Kaffeelikör
leicht geschlagene Sahne

Wodka und Kaffeelikör im Rührglas mit Eiswürfeln gut vermischen und durch ein Barsieb in ein Stielglas abgießen. Die Sahne langsam auf den Drink gießen.

Francesca Crusta

3 cl Wodka
2 cl Blue Curaçao
2 cl Grapefruitsaft
2 cl Ananassaft

Den Rand eines Ballonglases in einem Zitronenviertel drehen und in eine mit Zucker gefüllte Schale tupfen. In das Glas eine Zitronenspirale geben. Die Zutaten im Shaker mit Eiswürfeln kräftig schütteln und in das vorbereitete Glas abgießen. Mit Trinkhalmen servieren.

Cosmopolitan

6 cl Wodka
3 cl Cointreau
3 cl Cranberry Nektar
1 ½ cl frischer Limettensaft

Im Shaker mit Eiswürfeln kräftig schütteln und abgießen.

Caipirovka

6 cl Wodka
1–2 Limetten
1–2 cl Zuckersirup

Die Limetten vierteln, den Saft in einen großen Tumbler ausdrücken und die Limettenstücke mit ins Glas geben. Mit einem Holzstößel die Limettenstücke im Glas nochmals ausdrücken. Wodka und den Zuckersirup dazugießen und mit einem Barlöffel vermischen. Das Glas mit Eiswürfeln oder grob zerschlagenen Eiswürfeln füllen und nochmals umrühren. Zwei kurze, dicke Trinkhalme dazugeben.

Blue Russian

4 cl Blue Curaçao
4c l Wodka
kaltes Sprite

Curaçao und Wodka mit einigen Eiswürfeln in ein Longdrinkglas geben. Mit einem Barlöffel gut verrühren und mit der Zitronenlimonade auffüllen. Eine Orangenscheibe an den Glasrand stecken.

Wodka Sour

5 cl Wodka
3 cl Zitronensaft
1–2 cl Zuckersirup

Die Zutaten im Shaker mit Eiswürfeln kräftig schütteln und in ein Stielglas abgießen. Mit einer halben Orangenscheibe und einer Cocktailkirsche garnieren.

Im Bild: Wodka Sour, Beach Beauty und Moscow Mule >

Bloody Bull

5 cl Wodka
einige Tropfen Zitronensaft
Pfeffer, Selleriesalz
1 Spritzer Tabasco
2 Spritzer Worcestershiresauce
6 cl Tomatensaft
6 cl Consommé

In ein großes Becherglas Eiswürfel, Gewürze und Wodka geben. Mit Tomatensaft und Consommé aufgießen und umrühren. Eine Zitronenscheibe an den Glasrand stecken.

Beach Beauty

4 cl Wodka
2 cl Bananenlikör
1 cl Grenadine
4 cl Orangensaft
kaltes Tonic Water

Die Zutaten – ohne Tonic Water – mit Eiswürfeln im Shaker kräftig schütteln. Dann durch ein Barsieb in ein Fancyglas auf einige Eiswürfel abgießen. Mit kaltem Tonic Water auffüllen und mit einem Barlöffel leicht umrühren. Eine halbe Orangenscheibe ins Glas geben.

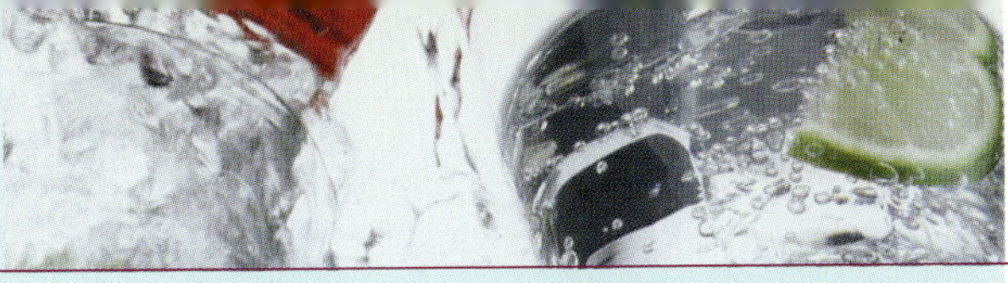

Moscow Mule

6 cl Wodka
1 Limette
kaltes Ginger Ale
Gurkenschale

In ein Longdrinkglas Eiswürfel geben, die Limette vierteln, den Saft in das Glas pressen und einige der Limettenviertel dazugeben. Den Wodka darüber gießen, mit Ginger Ale auffüllen und mit Gurkenschale garnieren.

Blue Dream

6 cl Wodka
12 cl Orangensaft
2 cl Blue Curaçao

Eiswürfel in ein Longdrinkglas geben, den Wodka dazugießen und mit dem Orangensaft auffüllen. Eine halbe Grapefruitscheibe und Trinkhalme dazugeben. Dann den Curaçao darüber geben.

Wodka Feigling

4 cl Wodka
1 grüne Feige (Dose)

Eine grüne Feige in ein kleines Stielglas geben. Etwas Saft aus der Dose und eisgekühlten Wodka dazugießen.

Midnight in Moscow

4 cl Wodka
2 cl Blue Curaçao
4 cl Grapefruitsaft
kaltes Tonic Water

Im Shaker – ohne Tonic Water – mit Eiswürfeln schütteln und in ein Longdrinkglas auf Eiswürfel gießen. Mit Tonic Water auffüllen.

Scorpino

4 cl Wodka
2 cl Cointreau
4 cl Sahne
1 Kugel Zitroneneis

Im Elektromixer gut durchmixen und in ein Stielglas abgießen. Mit frischer Minze garnieren.

Peach Lady

4 cl Wodka
2 cl Pfirsichlikör
6 cl Orangensaft
6 cl Pfirsichnektar
1 cl Grenadine

Im Shaker mit Eiswürfeln schütteln, in Longdrinkglas auf Eiswürfel abgießen. Pfirsichstück an den Glasrand stecken.

Russian Rose

4 cl Wodka
2 cl Campari
4 cl Orangensaft
kaltes Bitter Lemon

Im Shaker – ohne Bitter Lemon – mit Eiswürfeln schütteln und in ein Longdrinkglas auf Eiswürfel abgießen. Mit Bitter Lemon auffüllen. Eine halbe Orangenscheibe dazugeben.

Sparkling Blue Bison

3 cl Grasovka
2 cl Blue Curaçao
1 cl Zitronensaft
kalter Sekt

In ein Longdrinkglas auf Eiswürfel geben und mit Sekt auffüllen. Eine halbe Orangenscheibe ins Glas geben.

^ Im Bild: Strawberry Chi-Chi und Blue Lagoon

Blue Lagoon

4 cl Wodka
2 cl Blue Curaçao
1 cl Zitronensaft
kaltes Sprite

Wodka, Blue Curaçao und den Zitronensaft in ein Longdrinkglas auf einige Eiswürfel geben und mit der Zitronenlimonade auffüllen.

Strawberry Chi-Chi

4 cl Wodka
4 cl Xuxu Erdbeer-Limes
2 cl Kokossirup
10 cl Ananassaft

Mit Eiswürfeln im Shaker kräftig schütteln und durch das Barsieb in ein Fancyglas auf einige Eiswürfel abgießen. Eine Erdbeere an den Glasrand stecken.

Long Island Ice Tea

2 cl Tequila Silver
2 cl Wodka
2 cl Gin
2 cl Weißer Rum
2 cl Triple Sec Curaçao
2 cl Zitronensaft
2 cl Orangensaft
kaltes Cola

Im Longdrinkglas auf Eiswürfel geben. Mit beliebig viel Cola aufgießen. Eine halbe Zitronenscheibe dazugeben.

Zuckerrohr ist eine der ältesten Kulturpflanzen der Erde. Es kam aus Asien zunächst nach Europa, von wo aus Kolumbus das Gewächs in die Neue Welt brachte. Bereits zwei Jahre nach der Entdeckung Amerikas erreichten die ersten Zuckerrohrpflanzen die Antilleninsel Hispaniola. Von hier aus verbreitete sich die Zuckerrohrkultur schnell über die karibische Inselwelt und das amerikanische Festland.

Zuckerrohr wird zur Zuckergewinnung und zur Rumproduktion angebaut. Rum wird heute auf den karibischen Inseln, auf dem südamerikanischen Festland (in Venezuela, Guyana und Surinam), in Mittelamerika, auf Tahiti, den Philippinen und auf Madagaskar hergestellt.

Der Ursprung

Wer ihn erfunden hat, ist nicht bekannt, doch über die Rumherstellung wird schon aus der Zeit vor 1650 berichtet. Als sich die Holländer auf den Westindischen Inseln und im nördlichen Südamerika niederließen, brachten sie die Rumfabrikation wohl als Erste in Schwung. Der Vorläufer des heutigen Rums wurde Tafia (Taffia) genannt, wahrscheinlich eine Bezeichnung aus einer der karibischen Sprachen. Der Name Rum soll von „Rumbullion" (Krawall, Aufruhr) abgeleitet sein – wohl ein Hinweis darauf, dass manchen Trinkgelagen ein entsprechender Tumult folgte. Auch die Ableitung vom lateinischen „Saccharum" könnte als Ursprung für das Wort Rum gelten, das sich ab etwa 1660 einbürgerte. Nach Deutschland wird hauptsächlich Rum aus der Karibik importiert, wobei der größte Teil von der berühmten Rum- und Zuckerinsel Jamaika kommt. So unterschiedlich die Endprodukte auch sind, eines haben die Rumsorten aller Länder gemeinsam: den Grundstoff Zucker.

Rum

Die Herstellung

Bei der Gewinnung von Rohrzucker entsteht als Nebenprodukt die braune, zähflüssige Melasse. Sie bildet (neben Zuckerrohrsaft oder -sirup) die Grundlage für Rum. Die Melasse ist so süß, dass sie mit Wasser verdünnt werden muss, um überhaupt zu vergären. Dieser Mischung setzt man „Skimming" und „Dunder" zu. Skimming ist ein bei der Zuckerherstellung entstehender Schaum, der für das spätere Rumaroma wichtig ist, Dunder ein alkoholfreier Rückstand aus einem früheren Brennvorgang.

Die Mischung aus Melasse, Wasser, Skimming und Dunder ergibt die Maische, die zum Gären in riesige, bis zu 80000 Liter fassende Bottiche aus Holz, Metall oder Beton geleitet wird. Die Gärung beginnt, nachdem der Maische entsprechende Fermente, also Hefe- und Bakterienkulturen, zugesetzt worden sind. Sie spalten den Zucker in Alkohol und Kohlendioxid, Letzteres verfliegt, und nach rund zehn Tagen, je nach Außentemperatur, ist die stürmisch verlaufende Gärung beendet. Einige Tage später kann die Destillation beginnen. Dazu werden zwei verschiedene Destilliergeräte benutzt. Für die Erzeugung schwerer Rumsorten, „Heavy Bodied Rums" oder auch „German Flavoured Rums" genannt, verwendet man Blasendestilliergeräte (Pot Still).

Die leichteren und mittelschweren Rumsorten destilliert man in den genauer arbeitenden Destillierkolonnen („kontinuierliche Destillation"). Nach der Destillation muss der Rum einige Zeit lagern. Er reift in Eichenholzfässern oder Tanks aus rostfreiem Stahl. Die normale Lagerzeit für leichten Rum beträgt drei bis sechs Monate. Manche schweren Sorten bleiben aber auch mehrere Jahre in zum Teil ausgebrannten Fässern. Während dieser Zeit zieht der Rum Geschmacksstoffe aus dem Holz und

nimmt eine gelblich-bräunliche Färbung an. Soll er weiß bleiben, muss er anschließend über Aktivkohle gereinigt werden. Weil dabei Aromastoffe verloren gehen, produziert man inzwischen von vornherein weißen Rum: Er wird in Stahlbehältern gelagert, die so konstruiert sind, dass jederzeit gute Sauerstoffzufuhr gewährleistet ist. Die Farbe des braunen Rums stammt nur zu einem geringen Teil aus dem Holz. Denn auch dieser wird, damit er einen stets gleichen Farbton erhält, nach der Fasslagerung gemischt und mit Zuckercouleur eingefärbt. Die deutschen Bestimmungen unterscheiden drei Rumqualitäten:

1. *Original Rum:* Als Original Rum darf nur ein Erzeugnis bezeichnet werden, das aus dem Ausland eingeführt ist und im Inland keinerlei Veränderungen erfahren hat.
2. *Echter Rum:* Er ist ein Original Rum, der im Importland auf Trinkstärke herabgesetzt wurde. Sein Mindestalkoholgehalt beträgt 37,5 %vol.
3. *Rum-Verschnitt:* Das ist eine Mischung von Rum mit Neutralalkohol und Wasser, dabei müssen aber wenigstens fünf Prozent des trinkfertigen Rum-Verschnitts aus hochestrigem Original Rum („German Flavoured Rum") stammen. Der Mindestalkoholgehalt von Rum-Verschnitt beträgt ebenfalls 37,5 %vol.

Eine Spezialität sind die „Spiced" und „Flavoured Rums". „Spiced" sind mit Gewürzextrakten wie z. B. Vanille, Zimt oder Muskat „gewürzte" Rums. „Flavoured Rum" ist Rum mit aromatischen Zusätzen. Die beliebteste Variante ist der „Coconut Rum". Für diesen wird Rum mit „Natural Coconut Flavour", also mit natürlichem Kokosnussaroma, aromatisiert.

Eine Spirituose mit Rum-Geschmack sollte noch erwähnt werden: Es ist der Kunst-Rum. Er hat nie ein Zuckerrohr gesehen und besteht aus Alkohol, Wasser und synthetisch erzeugtem Aroma. Die Herstellung und Einführung von Kunst-Rum ist in Deutschland seit jeher untersagt. Rum ist vielseitig verwendbar: Alten braunen Rum trinkt man als Digestif, braunen Rum zum Tee oder als Grog, hochprozentigen braunen Rum braucht man zum Rumtopf, weißen und braunen Rum trinkt man mit Cola. Alle Sorten sind zum Mixen von Cocktails und Longdrinks unentbehrlich. Weltbekannte Mixgetränke wie Cuba Libre, Planter's Punch, Piña Colada, Daiquiri, Mojito oder Mai Tai erfordern zwingend weißen und braunen Rum in der Bar.

Bekannte Marken

Appleton Der Jamaica Rum Appleton von der J. Wray & Nephew Group blickt auf eine 175-jährige Tradition zurück. Die Destillerie in Kingston ist eine der größten und modernsten der Karibik. Appleton wird in vielen Qualitäten auch nach Deutschland exportiert. Die Sorten: White „Classic", „Dark" Special „Gold", und „Estate V/X" mit 40 %vol, „Reserve" 8 Years Old, „Estate Extra" 12 Years und 21 Years Old mit 43 %vol, sowie Wray & Nephew „Overproof" – ein weißer Rum in Originalstärke mit 62,8 %vol.

Captain Morgan Dieser berühmte Jamaica Rum ist die Nummer zwei unter den Rum-Marken. Seit neuerer Zeit wird in Deutschland nur noch die 40prozentige Abfüllung und der „Spiced Gold" angeboten.

Havana Club Dieser weltweit geschätzte Rum wird seit 1878 in der heute größten Rumbrennerei der Welt, in Santa Cruz/La Habana hergestellt. Aufgrund der Wirtschaftssanktionen gegen Kuba gab es fast zwanzig Jahre lang keinen kubanischen Rum in der westlichen Welt. Erst seit 1982 wird der drei Jahre in Eichenholzfässern gereifte Havana Club auch in Deutschland angeboten. Dieser helle, klare Kuba-Rum mit seinem leicht grünlichen Schimmer und dem trockenen, aromatischen Geschmack ist weltweit einzigartig. Das Angebot wurde 1988 um den „7 Años" erweitert. Seit einigen Jahren vervollständigen die Sorten „Añejo Blanco", „Añejo Especial", „Gran Reserva 15 Años", und der „Cuban Barrel Proof" das Angebot. Außergewöhnlich ist der „Maximo" Extra Añejo – er wird in einer Kristallkaraffe und zu einem Preis von über 1000 Euro angeboten. Der „Blanco" hat 37,5, „Barrel Proof" 45, alle anderen 40 %vol).

Lemon Hart Lemon Hart ist eine der großen alten, international bekannten Jamaica-Rum-Marken und die 40 wie auch 73prozentige Abfüllung setzen Maßstäbe für den Jamaica Rum. Im Jahr 2005 wurde das Unternehmen von Pernod Ricard übernommen und diese bietet in Deutschland Lemon Hart mit 73 %vol an.

Auch auf Barbados dreht sich alles um Rum.

Mount Gay Die Mount Gay-Destillerie auf Barbados/Westindies wurde bereits 1663 erstmals erwähnt, für die neuere Geschichte wird das Gründungsjahr mit 1703 angegeben. Von den bekannten Mount-Gay-Rumsorten wird die populärste, der goldfarbene, aromatische „Eclipse" mit 40 %vol nach Deutschland exportiert.

Myers's Kein Spirituosenname wird so oft falsch geschrieben wie dieser. Der Myers´s Jamaica Rum „Planter´s Punch Brand" (40 %vol), wird von der 1879 gegründeten Firma Fred L. Myers & Sons in Kingston/Jamaica hergestellt.

Old Pascas Die große und mittlerweile in Deutschland etablierte Rummarke Old Pascas bietet seit 2004 völlig neue Sorten und Qualitäten an. Je zwei der Old Pascas-Rums stammen von den Ruminseln Barbados und Jamaica, und zusammen decken sie die wichtigsten Geschmackrichtungen ab. Barbados ist bekannt für ihren besonders leichten und milden Rum, Jamaica hingegen ist der Inbegriff für den typisch schweren und aromatischen Rum der Karibik. Die Sorten: Old Pascas „Ron Blanco" und „Ron Negro", beide 37,5 %vol aus Barbados, und Old Pascas Jamaica Rum mit 40 und 73 %vol.

Robinson 1938 wurde das Bremer Rum Contor gegründet und mit dem Handel des damals einzigen Rumtyps, dem Jamaica-Rum-Verschitt begonnen. Im Oktober 2005 erfolgte ein völliger Wechsel der Qualitäten und der Flaschenausstattung. Seither werden ausschließlich Jamaica-Rums angeboten. Diese gibt es nun als „Echter Jamaica Rum" dunkelgold mit 41 und hellgold mit 55 %vol, sowie wasserklar als Original Jamaica Rum „Cask Strength" mit 73 %vol.

Ron Varadero Ron Varadero hat in dem einstmals mondänen Varadero seinen Sitz. Sie ist eine der ältesten Städte Kubas (seit 1862) und Ron Varadero wird bis heute dort hergestellt. Seine Qualität wird von Kennern auf der ganzen Welt geschätzt, und diese hält höchsten Genussansprüchen stand. Ron Varadero wird in fünf Qualitäten angeboten. Blanco 3 Años, Oro 5 Años, Añejo 7 Años und Añejo Reserva, ein Blend aus verschiedenen Altersstufen, werden mit 40% vol angeboten. Das Highlight ist der Gran Reserva Añejo 15 Años, ein fünfzehn Jahre im Eichenfass gereifter, dunkelbernsteinfarbener Rum. Mit 38% vol.

Daiquiri

5 cl Weißer Rum
3 cl Zitronensaft
2 cl Zuckersirup

Mit Eiswürfeln im Shaker gut schütteln und in eine Cocktailschale abgießen.

Frozen Daiquiri

5 cl Weißer Rum
3 cl Zitronensaft
2 cl Zuckersirup

Mit gestoßenem Eis im Elektromixer gut durchmixen und ohne abzuseihen in eine Cocktailschale gießen.

Strawberry Daiquiri

3–5 Erdbeeren
5 cl Weißer Rum
3 cl Zitronensaft
2 cl Strawberry Liqueur
Die Mischung im Elektromixer mit Eiswürfeln gut mixen und in eine Cocktailschale abgießen. Eine Erdbeere an den Glasrand stecken.

Banana Daiquiri

1/2 Banane
5 cl Weißer Rum
3 cl Zitronensaft
2 cl Bananensirup
Die Mischung im Elektromixer mit Eiswürfeln gut mixen und in eine Cocktailschale abgießen. Einen Spieß mit Bananenstückchen und Cocktailkirschen über den Glasrand legen.

Pink Afternoon

4 cl Weißer Rum
3 cl Crème de Cassis
4 cl Orangensaft
Mit Eiswürfeln im Shaker gut schütteln und in eine Cocktailschale abgießen. Eine halbe Orangenscheibe dazu geben.

Pink Daiquiri

5 cl Weißer Rum
3 cl Zitronensaft
1 cl Zuckersirup
1 cl Grenadine
Mit Eiswürfeln im Shaker gut schütteln und in eine Cocktailschale abgießen.

Hot Legs

3 cl Weißer Rum
3 cl Brauner Rum
3 cl Blue Curaçao
2 cl Zitronensaft
6 cl Ananassaft
2 cl Cream of Coconut
Die Zutaten im Elektromixer gut durchmixen und in ein mit gestoßenem Eis halb gefülltes Fancyglas gießen. Mit Früchten garnieren.

Sugar Bird

3 cl Weißer Rum
3 cl Cognac
1 Ei
2 cl Zitronensaft
5 cl Ananassaft
1/2 Banane
2 cl Sahne
2 cl Zuckersirup
Die Zutaten im Elektromixer gut durchmixen und in ein mit gestoßenem Eis halb gefülltes Fancyglas gießen. Mit Ananasstück, Cocktailkirsche und Minzezweig garnieren.

El Presidente

4 cl Weißer Rum
2 cl Vermouth Dry
1 cl Cointreau
1 Barlöffel Grenadine
Die Zutaten im Rührglas mit Eiswürfeln gut verrühren und in eine Cocktailschale abgießen.

Strawberry Colada

6 cl Weißer Rum
6 cl Ananassaft
2 cl Zitronensaft
4 cl Cream of Coconut
2 cl Strawberry Liqueur
einige Erdbeeren
Die Zutaten im Elektromixer gut durchmixen und in ein mit gestoßenem Eis halb gefülltes Fancyglas gießen. Mit einer Erdbeere am Glasrand dekorieren.

Piña Colada

6 cl Weißer Rum
10 cl Ananassaft
4 cl Cream of Coconut
1 Scheibe Ananas, in Stücke geschnitten
Die Zutaten im Elektromixer gut durchmixen und in ein mit gestoßenem Eis halb gefülltes Fancyglas gießen. Mit Ananasstück und Cocktailkirsche garnieren.

Turn off the Lights

2 cl hochprozentiger Rum
2 cl Wodka
2 cl Tequila
1 cl Triple Sec Curaçao
10 cl Orangensaft
1 Spritzer Angostura
einige Tropfen Grenadine
Mit Eiswürfeln im Shaker gut schütteln und in ein Longdrinkglas auf einige Eiswürfel abgießen. Mit Früchten garnieren.

Blue Hawaii

2 cl Weißer Rum
2 cl Cointreau
2 cl Curaçao Blue
4–6 cl Sahne
Mit Eiswürfeln im Shaker gut schütteln und in eine Cocktailschale abgießen.

Im Bild: Piña Colada >

Tallyman's Drink

4 cl Brauner Rum
2 cl Crème de Bananes
2 cl Zitronensaft
4 cl Orangensaft

Mit Eiswürfeln im Shaker gut schütteln und in ein Old-Fashioned-Glas auf einige Eiswürfel abgießen. Mit Bananenstücken und Cocktailkirschen garnieren.

Pedro Collins

5 cl Weißer Rum
3 cl Zitronensaft
2 cl Zuckersirup
kaltes Sodawasser

Die Zutaten – ohne Sodawasser – mit Eiswürfeln im Shaker gut schütteln und in ein Longdrinkglas auf einige Eiswürfel abgießen. Mit etwas Sodawasser auffüllen. Mit Zitronenscheibe und Cocktailkirsche garnieren.

Rum Sour

5 cl Brauner Rum
3 cl Zitronensaft
1–2 cl Zuckersirup

Im Shaker mit Eiswürfeln kräftig schütteln und in ein Stielglas abgießen. Mit einer halben Orangenscheibe und einer Cocktailkirsche garnieren.

Melon Kiss

6 cl Weißer Rum
4 cl Rose's Lime Juice
1–2 cl Zitronensaft
1–2 cl Maracujasirup
10 cl pürierte Netzmelone
kaltes Bitter Lemon

Die Zutaten – ohne Bitter Lemon – mit Eiswürfeln im Shaker gut schütteln. In ein großes Longdrinkglas auf einige Eiswürfel abgießen, mit Bitter Lemon auffüllen. Garnieren mit einem Melonenstück, einer Cocktailkirsche und einer Kiwischeibe.

Tropical Itch

2 cl Weißer Rum
2 cl Brauner Rum
2 cl Wodka
2 cl Grand Marnier
1 cl Zitronensaft
12 cl Mangonektar

Die Zutaten mit Eiswürfeln im Shaker gut schütteln und in ein zur Hälfte mit Eiswürfeln gefülltes Longdrinkglas abgießen. Mit einer Orangenscheibe, einer Cocktailkirsche und einem Minzezweig garnieren.

< ***Im Bild: Tallyman's Drink***

American Grog

4 cl Brauner Rum
2 cl Zitronensaft
2 Stück Würfelzucker
1 Zimtstange
1 Zitronenscheibe
Nelken

Rum, Zucker und Zitronensaft erhitzen, in ein vorgewärmtes feuerfestes Glas geben und mit heißem Wasser auffüllen. Nelken, Zimt und die Zitronenscheibe dazugeben.

Dorothy Lamour

4 cl Weißer Rum
2 cl Crème de Bananes
2 cl Mangonektar
2 cl Zitronensaft

Mit Eiswürfeln im Shaker gut schütteln und in ein Old-Fashioned-Glas auf einige Eiswürfel abgießen. Mit Bananenstücken und Cocktailkirschen garnieren.

Alexander's Baby

4 cl Brauner Rum
2 cl Crème de Cacao Braun
4–6 cl Sahne

Mit Eiswürfeln im Shaker gut schütteln und in eine Cocktailschale abgießen. Mit etwas Muskat bestreuen.

Siboney

4 cl Brauner Rum
2 cl Zitronensaft
2 cl Ananassaft
2 cl Maracujanektar

Mit Eiswürfeln im Shaker gut schütteln und in eine Cocktailschale abgießen.

Scorpion

6 cl Weißer Rum
2 cl Cognac
8 cl Orangensaft
2 cl Zitronensaft
2 cl Mandelsirup

Mit Eiswürfeln im Shaker gut schütteln und in ein Longdrinkglas auf einige Eiswürfel abgießen. Mit einer Gardenie dekorieren.

Pharisäer

4 cl Brauner Rum
1 Tasse heißer Kaffee
1–2 Teelöffel Zucker
leicht geschlagene Sahne

Rum, Zucker und Kaffee in eine vorgewärmte Tasse geben und gut verrühren. Die Sahne als Haube darauf setzen.

Hot Chocolate

4 cl Brauner Rum
1 Tasse heiße Schokolade
steif geschlagene Sahne
Schokoladenraspel

Rum und heiße Schokolade in eine vorgewärmte Tasse gießen. Die Sahne darauf geben und mit Schokoladenraspeln bestreuen.

Banana Royal

1/2 Banane
5 cl Brauner Rum
8 cl Ananassaft
2 cl Sahne
2 cl Cream of Coconut

Im Elektromixer mit Eiswürfeln gut durchmixen und in ein Fancyglas auf einige Eiswürfel abgießen. Mit Früchten garnieren.

Mojito

1 Limette
6 cl Weißer Rum
1 TL weißer Rohrzucker
Sodawasser
Minzezweige

In ein Becherglas den Zucker, etwas Sodawasser und Minzezweige geben. Die Limette vierteln, ins Glas geben und mit einem Stößel zerdrücken. Crushed Ice und Rum dazugeben, mit Sodawasser auffüllen und kurz rühren. Mit einem Minzezweig garnieren.

Cuba Libre

4 cl Weißer Rum
3 Spritzer Zitronensaft
kaltes Cola

Den Rum in ein mit Eiswürfeln gefülltes Longdrinkglas gießen, Zitronensaft dazugeben und mit Cola auffüllen. Leicht umrühren, eine halbe Scheibe Zitrone in den Drink geben.

Planter's Punch

3 cl Weißer Rum
3 cl Brauner Rum
1–2 cl Grenadine
1 cl Zitronensaft
3 cl Ananassaft
3 cl Orangensaft
3 cl Grapefruitsaft

Mit Eiswürfeln im Shaker gut schütteln und in ein zur Hälfte mit Eiswürfeln gefülltes Fancyglas abgießen. Mit einem Ananasstück und einer Cocktailkirsche garnieren. Diesen Drink kann man auf viele Arten mit passenden Säften und Sirup verändern. Das Verhältnis zwischen braunem und weißem Rum bestimmt den alkoholischen Geschmack.

Blue Hawaiian

4 cl Weißer Rum
2 cl Blue Curaçao
8 cl Ananassaft
4 cl Cream of Coconut

Die Zutaten im Elektromixer mit Eiswürfeln gut vermixen und in ein Longdrinkglas auf einige Eiswürfel abgießen. Mit Früchten garnieren.

Goldie

3 cl Weißer Rum
2 cl Cherry Brandy
2 cl Cointreau
3 cl Orangensaft
kaltes Bitter Orange

Die Zutaten – ohne Bitter Orange – mit Eiswürfeln im Shaker gut schütteln. In ein Longdrinkglas auf einige Eiswürfel abgießen. Mit Bitter Orange auffüllen. Garnieren mit einer Zitronenscheibe, Kirschen und einem Minzezweig.

Orangen-Punch

4 cl Brauner Rum
2 cl Cointreau
2 cl Zimtsirup
6 cl Orangensaft
1 Tasse heißer Tee

Die Zutaten erhitzen und in eine vorgewärmte Tasse geben. Mit dem heißen Tee auffüllen. Eine mit Nelken gespickte Orangenscheibe in den Punch geben.

Zombie

4 cl Weißer Rum
4 cl Brauner Rum
2 cl hochprozentiger Rum
2 cl Cointreau
2 cl Grenadine
2 cl Maracujasirup
4 cl Zitronensaft
4 cl Orangensaft
4 cl Ananassaft

Die Zutaten mit Eiswürfeln im Shaker gut schütteln und in ein zur Hälfte mit gestoßenem Eis gefülltes Longdrinkglas abgießen. Mit einem Ananasstück, einer Cocktailkirsche und Minze garnieren.

Mai Tai

1 Limette
6 cl Brauner Rum
2 cl Cointreau
1 cl Zuckersirup
1 cl Zitronensaft
1 cl Mandelsirup

Ein Longdrinkglas zur Hälfte mit gestoßenem Eis füllen. Die Limette vierteln, über dem Glas auspressen und einige Limettenstücke dazugeben.

Die anderen Zutaten mit Eis im Shaker gut schütteln und in das Glas abgießen. Kurz umrühren. Mit Cocktailkirsche und Minzezweig garnieren.

Im Bild: Mojito, Cuba Libre und Planter's Punch >

Als die Spanier Anfang des 16. Jahrhunderts nach Mexiko kamen, entdeckten sie bei den Eingeborenen ein berauschendes Getränk: vergorenen Agavensaft mit dem Namen „Octli Poliquhqui“. Die Spanier nannten es „Pulque“ und versuchten die Pulque zu destillieren – aber ohne Erfolg. Pulque ist bis heute ein eigenständiges Getränk, das zwar wie Mezcal und Tequila aus Agaven gewonnen wird, aber nicht deren Basis bildet.

Die Agavenpflanzen nannten die Urbewohner „Metl“, die Spanier jedoch „Maguey“, da sie einem Gewächs ähnelten, das sie in der Karibik kennen gelernt hatten. Da es viele Arten der Maguey-Pflanze gab, experimentierte man so lange, bis einige entdeckt waren, deren Saft man fermentieren und dann destillieren konnte. Dieses Getränk nannte man „Mezcal“, seine Herstellung verbreitete sich später in ganz Mexiko.

Der Ursprung

Während des späten 18. und des frühen 19. Jahrhunderts begann der in dem Dorf Tequila hergestellte Mezcal bekannt zu werden. Man stellte fest, dass die Hochebenen von Zentralmexiko, die das Dorf umgeben, ideal für das Wachstum der Maguey-Pflanze waren, und entdeckte außerdem, dass der in Tequila hergestellte Mezcal von einer einzigen Art der Maguey-Pflanze stammt. Schließlich wurde eine wissenschaftliche Klassifizierung aller Maguey-Pflanzen vorgenommen, die über 400 Arten aufführte. Auch heute wird in Mexiko noch Mezcal hergestellt, aber er unterliegt nicht den Gütevorschriften, die für Tequila gelten. In diesen Mezcals tauchte manchmal auch der mysteriöse Agavenwurm auf. Er stammte von den Agavenpflanzen, aus denen der Mezcal hergestellt wurde, und man gab ihn in die Flaschen, um eine Art von Echtheitsbeweis zu liefern. Heute ist es allenfalls noch ein Touristengag. Die Agave „Tequilana Weber“, Basispflanze des Mezcal von Tequila, wächst ausschließlich im Umkreis der Stadt

Tequila

und in den benachbarten Gebieten mit gleichen ökologischen Bedingungen. Die kräftige Pflanze braucht Jahre zum Reifen und sieht dann wie eine gigantische grünliche Ananas aus, besetzt mit schwertförmigen Blättern. Heute sind die Gebiete, in denen Agaven für Tequila angebaut werden können, gesetzlich festgelegt. Es handelt sich um die Staaten Jalisco, wo die Stadt Tequila liegt, sowie Guanajuato, Michoacan, Nayarit und Tamaulipas. Wenn man durch die Umgebung der Stadt Tequila reist, sieht man, so weit das Auge reicht, Reihen um Reihen von Agaven in den unterschiedlichsten Wachstumsstadien. Wenn diese nach etwa acht Jahren reif sind, werden sie von Feldarbeitern abgeerntet.

Die Herstellung

Die Pinas, wie sie dann genannt werden, bringt man in die Destillerien. Die bis zu 70 kg schweren Pinas werden dort grob zerkleinert und in riesige Druckkocher gegeben. Danach werden die Stücke nochmals zerkleinert, um das Ausziehen des gesamten zuckerhaltigen Saftes, des „Mosto“, zu erleichtern. Die erste Destillation ergibt den Ordinario mit 29 %vol. Erst die zweite Destillation bringt den Tequila hervor.

Grundsätzlich unterscheidet man zwischen Tequilas, die aus 100 % Agave (Premium) bestehen, und solchen, bei denen das nicht der Fall ist und die man als „mixto“ bezeichnet. Bei Mixto-Tequilas muss der Zuckergehalt des zu vergärenden Agavensaftes mindestens zu 51 % von den Agaven stammen, kann bis zu 99 % von den Agaven herrühren oder auch bis zu 49 % aus Zucker, der während des Gärungsprozesses zugesetzt wird. Alle Tequilas ohne

die Bezeichnung „100 Prozent Agave" oder „Premium" könnten Mixto-Tequilas sein.
Blanco oder weißer Tequila, auch Silver oder (spanisch) Plata genannte Tequilas sind klar. Sie haben eine Reifezeit von unter 60 Tagen. Gold Tequila ist fast ausschließlich ungereifter Mixto-Tequila. Er wird nur für den Export produziert und erhält durch den Zusatz von Karamell seine Farbe und durch Aromastoffe seine weichere Note. „Reposado" (= abgelagert) muss mindestens 60 Tage reifen, je nach Produzent zwischen 2-und 9 Monaten. „Añejo" (= gealtert) muss mindestens 1 Jahr gereift sein, in der Praxis zwischen 2 und 3 Jahren. Sie reifen in der Regel in alten Bourbon-Whiskey-Fässern.
Die Mexikaner trinken Tequila am liebsten pur. Auf traditionelle Art wird dabei eine Prise Salz auf die Fläche zwischen Daumen und Zeigefinger gestreut und mit der Zunge aufgenommen. Danach kommt ein kräftiger Schluck gekühlter Tequila und der Biss in ein Stück Zitrone. Um 1970 begann der Siegeszug des Tequila. Zuerst im benachbarten Kalifornien, dann in den gesamten USA und auch in Europa.

Empfehlungen

Tequila trinkt man gut gekühlt auf die klassische Art mit Salz und Zitrone oder pur wie einen Schnaps.
Weltberühmtheit erlangte Tequila durch die Mix-Klassiker Margarita und Tequila Sunrise. Ob man zum Mixen Weißen oder Goldenen Tequila verwendet, ist Geschmackssache, eine hervorragende Mixspirituose ist Tequila in jedem Fall.

Bekannte Marken

Olmeca Olmeca ist eine der international bekanntesten Tequila-Marken und eine der erfolgreichsten auf dem US-Markt. In Deutschland werden Olmeca Blanco „Clasico" und der hellgelbe Olmeca Reposado „Supremo", beide mit 38 %vol angeboten.

Sierra Ein berühmter Werbeslogan „Innen Gut – Außen mit Hut", begleitete Sierra beim Aufstieg zur mit weitem Abstand führenden Tequila-Marke in Deutschland und Europa.
Seit neuerer Zeit unterstützt die einprägsame Werbeaussage „Si Sierra" die auf den Märkten rund um den Globus erfolgreiche Marke. Sierra gibt es als „Silver" und „Reposado" (Gold), beide mit 38 %vol, des Weiteren den Sierra „Antiguo Tequila Añejo" mit 40 %vol. Dieser lange gereifte Tequila wird in Flaschen mit aufwändiger Glasprägung angeboten. Darauf ist auf der Vorder- und Rückseite der kreisförmige Mittelpunkt eines Aztekenkalenders dargestellt, der das Gesicht des Sonnengottes Tonotiuh zeigt.

Silla Silla war der erste Tequila, der nach Deutschland importiert wurde. Dies war 1957, und Tequila war damals ein absoluter Exote im deutschen Spirituosenangebot. Als Tequila durch die Fußballweltmeisterschaft 1970 in Mexiko auch bei uns etwas bekannt wurde, begann der bis heute erfolgreiche Aufstieg des Tequila Silla. Zugleich produzierte man den Würz-Drink „Sangrita" und propagierte das „zweihändige Trinken". Dabei trinkt man nach einem Schluck Tequila ein Glas Sangrita. Sangrita wird nach einem mexikanischen Rezept aus Orangen-, Tomaten- und Zitronensaft, mit Gewürzen und Chilisauce hergestellt. Tequila Silla, dessen Markenzeichen ein Sattel (Silla) ist, wird als frischer, charaktervoller Silver (Blanco) und als Gold, hellgolden und mild-aromatisch angeboten. Beide 38 %vol.

Sauza Sauza ist einer der großen Namen im Tequila-Geschäft und mit über 40 Millionen jährlich verkauften Flaschen einer der größten Produzenten. Sauza bietet in Deutschland die Sorten „Blanco" und „Gold" sowie den „Hornitos Reposado" 100 % Agave an. Sauza „Hornitos" reift sechs Monate in großen Eichenholzfässern und präsentiert sich als Spitzen-Tequila mit ausgeprägtem Aroma. Alle 38 %vol.

Tequila Sour

5 cl Tequila
3 cl Zitronensaft
1–2 cl Zuckersirup

Die Zutaten mit Eiswürfeln im Shaker kräftig schütteln und in ein Stielglas abgießen. Mit einer halben Orangenscheibe und einer Cocktailkirsche garnieren.

Zorro

4 cl Tequila
2 cl Cointreau
1 cl Blue Curaçao
4 cl Grapefruitsaft
kaltes Tonic Water

Die Zutaten – ohne Tonic Water – mit Eiswürfeln im Shaker schütteln und in ein Longdrinkglas auf Eiswürfel abgießen. Mit Tonic Water auffüllen. Mit einer Orangenscheibe und Cocktailkirschen garnieren.

Frostbite

3 cl Tequila
2 cl Blue Curaçao
2 cl Crème de Cacao Weiß
6 cl Sahne

Mit Eiswürfeln im Shaker gut schütteln und in eine Cocktailschale abgießen.

Numero Uno

3 cl Tequila
3 cl Amaretto
4–6 cl Sahne

Mit Eiswürfeln im Shaker gut schütteln und in eine Cocktailschale abgießen.

Toreador

4 cl Tequila
2 cl Crème de Cacao Braun
4–6 cl Sahne

Mit Eiswürfeln im Shaker gut schütteln und in eine Cocktailschale abgießen. Mit etwas Muskat bestreuen.

Tequila Collins

5 cl Tequila
3 cl Zitronensaft
2 cl Zuckersirup
kaltes Sodawasser

Die Zutaten – ohne Sodawasser – mit Eiswürfeln im Shaker gut schütteln und in ein Longdrinkglas auf einige Eiswürfel abgießen. Mit etwas Sodawasser auffüllen. Mit einer Zitronenscheibe und einer Cocktailkirsche garnieren.

< ***Im Bild: Zorro***

Tequila Rainbow

1/2 Limette
6 cl Tequila
2 cl Grenadine
3 cl Zitronensaft
3 cl Ananassaft
3 cl Orangensaft
kaltes Ginger Ale

Ein Longdrinkglas mit Eiswürfeln füllen und die halbe Limette darüber pressen. Grenadine, die Säfte und den Tequila dazugeben. Gut rühren, mit Ginger Ale auffüllen. Mit einer Limettenscheibe und einer Cocktailkirsche garnieren.

Tequila Daiquiri

5 cl Tequila
3 cl Zitronensaft
2 cl Zuckersirup

Mit Eiswürfeln im Shaker gut schütteln und in eine Cocktailschale abgießen.

Holiday

5 cl Tequila
3 cl Zitronensaft
2 cl Grenadine

Mit Eiswürfeln im Shaker gut schütteln und in eine Cocktailschale abgießen.

El Diabolo

1/2 Limette
5 cl Tequila
2 cl Crème de Cassis
kaltes Ginger Ale

Ein Longdrinkglas zur Hälfte mit Eis füllen. Limettenviertel über dem Eis auspressen und ins Glas geben. Tequila und Cassis darüber gießen. Mit Ginger Ale auffüllen.

Pepe's Café

3 cl Tequila
2 cl Kaffeelikör
1 Tasse heißer Kaffee
1–2 Teelöffel brauner Zucker
leicht geschlagene Sahne

Tequila, Kaffeelikör, Kaffee und Zucker in ein vorgewärmtes Glas geben, gut verrühren. Die Sahne als Haube darauf setzen.

Gentle Bull

4 cl Tequila
2 cl Kaffeelikör
4–6 cl Sahne

Mit Eiswürfeln im Shaker gut schütteln und in eine Cocktailschale abgießen. Mit etwas Muskat bestreuen.

Mexican Sunset

3 cl Tequila
2 cl Cointreau
3 cl Orangensaft
1 cl Zitronensaft
1 cl Mandelsirup

Mit Eiswürfeln im Shaker kräftig schütteln und durch das Barsieb in einen Tumbler auf einige Eiswürfel abgießen. Mit Limettenscheibe und Cocktailkirsche garnieren.

Icebreaker

6 cl Tequila
2 cl Cointreau
6 cl Grapefruitsaft
2 cl Grenadine

Mit Eiswürfeln im Shaker gut schütteln und in ein Old-Fashioned-Glas auf einige Eiswürfel abgießen. Mit einer Limettenscheibe und Cocktailkirschen garnieren.

Pepper Eater

4 cl Tequila
2 cl Triple Sec Curaçao
6 cl Orangensaft
6 cl Roter Traubensaft

Alle Zutaten mit Eiswürfeln im Shaker kräftig schütteln und durch das Barsieb in ein Longdrinkglas auf einige Eiswürfel abgießen. Eine halbe Orangenscheibe und Trinkhalme dazugeben.

Eldorado

5 cl Tequila
1 cl Triple Sec Curaçao
1 cl Crème de Bananes
4 cl Orangensaft
4 cl Ananassaft
4 cl Bananennektar

Mit Eiswürfeln im Shaker kräftig schütteln und durch das Barsieb in ein Longdrinkglas auf einige Eiswürfel abgießen. Mit Orangen- und Limettenscheibe und einer Cocktailkirsche garnieren. Trinkhalme dazugeben.

Strawberry Margarita

4 cl Tequila
2 cl Cointreau
2 cl Zitronensaft
2 cl Strawberry Liqueur
3–5 Erdbeeren

Den Rand einer Cocktailschale in einem Zitronenviertel drehen und in eine mit Zucker gefüllte Schale tupfen. Die Zutaten im Elektromixer gut durchmixen, eine Erdbeere zum Garnieren zurückbehalten. In einen mit Eiswürfeln gefüllten Shaker gießen, gut schütteln und in das vorbereitete Glas abgießen. Eine Erdbeere an den Glasrand stecken.

Poolside Tropical

4 cl Tequila Gold
1 cl Blue Curaçao
1 cl Malibu Kokoslikör
8 cl Orangensaft

Mit Eiswürfeln im Shaker kräftig schütteln und durch das Barsieb in einen Tumbler auf einige Eiswürfel abgießen. Einen Spieß mit Cocktailkirschen, Kiwi- und Bananenscheiben über den Glasrand legen.

Green Poison

4 cl Tequila
2 cl Kokossirup
2 cl Hitchcock Zitronensaft
10 cl Maracujanektar
2 cl Blue Curaçao

Mit Eiswürfeln im Shaker kräftig schütteln und durch das Barsieb in ein Longdrinkglas auf einige Eiswürfel abgießen. Eine Zitronenscheibe mit einer Cocktailkirsche an den Glasrand stecken. Trinkhalme dazugeben.

Pepe's Afternoon

4 cl Tequila
2 cl Crème de Bananes
1 cl Kokossirup
1 cl Grenadine
2 cl Limettensaft
12 cl Maracujanektar

Mit Eiswürfeln im Shaker kräftig schütteln und in ein Longdrinkglas auf einige Eiswürfel abgießen. Einen Spieß mit Bananenscheiben und Cocktailkirschen über den Glasrand legen. Trinkhalme dazugeben.

Tequila Tonic

4 cl Tequila
kaltes Tonic Water

Den Tequila in ein mit Eiswürfeln gefülltes Longdrinkglas geben und mit Tonic Water auffüllen. Eine halbe Scheibe Zitrone dazugeben.

Margarita

4 cl Tequila
2 cl Cointreau
2 cl Zitronensaft

Den Rand einer Cocktailschale in einem Zitronenviertel drehen und in eine mit Salz gefüllte Schale tupfen. Das nicht haftende Salz durch leichtes Klopfen am Glas entfernen. Tequila, Cointreau und Zitronensaft mit Eiswürfeln im Shaker kräftig schütteln und in das präparierte Glas abgießen.

Tequila Sunrise

6 cl Tequila
10 cl Orangensaft
1 cl Zitronensaft
1–2 cl Grenadine

Tequila, Orangen- und Zitronensaft mit Eiswürfeln im Shaker gut schütteln und in ein mit gestoßenem Eis gefülltes Longdrinkglas abgießen. Die Grenadine langsam darüber laufen lassen. Mit einer Orangenscheibe garnieren. Vor dem Trinken gut umrühren.

Im Bild: Margarita und Tequila Sunrise >

Cachaça

Cachaça (sprich: Kaschassa) ist ein Zuckerrohrdestillat, das in seiner Heimat Brasilien in unzähligen Marken angeboten wird. Auf den internationalen Märkten sind jedoch nur einige große Marken bekannt. Man schätzt, dass diese und die etwa 30000 Kleinbrenner jährlich über 2 Mrd. Liter herstellen und dass Cachaça damit die meistkonsumierte Spirituose überhaupt ist.

Der seit Ende des 17. Jahrhunderts bekannte Cachaça beherrscht den gesamten Spirituosenmarkt des Landes und ist aus dem brasilianischen Leben nicht wegzudenken. Auch bei uns hat der Cachaça großen Erfolg. Doch obwohl mit der Marke Pitú schon zu Beginn der 1970er Jahre ein Cachaça angeboten wurde, begann der unglaubliche Erfolg dieser Spirituose erst rund zwanzig Jahre später mit der ständigen Verfügbarkeit von Limetten, die man zum Mixen des Cachaça-Spitzendrinks, des Caipirinha, braucht.

Die Herstellung

Während Rum in vielen Ländern beheimatet ist, wird Cachaça ausschließlich in Brasilien hergestellt. Hauptsächlich im Zuckerrohr-Bundesstaat Pernambuco, im Osten Brasiliens und im südlicher gelegenen Minas Gerais haben die großen Destillerien ihre Produktionsstätten.
Im Gegensatz zu Rum, der hauptsächlich aus Melasse – den Rückständen bei der Zuckerherstellung – gewonnen wird, ist Cachaça ein Destillat aus frischem, grünem Zuckerrohr. Dieses wird gehäckselt oder zerstampft und dann eingemaischt, vergoren und destilliert. Der Produktionsvorgang verläuft ähnlich wie bei der Destillation von Obstwässern. Obwohl Rum und Cachaça das Zuckerrohr als Ausgangsprodukt haben, sind beide doch grundverschieden und als Endprodukt weit voneinander entfernt. Cachaça ist in der Regel wasserhell, wird aber auch golden getönt angeboten. Der goldene Farbton entsteht jedoch nicht während der kurzen Fasslagerung, sondern durch das zugesetzte Karamell.

Empfehlungen

Bekannt, berühmt und beliebt wurde der Cachaça bei uns durch den Caipirinha. Mit seiner Frische und den Komponenten süß und sauer wurde er seit den 1990er Jahren der große Renner in den Bars. Sein Name stammt von „Caipira", dem Hinterwäldler, was Rückschlüsse auf dessen Trinkgewohnheiten zulässt. Des Weiteren mixt man mit Cachaça die in Brasilien „Batidas" genannten Drinks. Diese werden aus Cachaça, Zucker, Fruchtsäften oder Fruchtpürees zubereitet.
Cachaça ist sehr anpassungsfähig und wird vielfach zum Mixen fruchtiger Longdrinks verwendet. Auch als Longdrink mit Cola, Tonic Water, Bitter Lemon oder Orangensaft ist Cachaça beliebt.

Bekannte Marken

Cachaça 51 Ist in seiner Heimat Brasilien mit rund 30 % Marktanteil die führende Marke. Gegründet wurde das heutige Unternehmen Müller de Bebidas um 1900 von der aus Deutschland eingewanderten Familie Müller. Standort ist die Stadt Pirassununga im Bundesstaat São Paolo, in dem riesige Zuckerrohrplantagen angelegt sind. Alkoholgehalt 40 %vol.

Canario Stammt wie auch der Nega Fulo (siehe dort) aus der Destillerie Fazenda Soledade. Canario wird wie alle Sorten des Hauses im aufwändigen Pot-Still-Destillierverfahren hergestellt und in kristallklare Facettenschliff-Flaschen abgefüllt. Alkoholgehalt 40 %vol.

Janeiro Nach Rio de Janeiro, der bekanntesten Stadt Brasiliens, wurde der Janeiro Cachaca benannt, und auch das Design der Flasche wurde durch die Stadt inspiriert. Die außergewöhnliche Flaschenform empfindet die Silhouette des „Pao de Acugar", des Zuckerhuts nach, und auf dem Etikett und im Glas der Flasche sind die Wellen des Meeres symbolisiert. Pfeil und Bogen im Janeiro-Logo beziehen sich auf Oxossi, eine der höchsten Gottheiten der Urbevölkerung. Janeiro Cachaca wird mit den modernsten Methoden hergestellt und erfährt einen kurzen Reifeprozess in Eichenholzfässern. Alkoholgehalt 40 %vol.

Nega Fulo Die Nega-Fulo-Cachaças stammen aus dem Hause Fazenda Soledade, einem 1827 gegründeten Familienunternehmen, das in Nova Friburgo, im Bundesstaat Rio, rund 150 Kilometer nord-östlich von Rio de Janeiro, ansässig ist. Die Fazenda Soledade ist die einzige bedeutende Brennerei, die ihren Cachaça im aufwändigen Pot-Still-Destillierverfahren herstellt. Nega Fulo wird in Deutschland in drei Qualitäten angeboten: Neben den Klassiker in der umflochtenen Flasche mit 41,5 %vol gibt es den „Canario" mit 40 %vol. Neu auf dem deutschen Markt ist der „Special Aged Reserve" mit 43 %vol. Dieser Super-Premium-Cachaça erfährt eine dreijährige Reifung in aus Europa importierten Eichenholzfässern. Er besticht durch seinen ausgewogenen Geschmack und seine Duftfülle und wird in bocksbeutelähnlichen Flaschen angeboten.

Mangaroca Das brasilianische Unternehmen Mangaroca ist in Deutschland seit 1978 durch den Kokoslikör „Batida de Coco" ein Begriff. In seiner Heimat ist Mangaroca jedoch vor allem für seinen Cachaça bekannt. Alkoholgehalt 40 %vol.

Pitú Die in Deutschland bekannteste Cachaça-Marke, der Pitú, wurde bereits lange vor Beginn der Caipirinha-Welle nach Deutschland importiert. Diese Verfügbarkeit machte Pitú zur Nummer eins in Deutschland. Pitú wird in Vitória de Santo Antao im Bundesstaat Pernambuco hergestellt. In dieser Region lebt eine große Garnelenart – das Markenzeichen von Pitú. Pitu wird wasserhell oder golden getönt mit 40 %vol angeboten. Neu seit 2006 ist der Kokoslikör Pitú Cocotida (siehe Kokos- und Nusslikör).

Tropicana Unter dem Markennamen Tropicana wird seit dem Jahr 2005 ein klassischer, wasserheller Cachaça angeboten. Tropicana, mit der Schildkröte als Markenzeichen, hat 40 %vol.

Arranco

4 cl Cachaça
2 cl Cherry Brandy
2 cl Zitronensaft
6 cl Orangensaft

Die Zutaten mit Eiswürfeln im Shaker gut schütteln und in einen großen Tumbler auf einige Eiswürfel abgießen. Eine Erdbeere an den Glasrand stecken.

Batida de Maracuja con Limão

1 Limette
6 cl Cachaça
4 cl Maracujanektar

In einen großen Tumbler Eiswürfel geben. Die Limette vierteln und den Saft ins Glas pressen. Einige Limettenstücke ins Glas geben, den Cachaça und den Maracujanektar dazugeben und umrühren.

Batida de Mel

2 Limetten
6 cl Cachaça
6 cl Rose's Lime Juice
1 Barlöffel Honig

In einen großen Tumbler Eiswürfel geben. Die Limetten vierteln und den Saft ins Glas pressen. Einige Limettenstücke dazugeben, danach den Cachaça und Rose's Lime Juice. Gut verrühren. Den Honig auf das fertige Getränk fließen lassen.

Cachaça Maracuja

5 cl Cachaça
12 cl Maracujanektar

In ein mit Eiswürfeln gefülltes Longdrinkglas geben, kurz umrühren. Eine Orangenscheibe an den Glasrand stecken.

Cachaça Laranja

6 cl Cachaça
12 cl Orangensaft
In ein mit Eiswürfeln gefülltes Longdrinkglas geben, kurz umrühren. Eine Orangenscheibe an den Glasrand stecken.

Woody Woodpecker

6 cl Cachaça
15 cl Orangensaft
1 cl Galliano
Orangensaft und Cachaça mit Eiswürfeln in den Shaker geben. Kräftig schütteln und durch das Barsieb in ein Longdrinkglas auf einige Eiswürfel abgießen. Den Galliano vorsichtig auf den Drink gießen und mit einer Orangenscheibe garnieren.

Batida de Abacaxi

1 Limette
6 cl Cachaça
4 cl Ananassaft
1 Barlöffel Zuckersirup
Einen großen Tumbler mit Eiswürfeln füllen. Die Limette vierteln, den Saft ins Glas pressen und die Limettenstücke dazugeben. Zuckersirup, Ananassaft und den Cachaça dazugeben, gut umrühren.

Im Bild: Caipirinha >

Caipirinha

1–2 Limetten (je nach Größe)
2-3 Barlöffel brauner oder feiner weißer Rohrzucker
6 cl Cachaça
Die Limetten vierteln, den Saft in einen großen Tumbler ausdrücken und die Limettenstücke mit ins Glas geben. Mit einem Holzstößel die Limettenstücke nochmals ausdrücken. Den Cachaça und den Zuckersirup oder den Zucker dazugeben und mit einem Barlöffel gut vermischen. Das Glas mit grob zerschlagenen Eiswürfeln füllen und umrühren. Trinkhalme dazugeben.

Brasilian Macho

6 cl Cachaça
1 Limette
kaltes Ginger Ale
In ein Longdrinkglas einige Eiswürfel geben. Die Limette vierteln und den Saft in das Glas pressen. Die Limettenstücke dazugeben. Den Cachaça dazugießen, mit Ginger Ale auffüllen und mit einem Barlöffel leicht umrühren.

Hot Caipirinha

1 Limette
3 EL brauner Rohrzucker
6 cl Cachaça
heißes Wasser
Die Limette in acht Teile zerschneiden und in einen Becher oder ein dickwandiges Glas geben. Mit einem Holzstößel die Limettenstücke leicht ausdrücken und den Zucker darüber streuen. In einem kleinen Topf ausreichend (ca. 1/8 l) Wasser erhitzen und in den Becher geben. Den Cachaça dazugießen und mit einem langen Löffel gut umrühren.

Hot Morango Caipirinha

1 Tasse heißer Erdbeertee
2 cl Zitronensaft
3 cl Erdbeer Sirup
4 cl Cachaça
Eine Tasse Erdbeertee zubereiten und diesen heiß halten. Mit einem Spiralschneider eine lange Orangenschalenspirale schälen und diese zur Hälfte in eine Tasse geben. In einem kleinen Topf den Zitronensaft und den Erdbeer Sirup erhitzen und den Cachaça dazugeben. Die heiße Mischung in die Tasse gießen und mit dem Erdbeertee auffüllen.

Im Bild: Caipirinha Limão, Pitú Samba, Tropicana und Pitú Morango >

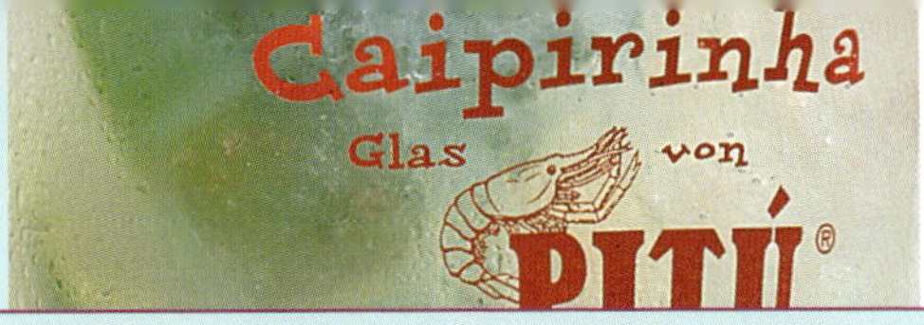

Caipirinha Limão

6 cl Cachaça
2 cl Limettensirup
8 cl Ananassaft

In einen Tumbler zwei Limettenviertel ausdrücken. Cachaça, Sirup und Ananassaft dazugeben und gut verrühren. Das Glas mit grob zerschlagenen Eiswürfeln füllen, mit einem Ananasstück und einer Cocktailkirsche garnieren. Zwei kurze Trinkhalme dazugeben.

Pitú Samba

6 cl Pitú
2 cl Triple Sec Curaçao
1 cl Limettensaft
1 cl Mandelsirup
1 cl Limettensirup
1 cl Strawberry Liqueur

Die Zutaten – ohne Strawberry Liqueur – mit Eiswürfeln im Shaker kräftig schütteln und durch das Barsieb in einen Tumbler auf einige Eiswürfel abgießen. Den Strawberry Liqueur darüber geben und eine Erdbeere an den Glasrand stecken.

Tropicana

6 cl Cachaça
1 cl Crème de Bananes
1 cl Kokossirup
6 cl Orangensaft
6 cl Maracujanektar
1 cl Blue Curaçao

Die Zutaten – ohne Blue Curaçao – mit Eiswürfeln im Shaker kräftig schütteln und durch das Barsieb in ein Longdrinkglas auf einige Eiswürfel abgießen. Dann den Blue Curaçao darüber geben. Das Ananasstück an den Glasrand stecken und Trinkhalme dazugeben.

Pitú Morango

4 cl Pitú
4 cl Xuxu Erdbeer-Limes
6 cl Orangensaft
6 cl Grapefruitsaft

Mit Eiswürfeln im Shaker kräftig schütteln und durch das Barsieb in einen Tumbler auf einige Eiswürfel abgießen. Eine Erdbeere an den Glasrand stecken und Trinkhalme dazugeben.

Seit mehreren hundert Jahren ist der Cognac einer der größten Reichtümer des Charente-Gebiets und eines der international bekanntesten Erzeugnisse Frankreichs.

Das Schicksal dieser Gegend ist eng mit dem goldgelben Getränk verknüpft, das zu Anfang des 17. Jahrhunderts im Herzen der Grande Champagne entstand.

Den einzigartigen Klimabedingungen, den Bodenverhältnissen und der Nähe des Meeres verdankt die Charente-Region ihre Ausnahmestellung. Diese Besonderheiten sind derart ausgeprägt, dass die nur wenige Kilometer außerhalb des genau abgegrenzten Gebietes gebrannten Weinbrände weder den gleichen Geschmack noch die gleiche Qualität besitzen.

Der Ursprung

Mit Sicherheit kann gesagt werden, dass die ersten Destillationen zu Beginn des 15. Jahrhunderts durchgeführt wurden. Jedoch gelang es erst nach vielen Versuchen, die Brennblase so zu benutzen, wie es heute noch geschieht. Es waren bestimmte Umstände, die die Winzer veranlassten, ihren Wein zu brennen.

Seit langem unterhielten die Weinbauern der Region einen regen Überseehandel. Sie mussten jedoch feststellen, dass die Weine die langen Seereisen schlecht überstanden. Dies brachte die Winzer auf den Gedanken, ihre Weine durch Destillation zu verstärken und zu konzentrieren.

Der konzentrierte Wein musste mit Wasser getrunken werden, um den Weingeschmack wiederzuerlangen.

Den Weinbrand so zu trinken wurde weltweit üblich. Lange Zeit wurde dieser Weinbrand so, wie er aus der Destillation kam, verkauft, mit anderen Worten farblos und klar wie Wasser.

Im 17. und 18. Jahrhundert waren aufgrund der vielen Kriege die Verkäufe sehr unterschiedlich. Folglich wurde der Weinbrand in Fässern aus Eichenholz aus den nahegelegenen Wäldern des Limousin aufbewahrt. Man stellte fest, dass er dabei besser wurde, seine Schärfe verlor und eine schöne goldbraune Farbe erlangte.

Die Cognac-Region

Es wird zwischen zwei großen Zonen unterschieden, den „Champs" oder „Champagnes" und den „Bois". Die amtliche Einteilung in sechs Lagen hat die von der Tradition geschaffene Rangordnung gesetzlich verankert.

Um das Städtchen Cognac herum gruppieren sich in konzentrischen Kreisen folgende Lagen: Grande Champagne, Petite Champagne, Borderies, Fins Bois, Bons Bois und Bois Ordinaires bzw. Bois à Terroir. Jede Lage hat besondere Eigenschaften – einen bestimmten Geschmack, ein ihr eigenes Aroma.

Cognac

Die Herstellung

Zur Wahrung der Qualität des Cognacs sind strenge Vorschriften für die Wahl der Rebsorten erlassen worden. Folle Blanche, Colombar und Saint Emilion (Ugni Blanc) machen heute fast den gesamten Rebenstand aus. Der Cognac verdankt seine Originalität der strengen Abgrenzung des Herstellungsgebiets, dem Boden, dem Klima und den Rebsorten.

Die Destillation erfolgt im Charentaiser Brenngerät, das im Prinzip dem seit Jahrhunderten in der Charente verwendeten entspricht. Auch wurde das ursprüngliche Verfahren, das aus zwei aufeinander folgenden Brennvorgängen auf offenem Feuer besteht, beibehalten.

Das Prinzip Destillation ist sehr einfach. Der Wein wird ungefiltert in den Kessel gefüllt, die mäßige Hitze des Feuers bringt den Wein zum Sieden, die Alkoholdämpfe entweichen, kühlen ab und werden aufgefangen. Dieser Rohbrand wird zu einer zweiten Destillation erneut in den Kessel gefüllt. Die Durchführung des zweiten Brennvorgangs verlangt vom Weinbrenner große Erfahrung und viel Feingefühl. Er muss die ersten kondensierten, noch unvollkommenen Dämpfe sowie die letzten ableiten, um nur das „Herzstück" zu erhalten, d. h. die eigentliche Quintessenz des Destillats mit allen Bestandteilen, die dem Cognac sein „Bouquet" und sein Aroma verleihen.

Die Qualitäten

Bevor Cognac dem Verbraucher trinkfertig angeboten wird, kommt die Kunst des Kellermeisters ins Spiel. Dieser mischt Brände unterschiedlichen Alters und verschiedener Lagen, um einen harmonischen, ausgewogenen, für die jeweilige Marke typischen, über Jahre hinweg gleich bleibenden Geschmack zu erzielen.

Da Cognac mit wenigen Ausnahmen immer aus einer Mischung besteht, ist es wichtig, die Etiketten „lesen" zu können.
Um ihn als Cognac bezeichnen zu dürfen, muss der jüngste Bestandteil mindestens zwei Jahre im Eichenholzfass gelagert sein. Diese Cognacs sind meist als V.S., 3 Sterne oder de Luxe bekannt. Für V.S.O.P. oder Réserve sind vier Jahre vorgeschrieben.
Bei Cognacs mit den Bezeichnungen Napoléon, Extra, Vieux, Vieille Réserve, Hors d'Age, Selection, X.O., Antique, Cordon Rouge sowie bei allen Bezeichnungen, die auf außergewöhnlich alt hinweisen, sind für das jüngste Destillat sechs Jahre vorgeschrieben. Das tatsächliche, meist über die vorgeschriebene Zeit hinausgehende Alter wird durch die Qualitätspolitik des jeweiligen Hauses bestimmt.
Viele der großen Cognac-Häuser bieten mit ihren besten Marken Cognacs an, deren älteste verwendeten Brände mehrere Jahrzehnte Lagerung hinter sich haben. Eine Besonderheit ist der Cognac „Fine Champagne". Dies ist eine vom Alter unabhängige Mischung aus den beiden Regionen Grande und Petite Champagne mit mindestens 51 % Grande-Champagne-Anteil.

Empfehlungen

Man trinkt Cognac gern zum Abschluss einer guten Mahlzeit. Er wird in den eigens für ihn geschaffenen Schwenkern oder Tulpengläsern gereicht. Aber auch zu anderen Gelegenheiten eignet sich Cognac als ein recht vielseitiges Getränk. Er ist unentbehrlich als Digestif und findet sich in vielen weltbekannten Cocktails.

Bekannte Marken

Camus Seit seiner Gründung im Jahr 1863 befindet sich das Haus Camus in Familienbesitz. Es zählt mit jährlich rund fünf Millionen verkauften Flaschen zu den ganz großen Produzenten nach den „großen Vier", und exportiert bis zu 90 Prozent der Produktion in alle Kontinente. Angeboten werden die Qualitäten „Grand V.S.O.P.", „X.O. Superior" und „Extra", der in einem Kristalldekanter abgefüllt ist. Alle 40 %vol.

Courvoisier Emanuel Courvoisier gründete 1835 in Jarnac das heute weltbekannte Cognac-Haus. Das Unternehmen produziert jährlich etwa 14 Millionen Flaschen und ist nach Hennessy, Rémy Martin und Martell der viertgrößte Cognacproduzent. Angeboten werden drei Abfüllungen: Courvoisier V.S., der „Jüngste", eine Komposition aus bis zu sieben Jahren gereiften Destillaten mit kräftigem und zugleich harmonischem Geschmack; Courvoisier VSOP Fine Champagne, ein bemerkenswerter VSOP, dem bis zu zehn Jahre gereifte Brände seine unverkennbare Note verleihen; Courvoisier XO Imperial, dieser mehrfach als bester seiner Klasse ausgezeichnete Cognac besteht aus 20 – 25 Jahren gereiften Bränden und ist mit seiner Komplexität ein Qualitätsmaßstab für Cognacs der Spitzenklasse. Alle 40 %vol.

Delamain Der Ire James Delamain gründete 1763 in Jarnac das heute ausschließlich gehobene Qualitäten anbietende Cognac-Haus. Mit rund 500000 Flaschen Jahresproduktion zählt Delamain zu den „Großen" unter den kleineren Herstellern. Alle Delamain-Cognacs sind Grande Champagnes und weisen ein Durchschnittsalter von 25 bis über 50 Jahre auf. Die berühmten Sorten heißen „Pale & Dry X.O.", „Vesper", „Très Vénérable" und „Réserve de la Famille".

Frapin Im Herzen der Grande Champagne besitzt das Haus Frapin ausgedehnte Weinberge rund um das Familienanwesen Château de Fontpinot. Die Domaine befindet sich seit fünf Jahrhunderten im Familienbesitz. Frapin gehört zum Kreis der etwa 20 Cognac-Häuser, die mehr als 1 Mio. Flaschen im Jahr verkaufen.

Hennessy Das größte Cognac-Haus geht auf die Gründung des Iren Richard Hennessy im Jahre 1765 zurück. Mit rund 48 Millionen Flaschen (2005) belegte Hennessy in der internationalen Liste der meistverkauf-

ten Spirituosen den 21. Platz. Seit 1971 ist Hennessy mit dem Champagner-Haus Moët & Chandon verbunden und heute wie dieses ein Teil der Louis Vuitton-Moët-Hennessy-Gruppe (LVMH).

Martell Das älteste Cognac-Haus wurde 1715 von Jean Martell gegründet. Martell belegt mit rund 17 Millionen Flaschen den dritten Platz unter den größten Produzenten und ist seit 2001 im Besitz von Pernod Ricard. In Deutschland werden die Qualitäten „Martell Fine V.S.", „Martell V.S.O.P." und „Martell Cordon Bleu" – der große Klassiker des Hauses und Synonym für Spitzencognac der Oberklasse – angeboten. Neu und wieder im Sortiment ist der „Martell XO". Diese, aus den bei Martell in großer Menge vorhandenen, lange gereiften Destillaten komponierte Spitzenqualität, gilt als eine der besten seiner Qualitätsklasse „Martell X.O.". Alle 40 %vol.

Rémy Martin Das Haus Rémy Martin besteht seit 1724 und ist mit rund 23 Millionen jährlich verkauften Flaschen der zweitgrößte Produzent. Rémy Martin genießt weltweit höchstes Ansehen und ist auf allen internationalen Märkten vertreten. Der berühmte „V.S.O.P." – Fine Champagne gilt weltweit als Maßstab in seiner Klasse. Ihm zur Seite stehen der „junge" Rémy „Grand Cru" und der „Club" de Rémy Martin. Mit den Sorten „X.O. Excellence" und „Extra" beginnt die „Königsliga" der Cognacs. Nur noch übertroffen werden diese vom „Louis XIII", einer schlicht unbeschreiblichen Qualität. Dieser zu Recht sehr kostspielige Cognac wird in einer exquisiten und außergewöhnlichen Flasche angeboten.

Renault Das Cognac-Haus Renault wurde im Jahre 1835 von Jean-Antonin Renault gegründet. Die Firma war eine der ersten in Cognac, die ihre Produkte in Flaschen abgefüllt exportierte. Schon in der zweiten Hälfte des 19. Jahrhunderts wurde der Cognac Renault „Carte Noire" in bedeutender Menge ausgeführt. Der Hauptabsatzmarkt war zu dieser Zeit vor allem der skandinavische Raum. Heute wird Renault Cognac jedoch in der ganzen Welt verkauft.

Pierre Collins

5 cl Cognac
3 cl Zitronensaft
2 cl Zuckersirup
kaltes Sodawasser

Die Zutaten – ohne Sodawasser – mit Eiswürfeln im Shaker gut schütteln und in ein Longdrinkglas auf einige Eiswürfel abgießen. Mit etwas Sodawasser auffüllen. Mit einer Zitronenscheibe und einer Cocktailkirsche garnieren.

Between the Sheets

2 cl Cognac
2 cl Weißer Rum
2 cl Cointreau
1 cl Zitronensaft

Die Zutaten im Shaker mit Eiswürfeln gut schütteln und in eine Cocktailschale abgießen.

Arago

4 cl Cognac
2 cl Crème de Bananes
4–6 cl Sahne

Mit Eiswürfeln im Shaker gut schütteln und in eine Cocktailschale abgießen. Mit etwas Muskat bestreuen.

Pompeii

2 cl Cognac
2 cl Crème de Cacao Weiß
2 cl Amaretto
4–6 cl Sahne

Mit Eiswürfeln im Shaker gut schütteln und in eine Cocktailschale abgießen. Einige Mandelsplitter auf den fertigen Drink streuen.

Rolls Royce

3 cl Cognac
3 cl Cointreau
6 cl Orangensaft

Die Zutaten im Shaker mit Eiswürfeln gut schütteln und in eine Cocktailschale abgießen.

B and B

2 cl Bénédictine
2 cl Cognac

Hier bieten sich mehrere Arten der Zubereitung an:

1. Bénédictine und Cognac in einen Cognacschwenker geben und durch leichtes Schwenken vermischen.
2. Bénédictine und Cognac mit Eiswürfeln im Rührglas gut vermischen und in einen Schwenker oder
3. in einen Tumbler mit Eiswürfeln abgießen.

Brandy Sour

5 cl Cognac
3 cl Zitronensaft
1–2 cl Zuckersirup

Die Zutaten im Shaker mit Eiswürfeln kräftig schütteln und in ein Stielglas abgießen. Mit einer halben Orangenscheibe und einer Cocktailkirsche garnieren.

Brandy Soda

4 cl Cognac
kaltes Sodawasser

Den Cognac in ein mit Eiswürfeln gefülltes Longdrinkglas gießen. Mit Sodawasser auffüllen. Eine Zitronenscheibe an den Glasrand stecken.

Alexander

4 cl Cognac
2 cl Crème de Cacao Braun
4–6 cl Sahne
Mit Eiswürfeln im Shaker gut schütteln und in ein Stielglas abgießen. Mit etwas Muskat bestreuen.

Brandy Fizz

5 cl Cognac
3 cl Zitronensaft
2 cl Zuckersirup
kaltes Sodawasser
Die Zutaten – ohne Sodawasser – mit Eiswürfeln im Shaker lange und kräftig schütteln. In ein Longdrinkglas abgießen und mit etwas Sodawasser auffüllen.

Side Car

4 cl Cognac
2 cl Cointreau
2 cl Zitronensaft
Die Zutaten im Shaker mit Eiswürfeln gut schütteln und in eine Cocktailschale abgießen.

Trocadero

3 cl Cognac
2 cl Cointreau
1 cl Amaretto
1 cl Grenadine
6 cl Orangensaft
4 cl Grapefruitsaft
Im Shaker mit Eiswürfeln gut schütteln und in ein Longdrinkglas auf Eiswürfel abgießen. Mit einer Orangenscheibe garnieren.

Petrifier

2 Spritzer Angostura
1 cl Grenadine
2 cl Zitronensaft
4 cl Cognac
4 cl Wodka
4 cl Gin
4 cl Grand Marnier
kaltes Ginger Ale
1 cl Calvados
In ein großes Glas einige Eiswürfel und darauf die Zutaten – ohne den Calvados – geben. Gut verrühren und mit 0,2 Liter kaltem Ginger Ale auffüllen. Nochmals leicht rühren, einige Cocktailkirschen und je eine halbe Zitronen- und Orangenscheibe dazugeben. Den fertigen Drink mit 1 cl Calvados beträufeln.

Rémy Cup

4 cl Rémy Martin Cognac
1 cl Grenadine
10 cl Maracujanektar
Im Shaker mit Eiswürfeln gut schütteln und in ein großes Becherglas auf Eiswürfel abgießen. Mit Ananasstück und Minzezweig garnieren.

Frenchy

4 cl Cognac
2 cl Crème de Bananes
6 cl Orangensaft
6 cl Ananassaft
1 cl Erdbeersirup
Im Shaker mit Eiswürfeln gut schütteln und in ein Longdrinkglas auf Eiswürfel abgießen. Eine Erdbeere an den Glasrand stecken.

< Im Bild:
Alexander und Side Car

American Beauty

2 cl Cognac
2 cl Vermouth Dry
1 cl Grenadine
2 cl Orangensaft
1 Spritzer Crème de Menthe Weiß
einige Tropfen Tawny Port
Im Shaker – ohne Port – mit Eiswürfeln schütteln und in ein Glas auf Eiswürfel abgießen. Eine halbe Orangenscheibe dazugeben und den Port darüber träufeln.

Brandy Crusta

4 cl Cognac
1 cl Curaçao Orange
2 cl Zitronensaft
1 cl Zuckersirup
2 Spritzer Angostura
Ein Ballonglas mit Zuckerrand versehen. Die Zutaten im Shaker mit Eiswürfeln gut schütteln und ins Glas abgießen. Eine Zitronenschalenspirale dazugeben.

Mont Blanc

3 cl Cognac
3 cl Cointreau
leicht geschlagene Sahne
Im Rührglas auf Eiswürfeln verrühren. In ein Stielglas abgießen und die Sahne als Haube darauf setzen.

Brandy Flip

5 cl Cognac
1 cl Zuckersirup
2 cl Sahne
1 Eigelb
Die Zutaten mit Eiswürfeln im Shaker kurz und kräftig schütteln. In ein Flipglas oder einen Sektkelch abgießen. Mit Muskat bestreuen.

Weinbrand

Unter den zahllosen Spirituosen hat der Weinbrand wohl die älteste Geschichte. Bereits 1321 enthielt ein deutschsprachiges Dokument einen Hinweis auf gebrannten Wein, der damals jedoch als Heilmittel galt und nur in Apotheken verkauft wurde.

Die Bezeichnung Weinbrand geht auf Hugo Asbach zurück, der seinen gebrannten Wein ab 1902 Cognac-Weinbrand nannte. Als den deutschen Herstellern nach1919 die Benennung Cognac untersagt wurde, war durch ihn der Begriff Weinbrand schon eingeführt.

Dieser wurde 1923 ins deutsche Weingesetz übernommen und steht seither für deutsche Weindestillate.

Bis heute ist Weinbrand gleichauf mit dem Korn an der deutschen Spirituosenproduktion mit rund einem Fünftel beteiligt.

Die Herstellung

Die Qualität eines Weinbrandes beginnt bei der Auswahl geeigneter Weine. Aus ihnen werden die Destillate gewonnen, die für Aroma und Geschmack des klassischen Weinbrandes ausschlaggebend sind. Aber nicht alle Weine eignen sich zum Brennen, und eigenartigerweise sind es auch nicht die guten Trinkweine, die ihr Bukett bei der Destillation entfalten. Die deutschen Weinbrenner decken ihren Bedarf an Wein hauptsächlich in Frankreich und in Italien.

Der Destillationsvorgang vollzieht sich bei der Weinbrandherstellung im Wesentlichen in zwei Schritten: in der Herstellung des „Raubrandes" und der Gewinnung des „Feinbrandes". Raubrand ist das Ergebnis des ersten Brennvorgangs. Mit ihm ließe sich noch kein Weinbrand herstellen, denn er enthält noch unerwünschte Stoffe, die erst in einem zweiten Destillationsvorgang ausgeschieden werden müssen. Dieser zweite Schritt ist wesentlich schwieriger. Es gilt nämlich ein Destillat zu erhalten, das schon den Ansprüchen des späteren Endprodukts entspricht.

Beim zweiten Brennvorgang entsteht eine Flüssigkeit, die unterschieden wird in Vorlauf, Mittellauf und Nachlauf. Hierbei konzentriert man sich auf den Mittellauf. Das ist der eigentliche Feinbrand, das „Herzstück". Dieser Feinbrand ist eine wasserhelle, klare Flüssigkeit mit einem Alkoholgehalt von etwa 70 %vol.

Ihm steht jetzt noch die Zeit des Reifens bevor, und diese ist mitentscheidend für die Qualität. Am Ende der Reifezeit muss der Brennmeister noch einmal seine ganze Kunst aufbieten. Aus Destillaten verschiedener Herkunft und verschiedener Jahrgänge muss er eine harmonische Mischung komponieren, die in Duft und Geschmack ganz den Anforderungen an das Endprodukt entspricht.

Die geltenden Vorschriften wurden im Januar 1998 durch eine neue Verordnung ersetzt. Seither unterscheidet man zwischen Weinbrand und Deutschem Weinbrand. Während Letzterer den früheren Begriffsbestimmungen entspricht, ist Weinbrand nun geringeren Anforderungen unterworfen. Für beide gilt, dass sie weder aus deutschen Weinen noch aus in Deutschland hergestellten Destillaten erzeugt werden müssen.

Die hauptsächlichen Unterscheidungsmerkmale:

a) Weindestillate: bei Weinbrand darf bis zur Hälfte des Fertigprodukts bis zu 94,8 %vol destilliert werden, und es gibt keine Vorschrift zu den Rebsorten. Bei Deutschem Weinbrand liegt die Destillationsobergrenze bei 86 %vol, und nur bestimmte Rebsorten dürfen verwendet werden.

b) Mindestreifezeit: bei Weinbrand 6 Monate in Eichenholzfässern unter 1000 l Fassungsvermögen oder 12 Monate in Eichenholzfässern über 1000 l. Bei Deutschem Weinbrand mindestens 12 Monate in Eichenholzfässern unter 1000 l.

c) Abrundungsessenzen: Erlaubt sind bei beiden die Zusätze von Kaltauszügen aus getrockneten Pflaumen, grünen Nüssen, auch getrockneten, oder gerösteten Mandelschalen. Beim Weinbrand dürfen außerdem Kaltauszüge aus Eichenholz oder Eichenholzspänen zugesetzt werden.

d) Zusatzstoffe und Zuckerung: Bei Weinbrand ist Zuckercouleur erlaubt sowie Zuckerungsstoffe ohne Mengenbegrenzung. Bei Deutschem Weinbrand ist Zuckercouleur unzulässig, und nur traditionelle Zuckerarten bis maximal 20 g je l Fertigware dürfen zugesetzt werden.

e) Mindestalkoholgehalt: bei Weinbrand 36 %vol, bei Deutschem Weinbrand 38 %vol.

Es lohnt sich also ein genaues Studium des Etiketts. Eine weitere gute Messlatte ist der Preis.

Auf eine 0,7-Liter-Flasche Spirituose mit 38 %vol. Alkoholgehalt entfällt in Deutschland 3,47 Euro Branntweinsteuer. Rechnet man dazu die Kosten für den Wein, die Arbeitsvorgänge, die Lagerung, die Flasche und Verpackung, die Spedition, die Werbung, den Gewinn des Handels und die im Preis enthaltene Mehrwertsteuer, dann lässt sich leicht erkennen, dass ein Weinbrand, dessen Preis nur wenig über der 5,00 Euro-Grenze liegt, nicht das Nonplusultra sein kann. Auch beim Weinbrand lohnt der Kauf von Produkten der renommierten Hersteller, und den momentan etwas höheren Preis spart man dann bei den Kopfschmerztabletten wieder ein.

Empfehlungen
Weinbrand trinkt man mit Zimmertemperatur als Digestif, mit Eiswürfeln und Cola, Tonic Water, Apfelsaft, Orangensaft oder Sodawasser als erfrischenden Longdrink, oder z. B. den Asbach mit einem kleinen Schuss Cola als das berühmte Asbach-„Rüscherl".
Man verwendet ihn vielfach zum Mixen von Cocktails und Longdrinks und als Heißgetränk mit Kaffee wie den Asbach in dem von diesem Hersteller erfundenen „Rüdesheimer Kaffee".

Bekannte Marken
Asbach In Rüdesheim am Rhein hat die Weinbrennerei Asbach ihren Sitz. Sie stellt den bekanntesten deutschen Weinbrand her. Hugo Asbach gründete 1892 das Unternehmen und bereits 1907 wurde die Marke „Asbach Uralt" beim Kaiserlichen Patentamt eingetragen. Hugo Asbach prägte auch den Begriff Weinbrand, der ab 1919 eingeführt wurde. Asbach ist zwar nicht der größte Weinbrandhersteller in Deutschland, aber sicher das Haus, das den meisten hochwertigen Weinbrand absetzt. 1991 wurde Asbach vom damaligen englischen Spirituosenkonzern United Distillers übernommen, seit 2000 ist Asbach im Besitz von Underberg. Außer dem Klassiker Asbach Uralt werden der 1905 eingeführte – 8 Jahre gereifte – Asbach Privat (beide 38 %vol), Asbach 15 Jahre, Asbach Selection 21 Jahre und als Nonplusultra seit dem Jahr 2000 der Asbach Jahrgangsbrand 1972 angeboten (alle 40 %vol).
Jacobi Die 1880 gegründete Weinbrennerei Jacobi in Weinstadt nahe Stuttgart wurde 2006 Teil von Beam Global (Jim Beam). Das klassische Jacobi-Produkt, der Jacobi 1880 V.S.O.P. (36 %vol), wird jedoch weiterhin angeboten.
Scharlachberg Die Weinbrennerei Scharlachberg wurde 1898 in Bingen gegründet und die Marke „Meisterbrand" gibt es seit 1920. Seit einigen Jahren gehört Scharlachberg (36 %vol) zu den Sektkellereien Henkell & Söhnlein.

Rüdesheimer Kaffee

4 cl Asbach
3 Stück Würfelzucker
heißer Kaffee
Schlagsahne, mit Vanillezucker gesüßt
Schokoladenraspel

In einen vorgewärmten Rüdesheimer-Kaffee-Becher Asbach und den Würfelzucker geben. Mit einem langen Streichholz anzünden und eine Minute brennen lassen. Mit einem langstieligen Löffel umrühren und mit Kaffee bis ca. 2 cm unter dem Becherrand auffüllen. Eine Sahnehaube darauf setzen und die Schokoladenraspel darüber streuen.

Asbach Sour

4 cl Asbach
4 cl Zitronensaft
2 cl Orangensaft
2 cl Zuckersirup

Im Shaker mit Eiswürfeln kräftig schütteln und in ein Stielglas abgießen. Mit einer halben Orangenscheibe und einer Cocktailkirsche garnieren.

Asbach Cola

4–6 cl Asbach
kaltes Cola

In ein Longdrinkglas einige Eiswürfel geben. Den Asbach dazugießen und mit kalter Cola auffüllen. Eine halbe Zitronen- oder Limettenscheibe und einen Stirrer dazugeben.

In fast allen Ländern der Erde begleitet die Weindestillation die Weinherstellung. Im Gegensatz zu Europa, wo schon seit Jahrhunderten Wein gebrannt wird, blickt die Weindestillation in außereuropäischen Ländern jedoch auf eine relativ junge Geschichte zurück.

Bekanntestes Herstellerland ist ohne Zweifel Frankreich mit seinen weltbekannten Weindestillaten Cognac und Armagnac. Für den deutschen Markt sind außer diesen nur noch die spanischen und italienischen Brandys von Bedeutung.

Die griechische Spirituosenspezialität Metaxa, die bei uns wie auch international enorme Erfolge aufweisen kann, dürfte streng genommen nicht bei den internationalen Brandys eingereiht sein, da Metaxa den EU-Bestimmungen für Brandy nicht entspricht. Aufgrund seiner Nähe zu den Brandys wird Metaxa hier mit vorgestellt. Metaxa wird aus Weindestillat, Wein, Alkohol und natürlichen Aromen komponiert. Dieses Herstellungsverfahren unterscheidet ihn von Brandy, Cognac oder Weinbrand.

Brandy aus Spanien und Italien

In Spanien greift man in der Geschichte des Weinbrennens weit zurück. Das Zentrum der Weinbrennerkunst liegt seit Beginn in Andalusien, und in der Region Jerez wurden bereits im 16. Jahrhundert beachtliche Mengen Wein gebrannt. Dieser diente damals aber meist nur zur Verstärkung der Weine für den Export. Gegen Ende des 19. Jahrhunderts kam die große Wende für den Brandy. Denn von da an war er nicht länger eine Beigabe. Ihm gelang der Sprung in die Selbstständigkeit – als Brandy de Jerez. Das Herkunftsgebiet „Brandy de Jerez" beschränkt sich auf die Sherry-Region in der Provinz Cadiz. Dort erzeugen gut drei Dutzend Bodegas, alle zugleich bekannte Sherry-Hersteller, etwa 100 Millionen Flaschen Brandy pro Jahr. Brandy de Jerez

Brandy

unterscheidet sich völlig von Weinbränden anderer Länder, denn sein Herstellungsverfahren endet in der „Solera".

Dieses einzigartige und langwierige Verfahren beruht auf einer regelmäßigen Vermischung der Destillate in übereinander liegenden Reihen alter Sherry-Fässer. Auf diese Weise werden Eigenschaften und Charakteristik jeweils auf den nachrückenden Brandy übertragen. Da beim Solera-System die Destillate oft Jahrzehnte wandern, ist beim Brandy de Jerez keine Jahresangabe möglich.

Brandy de Jerez wird je nach Reifezeit in drei Güteklassen unterteilt. Die vorgeschriebenen Mindestreifezeiten werden jedoch bei allen bekannten Marken weit überschritten.

So muss Brandy mit der Bezeichnung Solera mindestens 6 Monate reifen, Solera Reserva 1 Jahr und Solera Gran Reserva 3 Jahre. Die tatsächlichen Reifezeiten (Durchschnitt) betragen jedoch rund 1 1/2, 3 und 8 Jahre. Bei Spitzenprodukten sind Reifezeiten von 10 bis 15 Jahren und mehr nicht ungewöhnlich. Spanischer Weinbrand ist zu 90 Prozent Brandy de Jerez.

Während die spanischen Marken in großer Vielfalt angeboten werden, ist Italien sortenmäßig nicht stark vertreten. Die Ursache ist darin zu suchen, dass viele Sherry-Häuser auch Brandy-Hersteller sind. Der italienische Brandy-Markt wird von Stock und der Buton-Marke Vecchia Romagna dominiert. Daneben gibt es viele weitere, jedoch bei uns unbekannte Produzenten. Italienische Brandys werden im klassischen Verfahren hergestellt, d. h. durch zweifache Destillation und anschließende Lagerung in Eichenholzfässern. Die Reifezeit beträgt in der Regel drei Jahre.

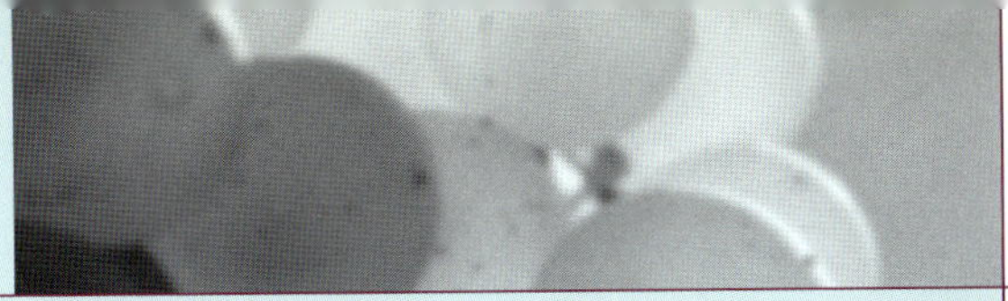

Pisco

Eine Besonderheit ist der Pisco. Zumindest der chilenische Pisco ist ein naher Verwandter der Brandys. Die Heimat des Pisco ist das Ica-Tal, nahe der Hafenstadt Pisco in Peru. Dort wird bis heute peruanischer Pisco nach alter italienischer Grappatradition aus den Trestern der Muskatellertraube gebrannt. Pisco aus Peru spielt international keine Rolle. In Chile, dem heute größten Herstellerland, wird er als hochwertiger Weinbrand aus Muskatellertrauben erzeugt. Chilenischer Pisco wird in den Qualitätsstufen Tradicional (30 %vol), Especial (35 %vol), Reservado (40 %vol) und Gran Pisco (43 %vol) angeboten. In Deutschland sind die beiden größten Marken, Capel und Control, erhältlich.

Empfehlungen

Brandy trinkt man wie Cognac oder Weinbrand bei Zimmertemperatur als Digestif, als Longdrink mit Eiswürfeln und Cola und verwendet besonders die jungen Marken zum Mixen von Cocktails und Longdrinks.

Bekannte Marken

Cardenal Mendoza Das Sherry-Haus Sanchez Romate wurde 1781 gegründet, und 1887 begann man mit einer kleinen Brandyproduktion für den privaten Gebrauch. Erst Jahre später kam er unter seinem jetzigen Namen auf den Markt. Heute zählt der Cardenal Mendoza - Solera Gran Reserva zu den absoluten Spitzenprodukten (42 %vol). Seit dem Jahr 2000 wird mit dem „Carta Real – Solera Gran Reserva" (40 %vol), eine weitere Spitzen-Qualität angeboten. Der Brandy für den „Carta Real" reift mindestens 25 Jahre im Solera-Verfahren.

Carlos I. Carlos I. (Primero), ein voller, weicher und sehr lange gereifter Solera Gran Reserva Brandy, ist die Spitzenmarke des Hauses Domecq. Dieser erfolgreichste Premium-Brandy Spaniens wird seit 1922 hergestellt und hat 40 %vol.

Gran Duque d'Alba Dieser Brandy de Luxe Gran Reserva gilt als einer der besten spanischen Brandys. Das berühmte Sherryhaus Williams & Humbert (Dry Sack) besitzt heute das Patronat über die Marke. Die 1890 angelegte Solera (übereinander liegende Fassreihen) ist zwölfstufig (sonst meist nur vierstufig), und alle Jahrgänge seit 1890 sind zumindest in Spuren noch enthalten. Neben diesem wird mit dem „ORO" eine sogar den Klassiker noch übertreffende Spitzenqualität angeboten (beide 40 %vol). Seit dem Jahr 2006 gibt es in Deutschland auch den „Crema de Alba" (siehe Creamlikör).

Lepanto Lepanto – Solera Gran Reserva - ist die Brandy-Spitzenmarke des großen Sherry-und Brandy-Produzenten Gonzalez Byass (Tio Pepe Sherry). Er reift mindestens fünfzehn Jahre im Solera-System und wird in noblen, serigrafierten Glaskaraffen angeboten. Neu sind der Lepanto „Pedro Ximenéz" und der „Oloroso Viejo". Beide verbringen die letzten fünf Jahre ihre Reifezeit in Fässern, die mit den namensgebenden Sherrys gefüllt waren. Alle 36 %vol.

Vecchia Romagna Diese große italienische Brandymarke der Firma Buton in Bologna wird in drei Qualitätsstufen angeboten. Die Standardmarke „Etichetta Nera" mit 38 %vol, die De-Luxe-Qualität „Etichetta Oro" und die 15 Jahre gereifte Spitzenmarke „Riserva Rara", beide 40 %vol.

Metaxa Die international bekannte griechische Spirituose „Metaxa" wurde 1888 erstmals vorgestellt. Metaxa wird aus Weindestillat, Wein, Alkohol und natürlichen Aromen komponiert und gehört im weitesten Sinne zur Familie der Weinbrände. Sein Herstellungsverfahren unterscheidet ihn allerdings von Brandy oder Weinbrand. Deshalb wird Metaxa auch als griechische Spirituosenspezialität und nicht als Brandy bezeichnet. Die verschiedenen Qualitäten unterscheiden sich deutlich im Geschmack und Charakter. Metaxa gibt es als „Classic" mit fünf Sternen (38 %vol), als „Golden Amphora" mit sieben Sternen (40 %vol) und als „Grand Olympian Reserve" (40 %vol) in einem original griechischen Steinkrug.

Summer Fun

3 cl Weinbrand
3 cl Crème de Bananes
8 cl Ananassaft
8 cl Orangensaft

Auf einige Eiswürfel in ein Fancyglas geben, gut verrühren und mit Früchten garnieren.

Sun Ginger

4 cl Metaxa 5 Classic*
6 cl kaltes Ginger Ale

In ein mittelgroßes Becherglas einige Eiswürfel geben. Den Metaxa dazugießen und mit Ginger Ale auffüllen. Eine halbe Orangenscheibe dazugeben.

Softy

1 cl Weinbrand
1 cl Cointreau
8 cl Rotwein
4 cl Orangensaft
2 cl Ananassaft

Im Shaker mit Eiswürfeln gut schütteln und in ein Longdrinkglas auf einige Eiswürfel abgießen. Mit einem Ananasstück und blauen Trauben garnieren.

Hercules

2 cl Weinbrand
2 cl Amaretto
1 cl Grenadine
5 cl Orangensaft

Mit Eiswürfeln im Shaker gut schütteln und in ein Old-Fashioned-Glas auf einige Eiswürfel abgießen. Mit einer Orangenscheibe garnieren.

Dolores

2 cl Brandy
2 cl Cherry Brandy
2 cl Crème de Cacao Weiß

Mit Eiswürfeln im Rührglas gut verrühren und durch das Barsieb in ein vorgekühltes Cocktailglas abgießen. Eine Cocktailkirsche dazugeben.

Green Buck

5 cl Metaxa 5 Classic*
1 cl Zitronensaft
1/2 cl Ouzo
kaltes Ginger Ale

Metaxa und Zitronensaft in ein Longdrinkglas auf einige Eiswürfel geben und mit Ginger Ale auffüllen. Den Ouzo auf den fertigen Drink geben.

Hot Milk Punch

4 cl Weinbrand
1 cl Zuckersirup
heiße Milch

Weinbrand und Zuckersirup in eine vorgewärmte Tasse geben und mit heißer Milch auffüllen. Etwas Muskat darauf streuen.

Star Clipper

2 cl Weinbrand
2 cl Apricot Brandy
2 cl Crème de Bananes
12 cl Ananassaft

Mit Eiswürfeln im Shaker kräftig schütteln und durch das Barsieb in ein großes Glas auf einige Eiswürfel abgießen. Ein Aprikosenstück mit einer Cocktailkirsche an den Glasrand stecken.

Montana

4 cl Brandy
1 cl Tawny Port
1 cl Vermouth Dry

Mit Eiswürfeln im Rührglas gut verrühren und durch das Barsieb in ein vorgekühltes Cocktailglas abgießen. Eine Cocktailkirsche dazugeben.

Olympic

3 cl Metaxa 5 Classic*
3 cl Triple Sec Curaçao
3 cl Orangensaft

Mit Eiswürfeln im Shaker kräftig schütteln und durch das Barsieb in eine Cocktailschale abgießen. Eine halbe Orangenscheibe dazugeben.

< *Im Bild: Summer Fun und Sun Ginger*

Venetian Coffee

2 cl ital. Brandy
2 cl Crème de Cacao Braun
1 Teelöffel Zucker
1 Tasse heißer Kaffee
leicht geschlagene Sahne

Brandy, Crème de Cacao, Zucker und Kaffee in ein vorgewärmtes Stielglas geben und gut verrühren. Die Sahne darauf setzen.

Betsy Ross

3 cl Brandy
3 cl Tawny Port
1/2 cl Cointreau
1 Spritzer Angostura

Mit Eiswürfeln im Rührglas gut verrühren und durch das Barsieb in ein vorgekühltes Cocktailglas abgießen.

Metaxa Collins

5 cl Metaxa 5 Classic*
3 cl Zitronensaft
2 cl Rohrzuckersirup
kaltes Sodawasser

Die Zutaten – ohne Sodawasser – mit Eiswürfeln im Shaker kräftig schütteln und durch das Barsieb in ein Longdrinkglas auf einige Eiswürfel abgießen. Mit Sodawasser auffüllen. Zwei halbe Zitronenscheiben und zwei Cocktailkirschen dazugeben. Mit Trinkhalmen und Stirrer servieren.

Metaxa Fun

4 cl Metaxa 5 Classic*
2 cl Crème de Bananes
6 cl Orangensaft
6 cl Ananassaft
1 cl Grenadine

Mit Eiswürfeln im Shaker kräftig schütteln und durch das Barsieb in ein Fancyglas auf einige Eiswürfel abgießen. Mit einer Kiwischeibe und einer Cocktailkirsche garnieren.

Pisco Sour

5 cl Pisco
3 cl Zitronensaft
2 cl Zuckersirup

Mit Eiswürfeln im Shaker kräftig schütteln und durch das Barsieb in ein mittelgroßes Stielglas abgießen. Einen Spieß mit einer halben Orangenscheibe und einer Cocktailkirsche über den Glasrand legen.

Via Veneto

4 cl Ital. Brandy
1 cl Sambuca
2 cl Zitronensaft
1 cl Zuckersirup

Mit Eiswürfeln im Shaker kräftig schütteln und durch das Barsieb in ein mittelgroßes Stielglas abgießen. Einen Spieß mit einer halben Orangenscheibe und einer Cocktailkirsche dazugeben.

Greek Dream

4 cl Metaxa 5 Classic*
2 cl Crème de Bananes
1 cl Strawberry Liqueur
6 cl Orangensaft
6 cl Ananassaft

Alle Zutaten mit Eiswürfeln im Shaker kräftig schütteln und durch das Barsieb in ein Longdrinkglas auf einige Eiswürfel abgießen. Die Erdbeere an den Glasrand stecken.

Brandy Egg Nog

6 cl Brandy
1 cl Zuckersirup
1 Ei, 12 cl Milch
2 cl Sahne
2 Spritzer Angostura

Mit Eiswürfeln im Shaker schütteln und in ein Longdrinkglas abgießen. Mit Muskatnuss bestreuen.

Lumumba

2 cl spanischer Brandy
2 cl Kaffeelikör
kalte Trinkschokolade

In ein Longdrinkglas Eiswürfel geben, Brandy und Kaffeelikör darübergießen und mit der kalten Trinkschokolade auffüllen. Gut umrühren.

< *Im Bild: Metaxa Collins und Metaxa Fun*

Calvados

Der Calvados ist ein Kind der Normandie, obwohl sein Name spanischen Ursprungs ist.

Als Philipp II. im Jahre 1588 seine „unbesiegbare" Armada gegen England segeln ließ, zerschellte eines der Schiffe an den Klippen der normannischen Küste. Die Caravelle hieß „El Calvador", das bedeutet „Bezwinger der feindlichen Schiffe". Der Name ging auf den Felsen über, an dem das Schiff gestrandet war. Aus „El Calvador" wurde „Calvados", und als man Frankreich 1789/90 in Départements aufteilte, wurde das ganze angrenzende Gebiet so genannt.

Der Ursprung

Sicherlich kennt man schon seit Jahrhunderten das Destillat aus Apfelwein. In den Archiven wird es erstmals 1553 erwähnt, und zwar benutzte man es damals auch als kostbare Arznei. Es war Gilles de Gouberville, ein großer Agronom, der in seinen Büchern überlieferte, dass er 1553 in einem kleinen Dorf am Ärmelkanal, Le-Mesnil-Au-Val genannt, Cidre, also Apfelwein, destillierte. Erst zu Beginn des 19. Jahrhunderts nahm der in der Normandie hergestellte Apfelbranntwein den Namen Calvados an, nach dem Département, in dem am meisten erzeugt wurde.

Apfel- und Birnenbrände gibt es in der Bretagne, in der Normandie und im Maine. Calvados dürfen sich aufgrund eines Gesetzes aus dem Jahre 1942 jedoch nur Brände aus genau abgegrenzten Gebieten der Normandie nennen. Auch an die Destilliermethoden werden besondere Anforderungen gestellt. Das nationale Institut für die Ursprungsbezeichnungen, das die Grenzen 1942 absteckte und heute noch streng überwacht, unterscheidet zwischen zwei Calvados-Arten, zwischen dem Calvados mit gesetzlich geregelter Herkunftsbezeichnung (Appellation Calvados Contrôlée) und dem Calvados mit kontrollierter Ursprungsbezeichnung (Appellation Calvados du Pays d'Auge contrôlée). Ersterer kommt aus dem Département Calvados, dem Cotentin, dem Avranchin, dem Mortainais, dem Domfrontais, dem Tal der Orne, der Gegend um Merlerault, den Ufern der Risle, der Landschaft Bray und aus dem Perche.

Der Beste – „Pays d'Auge"

Der berühmteste Calvados aber stammt aus dem Pays d'Auge, einem kleinen Gebiet im Herzen des Départements Calvados. Er allein hat das Recht, sich „Calvados du Pays d'Auge – Appellation Contrôlée" zu nennen, was auf deutsch „Calvados aus dem Pays d'Auge mit kontrollierter Ursprungsbezeichnung" heißt. Zu seiner Herstellung darf nur Apfelwein verwendet werden, der aus dem Pays d'Auge stammt. Ferner muss der Calvados im Pays d'Auge mittels kleiner Brennblasen für die zweimalige Destillation, wie man sie in der Charente für die Cognac-Herstellung benutzt, destilliert sein.

Die Herstellung

Calvados trägt wie Cognac und Armagnac einen international geschützten Namen, der nur Bränden aus den genannten Gebieten vorbehalten ist. Der Boden, die Früchte und das Klima bringen eine Spezialität hervor, die man in keiner anderen Gegend findet.

Der Calvados entsteht mit Hilfe von klassischen einfachen Brennblasen. Der mindestens ein Jahr alte Apfelwein wird in einen bedeckten Kessel gegossen, ein in eine Kühlschlange auslaufender Schwanenhals ermöglicht die Kondensierung des Dampfes. Die Destillation geht in zwei Stufen vor sich. Während der ersten Stufe wird der „Raubrand" gewonnen. Das ist ein leichter Alkohol von etwa 25 %vol, der mehrere Monate stehen bleibt und im Keller seine erste Alterung erfährt. In der zweiten Stufe wird der „Raubrand" nachdestilliert. Dabei leitet man den zuerst gewonnenen Vorlauf ebenso wie den Nachlauf ab. Übrig bleibt das „Herzstück", ein etwa 70 %vol starker Branntwein. Dieser junge Calvados ist wie jedes Destillat wasserhell und von herbem Geschmack.

Calvados altert wie Weinbrand in Eichenholzfässern. Die Fässer müssen bei kühler, konstanter Temperatur lagern. Durch die Porosität des harten und an Gerbsäure reichen Eichenholzes vereinigt sich der Calvados langsam mit dem Sauerstoff der Luft und gewinnt seine Bernsteinfarbe. Die Lagerung wird sechs Jahre überwacht. Ehe der Calvados in den Handel kommt, muss er mindestens ein Jahr alt sein. Meist aber dauert die Reifezeit zwei bis fünf Jahre, manchmal Jahrzehnte. Das Alter erkennt man am Etikett.

Es bedeuten: 3 Sterne = 2 Jahre; Vieux oder Réserve = 3 Jahre; V. O. oder Vieille Réserve = 4 Jahre; V.S.O.P. = 5 Jahre und Extra, Napoléon, Hors d'Âge oder Âge Inconnu mindestens 6 Jahre.
Um über Jahre hinweg den für jeden Hersteller typischen Geschmack zu erhalten, wird Calvados aus Destillaten verschiedener Jahre gemischt. Bei der Altersangabe ist immer das Alter des jüngsten verwendeten Destillats von Bedeutung.

Empfehlungen

Lange Zeit kannte man nur den jungen, klaren Calvados. Früher war es üblich, nur den nicht verbrauchten Cidre zu destillieren, um die Fässer für die neue Ernte zu leeren. Und dieser Branntwein wurde auch nur in der Region getrunken, von den Bewohnern feuchter Landstriche, die die Wärme eines kräftigen Schlucks schätzten.
Im 19. und zu Beginn des 20. Jahrhunderts breitete sich dieses stärkende und anregende Getränk auch in den Industriezonen aus, wo ein „Café-Calva", ein mit Calvados vermischter Kaffee, zur täglichen Gewohnheit wurde. Damals hatte die Landbevölkerung jedoch schon den anderen Calvados entdeckt, den längere Zeit gelagerten, weichen, bernsteinfarbenen Branntwein.
Ob man nun lieber jungen oder alten Calvados mag, ist Geschmackssache. In der Regel kann man sagen, je jünger, desto feuriger und fruchtiger, je älter, desto weicher im Geschmack und tiefer in der Farbe.
Calvados trinkt man wie Cognac oder Weinbrand als Digestif zum Abschluss eines Essens. Hierfür eignen sich Schwenker oder kleine Tulpengläser am besten. In der Bar bietet Calvados viele Verwendungsmöglichkeiten zum Mixen.

Bekannte Marken

Boulard Das Familienunternehmen Boulard wurde 1825 gegründet. Die Destillerie befindet sich in Coquainvilliers, bei Pont-l'Evêque, inmitten der Region Pays d'Auge. Boulard gilt als einer der renommiertesten Hersteller und gehört zu den größten Exporteuren von Pays d'Auge.

Roger Groult Seit vier Generationen produziert die Familie Groult im Pays d´ Auge Calvados. Beginnend mit einer drei Jahre alten Qualität, umfasst das Angebot Calvados mit Altersangaben von bis zu zwanzig Jahren, darüber hinaus Abfüllungen mit vierzig und fünfzig Jahre gereiften Bränden.

Château du Breuil Inmitten der Pays d'Auge-Region liegt das um 1300 erbaute Château du Breuil. Die dort produzierende Destillerie bietet Calvados in hervorragender Qualität, in mit Kordeln umwickelten und versiegelten Flaschen an.

Dauphin Einer der größten Calvadosproduzenten ist die Destillerie Normande du Calvados Dauphin in Coquainvilliers in der Pays d'Auge-Region.

Marquis d'Aguesseau 1969 erwarb der heutige Besitzer das alte Château in der Region Pays d'Auge, in dem schon vor Jahrhunderten Apfelweine destilliert wurden. 1981, nach Schaffung von genügend Reserven, begann man unter dem Namen eines früheren Besitzers mit dem Calvadoshandel.

Papidoux Calvados Papidoux ist die größte in Deutschland verkaufte Calvados-Marke. Es gibt ihn in den Qualitäten: „Fine", „V.S.O.P.", „X.O." und „Hors d´Age" 15 Ans. Sie werden in für Papidoux geschützten, dickhalsigen Flaschen angeboten und haben 40 %vol.

Père Magloire Im Jahr 1844 gegründeten die Brüder Débrise eine Spirituosenfirma und produzierten auch Calvados. Dieser wurde ab 1925 Père Magloire genannt. Angeboten werden die Pays d´Auge-Calvados „Fine", „V.S.O.P." und „X.O.", sowie der „Appellation Calvados Controlée" Aged 12 Years, alle 40 %vol.

Jack Rose

4 cl Calvados
2 cl Zitronensaft
1 cl Grenadine
Mit Eiswürfeln im Shaker gut schütteln und in ein Cocktailglas abgießen.

Porto Flip Normand

3 cl Calvados
3 cl Roter Portwein
2 cl Sahne
1 cl Zuckersirup
1 Eigelb
Die Zutaten mit Eiswürfeln im Shaker kurz und kräftig schütteln, in ein Flipglas oder einen Sektkelch abgießen. Mit etwas Muskat bestreuen.

Drei-Drei-Drei (333)

3 cl Calvados
3 cl Cointreau
3 cl Grapefruitsaft
Mit Eiswürfeln im Shaker gut schütteln und in ein Cocktailglas abgießen.

Max Calvador

3 cl Calvados
3 cl Grand Marnier
3 cl Grapefruitsaft
Mit Eiswürfeln im Shaker gut schütteln und in ein Cocktailglas abgießen.

Applejack

3 cl Calvados
2 cl Dry Orange Curaçao
2 cl Zitronensaft
Alle Zutaten im Shaker mit Eiswürfeln gut schütteln und in ein Cocktailglas abgießen.

Manetti

2 cl Calvados
2 cl Gin
2 cl Triple Sec Curaçao
1 cl Grenadine
1 cl Zitronensaft
4 cl Sahne
Mit Eiswürfeln im Shaker gut schütteln und in ein Cocktailglas abgießen.

< ***Im Bild: Porto Flip Normand***

White Apple

3 cl Calvados
3 cl Cointreau
3 cl Ananassaft
3 cl Sahne
Alle Zutaten im Shaker mit Eiswürfeln schütteln und in eine Cocktailschale abgießen.

Applejack Punch

4 cl Calvados
4 cl Orangensaft
1 cl Grenadine
kaltes Ginger Ale
Calvados, Orangensaft und Grenadine in ein Longdrinkglas mit Eiswürfeln geben, gut umrühren und mit Ginger Ale auffüllen. Mit einer Orangenscheibe garnieren.

Applejack Flip

5 cl Calvados
1 cl Zuckersirup
2 cl Sahne
1 Eigelb
Die Zutaten mit Eiswürfeln im Shaker kurz und kräftig schütteln, in ein Flipglas oder einen Sektkelch abgießen. Mit etwas Muskat bestreuen.

Normandy Golden Dawn

3 cl Calvados
3 cl Gin
1 cl Grenadine
3 cl Aprikosennektar
3 cl Orangensaft
Mit Eiswürfeln im Shaker schütteln und in einen Tumbler auf einige Eiswürfel abgießen. Mit einer Orangenscheibe garnieren.

Rabbit's Foot

3 cl Calvados
3 cl Weißer Rum
2 cl Orangensaft
2 cl Zitronensaft
1 cl Grenadine
Mit Eiswürfeln im Shaker schütteln und in einen Tumbler auf einige Eiswürfel abgießen. Mit einer Orangenscheibe garnieren.

Calvados Sour

5 cl Calvados
3 cl Zitronensaft
1–2 cl Zuckersirup
Die Zutaten im Shaker mit Eiswürfeln kräftig schütteln und in ein Stielglas abgießen. Mit einer halben Orangenscheibe und einer Cocktailkirsche garnieren.

Panther

2 cl Calvados
2 cl St. Raphaël Rouge
2cl Grand Marnier
Mit Eiswürfeln im Rührglas gut verrühren und in ein vorgekühltes Cocktailglas abgießen. Eine Cocktailkirsche dazugeben.

Normandy Spring

3 cl Calvados
2 cl Noilly Prat
1 cl Pfirsichlikör
4 cl Orangensaft
Im Shaker mit Eiswürfeln kräftig schütteln und durch das Barsieb in einen Tumbler auf einige Eiswürfel abgießen. Eine halbe Orangenscheibe und eine Cocktailkirsche dazugeben.

Big Apple

2 cl Calvados
3 cl Noilly Prat Vermouth
2 cl Pêcher Mignon
Im Rührglas mit Eiswürfeln verrühren, in vorgekühltes Cocktailglas abgießen. Miniapfel an den Glasrand stecken.

Calvados Cocktail

4 cl Calvados
1 cl Cointreau
4 cl Orangensaft
1 cl Pfirsichlikör
Im Shaker mit Eiswürfeln gut schütteln und in eine Cocktailschale abgießen. Ein Apfelstück mit einer Cocktailkirsche an den Glasrand stecken.

Applejack Highball

6 cl Calvados
kaltes Ginger Ale
Calvados in ein Longdrinkglas mit Eiswürfeln geben und mit dem kalten Ginger Ale auffüllen. Mit einer Apfelschalenspirale dekorieren.

Apple Scotch

4 cl Calvados
2 cl Scotch Whisky
3 cl Zitronensaft
2 cl Zuckersirup
Mit Eiswürfeln im Shaker gut schütteln und in einen Tumbler auf einige Eiswürfel abgießen. Mit Zitronenscheibe, Cocktailkirsche und Apfelschale garnieren.

Sir Henry

3 cl Calvados
2 cl Pfirsichlikör
3 cl Orangensaft
kalter Champagner
Im Shaker mit Eiswürfeln schütteln, in eine Champagnertulpe abgießen. Mit Champagner auffüllen. Einen Spieß mit Pfirsichstücken und Cocktailkirschen über den Glasrand legen.

Jack Dempsey

2 cl Calvados
2 cl Gin
2 cl Triple Sec Curaçao
2 cl Zitronensaft
1 cl Grenadine
einige Tropfen Pernod
Im Shaker mit Eiswürfeln schütteln und in einem Tumbler auf Eiswürfel abgießen. Zwei blaue Trauben an den Glasrand stecken.

Apple Bang

6 cl Calvados
kalter Cidre
Calvados in ein Longdrinkglas mit Eiswürfeln geben und mit dem kalten Cidre auffüllen. Eine Apfelspalte mit ins Glas geben.

Applecart

4 cl Calvados
2 cl Cointreau
2 cl Zitronensaft
Mit Eiswürfeln im Shaker gut schütteln und in ein Cocktailglas abgießen.

Im Bild: After All und Baccara >

After All

4 cl Calvados
3 cl Pfirsichlikör
2 cl Zitronensaft
Mit Eiswürfeln im Shaker gut schütteln und in ein Cocktailglas abgießen.

Baccara

3 cl Calvados
3 cl Malibu
2 cl Pfefferminzsirup
4 cl Sahne
Im Shaker mit Eiswürfeln schütteln und in eine Cocktailschale abgießen.

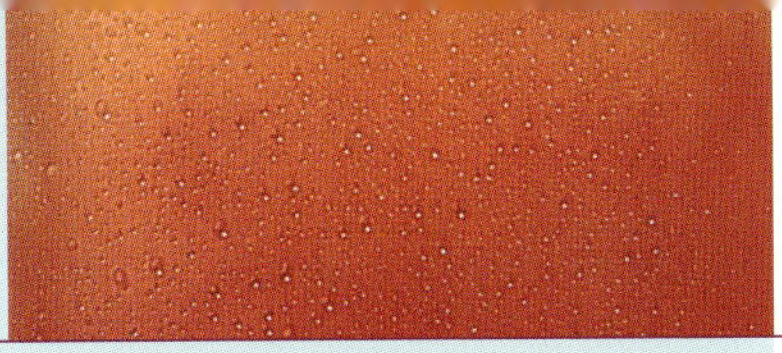

Obstbrand

Obstbrände zählen zu den edelsten Spirituosen und sind in ihrer Sortenvielfalt unübertroffen. Ob Himbeere, Kirsche oder Birne, ihre Duftfülle ist einzigartig und ob „Wasser" oder „Geist" – keine andere Spirituosengattung bietet so viel abwechslungsreichen Genuss.

Der Ursprung

Um das Jahr 1500 sind die frühesten Anfänge der Destillation in Deutschland belegt und der Weinbrand hat dabei die älteste Geschichte. Dem folgte der Kornbrand, und in den obstreichen Gegenden Mitteleuropas verbreitete sich das Obstbrennen. Ab dem 19. Jahrhundert war das Destillieren von Obst bereits ein Nebenerwerbszweig jedes Bauern, der über Obst verfügte. Besonders der süddeutsche Raum mit seinen großen Obstbeständen spielt hierbei eine wichtige Rolle und noch heute gibt es über 30 000 bäuerliche Kleinbrennereien. Um 1800 begann auch das gewerbsmäßige Brennen, wie auch die Geschichte der bereits 1813 erwähnten Firma Schladerer belegt. Auch in anderen obstreichen Regionen Mitteleuropas begann man Obst zu destillieren und die Obstbrände mancher Länder sind heute weltbekannt. So steht der Pflaumenbrand Slivovitz für das ehemalige Jugoslawien, der Aprikosenbrand Barack Pálinka für Ungarn, Marillenbrand (österreichisch für Aprikosen) kommt aus Österreich, Williamsbirne aus Südtirol und der Schweiz, Kirschwasser aus der Schweiz und aus Deutschland, Himbeergeist aus Deutschland und dem Elsass, und Mirabelle aus Lothringen. Hauptsächlich die Regionen rund um die Alpen sind heute der Mittelpunkt der Obstbrennerei und außer den bereits genannten Sorten wird Obst in unglaublicher Vielfalt zu Obstbränden verarbeitet.

Die Herstellung

Man unterscheidet bei den Obstbränden zwischen Wässern und Geisten. Wässer sind Brände aus Kern- und Steinobst wie Kirschen, Zwetschgen, Pflaumen, Mirabellen, Birnen, Äpfel und mehr. Bei der Herstellung der Wässer werden die sortenreinen Früchte vergoren. Dabei wandelt sich der natürliche Fruchtzucker in Alkohol um. Nach der Gärung wird die Maische zunächst zum so genannten Rohbrand destilliert; darauf folgt ein zweiter Destillationsprozess, der Feinbrand. Geiste dagegen werden aus zuckerarmem Obst, vor allem aus Beeren hergestellt. Diese Früchte, hauptsächlich Himbeeren, Brombeeren, Vogelbeeren und Schlehen, aber auch Johannisbeeren und Holunderbeeren, haben von Natur aus zu wenig Zucker, um genügend Alkohol zu bilden. Damit deren Aroma dennoch voll erhalten bleibt, werden diese Früchte mit Neutralalkohol eingemaischt und später dem gleichen Destillationsprozess unterworfen wie die Wässer. Sobald ein Wasser oder Geist, die Brennerei verlassen hat, darf er nicht mehr verändert werden – erlaubt ist lediglich, den Alkoholgehalt auf Trinkstärke herabzusetzen. Kernobstbrände aus Äpfel und Birnen heißen weder Wasser noch Geist sondern einfach „Brand" – wie z. B. der Apfelbrand oder die Williamsbirne. Als Obstwasser (Obstler) darf ein Kernobstbrand nur bezeichnet werden, wenn zugleich darauf hingewiesen wird, dass nur Äpfel und/oder Birnen verwendet wurden. Die aus der Brennerei kommenden hochprozentigen Wässer und Geiste werden in Eschenholzfässern, Glas- oder Steingutbehältern gelagert, bis sie die entsprechende Reife erlangt haben. Neben den großen gewerblichen Brennereien gibt es in Deutschland über 30 000 bäuerliche Kleinbrennereien, davon die Hälfte in der Schwarzwaldregion. Diese dürfen höchstens 300 Liter (gerechnet in reinem Alkohol) im Jahr produzieren. Der Mindestalkoholgehalt für Obstbrände beträgt 37,5 %vol.

Empfehlungen

Für die richtige Lagerung von Obstbrand gibt es drei Stichworte: kühl, dunkel und stehend. Wässer halten sich länger als Geiste und reifen auch in der Flasche noch nach. Luft beeinträchtigt das Aroma, deshalb sollten einmal geöffnete Flaschen nicht mehr allzu lange stehen. Die ideale Trinktemperatur liegt um die 16° C, also nicht zu kühl und nicht zu warm.

Die bekanntesten Obstbrände

Barack Pálinka Der ungarische Barack Pálinka ist neben dem Slivovitz der meistgetrunkene Obstbrand Osteuropas. Im Süden Ungarns liegt das Obstanbaugebiet Kecskemet und die Aprikosen dieser Region zählen zu den besten der Welt.

Himbeergeist Neben dem Kirschwasser ist der Himbeergeist der bekannteste deutsche Obstbrand. Neben dem Himbeergeist ist besonders der elsässische „Framboise" bekannt. Der beim Framboise oft verwendete Zusatz „Sauvage" bedeutet, dass wild wachsende Früchte verwendet wurden.

Kirschwasser Das Kirschwasser ist der beliebteste Obstbrand. Die bekanntesten Sorten kommen aus dem Schwarzwald, dem Elsass, aus Österreich, der Schweiz und auch aus Südtirol.

Marillen Marillen heißen die Aprikosen in Österreich. Besonders die Donauregion Wachau ist für die Qualität der dort wachsenden Früchte berühmt.

Mirabelle Aus Lothringen, dem Anbaugebiet der feinsten Mirabellen, kommt das „Eau-de-vie de Mirabelle".

Prune Prune ist eine typisch französische Spezialität. Nur in Frankreich werden Pflaumen auf diese Weise in großem Umfang zu Obstbrand verarbeitet und mehrere Jahre zur Reifung gelagert.

Quetsch Dieser Zwetschgenbrand wird fast nur im Elsass und in Baden produziert. Er wird aus einer kleinen, blauvioletten Zwetschge hergestellt und unterscheidet sich auch durch den Zusatz von mehr Steinen von den anderen Zwetschgenbränden.

Schlehe Die Schlehe, ein Rosengewächs, gehört zur selben Gattung wie Kirsche und Zwetschge und hat wie diese Steinfrüchte. Sie wachsen wild an Waldrändern und werden spät, nach dem ersten Frost geerntet. Schlehen sind rundlich, schwarzblau, grünfleischig und sehr sauer. Aus ihnen wird Schlehengeist und Schlehenlikör hergestellt und auch beim baskischen Pacharan Licor und beim Sloe Gin werden sie verwendet.

Slivovitz Der edelste Slivovitz wird aus der Pocegaca-Pflaume destilliert – einer besonders fleischigen, saft- und aromareichen Sorte. Der Name stammt vom altslawischen „Sliva", der Bezeichnung für Pflaume.

Schwarzwälder „Schwarzwälder" ist eine Herkunftsbezeichnung für die im Schwarzwald hergestellten Obstbrände. Für Kirschwasser dürfen auch Kirschen aus dem Schwarzwälder Vorland verwendet werden, die Grenzen der Gebiete sind dabei präzise festgelegt. Brennereien außerhalb des Schwarzwaldes, die bereits vor 1963 Kirschwasser aus Schwarzwälder Kirschen produziert haben, ist erlaubt, ihren Kirsch auch weiterhin als „Schwarzwälder" zu verkaufen.

William Unter dieser Bezeichnung kennt man die Obstbrände aus der Williamsbirne (französisch: Poire William). Ursprünglich ein Produkt aus dem Schweizer Rhonetal, wird heute Williamsbirnenbrand in mehreren Regionen Frankreichs (Elsass, Loire, Vogesen), im Süden Deutschlands, in Südtirol und Österreich hergestellt. Einige Hersteller bieten ihren Williams auch mit in die Flaschen eingewachsenen Birnen an.

Zibartenbrand Die Zibarte ist eine hauptsächlich im Schwarzwald wild wachsende Pflaumenart. Aus ihr lässt sich ein besonders hochwertiger Pflaumenbrand herstellen. Die Firma Schladerer bietet ihn als „Zibärtle" mit 42 %vol an.

Zwetschgenwasser Die weit verbreitete aromatische, süße Herbstzwetschge wird in vielen Sorten angebaut und zu Zwetschgenwasser verarbeitet. Hauptsächlich im süddeutschen Raum, im Elsass, in der Schweiz (Pflümliwasser), in Österreich und im früheren Jugoslawien.

Vogelbeerbrand Die Vogelbeere oder Eberesche ist in Europa (mit Ausnahme des Mittelmeerraumes) sowie in den gemäßigten Regionen Asiens heimisch. Der Vogelbeerbrand hat vor allem in Tirol und der Steiermark eine lange Tradition. Auf Grund der aufwändigen Gewinnung und Verarbeitung der orangefarbigen, etwa 1 cm dicken Beeren, ist dieser Edelbrand selten und teuer.

Quittenbrand Zu den weniger bekannten Bränden zählt der Quittenbrand. Die Quitten ähneln in ihrem Aufbau den Äpfeln und Birnen, und als wärmeliebende Frucht wird sie bevorzugt in Weinbaugebieten angebaut.

Bekannte Marken

Bailoni Die „I. Wachauer Marillen-Destillerie" wurde im Jahr 1872 von Eugen Bailoni in Krems/Österreich gegründet. Man produziert einen ausgezeichneten Marillenbrand mit 40 %vol sowie Marillenlikör mit 30 %vol.

Bon Père Das Haus Germanier, ein traditionsreiches Unternehmen in Balavaud-Vétroz, im Herzen des Kantons Wallis im Rhonetal, wurde 1907 gegründet. Das Unternehmen destillierte im Jahr 1943 als erstes im Wallis Williamsbirnen. Bon Père William gibt es mit und ohne Birne in der Flasche mit 40 %vol Alkohol.

Coeur du Breuil Der renommierte Calvadosproduzent Château du Breuil in Le-Breuil-en-Auge/Calvados bietet unter diesem Namen seinen berühmten Pflaumenbrand an. Für diesen in Eichenholzfässern gelagerten „Prune" (41 %vol) werden die Sorten Mirabelle, Reine Claude und La Prune d´Alsace verwendet.

Dettling In Brunnen am Vierwaldstätter See wurde die Firma Arnold Dettling 1867 gegründet. Bis heute ist Dettling die einzige Destillerie, die ausschließlich Kirschwasser herstellt. Verwendet werden hauptsächlich die kleinen schwarzen Bergkirschen der Innerschweiz. Die bekannteste Sorte des Hauses ist der „Reserve" (41 %vol). Des Weiteren gibt es die Cuvée „Schwarze Bergkirsche" und die rare Dettling „Wildkirsche", beide 40 %vol.

Pfanner Die in Lauterach bei Bregenz/Vorarlberg ansässige Destillerie Pfanner hat ihren Ursprung in einem 1854 erworbenen Landgasthof. Schon damals stellte man Obstbrände und Liköre her. Heute ist Pfanner der größte Fruchtsaftproduzente des Landes und berühmt für seine exzellenten Obstbrände. Eine Spezialität ist der Birnenbrand „Subirer", der aus einer kleinen, nur in Vorarlberg wachsenden Birne hergestellt wird.

Lantenhammer Die Destillerie Lantenhammer wurde 1928 von Josef Lantenhammer gegründet. Sie liegt im Herzen der bayerischen Voralpen am Schliersee. Die Lantenhammer-Brände und -Liköre werden heute in dritter Generation von Florian Stetter unter höchsten Qualitätsvoraussetzungen hergestellt. Außer den Obstbränden werden auch Fruchtbrandliköre, ein exzellenter Bitter und seit 1999 mit dem „Slyrs" ein bayerischer Malt Whisky hergestellt. Die Lantenhammer Edelbrände zählen zu den absoluten Spitzenqualitäten und werden erst nach einer besonders langen Reifezeit angeboten: Die Sorten der klassischen Reihe: Williamsbirnenbrand, Waldhimbeergeist, Vogelbeerbrand, Marillenbrand, Wildkirschbrand, Schlehengeist, Sauerkirschbrand, Quittenbrand, Williamsbirnenbrand naturtrüb und Marillenbrand, alle 42% vol. Des Weiteren ein Fruchtbrandliköre-Sortiment, sowie zahlreiche Spezialitäten und Kostbarkeiten, die in edlen Glaskaraffen abgefüllt sind.

Massenez Jean- Baptiste Massenez war einer der Männer, die man „Bouilleurs de Crus" (private Eigenbrenner) nannte. Seit 1870 destillierte er im entlegensten Winkel des Villétals, in Urbeis, hervorragende Schnäpse. Im Jahr 1913 stelle Eugène Massenez mit großem Erfolg als einer der ersten Himbeergeist her. 1979 wurde die neue, hochmoderne Brennerei am heutigen Standort Villé/Dieffenbach-au-Val errichtet. In Deutschland werden von Massenez die Sorten „William", „Framboise Sauvage", „Mirabelle", „Kirsch", „Vieille Prune" (alle 40 %vol) und „Marc d´Alsace Gewürztraminer" mit 45 %vol angeboten.

Diese Destillieranlage steht bei Lantenhammer am Schliersee.

Pascall In Fougerolles am Rand der Vogesen hat die 1864 gegründete Destillerie La Cigogne ihren Sitz. Aus Früchten der Region werden unter dem Markennamen „Pascall" die klassischen Obstbrände Mirabelle, Poire William, Poire William mit Birne, Kirsch und Framboise, sowie die berühmteste Sorte des Hauses, die lange Jahre in Limousin-Eichenfässern gereifte „La Vieille Prune" im traditionellen Destillierverfahren zweimal destilliert. Alle Pascall-Brände werden in attraktiven Henkelflaschen mit 40 %vol angeboten.

Schladerer Die im Breisgau-Städtchen Staufen ansässige „Alte Schwarzwälder Hausbrennerei" Schladerer ist nicht nur der unangefochtene Marktführer in Deutschland, sondern auch Europas größter Obstbrenner. Die Firma geht zurück auf Sixtus Balthasar Schladerer, der bereits im Jahr 1813 in Bamlach am Oberrhein als Obstbrenner tätig war. Sein Sohn Sixtus übernahm dann 1844 die Kreuzpost in Staufen, und diese war der Ursprung des heutigen Unternehmens. Im Schladerer-Sortiment finden sich neben den klassischen Obstbränden auch Aprikosengeist, Schlehengeist, Johannisbeergeist und Quittengeist. In der gleichen klassischen Schladerer-Flasche, jedoch mit schwarzen Etiketten, werden die vier Schladerer-Raritäten Jahrgangskirschwasser, Sauerkirsch, Zibärtle und Walliser Williams angeboten. Des Weiteren gibt es feinste Obstbrand-Liqueure (siehe Fruchtlikör).

Bonn 2000

1 cl Williamsbirne
2 cl Vermouth Dry
2 cl Pecher Mignon Pfirsichlikör

Vermouth und Williams mit Eiswürfeln im Rührglas gut vermischen und kühlen. In ein vorgekühltes Cocktailglas abgießen und eine kleine Babybirne dazugeben.

VW

3 cl Vermouth Bianco
3 cl Williamsbirne

Vermouth und Williams mit Eiswürfeln im Rührglas gut vermischen und kühlen. In ein vorgekühltes Cocktailglas abgießen. Eine kleine Babybirne dazugeben.

Cassis Lady

3 cl Crème de Cassis
1 1/2 cl Kirschwasser
1 1/2 cl Vermouth Dry

Die Zutaten im Rührglas mit Eiswürfeln gut vermischen und in ein vorgekühltes Cocktailglas abgießen. Eine Johannisbeerrispe an den Glasrand hängen.

Swiss Shake

2 cl Kirschwasser
4 cl Schokoladenlikör
4 cl Sahne

Mit Eiswürfeln im Shaker gut schütteln und durch ein Barsieb in ein Kelchglas abgießen.
Mit Schokoladenflocken bestreuen.

Sommertraum

3 cl Himbeergeist
1 cl Grenadine
kaltes Bitter Lemon

In ein Longdrinkglas auf einige Eiswürfel Himbeergeist und Grenadine geben. Mit kaltem Bitter Lemon auffüllen und mit einem Barlöffel gut verrühren. Einige Himbeeren dazugeben.

Sun Dance

3 cl Himbeergeist
2 cl Pfirsichlikör
5 cl Ananassaft
1 cl Grenadine
kalter Sekt

Himbeergeist, Pfirsichlikör und Ananassaft mit Eiswürfeln im Shaker kräftig schütteln und in ein Weinglas auf einige Eiswürfel abgießen. Mit etwas kaltem Sekt auffüllen und den Grenadine darüber geben.

Imperial

2 cl Himbeergeist
3 cl Himbeerlikör
1 cl Grenadine
4 cl Ananassaft
6 cl Orangensaft

Mit Eiswürfeln im Shaker kräftig schütteln und in ein Longdrinkglas auf einige Eiswürfel abgießen. Mit einem Melonenstück und Himbeeren garnieren.

Im Bild: Sun Dance und Pinky >

Rose

3 cl Vermouth Dry
3 cl Kirschwasser
Grenadine

Vermouth und Kirschwasser im Rührglas mit Eiswürfeln gut vermischen. Während des Rührens Grenadine vorsichtig einfließen lassen, bis der Drink roséfarben ist. In eine gekühlte Cocktailschale geben und eine Cocktailkirsche dazugeben.

Pinky

2 cl Campari
2 cl Himbeergeist
10 cl Grapefruitsaft
kaltes Tonic Water

Im Shaker mit Eiswürfeln schütteln, in Longdrinkglas auf Eiswürfel abgießen. Mit Tonic Water auffüllen. Mit Himbeeren garnieren.

Seit vielen Jahrhunderten wird in Schottland Whisky gebrannt, wobei alte Urkunden darauf hinweisen, dass Mönche die Kunst des Brennens ins Land brachten. Das älteste historische Zeugnis ist eine Eintragung in den Archivalien des schottischen Schatzamtes von 1494 mit folgendem Text: „Acht Bollen Malz für Bruder Cor, u m damit Aqua Vitae zu machen." Einer der ersten Hinweise auf „Uiskie", so die damalige Schreibweise, datiert um 1600.

Der Name „Whisky" kommt ursprünglich vom gälischen „Uisge Beatha" beziehungsweise „Usquebaugh", was soviel wie „Lebenswasser" bedeutet.

Der Ursprung

Das schottische Hochland war die Region, in der damals unzählige Brennereien betrieben wurden. 1643 versuchte die Obrigkeit zum ersten Mal, den Whisky zu besteuern. Wie nicht anders zu erwarten, stieß sie jedoch auf wenig Gegenliebe bei den Brennern: Die Steuer wurde einfach ignoriert.

Man destillierte künftig illegal, und mit kleinen, leicht beweglichen Destillierapparaten ging das fast problemlos. Es begann die viel besungene Zeit der Schwarzbrennerei und des Whiskyschmuggels. Den Steuerbeamten war wenig Glück beschieden, als sie versuchten, in den unzugänglichen Hochlandregionen den Schwarzbrennern auf die Spur zu kommen. Die Illegalität erschwerte den Brennern jedoch den Absatz des Whiskys.

Als 1707 England und Schottland vereinigt wurden, verspürte man im Norden noch weniger Lust, an die ungeliebten Engländer Steuern abzuführen. Um die Mitte des 18. Jahrhunderts arbeiteten über 400 illegale Brennereien im Hochland und auf den einsam gelegenen Inseln vor der

Scotch Whisky

Küste Schottlands. Rund 70 Jahre währte der Kampf zwischen Brennern und Beamten, genau bis 1823, als der einflussreiche schottische Herzog von Gordon günstigere Steuergesetze durchsetzte. Der erste Brenner, der eine Lizenz beantragte, war 1824 George Smith; seine Glenlivet Distillery existiert noch heute. In Schottland werden zwei Whiskyarten hergestellt: Malt (Malz-) und Grain (Korn-) Whisky. Generell unterscheidet man außerdem zwischen Highland (Hochland-) und Lowland (Flachland-) Whisky. Als Grenze zwischen beiden Gebieten gilt eine imaginäre Linie, die bei Greenock – 30 Kilometer nordwestlich von Glasgow – im Westen des Landes beginnt und bei Dundee im Osten endet. Fast alle Malt-Whisky-Destillerien – zur Zeit sind es 103 – befinden sich im Hochland in der eigenständigen Unterregion Speyside. Die Orkney-Inseln mit zwei Brennereien zählen auch zu den Highlands, ebenso wie die Inseln Skye (1), Mull (1), Jura (1) und Arran, wo seit 1995 wieder eine Destillerie arbeitet. Die Insel Islay mit sieben Brennereien gilt als eigenständige Region, ebenso Campbeltown (2) auf der Halbinsel Kintyre. In den Lowlands arbeiten sechs Malt-Brennereien. Außerdem sind zehn Grain-Destillerien über ganz Schottland verstreut.

Die Herstellung

Der Grundstoff für Malt Whisky ist ausschließlich Gerste. Man bringt sie zum Keimen und trocknet sie durch Torffeuer. Dieser Vorgang sorgt für den späteren Rauchgeschmack. Das getrocknete Malz wird gemahlen, mit Wasser vermengt und unter Zusatz von Hefe zum Gären gebracht. Anschließend destilliert man die dabei entstandene Flüssigkeit in kupfernen, zwiebelförmigen Kesseln zweimal. Diese so genannten Pot Stills sehen heute nicht anders aus als vor hundert Jahren: Bei diesem

Verfahren verläuft der Destillationsprozess nicht kontinuierlich, die Kessel werden nach dem Ende einer Destillation jeweils neu gefüllt. Zu den Faktoren, die die Güte eines Malt Whisky entscheidend mitbestimmen, gehört die Wasserqualität. Deshalb wird ausschließlich absolut sauberes, klares, besonders weiches Quellwasser verwendet. Wichtig sind natürlich auch die Qualität des Malzes, die Trocknung über dem Torffeuer, die Größe und Form der Kupferkessel, die Kunst des Brennmeisters und letztendlich das Fass und die Dauer der Reife. Wenn der frisch destillierte Malt Whisky ins Fass kommt, ähnelt er kaum dem Produkt, das nach zehn, zwölf oder 15 Reifejahren abgefüllt wird. Die Jahre verändern den Whisky vollkommen. Er wird weich, und der Geschmack entwickelt sich – der Whisky wird besser, je länger man ihn im Fass lässt, und bis heute gibt es keinen Weg, diesen Prozess abzukürzen. Drei Dinge spielen während des Alterungsvorgangs eine Rolle: der Whisky selbst, das Fass, in dem er reift, und das Klima, in dem die Reifung stattfindet. Die Eichenholzfässer sind nicht luftdicht, der Whisky verdunstet durch die Poren des Holzes, Luft dringt ein und beeinflusst die Art der Reife. Früher wurden oft ehemalige Sherryfässer für die Lagerung verwendet, sie sind jedoch sehr rar und entsprechend teuer geworden, so dass nur noch wenige Destillerien auf sie zurückgreifen. Vielfach werden Bourbonfässer verwendet, die in den USA ja nur einmal eingesetzt werden dürfen. Während der Lagerzeit verdunsten alle Stoffe, die den jungen Whisky hart und aggressiv machen. Malt Whisky braucht, damit sich alle Unebenheiten im Geschmack verlieren, etwa zehn bis zwölf Jahre Fasslagerung. Der Blendmaster bestimmt den idealen Zeitpunkt für die Abfüllung – nur wenige Whiskys werden dann noch besser. Außerdem gibt das Fass dem Whisky seine Farbe, denn frisch destillierter Whisky ist, wie alle Destillate, vollkommen farblos. Die Bezeichnung „Single Malt" besagt, dass es sich dabei um das Produkt einer Destillerie handelt. Malt Whiskys, auf denen „100 % Malt" oder „Der Pure Malt" steht, sind so genannte Vatted Malts – Whiskys, die aus verschiedenen Destillerien kommen. Der weitaus größte Teil der Malt Whiskys wird aber nicht auf Flaschen gefüllt, sondern zur Blended-Whiskyherstellung verwendet. Außerhalb Schottlands schätzte man den starken, rauchigen Whisky der Anfangszeiten nicht sonderlich. Dies änderte sich, als Robert Stein 1826 den Patent-Destillierapparat erfand, ein Verfahren, das Aeneas Coffey 1831 nochmals verbesserte. Man konnte nun kostengünstig, schnell und unabhängig von Wasser, Torf oder Witterung größere Mengen Whisky herstellen. Um 1860 entdeckte Andrew Usher aus Edinburgh die Kombination von Malt und Grain Whisky – der heutige Blended Whisky begann seinen Siegeszug um die Welt. Es war ein Siegeszug mit Hindernissen. Denn die Malt-Whisky-

Unverkennbar die Küste Schottlands

Hersteller kämpften gegen den weicheren Blended Whiskey; sie stritten lange Zeit dafür, dass nur ungemischter Malt als Scotch Whisky verkauft werden dürfte. 1909 entschied eine königliche Kommission, dass der unter Verwendung von Grain Whisky hergestellte Blended auch als Scotch verkauft werden durfte. Rund 98 Prozent der heute hergestellten Whiskys kommen als „Blended Scotch" auf den Markt. Er wird in kontinuierlicher Destillation aus gemälzter und ungemälzter Gerste gebrannt, ein Verfahren, das durch seine höhere Wirtschaftlichkeit die Erzeugung großer Mengen möglich macht. Der Grain lagert dann genau wie Malt Whisky in Eichenholzfässern. Grain Whisky ist grundsätzlich leichter und weicher in Charakter und Geschmack. Für die Verbindung von Malt und Grain wird neben dem Ausdruck „Blending" (to blend = verschmelzen, ineinander übergehen) auch die Bezeichnung „Marriage" (Heirat) gebraucht. Einer der wichtigsten, wenn nicht sogar der wichtigste Mann einer Destillerie ist der Blendmaster. Seine Nase entscheidet. Denn Brennereien gibt es viele in Schottland, und jede stellt Whiskys her, die theoretisch miteinander verbunden werden können. Die Kunst ist es nun, nur solche Whiskys zu mischen, die in der Verbindung vollkommen harmonieren und dabei doch ihre besten und spezifischen Eigenschaften entfalten können. Das klingt vielleicht einfach, aber bei manchen Blends werden bis zu 40 verschiedene Grains und Malts gemischt, um das gewünschte Produkt zu erreichen. Und ist ein Blended Scotch dann einmal kreiert und für gut befunden, gibt es trotzdem noch keine Formel für seine Zusammensetzung. Denn Whisky als reines Naturprodukt ist stets leichten Geschmacksänderungen unterworfen, und der Blendmaster muss seine Blends immer wieder überprüfen und das Mischungsverhältnis korrigieren. Die Namen der verwendeten Whiskys und die Werte für die Mischung sind streng gehütete Geheimnisse. Der Gesetzgeber verlangt, dass jeder Whisky mindestens drei Jahre alt ist. Bei Whisky mit Jahresangabe muss stets das Alter des jüngsten verwendeten Whiskys angegeben werden, es darf kein Durchschnitt errechnet werden. Von „De-Luxe-Blends" spricht man ab einem Maltanteil von einem Drittel. Auf dem Weltmarkt werden heute über 2000 verschiedene Blended Scotch Whiskys angeboten. Den Löwenanteil bilden aber relativ wenige, international bekannte Sorten. Die in Deutschland importierten Blended Scotch Whiskys enthalten im Normalfall 40 %vol Alkohol. Die Malt Whiskys weisen meist 40 oder 43 %vol Alkohol auf, oft aber auch einige Prozent mehr. Eine Besonderheit stellen die „Cask Strength"-Whiskys dar, die „Fassstärke"-Whiskys, die direkt aus dem Fass ohne Herabsetzung des Alkoholgehalts abgefüllt werden und dann etwa 50 bis über 60 %vol Alkohol enthalten.

Durch die Hitze des mit Torf beheizten Feuers wird die Gerste zum Malz.

Empfehlungen
Blended Scotch Whisky ist ein sehr anpassungsfähiges Getränk. Man kann ihn mit klarem Wasser, mit Sodawasser, Cola, Ginger Ale, pur oder on the rocks trinken. Blended Scotch Whisky eignet sich auch als Digestif nach dem Essen und ist Bestandteil vieler international bekannter Cocktails. Malt Whisky trinkt man pur und niemals auf Eis. Am besten geeignet sind die tulpenförmigen „nosing glasses". Einzig und allein erlaubt ist die Zugabe von etwas kaltem, klarem Wasser, um den Whisky zu „öffnen".

Bekannte Blended-Whisky-Marken

Ballantine's Die Nummer drei unter den Scotch Whiskys kam über Hiram Walker (Canadian Club) und Allied Domecq in den Besitz des französischen Spirituosen-Multis Pernod Ricard. Von den berühmten rechteckigen, braunen Flaschen werden jährlich über siebzig Millionen verkauft. Die Hauptmarke „Finest" und der zwölf Jahre alte „Special Reserve" sind eine feste Größe auf dem deutschen Markt. Seit dem Jahr 2000 wird auch der Ballantine´s Pure Malt – 12 Years – angeboten (alle 40 %vol).

Chivas Regal Der „12 Years Old" Blended Scotch Chivas Regal ist mit rund 50 Millionen Flaschen (2005) neben dem Johnnie Walker „Black Label" die führende 12-jährige Marke. Der Aufstieg der schon seit 1801 produzierenden Destillerie begann 1948 mit der Übernahme durch den Spirituosenkonzern Seagram. 1952 wurde der „Royal Salute" eingeführt – benannt nach den 21 Salutschüssen bei der Krönung von Königin Elisabeth II. Dieser exquisite Blend wird in drei verschiedenfarbenen Porzellandekantern angeboten und in Samtsäckchen verpackt. Im Jahre 2000 kam ein 18 Years Old auf den Markt, und seit 2001 ist Chivas im Besitz von Pernod Ricard, (alle 40 %vol).

The Famous Grouse Die über 100 Jahre bekannte Marke The Famous Grouse, mit dem Markenzeichen des schottischen Moorhuhns, ist der meistgetrunkene Blended Whisky in Schottland und mit jährlich fast 40 Millionen verkauften Flaschen eine der größten Scotch-Marken. Es

gibt ihn in vier Abfüllungen: Die Standardmarke „Finest", den „Port Wood Finish", den „Gold Reserve" 12 Years Old und den Blended Malt „12 Years Old", alle mit 40 %vol.

Dimple Einer der führenden zwölf Jahre alten De-Luxe-Scotch ist der Dimple (=Grübchen) von Haig. Die berühmte „gekniffene" Flasche wird seit etwa 1900 verwendet. International gibt es Dimple auch 15 Jahre alt.

Grant's Die bis heute unabhängige Firma Grant wird noch immer von den Nachfahren des Gründers geleitet. Weltberühmtheit erlangte Grant durch den führenden Single Malt „Glenfiddich". Grant's „Family Reserve" ist mit ca. 50 Millionen Flaschen (2005) die Nummer vier unter den Blended Scotch.

Johnnie Walker Die Nummer eins unter den Scotch-Produzenten setzt jährlich rund 100 Millionen Flaschen von der Hauptmarke „Red Label" ab. Diesem folgt auf Platz fünf mit über 50 Millionen Flaschen der „Black Label". Weitere Sorten sind der 15 Jahre gereifte „Green Label" Blended Malt, der „Gold Label" 18 Years und der „Blue Label". Dieser außergewöhnliche Whisky besteht aus bis zu fünfzehn Whisky-Raritäten, deren ältestes Destillat etwa 65 Jahre Reifezeit aufweist.

Old Smuggler Bis 1835 geht der Ursprung der Marke zurück und seit der Prohibitionszeit in den USA ist Old Smuggler dort eine beliebte, und heute noch bedeutende Marke. Dieser milde Blended-Whisky-Klassiker zeichnet sich durch einen ausgesprochen feinen Rauchgeschmack aus und wird mit 40 %vol angeboten.

Teacher's Die Firma Teacher´s wurde 1830 in Glasgow gegründet und die Marke „Highland Cream" bereits 1884 eingetragen. Unter den Blended Scotch Whiskys belegt dieser alte Klassiker mit jährlich rund 23 Millionen verkauften Flaschen den zwölften Platz.

Scotch Malt Whisky-Marken

Aberlour Die Aberlour-Destillerie wurde 1826 erbaut und nach einem Brand erst 1879 wieder eröffnet. Seit 1974 ist sie im Besitz von Pernod Ricard. Sie befindet sich im Herzen des Glenlivet-Tals an den Ufern des Flusses Spey. Aberlour wird in den unverändert gebliebenen „Pot Stills" des Jahres 1879 destilliert und 10-jährig angeboten. Neu ist der a'bunadh (gälisch für „Ursprung"), der nach der Tradition der Whiskys des 19. Jahrhunderts hergestellt wird. A'bunadh Batch-Whisky (Batch=ausgewählte beste Fässer) ist ein „Cask Strength" (=Fassstärke) Whisky mit einem Alkoholgehalt um die 60 %vol. Er wird in Flaschen abgefüllt, die von den schottischen Apothekern zu dieser Zeit benutzt wurden.

Auchentoshan Die Destillerie liegt nördlich von Glasgow, aber südlich der Trennlinie zwischen Highlands und Lowlands, und gilt als Lowland Whisky. Für ihn wird die alte Methode der Dreifach-Destillation angewandt. Auchentoshan (=Feldecke) wurde um 1800 gegründet und gehört zu Bowmore. In Deutschland wird vom „Select" ohne Jahrgang bis hin zum 31-jährigen „Cask Stength" mit Jahrgang ein großes Sortiment angeboten.

The Balvenie Die 1892 von William Grant (Glenfiddich) in Dufftown, im Herzen der Speyside-Region eröffnete Balvenie-Destillerie bietet in Deutschland zur Zeit (2006) fünf Single Malt-Abfüllungen an: Double Wood 12 Years, 40 %vol, reift 12 Jahre in Bourbonfässern und weitere

sechs Monate in ehemaligen Sherryfässern; Single Barrel 15 Years, 50,4 %vol, stammt aus einem einzigen Fass; Port Wood 13 und 21 Years (beide 40 %vol) erfahren nach 13- bzw. 21-jähriger Alterung eine weitere Reifung in alten Portweinfässern.

Neu seit 2006 ist der 17 Years „NewWood", der nach 17jähriger Reifezeit noch ein viermonatiges „finishing" in neuen, innen ausgekohlten Fässern aus amerikanischer Weißeiche erfährt.

Bowmore Bowmore, die älteste Brennerei auf der Isle of Islay, wurde 1779 gegründet. Die Whiskys sind berühmt für ihre Wuchtigkeit und ihr rauchiges Aroma. Seit 1994 ist Bowmore im Besitz des japanischen Spirituosenkonzerns Suntory. Dazu gehören auch die Destillerien Auchentoshan und Glen Garioch. Es werden vom „Legend" ohne Jahrgang, aufwärts bis zum 40 Years Old über zehn Sorten in Deutschland angeboten.

Famous Grouse Malt Unter dem Namen der berühmten Blended Scotch Marke bietet man auch einen 12jährigen Blended Malt an. In der heutigen Zeit der „Single Malt Whiskys" ist er einer der wenigen „Blended Malts" (früher Vatted) und wird für seine ausgewogene Komposition gerühmt. Alkoholgehalt 40 %vol.

Glenfiddich Der mit Abstand meistverkaufte Malt Whisky kommt aus der größten Destillerie Schottlands. Das 1887 von William Grant gegründete Unternehmen ist bis heute in Familienbesitz. Dazu gehören unter anderem die ebenfalls in Dufftown erbaute Balvenie Distillery und die große Blended- Marke Grant's. Glenfiddich war der Pionier in der Vermarktung von Single Malt Whisky. Mit dem Start im Jahr 1963 wurde der Malt-Whisky salonfähig und das heutige Kultgetränk Malt Whisky hatte in Glenfiddich seinen Ursprung. Heute sind die dreieckigen, grünen Flaschen jedem Whiskytrinker der Welt bekannt und etwa die Hälfte des gesamten, in Flaschen gefüllten Malt Whiskys entfällt auf Glenfiddich. In Deutschland wird Glenfiddich mit 12 Years, 15 Years „Solera Reserve", 18 Years "Ancient Reserve", 21 Years „Cuban Reserve" und 30 Years Old angeboten. Ein weiterer 12jähriger ist der „Caoran Reserve". Caoran (sprich: kuran) ist die gälische Bezeichnung für Torfasche/-glut, und das Etikett hat auch diesen Farbton. Mit dieser außergewöhnlichen Qualität führte Glenfiddich einen Geschmack wieder ein, der seit dem Zweiten Weltkrieg in Vergessenheit geraten war. Damals erhöhte man wegen der Kohleknappheit den Anteil des Torfs bei der Kesselbefeuerung. „Caoran" reift mindestens 12 Jahre in Eichen- und Sherryfässern und zum „Finish" in Islay Maltfässern. Eine Besonderheit ist auch der 15 Years „Solera Reserve". Für ihn werden verschiedene, mindestens fünfzehn Jahre alte Malts in großen Fässern gemischt. Wie beim spanischen Sherry-Solera-System wird diesen Fässern bei der Abfüllung immer nur die Hälfte entnommen. Auch der „Cuban Reserve" ist eine Novität. Er erhält sein „Finish" in kubanischen Rumfässern. Alle 40 %vol.

Glen Garioch In den östlichen Highlands liegt die Glen Garioch (Glen Gieri) Distillery. Die 1797 gegründete Brennerei wurde 1970 von Bowmore übernommen und gehört damit zu Suntory. Glen Garioch gibt es in Deutschland in verschiedenen Abfüllungen von 8 Years Old bis zum 23-Years Old „Cask Strength" mit Jahrgang.

Glen Grant Glen Grant ist eine der großen Malt-Destillerien und nach Glenfiddich die größte Marke. Mit den Grant´s von Glenfiddich hat man aber nur den Namen gemeinsam. Glen Grant wurde bereits um 1900 als Single Malt abgefüllt angeboten, damals aber nur innerhalb Schottlands. Ab den 1950er Jahren wurde er aber auch schon auf den Exportmärkten verkauft. Das von den Brüdern Grant 1840 in Rothes gegründete Unternehmen fusionierte im Jahr 1953 mit Glenlivet und kam nach mehreren Stationen im Jahr 2000 zu Pernod Ricard. Seit 2005 ist Glen Grant im Besitz von Campari. Glen Grant wird international in zahlreichen Altersstufen angeboten. Die Version für den deutschen Markt trägt keine Altersangabe und ist etwa acht Jahre alt. Diese weist 40 %vol auf und ist ein für Einsteiger empfehlenswerter, angenehmer und ausgewogener Malt Whisky.

The Glenlivet Glenlivet war 1824 die erste Destillerie, die den Schritt in die Legalität unternahm. Die in der Speyside-Region im Livettal erbaute Brennerei erreichte, dass nur sie sich Glenlivet nennen durfte und es anderen Destillerien der Region nur erlaubt wurde, die Bezeichnung als Namenszusatz zu führen. 1978 kam Glenlivet in den Besitz von Seagram, und im Jahr 2001, nach dem Verkauf des gesamten Seagram-Konzerns, zu Pernod Ricard. The Glenlivet gibt es in Deutschland als 12, 15 und 18 Years Old mit 40 und 43 %vol.

Highland Park Die nördlichste Whisky-Destillerie der Welt befindet sich auf den schottischen Orkney Inseln. In Kirkwall, dem Hauptort auf Mainland, wurde Highland Park 1798 erbaut. Highland Park Single Malt gibt es in Deutschland in den Abfüllungen 12, 18 und 25 Years Old.

Laphroaig „The most richly flavoured of all Scotch Whiskys" steht auf dem schlichten Etikett der grünen Flasche. Diese Aussage ruft bei Kennern Entzücken hervor, Neulinge sollten aber erst leichtere Marken versuchen. Laphroaig (sprich: La-froyg) ist einer der berühmten Single Malts der Insel Islay. Er ist charaktervoll, schwer, salzig, rauchig und torfig und gilt als der ursprünglichste Malt Whisky der Insel. Die Destillerie wurde 1815 gegründet und kam in ihrer wechselvollen Geschichte im Jahr 2006 in den Besitz von Jim Beam. Seither werden vier Abfüllungen angeboten. Es gibt ihn als 10 Years (40 %vol), 15 und 30 Years (43 %vol) und als „Cask Strength" mit 55,7 %vol.

Macallan Die berühmte Macallan Destillerie liegt am Westufer des River Spey in der Nähe von Craigellachie. Sie bekam 1824 die Lizenz und war damit eine der ersten

legalen Destillerien in Schottland. Macallan bietet in Deutschland die 12,18, 25 und 30 Years Old Single Malts sowie den Jahrgang 1946 an. Auf den internationalen Märkten findet man viele weitere Altersstufen und Jahrgänge.

Scapa Scapa auf den Orkney Islands und die ebenfalls dort ansässige Highland Park Distillery sind die nördlichsten Whisky-Destillerien der Welt, wobei Highland Park etwa 2 Meilen „nördlicher" liegt. Scapa wurde 1885 gegründet und gehört heute zu Pernod Ricard. Der Scapa Orkney Single Malt gilt als gut ausbalancierter, kerniger Whisky mit salziger Note. Er wird nur als 14 Years Old mit 40 %vol angeboten.

Slyrs Mit dem Slyrs wird erstmals ein bayerischer Single Malt Whisky angeboten. Florian Stetter, Inhaber der renommierten Destillerie Lantenhammer (siehe Obstbrand) schuf diese ungewöhnliche Whiskynovität. Im Mai 2002 wurde mit dem Jahrgang 1999 der erste Slyrs in einer Auflage von 1600 Flaschen angeboten und 2005 waren es bereits 6000 Flaschen. Von den Herstellungsschritten ist bekannt, dass das Gerstenmalz zum Teil mit Buchenholz geräuchert wird, dass man zweifach in Kupfer-Pot-Stills mit 450 Litern destilliert und dass zur Reifung neue 225-Liter-Barriques aus amerikanischer Weißeiche eingesetzt werden. Der Alkoholgehalt beträgt 43 %vol.

Scotch Sour

5 cl Scotch Whisky
3 cl Zitronensaft
1–2 cl Zuckersirup

Die Zutaten im Shaker mit Eiswürfeln kräftig schütteln und in ein Stielglas abgießen. Mit einer Cocktailkirsche und einer halben Orangenscheibe garnieren.

Rob Roy

4 cl Scotch Whisky
2 cl Vermouth Rosso
2 Spritzer Angostura

Die Zutaten in ein mit Eiswürfeln gefülltes Rührglas geben, gut vermischen und in ein gekühltes Cocktailglas abgießen. Eine Cocktailkirsche dazugeben.

Bobby Burns

4 cl Scotch Whisky
2 cl Vermouth Rosso
1 cl Drambuie

Die Zutaten in ein mit Eiswürfeln gefülltes Rührglas geben, gut vermischen und in ein gekühltes Cocktailglas abgießen. Das Aroma einer Zitronenschale darauf spritzen und diese dazugeben.

Sandy Collins

5 cl Scotch Whisky
3 cl Zitronensaft
2 cl Zuckersirup
kaltes Sodawasser

Die Zutaten – ohne Sodawasser – mit Eiswürfeln im Shaker gut schütteln und in ein Longdrinkglas auf einige Eiswürfel abgießen. Mit etwas Sodawasser auffüllen. Mit einer Zitronenscheibe und einer Cocktailkirsche garnieren.

Caledonian Mist

3 cl Scotch Whisky
2 cl Drambuie
4 cl Orangensaft
1 cl Zitronensaft
kaltes Bitter Lemon

Die Zutaten – ohne Bitter Lemon – in einem mit Eiswürfeln gefüllten Shaker gut schütteln und in ein Longdrinkglas auf einige Eiswürfel abgießen. Mit Bitter Lemon auffüllen. Einen Spieß mit einer Orangen- und einer Limettenscheibe sowie einer Erdbeere dazugeben.

Highlander

3 cl Scotch Whisky
2 cl Strawberry Liqueur
4 cl Orangensaft
1 cl Zitronensaft

Mit Eiswürfeln im Shaker kräftig schütteln und durch das Barsieb in einen Tumbler auf einige Eiswürfel abgießen. Eine Erdbeere an den Glasrand stecken und zwei kurze Trinkhalme dazugeben.

Scotch Old Fashioned

5 cl Scotch Whisky
2 Spritzer Angostura
Würfelzucker

In ein Old-Fashioned-Glas den Würfelzucker geben, mit Angostura tränken und etwas klares Wasser dazugeben. Den Zucker mit einem Barlöffel zerdrücken, das Glas mit Eiswürfeln füllen und den Whisky darüber gießen. Gut umrühren, eine Cocktailkirsche und je eine halbe Orangen- und Zitronenscheibe dazugeben.

Im Bild: Highlander >

Irish Whiskey

Ähnlich wie im schottischen Hochland existierten auch in den dünn besiedelten Gebieten Irlands im 17. Jahrhundert viele kleine, meist nur für den Hausgebrauch arbeitende Brennereien. Die Illegalität und spätere Lizenzerteilung ähnelte den Verhältnissen in Schottland.

Der Ursprung

Die irische Whiskeyproduktion konzentrierte sich hauptsächlich in und um Dublin und Cork. Von den etwa 2000 Ende des 18. Jahrhunderts arbeitenden Brennereien blieben bis Mitte unseres Jahrhunderts nur noch ein gutes Dutzend übrig. Diese schlossen sich 1966 zur Irish Distillers Group zusammen, der 1970 auch die nordirische Old Bushmills Distillery beitrat. Man entschied sich dafür, alle Marken mit Ausnahme von „Bushmills" in einem neuen Destillierkomplex zu produzieren, der 1975 in Midleton bei Cork in Betrieb genommen wurde. In dieser Großanlage lassen sich durch Änderung der jeweiligen Produktionsbedingungen alle Marken in ihrer Originalität herstellen. Die anhaltenden Absatzprobleme führten 1988 jedoch zur Übernahme durch den französischen Spirituosenmulti Pernod Ricard. Um dieser Monopolisierung zu begegnen, tat sich 1987 eine Gruppe irischer Unternehmer zusammen. Sie übernahmen stillgelegte Destillerien und begannen mit der Produktion von alten Whiskeysorten unter deren früheren Namen.

Die Herstellung

Die Herstellung des irischen Whiskeys ähnelt in vielen Grundzügen der des schottischen Malt Whiskys. Im Gegensatz zum schottischen Verfahren wird aber in Irland das gekeimte Getreide über Kohle getrocknet. Seit kurzem ist jedoch auch ein erster Peated (Peat = Torf) Malt auf dem Markt. Außerdem wird für irischen Whiskey auch ungemälzte Gerste verarbeitet. Auch Hafer, Weizen und Roggen können verwendet werden. Destilliert wird dreimal nach der klassischen Pot-Still- und der Coffey-Methode. Die irischen Pot Stills sind jedoch mit einem Fassungsvermögen von 100000 bis 150000 Liter wesentlich größer dimensioniert als die schottischen. Während der Charakter der schottischen Whiskys von vielen Faktoren bestimmt wird, ist in Irland die Fasslagerung von allergrößter Bedeutung. Man verwendet gebrauchte Sherry- und Bourbonfässer. Die gesetzlich vorgeschriebene Lagerzeit von drei Jahren wird normalerweise überschritten. Nach der Reifung folgt das „Blending". Dieses darf aber nicht mit dem in Schottland üblichen Verschneiden von Malt mit Grain Whisky verglichen werden. In Irland werden nur die Whiskeys verschiedener Fasstypen und unterschiedlicher Jahrgänge gemischt. Neben diesen klassischen irischen Whiskeys werden auch Single Malts (Bushmills, Connemara, Locke´s, The Tyrconnell) angeboten.

Empfehlungen

Beim Mixen ergibt sich eine etwas weniger rauchige Geschmacksnote als beim Scotch Whisky. Unübertroffen und unersetzbar ist er für die Herstellung des weltweit bekannten Irish Coffee.

Bekannte Marken

Bushmills Bushmills erhebt den Anspruch, die älteste Whiskeybrennerei der Welt zu sein. Die Original-Brenngenehmigung stammt aus dem Jahre 1608. Die Bushmills Distillery liegt an der Nordküste Nordirlands. Sie ist die einzige Destillerie Nordirlands und seit 1970 mit der Irish Distillers Group vereint. Von Bushmills gibt es in Deutschland den „Black Bush" und die Single Malt Whiskeys, 10 Years und 16 Years Old. Beide 40 %vol.

Connemara 1987 gründete eine Gruppe irischer Unternehmer die Cooley Distillery und erwarb eine heute moderne, leistungsfähige Brennerei. Außerdem sicherte man sich die Rechte an den alten Marken The Tyrconnell und Locke´s. Im Jahe 1995 wurde dann der Connemara eingeführt. Benannt wurde er nach der im Westen Irlands gelegenen Landschaft. Connemara ist der einzige Irish Malt Whiskey aus über Torf-

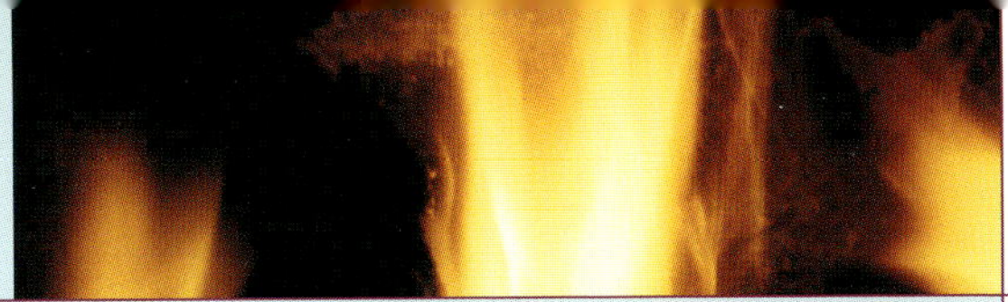

feuer (peat = Torf) gemälzter Gerste. Diesem Connemara „Pure Pot Still – Peated Single Malt – Irish Whiskey" (40 %vol) folgte der Connemara „Cask Strength" mit um die 60 %vol und der „12 Years Old" mit 40 %vol.

Jameson John Jameson ist eine der ältesten, heute noch erhältlichen Whiskey-Marken Irlands. Die Destillerie wurde 1780 in Dublin gegründet. Jameson ist mit rund 25 Millionen Flaschen der meistgetrunkene Irish Whiskey und in vielen Ländern Marktführer. Seit 1975 wird Jameson wie alle anderen irischen Whiskeys der Irish Distillers Group (ohne Bushmills) in Midleton bei Cork hergestellt. Schon lange gibt es bei uns die Standardmarke und seit 1984 auch die 12-Jahre alte Top-Marke Jameson 1780. Er ist die größte Marke unter den wenigen 12-jährigen Irish Whiskeys. Beide 40 %vol. Die Jameson-Marken „Redbreast" und „Green Spot" sind dagegen schwer zu finden.

Kilbeggan Im Jahre 1987 tat sich eine Gruppe irischer Unternehmer zusammen und gründete die Cooley Distillery. Sie übernahmen die alte John Locke Distillery in Kilbeggan, die 1757 gegründet wurde und schon 30 Jahre ruhte, sowie die 1762 gegründete Andrew A. Watt & Co. Distillery und errichteten in Dundalk an der Ostküste eine moderne, leistungsfähige Brennerei. 1989 nahm man die Produktion auf, und 1994 wurde Kilbeggan erstmals wieder angeboten. Alkoholgehalt 40 %vol.

Locke's Locke´s, ebenfalls eine von Cooley (siehe Connemara) wieder erweckte Marke, erschien 1993 zunächst als Blend und wird seit 1997 als Single Malt angeboten. Locke´s „Irish Single Malt" 8 Years Old, wird mit 40 %vol in Flaschen und Krügen angeboten.

Paddy Seit 1825 wird Paddy Old Irish Whiskey hergestellt. Seinen Namen erhielt er jedoch erst später durch Paddy O'Flaherty, einen populären Starverkäufer der damaligen Cork Distilleries. Dieser machte „seinen" Whiskey in den 1920er Jahren so bekannt, dass man von Paddy's Whiskey sprach. Die Cork Distilleries reagierten und benannten ihren „Old Irish Spirit of Gentle Authority" nach ihm. Paddy ist bis heute eine besonders in ihrer Heimat geschätzte Marke. Alkoholgehalt 40 %vol.

Tullamore Dew Die Tullamore Distillery wurde 1829 in Tullamore, im County Offaly in den Midlands erbaut. Bis 1975 produzierte man dort, seither jedoch in dem großen Destillierkomplex in Midleton bei Cork. 1995 wurde die Marke an das Dubliner Unternehmen Cantrell & Cochrane verkauft, aber weiterhin dort hergestellt. Tullamore Dew – der Tau von Tullamore – mit seinem berühmten Werbeslogan „Give every man his Dew" ist die bekannteste Marke in Deutschland. Tullamore Dew ist besonders „light", mild, fein-rauchig und gilt als sehr komplex. Seit dem Jahr 2000 wird auch ein 12 Years Old angeboten, dazu kam der „Heritage Blend". Dieser wurde erstmals aus 20 ausgewählten Fässern für das im Jahr 2000 eröffnete Heritage Center hergestellt. Alle 40 %vol Alkoholgehalt.

The Tyrconnell „The Tyrconnell" ist eine Marke der wieder zum Leben erweckten Andrew A. Watt Distillery. Diese bereits 1762 produzierende Brennerei nahm 1987 in Dundalk den Betrieb wieder auf. Der Single Malt „The Tyrconnell" (40 %vol) ist einer der wenigen Irish Malt Whiskeys und seit 1994 auf dem Markt.

Morning Dew

3 cl Irish Whiskey
1 cl Curaçao Blue
2 cl Crème de Bananes
4 cl Grapefruitsaft

Die Zutaten im Shaker mit Eiswürfeln gut schütteln und in eine Cocktailschale abgießen. Mit einer Orangenscheibe und einer Cocktailkirsche garnieren.

Irish Coffee

4 cl Irish Whiskey
1 Tasse heißer Kaffee
1–2 Teelöffel brauner Zucker
leicht geschlagene Sahne

Whiskey, Zucker und Kaffee in ein vorgewärmtes Stielglas geben, gut verrühren. Die Sahne als Haube darauf setzen.

Bourbon Whiskey

Der erste in den USA hergestellte Whiskey war der Rye Whiskey aus Roggen, welchen die europäischen Einwanderer ins Land gebracht hatten.

Schotten und Iren begannen im frühen 18. Jahrhundert, hauptsächlich in den Staaten Pennsylvania, Maryland und Virginia, mit der Whiskeyherstellung.

Der Ursprung

Der früher so populäre Rye Whiskey fristet heute allerdings ein Mauerblümchendasein, und sein Marktanteil liegt unter einem Prozent. Vom heute bekanntesten amerikanischen Whiskey, dem Bourbon, unterscheidet er sich dadurch, dass beim Rye mindestens 51 Prozent des verwendeten Getreideanteils Roggen sein muss. Beim Bourbon sind 51 Prozent Mais vorgeschrieben, der Anteil kann aber bis zu 80 Prozent betragen; der Rest besteht aus gemälzter Gerste und Roggen, zum Teil auch aus Weizen.

Bourbon verbindet und symbolisiert Lebensart.

Neben dem Rye und dem Bourbon sind der Tennessee und der Blended American Whiskey die wichtigsten Sorten. Herausragendes Qualitätsmerkmal ist dabei die Unterscheidung zwischen „Straight", „Blended Straight" und „Blended American". „Straight" bedeutet unverschnitten. „Blended Straights" haben einen Straight-Bourbon- oder Straight-Rye-Anteil von mindestens 51 Prozent. Beim Rest handelt es sich um Neutralsprit aus Getreide. „American Blended" müssen mindestens 20 Prozent Straight Whiskey enthalten, der Rest ist auch hier Neutralsprit aus Getreide. Der im Staat Tennessee hergestellte Tennessee Whiskey („Jack Daniel's", „George Dickel") gilt als eigenständig und unterscheidet sich vom Bourbon durch ein spezielles Filtrierverfahren, bei dem der frische Whiskey durch eine meterdicke Ahorn-Holzkohleschicht gefiltert wird. Dieses „Charcoal-Mellowing"-Verfahren verhilft dem Tennessee Whiskey zu seiner außergewöhnlichen Qualität. Seit 1941 ist der Tennessee Whiskey übrigens eine von der Steuerbehörde anerkannte Whiskeysorte. Bourbon, Rye und Blended American Whiskey unterliegen keinen regionalen Beschränkungen. Neben Kentucky, Tennessee und Pennsylvania stellen auch Virginia, Ohio und Illinois in großem Umfang Whiskey her. Die wichtigsten gesetzlichen Vorschriften regeln den Mais- bzw. Roggenanteil (51 Prozent) sowie die Mindestlagerzeit: Sie beträgt bei Bourbon und Rye zwei Jahre, eine Lagerzeit unter vier Jahren muss bei diesen auf dem Etikett angegeben werden. Somit sind Whiskeys ohne Altersangabe mindestens vier Jahre alt. Die meisten Marken werden allerdings vier bis sechs Jahre gelagert, Spitzenmarken auch sechs bis acht Jahre. Lagerzeiten von zehn Jahren und mehr sind eher selten. Seit einiger Zeit gibt es auch Single Barrel (Einzelfassabfüllungen) und Small Batch Bourbon. Dieser Bourbon ist eine Zusammenstellung aus besonders gut entwickelten Fässern. Beide kommen nur in relativ kleinen Mengen in den Handel. Obwohl sich der amerikanische Whiskey in der Regel mit „e" schreibt, gibt es auch amerikanische Marken (z. B. „Dickel", „Maker's Mark"), die sich ohne „e" schreiben. Der Mindestalkoholgehalt beim amerikanischen Whiskey beträgt wie bei allen anderen Whiskys 40 %vol.

Die Herstellung

Die US-Straight-Whiskeys werden in einer dem schottischen Pot-Still-Verfahren ähnlichen Methode destilliert. Der oft auf den Etiketten angegebene Hinweis auf das „Sour-Mash"-Verfahren besagt, dass nicht nur Hefe, sondern auch Rückstände aus einem vorangegangenen Brennvorgang der frischen Maische zugesetzt wurden, um die Gärung einzuleiten. Dieses Verfahren wird heute ausschließlich angewandt. Die „Sweet-Mash"-Methode, mit jeweils frischer Hefe, findet dagegen keine Anwendung mehr. Die Alterung vollzieht sich beim Bourbon in innen angekohlten Eichenfässern, die jedoch nur einmal eingesetzt werden dürfen.

Empfehlungen

Bourbon Whiskey eignet sich aufgrund seiner Weichheit hervorragend zum Mixen. Man trinkt ihn pur, on the rocks, mit klarem Wasser, Soda, Cola, Seven Up, Sprite oder Ginger Ale.

Bekannte Marken

Jim Beam Die Jim Beam Distillery Co. Geht zurück auf einen deutschen Einwanderer namens Böhm, der bereits 1795 Whiskey brannte. 1935 wurde die Destillerie von vier Unternehmern, darunter Jeremia Beam, einem Nachfahren Böhms in der sechsten Generation, neu gegründet. Die Gruppe American Brands übernahm Jim Beam 1967, die Brennerei behielt aber die Kontrolle über die Marke und ist heute auch für die gesamte Spirituosenproduktion dieses Konzerns zuständig. Jim Beam ist mit über 65 Mio. (2005) jährlich verkauften Flaschen nach Jack Daniels die größte Whiskeymarke der USA und die Nummer 14 unter den Spirituosenmarken der Welt. Nach Deutschland wird außer der Hauptmarke auch der 8 Jahre alte Jim Beam Kentucky Straight „Black Label" exportiert. Beide 40 %vol.

Blanton's Der erste Single-Barrel Bourbon Whiskey der neueren Zeit war Blanton´s. Mit ihm begann 1984 eine neue Bourbon-Ära. Er empfahl sich zum Pur-Genuss und als Konkurrenz zu schottischen Single Malt Whiskys, zu Cognacs und vielen anderen Digestif-Spirituosen. Für diesen, bis heute erfolgreichsten Single-Barrel werden nur die besten und ausgereiftesten Fässer verwendet. Auf jedem Etikett wird penibel Fass- und Flaschennummer, Lagerhaus, Ricknummer (Schober), Abfülldatum und Alkoholgehalt vermerkt. Blanton hat mittlerweile zahlreiche Auszeichnungen erhalten und wird als Whiskey mit vollem Körper und bestechender Balance gerühmt.

Benannt ist die Marke nach Albert Blanton, der von 1897 bis 1953 (sic) in der Destillerie tätig war. Blanton´s wird in mehreren Qualitäten und Alkoholstärken angeboten. Auch die Flaschenform ist außergewöhnlich. Die runde, oben und unten achteckige Flasche wird mit Siegelwachs verschlossen, und ein Pferd mit Reiter krönt den Verschluss.

Elijah Craig Die Marke trägt den Namen eines Baptistenpredigers, der auch als Brenner tätig gewesen sein soll und häufig als Erfinder des Bourbons genannt wird. Es wird aber auch behauptet, dass dies eine Legende ist, die Ende des 19. Jahrhunderts entstand, um die bigotten Alkoholgegner damit zu ärgern, dass ausgerechnet ein Mann der Kirche für die Entstehung des bekämpften Teufelszeugs verantwortlich war. Wie dem auch sei, Elijah Craig ist ein besonderer Bourbon, der nach einem traditionellen Rezept von der Heaven Hill Distillery in Bardstown/Kentucky hergestellt wird. „Elijah Craig" Old Kentucky Straight Bourbon Whiskey reift 12 Jahre und wird mit 47 %vol angeboten.

Jack Daniel's Mit rund 110 Millionen (2005) jährlich verkauften Flaschen ist „Jack Daniel's Tennessee Whiskey" die größte Spirituosenmarke der USA. Die Marke geht zurück auf Jack Daniel (1846-1911), der schon im Alter von 13 Jahren als Brenner arbeitete. 1866 gründete er seine eigene Brennerei und ließ diese – als erster Destillateur in den Vereinigten Staaten – offiziell registrieren. Seit 1895 wird der Jack Daniel's in den typischen eckigen Flaschen angeboten. 1906 zog sich Jack Daniel aus der Firma zurück und überließ seinem Neffen Lem Motlow die Leitung. Als Tennessee 1910 die Prohibition beschloss, wich man mit der Produktion nach St. Louis aus, legte dann aber zu Beginn des nationalen Alkoholverbots 1920 auch diese Destillerie still. Als 1933 die US-weite Prohibition abgeschafft wurde, behielt ein Teil Tennessees das Verbot jedoch bei. Lem Motlow erhielt fünf Jahre später eine neue Brenngenehmigung mit der Auflage, keinen Tropfen Whiskey im „trockenen" Teil von Tennessee auszuschenken oder zu verkaufen. Dieses Verbot gilt bis heute. In Deutschland ist der vier bis fünf Jahre alte „Jack Daniel's Old No. 7" (43 %vol) mit schwarzem Etikett im Handel. Außerdem gibt es den „Jack Daniel's Single Barrel Tennessee Whiskey" (45 %vol) und den „Gentleman Jack" (40 %vol).

Four Roses Four Roses wird seit 1888 in Lawrenceburg/Kentucky hergestellt. Diese alte, große Marke wird in den USA in vier Varianten angeboten und ist als Bourbon nur außerhalb der USA erhältlich. Four Roses ist in zahlreichen europäischen Ländern und Japan sehr bekannt und zählt auf diesen Märkten zu den Bestsellern. Alkoholgehalt 40 %vol.

Maker's Mark Aus einer der kleinsten Destillerien Kentuckys stammt „Maker's Mark". Nur rund 40 Fässer werden täglich zur Abfüllung freigegeben. Die Geschichte der Destillerie reicht zurück bis 1805. Doch erst 1959 kam „Maker's Mark" erstmals auf den Markt. Von den verschiedenen Sorten wird in Deutschland nur der sechs Jahre alte „Maker's Mark Kentucky Straight" (45 %vol) angeboten.

Old Grand Dad Der „alte Großvater" und Namensgeber dieser Marke war Basil Hayden, der schon im 18. Jahrhundert in Kentucky Whisky brannte. Seine Nachkommen erbauten 1882 eine Destillerie, aus der erstmals ein Old-Grand-Dad-Bourbon kam. 1940 wurde eine Brennerei in Frankfort/Kentucky auf den Namen Old Grand Dad getauft, und dort wurde die Marke produziert, bis sie 1987 zu Jim Beam kam. Bei Beam wird der Old Grand Dad seither nach der alten Formel hergestellt. Alkoholgehalt 43 %vol.

Wild Turkey Austin Nichols war eine Handelsgesellschaft, die ihre Marke Wild Turkey seit 1942 im Auftrag herstellen ließ. 1971 erwarb man die alte D. L. Moore Distillery bei Lawrenceburg (heute Boulevard Distillery) und produzierte selbst. Seit 1980 gehört die Austin Nichols Distilling Company zu Pernod Ricard. Die Wild Turkey Whiskeys werden in allen Versionen als klassisch, komplex, vielseitig und üppig gelobt und als Weltklasse-Whiskeys geschätzt. Die auch in Deutschland angebotenen Abfüllungen: Der Klassiker Wild Turkey 8 Years Old; Wild Turkey Straight Rye; Wild Turkey 12 Years Old (alle 50,5% vol) und Wild Turkey „Rare Breed" – eine Komposition von 6, 8 und 12 Jahre altem Whiskey mit 54,1% vol.

Old Fashioned

5 cl Bourbon Whiskey
2 Spritzer Angostura
1 Stück Würfelzucker

In ein Old-Fashioned-Glas den Würfelzucker geben, mit Angostura tränken und etwas klares Wasser dazugeben. Den Zucker mit einem Barlöffel zerdrücken, das Glas mit Eiswürfeln füllen und den Whiskey darüber gießen. Gut umrühren, eine Cocktailkirsche und je eine halbe Orangen- und Zitronenscheibe dazugeben. (Diesen klassischen Bourbon-Drink kann man je nach Geschmack mit allen Whisky-Sorten zubereiten.)

Whisky Flip

5 cl Bourbon Whiskey
1 cl Zuckersirup
2 cl Sahne
1 Eigelb

Die Zutaten mit Eiswürfeln im Shaker kurz und kräftig schütteln und in ein Flipglas abgießen. Mit etwas Muskat bestreuen. Zum Whisky Flip eignen sich auch Canadian, Irish und Scotch Whisky.

Colonel Collins

5 cl Bourbon Whiskey
3 cl Zitronensaft
2 cl Zuckersirup
kaltes Sodawasser

Die Zutaten – ohne Sodawasser – mit Eiswürfeln im Shaker gut schütteln und in ein Longdrinkglas auf einige Eiswürfel abgießen. Mit etwas Sodawasser auffüllen. Mit einer Zitronenscheibe und einer Cocktailkirsche garnieren.

Sheep's Head

4 cl Bourbon Whiskey
1 cl Vermouth Rosso
1 cl Bénédictine

Die Zutaten in ein mit Eiswürfeln gefülltes Rührglas geben, gut vermischen und in ein Cocktailglas abgießen. Das Aroma einer Zitronenschale darauf spritzen und diese mit einer Cocktailkirsche dazugeben.

Angelic

4 cl Bourbon Whiskey
2 cl Crème de Cacao Weiß
4 cl Sahne
1 cl Grenadine

Die Zutaten im Shaker mit Eiswürfeln gut schütteln und in eine Cocktailschale abgießen.

Pelican

3 cl Bourbon Whiskey
1 cl Cointreau
6 cl Orangensaft
1 cl Zitronensaft
1 cl Zuckersirup

Im Shaker mit Eiswürfeln kräftig schütteln und durch das Barsieb in eine Cocktailschale abgießen. Eine Cocktailkirsche dazugeben.

Nevins

4 cl Bourbon Whiskey
1 cl Apricot Brandy
2 cl Grapefruitsaft
1 cl Zitronensaft
1 Spritzer Angostura

Die Zutaten im Shaker mit Eiswürfeln kräftig schütteln und in ein Stielglas abgießen. Mit einer halben Orangenscheibe garnieren.

Kentucky Derby

4 cl Bourbon Whiskey
1 cl Grenadine
1 cl Zitronensaft
2 cl Pfirsichlikör
kaltes Ginger Ale

Die Zutaten – ohne Ginger Ale – im Shaker mit Eiswürfeln kräftig schütteln und durch das Barsieb in ein Longdrinkglas auf einige Eiswürfel abgießen. Mit Ginger Ale auffüllen und eine Zitronenscheibe and den Glasrand stecken.

< Im Bild: Kentucky Derby und Horse's Neck

Mint Julep

10 cl Bourbon Whiskey
1 Barlöffel Streuzucker
etwa 10 Minzeblätter
Puderzucker

In ein hohes Longdrinkglas Minzeblätter, Zucker und etwas klares Wasser geben. Mit einem Holzstößel die Minzeblätter zerdrücken. Das Glas zur Hälfte mit Crushed Ice füllen und umrühren. Den Whisky dazugießen, das Glas mit Crushed Ice füllen und nochmals umrühren. Nasse Minzezweige mit Puderzucker bestäuben und zwei Trinkhalme dazugeben.

Whisky Sour

5 cl Bourbon Whiskey
3 cl Zitronensaft
1–2 cl Zuckersirup

Die Zutaten im Shaker mit Eiswürfeln kräftig schütteln und in ein Stielglas abgießen. Mit einer halben Orangenscheibe und einer Cocktailkirsche garnieren. Für Whisky Sour eignet sich auch Canadian, Irish oder Scotch Whisky.

Louisiana Sour

4 cl Bourbon Whiskey
1 cl Triple Sec Curaçao
1 cl Maracujasirup
4 cl Ananassaft

Im Shaker mit Eiswürfeln kräftig schütteln und durch das Barsieb in ein Stielglas abgießen. Eine Cocktailkirsche dazugeben.

Golden Nail

4 cl Bourbon Whiskey
2 cl Southern Comfort
oder
3 cl Bourbon Whiskey
3 cl Southern Comfort

In einem Rührglas mit Eiswürfeln Whiskey und Southern Comfort gut vermischen. In ein Cocktailglas oder in einen mit Eis gefüllten Tumbler abgießen.

Banana Bird

3 cl Bourbon Whiskey
1 cl Crème de Bananes
1 cl Cointreau
3 cl Sahne

Im Shaker mit Eiswürfeln kräftig schütteln und durch das Barsieb in ein Cocktailglas abgießen.

Horse's Neck

6 cl Bourbon Whiskey
2 Spritzer Angostura
kaltes Ginger Ale
Zitronenschalenspirale

Ein großes Fancyglas halb mit Eiswürfeln füllen, die Zitronenschale in das Glas hängen, Bourbon und Angostura dazugeben. Mit Ginger Ale auffüllen.

Bourbon Manhattan

4 cl Bourbon Whiskey
2 cl Vermouth Rosso
2 Spritzer Angostura

Die Zutaten in ein mit Eiswürfeln gefülltes Rührglas geben, gut vermischen und in ein Cocktailglas abgießen. Eine Cocktailkirsche dazugeben.

Bourbon & Peach

4 cl Bourbon Whiskey
2 cl Pfirsichlikör
1 cl Erdbeersirup
2 cl Zitronensaft
10 cl Orangensaft

Alle Zutaten im Shaker mit Eiswürfeln schütteln und in ein Longdrinkglas auf Eiswürfel abgießen. Mit einem Pfirsichstück und einer Erdbeere garnieren.

N. Y. Surprise

6 cl Bourbon Whiskey
6 cl Maracujanektar
1 cl Zitronensaft
1 cl Grenadine
1 Spritzer Angostura

Im Shaker mit Eiswürfeln schütteln und in einen Tumbler auf Eiswürfel abgießen. Eine Zitronenscheibe und eine Cocktailkirsche dazugeben.

Die Entstehung der kanadischen Whisky-Produktion begann wesentlich später als in den Vereinigten Staaten. Zwei der bis heute führenden Whisky-Giganten – Hiram Walker und Seagram – hatten maßgeblichen Anteil an der Erfolgsstory des Canadian Whisky.

Hiram Walker begann 1864 in der Nähe von Ontario mit dem Whiskybrennen. Seine Marke Canadian Club wurde als eine der ersten in Flaschen abgefüllt und fand in den USA großen Zuspruch. Das zweite erfolgreiche Unternehmen war Seagram mit dem 1916 eingeführten Seagram's V.O.

Der Ursprung

Großen Anteil am Wachstum der kanadischen Destillerien hatte die Prohibition in den USA. Während dieser Zeit (1920–1933) versorgten die Kanadier – natürlich illegal – den amerikanischen Markt. Während die Prohibition den Niedergang des irischen Whiskey einläutete, begann für den Canadian der Aufstieg zur Whisky-Weltmacht.

Am Ende der Prohibition waren die meisten US-Destillerien geschlossen und keine Lagerbestände mehr vorhanden. Dieses Vakuum füllten die Kanadier mit den während der Alkoholverbotszeit angelegten riesigen Reserven. Bis heute wird in den USA mehr Canadian als einheimischer Whiskey getrunken. Ein Grund für die Beliebtheit des Canadian ist seine Leichtigkeit und Sauberkeit.

Die Herstellung

Canadian Whisky wird anders als American, Scotch oder Irish Whisk(e)y hergestellt. Er ist immer ein Blend aus einer geringen Menge Straight Whisky und sehr reinem Getreidealkohol oder Neutralsprit. Jeder Blend enthält bis zu zwanzig verschiedene Whiskys aus verschiedenen Grundtypen. Als Getreidesorten werden hauptsächlich Roggen sowie Mais und Gerste roh und/oder gemälzt verwendet. Bei der Destillation werden je nach Bedarf untereinander kombinierbare Methoden angewandt. Die Blends werden entweder gleich aus den jungen Whiskys zusammengestellt, oder man lässt die Whiskys als Einzelwhiskys reifen und mischt dann die fertigen Whiskys.

Canadian Whisky

Die Lagerung erfolgt in alten Bourbon- oder in frischen und auch bereits verwendeten Eichenholzfässern. Die Mindestlagerzeit beträgt drei Jahre, in der Regel sind die Canadian jedoch vier bis sechs Jahre alt. Es gibt aber auch zehn und zwölf Jahre alte Canadian Whiskys.

Der Mindestalkoholgehalt beträgt 40 %vol, und wie in Schottland schreibt man Whisky ohne „e".

Empfehlungen

Canadian Whisky hat von allen Whisky-Typen den leichtesten und zartesten Geschmack. Er wird vielfach wie Scotch getrunken, eignet sich aber genausogut für alle Mixgetränke, wobei er nicht so stark im Geschmack durchdringt wie z. B. Bourbon.

Die Marken

Canadian Club Canadian Club von Hiram Walker wurde 1884 eingeführt. Mit rund 33 Millionen Flaschen (2005) jährlich ist er nach dem Crown Royal die größte Canadian-Marke. Für die Standardmarke werden sechs Jahre gereifte Brände verwendet. Seit dem Ende der 1980er Jahre ist außerdem der zwölf Jahre alte „Classic" auf dem Markt. Beide 40 %vol.

Old Canada Old Canada wird von Corby, einer Tochterfirma von Hiram Walker (Canadian Club), hergestellt. Old Canada ist ein klassischer, leichter und milder Canadian Whisky und wird mit 40 %vol angeboten.

Gooderham & Worts In Ontario, wo heute Toronto liegt, wurde 1832 Gooderham & Worts (siehe Pike Creek) als Kanadas erste kommerzielle Whisky-Destillerie gegründet. Als Hommage an dieses alte Erbe wurde Gooderham & Worts wieder zum Leben erweckt. William Gooderham und James Worts stellten zwei verschiedene Whiskys her. Der eine war ein typischer Whisky seiner Zeit, der andere aber ein Whisky in damals nicht bekannter Qualität. Es wurde zweifach in Kupferkesseln destilliert und durch Kohle gefiltert. Dann reiften die Destillate mehrere Jahre in Eichenholzfässern. Als nun die Marke neu entwickelt wurde, verfuhr man nach den alten Methoden und schuf einen Whisky mit perfekter Balance und Weichheit. Gooderham und Worts Small Batch hat 45 %vol.

Lot N° 40 Lot N° 40 hieß das Stück Land, das Joshua Booth 1792 in der Provinz Oberes Kanada zugesprochen wurde. Dort, am nördlichen Ufer des Lake Ontario, ließ Booth sich nieder und erbaute eine Getreidemühle. Den Bauern der Umgebung fehlte oftmals das Geld, um Booth für seine Mahldienste zu bezahlen. Sie beglichen ihre Schuld mit Getreide, und um dieses vor dem Verderben zu bewahren, begann Booth mit der Destillation. Seine Methoden waren einfach, und nach diesen einfachen, traditionellen Methoden destilliert noch heute Joshua Booths Nachkomme, Michael Booth, Destillateur bei Corby, den Whisky. Lot N° 40 ist ein einzigartiger kanadischer Whisky in seiner reinsten und einfachsten Form. Aus Prärieroggen, teilweise gemälzt, wird dieser Single Grain Whisky in kleinen Mengen hergestellt. Anschließend reift das Destillat acht Jahre in ausgekohlten Eichenholzfässern. Er ist ein Klassiker aus der Frühzeit der Destillation in Kanada mit Seltenheitswert. Alkoholgehalt 43 %vol.

Pike Creek Eine Novität sind die Canadian Whiskys Pike Creek, Gooderham & Worts und Lot N° 40. Dieses Canadian-Whisky-Guild-Trio wird von der in der Nähe von Toronto beheimateten Corby Distillerie hergestellt. Außer der Firmenzugehörigkeit ist ihnen nichts gemeinsam. Alle drei sind Klassiker von höchster Qualität. Pike Creek heißt ein 30 Kilometer von der Destillerie entfernter Ort, in dem die Corby-Whiskys in Ruhe und Abgeschiedenheit lagern. Pike Creek reift erst ungefähr 10 Jahre in überwiegend ausgekohlten Eichenfässern. Anschließend wird er in Vintage-Port-Fässer umgefüllt und bleibt in diesen, bis er den gewünschten Charakter angenommen hat. Während der Lagerzeit nimmt der Whisky das Port-Aroma an und entwickelt sich zu einem Spitzen-Whisky, der unter den Canadian Whiskys eine Alleinstellung hat. Alkoholgehalt 40 %vol.

Crown Royal Die Geschichte von Seagram beginnt 1857. In diesem Jahr gründete Joseph E. Seagram in Waterloo/Ontario eine Destillerie. Der Aufstieg zur Weltfirma begann 1928 mit der Übernahme durch den ebenfalls im Spirituosen-Geschäft tätigen Samuel Bronfman. Eine der größten Marken des Unternehmens ist mit rund 42 Mio. Flaschen der Crown Royal. Dieser Premium Canadian Whisky wurde 1939, anlässlich eines Besuchs des englischen Königs Georg VI. in Kanada, erstmals produziert. Dieser Blend aus feinen Spitzen-Whiskys – keiner jünger als 10 Jahre – wird in einer kronenähnlichen Flasche, verpackt in einem königsblauen Samtbeutel, angeboten. 40 %vol.

Manhattan

4 cl Canadian Whisky
2 cl Vermouth Rosso
2 Spritzer Angostura

Die Zutaten in ein mit Eiswürfeln gefülltes Rührglas geben, gut vermischen und in ein gekühltes Cocktailglas abgießen. Eine Cocktailkirsche dazugeben.

Ward Eight

5 cl Canadian Whisky
2 cl Zitronensaft
2 cl Orangensaft
1 cl Grenadine

Im Shaker mit Eiswürfeln schütteln und in ein Stielglas abgießen. Mit einer Zitronenscheibe garnieren.

Canadian Cherry

4 cl Canadian Whisky
2 cl Cherry Brandy
2 cl Zitronensaft
2 cl Orangensaft

Im Shaker mit Eiswürfeln gut schütteln und in ein Stielglas abgießen. Eine halbe Orangenscheibe und eine Cocktailkirsche dazugeben.

Schon im Jahre 1827 hatte die Familie Cointreau in dem Anjou-Städtchen Angers eine Likördestillerie in Betrieb genommen. Am Anfang stand die Herstellung von Fruchtlikören aus verschiedenen Früchten der Region, und einige Jahre später, 1849, entstand daraus durch die Brüder Edouard und Adolphe Cointreau die Société Cointreau Frères. Diese ist heute in der fünften Generation im Besitz der Familie.

Im Jahre 1875 übernahm Edouard Cointreau jun. das damals noch kleine Unternehmen. Er wollte einen gänzlich anderen Likör kreieren und entwickelte schließlich den Cointreau, der als klarer Orangenlikör heute nicht nur sehr populär, sondern die weltweit führende Marke ist.

Die Marke

Der kristallklare Cointreau ist ein Likör auf der Basis der Bitterorange. Er unterscheidet sich von anderen Orangenlikören grundlegend dadurch, dass er nicht süß ist, sondern einen ausgesprochen herben, gleichwohl faszinierenden und anregenden Geschmack besitzt. Unter allen Likören, die heute auf der Welt hergestellt werden, ist Cointreau einer der bedeutendsten und zudem einer der großen Klassiker der Likörgeschichte.

Die Herstellung

Die für das Getränk verwendeten Orangenschalen stammen von süßen und bitteren Orangen aus den Ländern Haiti, Brasilien und Spanien. Die Früchte werden nach der bis zum heutigen Tag geheimen Rezeptur gemischt und zum Mazerieren in Alkohol eingelegt. Daran anschließend erfolgt die Destillation, bei der der erhitzte Alkohol den Orangenschalen ihr Aroma entzieht. In den weiteren Herstellungsphasen entsteht daraus mit Zucker, Wasser und Neutralalkohol der unverwechselbare Cointreau (40 %vol).

Empfehlungen

Cointreau trinkt man ungekühlt im Likörglas, zum Kaffee und als Digestif. Beliebt ist Cointreau auch on the rocks und als Longdrink mit Fruchtsäften, Bitter Lemon oder Tonic Water.

Durch seine Anpassungsfähigkeit ist Cointreau beim Mixen unentbehrlich, und weltbekannte Cocktails wie Side Car, White Lady und Margarita wurden durch Cointreau zu Klassikern der Cocktailgeschichte.

Cointreau

Cointreau Fiesta

2 cl Cointreau
1 cl Crème de Bananes
kalter Champagner oder Sekt

Cointreau, Bananenlikör und einen Eiswürfel in eine Champagnertulpe geben und mit Champagner oder Sekt auffüllen. Mit einer Orangenschale abspritzen und diese dazugeben.

Velvet Hammer

4 cl Cointreau
2 cl Crème de Cacao Weiß
4–6 cl Sahne

Mit Eiswürfeln im Shaker gut schütteln und in eine Cocktailschale abgießen.

Café Cointreau

4 cl Cointreau
1 Tasse heißer Kaffee
1 Teelöffel Zucker
leicht geschlagene Sahne

Cointreau, Zucker und Kaffee in ein vorgewärmtes Stielglas geben, gut verrühren. Die Sahne als Haube darauf setzen.

Passing Shot

4 cl Cointreau
8 cl Bananennektar
1 cl Campari
1 cl Grenadine

In einen Tumbler mit Eiswürfeln geben und umrühren. Mit Cocktailkirschen garnieren.

Cointreau Tonic

4 cl Cointreau
kaltes Tonic Water
Den Cointreau in ein Longdrinkglas mit Eiswürfeln geben und mit Tonic Water auffüllen. Mit einer Zitronenscheibe garnieren.

Cointreau Cosmopolitan

2 1/2 cl Cointreau
5 cl Absolut Citron Vodka
1-2 cl Limettensaft
ein Spritzer Cranberry Nektar
Im Shaker mit Eiswürfeln kräftig schütteln und in ein gekühltes Cocktailglas abgießen. Eine dünne, spiralförmig geschnittene Limettenschale dazugeben.

Mer du Sud

4 cl Cointreau
1 cl Blue Curaçao
4 cl Ananassaft
kaltes Ginger Ale
Die Zutaten – ohne Ginger Ale – in ein Longdrinkglas mit Eiswürfeln geben, gut rühren und mit Ginger Ale auffüllen. Mit einem Ananasstück, Ananasblättern und einer Cocktailkirsche servieren.

Springtime

2 cl Cointreau
4 cl Wodka
6 cl Orangensaft
Im Shaker mit Eiswürfeln gut schütteln und in einen Tumbler auf Eiswürfel abgießen. Mit einer Orangenscheibe und einer Cocktailkirsche garnieren.

Cointreau Fiction

4 cl Cointreau
2 cl Orangensaft
2 cl Zitronensaft
kaltes Sodawasser
Den Cointreau und die Säfte in ein Longdrinkglas mit Eiswürfeln geben und mit etwas Sodawasser auffüllen. Mit einer Orangenscheibe garnieren.

Cointreau-versial

4 cl Cointreau
2 cl Lime Juice Cordial
1 cl Cranberry Nektar
In ein mit Eiswürfeln gefülltes Rührglas geben, gut vermischen und in einen Tumbler auf einige Eiswürfel abgießen. Zwei Achtel Limettenstücke darüber auspressen und dazugeben.

Cointreau Lime on Ice

4 cl Cointreau
4 cl Limettensaft
4 cl klares Wasser
In ein Old-Fashioned-Glas drei Eiswürfel geben. Cointreau, Limettensaft und das Wasser dazugeben und mit einem Barlöffel leicht umrühren. Ein Limettenstück über dem Glas auspressen und in den Drink geben.

Kamikaze

3 cl Cointreau
3 cl Wodka
3 cl Limettensaft
Im Shaker mit Eiswürfeln schütteln, in Tumbler auf Eiswürfel abgießen. Eine Limettenscheibe dazugeben.

Black Sun

4 cl Cointreau
2 cl Brauner Rum
kaltes Cola
In ein Longdrinkglas mit Eiswürfeln geben und mit Cola auffüllen. Eine Zitronenscheibe dazugeben.

Sunny Dream

4 cl Cointreau
2 cl Apricot Brandy
6 cl Orangensaft
6 cl Ananassaft
2 cl Sahne, 1 EL Vanilleeis
1 cl Zitronensaft
Im Elektromixer durchmixen, in ein Longdrinkglas mit Eiswürfeln abgießen. Mit Orangenscheibe und Cocktailkirsche garnieren.

Fire on Ice

3 cl Cointreau
2 cl Brauner Rum
2 cl Zitronensaft
8 cl Orangensaft
1 cl Grenadine
Im Shaker mit Eiswürfeln schütteln und in einen Tumbler auf Eiswürfel abgießen. Mit Karambolestern und Minzezweig garnieren.

Cointreau Caipirinha

4 cl Cointreau
1/2 Limette
Die Limettenviertel mit Holzstößel in einem Tumbler ausdrücken. Glas mit Crushed Ice füllen. Den Cointreau dazugeben und umrühren.

Im Bild: Cointreau Cosmopolitan >

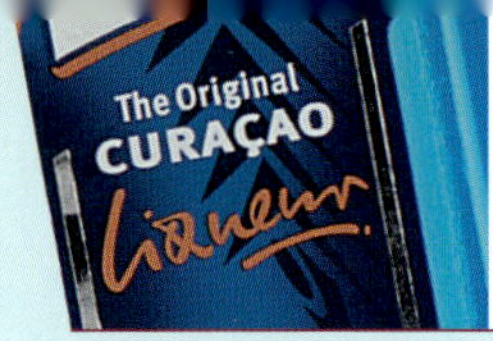

Curaçao

Um die Mitte des 18. Jahrhunderts gelangten erstmals die Schalen einer Bitterorange, der pomeranzenartigen Curaçaofrucht, von der gleichnamigen karibischen Insel in die damalige alte Welt. Das Destillat aus diesen Schalen schuf neue Maßstäbe und wurde für die Bereitung vieler Liköre eingesetzt. Aber auch als eigenständige Likörart setzte sich der Curaçao durch, und auf seiner Basis entwickelten sich weltberühmte Likörmarken wie Cointreau und Grand Marnier.

Curaçao ist der Ur-Orangenlikör und der berühmteste Fruchtaromalikör. Seine wichtigste Komponente ist das aus den Schalen gewonnene Destillat und nicht wie bei den Fruchtsaftlikören der Fruchtsaft. Seine Geschichte beginnt auf der seit 1634 holländischen Karibikinsel Curaçao. Dort mutierten die von den Spaniern eingeführten Orangen zu Bitterorangen, und deren Schalen sind die Basis des Curaçao und aller anderen Orangenliköre.

Die Herstellung

Das Destillationsverfahren unterscheidet sich geringfügig von dem bei Orangenlikören angewandten Verfahren, ist aber im Prinzip gleich. Bei der Herstellung von Curaçao werden die Schalen der Orangen äußerst großzügig eingesetzt. Diese gibt man zur Auslaugung in Neutralalkohol (Mazeration), und der Extrakt, der daraus bei der Destillation gewonnen wird, enthält die ätherischen Substanzen der Schalen. Aus diesen wird dann mit reinstem Alkohol, Wasser und Zucker der Curaçao bereitet. Früher lag der Alkoholgehalt von Curaçao bei 40 %vol, doch der Wunsch der Verbraucher führte dazu, dass besonderes die farbigen Sorten etwas herabgesetzt wurden. Nur für den klassischen wasserhellen Curaçao ist ein Mindestalkoholgehalt von 35 %vol vorgeschrieben, wenn er die Bezeichnung „Triple Sec" (= dreifach trocken) trägt. Die „Triple-Sec"-Curaçaos weisen einen geringeren Zuckergehalt auf. Varianten des Triple Sec sind die gefärbten Sorten. Sie sind aus dem Original hervorgegangen, haben heute aber meist einen geringeren Alkoholgehalt. Die beliebteste Farbe ist „Blue". Diese hat jeder der großen Sortimentsproduzenten im Programm, und seit einigen Jahren bietet das niederländische Unternehmen de Kuyper mit Red und Green auch diese beiden Farben an. Die farbigen Curaçaos sind geschmacklich identisch und unterscheiden sich nur durch ihre Farbe. Sie wurden entwickelt, um beim Mixen die Zutaten farblich zu unterstützen und um die Möglichkeiten der Farbgebung zu verbessern. Ein weiterer, altbekannter Curaçao ist der Curaçao Orange. Dies ist eine „trockene" Curaçaovariante mit einer ausgeprägten Orangennote. Seine bräunliche Farbe erhält er durch karamellisierten Zucker. Unter den Curaçao-Marken gibt es große Qualitätsunterschiede, und mit den Marken der hier vorgestellten großen Produzenten ist man gut beraten.

Die Verwendung

Curaçao wird selten pur getrunken, obwohl er sich mit seinem herbsüßen Geschmack ideal zum Kaffee und als Digestif empfiehlt. Seine großen Verwendungsmöglichkeiten stellt er als Mixlikör unter Beweis. In der Bar ist Curaçao in allen seinen Varianten unentbehrlich, und keine Likörgattung ist in so vielen Drinks zu finden. Besonders der Curaçao Blue ist als Farbgeber unersetzlich.

Bekannte Marken

Amanda Blue Mit Amanda wurde Ende des Jahres 2006 ein völlig neu entwickeltes Likör-Sortiment mit vorerst vier Sorten vorgestellt. Außer dem Blue Curaçao gibt es Red Orange, Apricot Brandy und Crème de Bananes. Alle vier sind äußerst fruchtig und leicht, und mit 15 %vol ideal zum Pur-Genuss oder zum Mixen problemloser fruchtiger Longdrinks. Für die Entwicklung und Herstellung zeichnet das für seine Spirituosenkompetenz bekannte Unternehmen Underberg verantwortlich.

Bols Das weltweit bekannte niederländische Spirituosenunternehmen Bols nimmt seit jeher als Liköranbieter in Deutschland den führenden Platz ein. Über 100 Jahre, von 1890 bis 1995, betrieb Bols in Deutschland eigene Produktionsstätten, deren Tätigkeit lediglich zwischen 1944 und 1946 unterbrochen war. Aufgrund der Möglichkeiten, die die Europäische Union mit sich brachte, beliefert Bols den deutschen Markt nun direkt vom Stammhaus in Amsterdam. Bis zum Beginn der 1980er Jahre ließ sich die Farbe Blau als Likör und als Cocktail nur schwer verkaufen. Außerdem entsprach der hohe Alkoholgehalt nicht mehr dem Wunsch der Verbraucher. Man wollte leichtere Liköre, mit denen problemlos fruchtige Longdrinks gemixt werden konnten. Dies führte zur Neuentwicklung des Blue Curaçao, der bis dahin ein Likör unter vielen war. Der herausragendste und erfolgreichste Bols-Likör ist heute der Blue Curaçao (21 %vol). Er ist weltweiter Markführer und Deutschland das größte Abnehmerland. Außer dem Blue Curaçao gibt es die altehrwürdigen Sorten Triple Sec und Dry Orange. Der wasserhelle Triple Sec ist auch bei Bols der Ur-Curaçao. Er ist herb-fruchtig und alkoholstärker (38 %vol), aber weniger süß als der Blue. Ein weiterer Curaçao ist der Dry Orange (24 %vol). Auch für diesen bräunlich-goldenen Curaçao sind süße und bittere Orangen die Basis. Im Jahr 2004 wurden die altehrwürdigen Bols-Flaschen durch Flaschen im modernen Styling ersetzt und seither präsentieren sich die Bols Liqueure in einer völlig neuen Form (siehe auch die einzelnen Likörkapitel).

Marie Brizard Auf Marie Brizard (1714-1801) geht das in Bordeaux ansässige Unternehmen Marie Brizard et Roger zurück. Marie Brizard und ihr Neffe Jean-Baptist Roger gründeten 1755 die heute weltbekannte Likörfirma. Der Grund war die ständig steigende Nachfrage nach einem heilsamen Elixier, dessen Rezeptur Marie Brizard von einem dankbaren Matrosen für ihre Pflege bekommen hatte. Daraus entwickelte sich der Anislikör Anisette, der heute noch die wichtigste und bekannteste Marke der Firma ist. Als sich die ersten Erfolge einstellten, entwickelte man weitere Liköre, und viele der heute klassischen Liköre wurden von Marie Brizard et Roger erstmals hergestellt. Die Firma ist der größte Likör-Sortimentsproduzent Frankreichs und weltweit in etwa 120 Ländern vertreten. Zu den großen Marken bei Brizard zählt der Curaçao. Der hocharomatische Triple Sec ist der alkoholstärkste (39 %vol) Likör des gesamten Angebots. Dem Original entspricht auch der Curaçao Bleu, der jedoch nur 25 %vol aufweist. Ein weiterer berühmter Orangenlikör des Hauses ist der Grand Orange (38 %vol). Für diesen ist Cognac anstelle von Neutralalkohol die Basis.

De Kuyper Die 1695 gegründete Firma de Kuyper ist in der elften Generation im Besitz der Familie De Kuyper. Das im niederländischen Schiedam beheimatete Unternehmen deckt mit seinem umfangreichen Programm alle wesentlichen Likörgeschmacksrichtungen ab und ist mit 63 Millionen Flaschen der weltweit führende Likörproduzent. Seit jeher sind die Niederländer Spezialisten in der Curaçao-Herstellung, und auch bei de Kuyper ist der Curaçao der große Klassiker. De Kuyper bietet sechs Curaçao-Varianten an. Die wichtigste Zutat, das Destillat aus den Fruchtschalen, wird bei de Kuyper nicht aus getrockneten, sondern aus frischen Schalen gewonnen. Der wasserhelle Triple Sec Curaçao (40 %vol) war der erste Curaçao. und die Varianten Green, Red und White (alle 24 %vol) sind aus diesem Original hervorgegangen. Eine klassische Spezialität ist der Dry Orange (30 %vol). Dieser „trockene" Curaçao hat eine ausgeprägte Orangennote und 30 %vol.

Green Star

4 cl Blue Curaçao
6 cl Orangensaft
8 cl kalter Sekt

In ein Longdrinkglas einige Eiswürfel geben und den Curaçao und den Orangensaft dazugießen. Gut verrühren und mit Sekt aufgießen. Eine halbe Orangenscheibe dazugeben.

After Dinner

3 cl Triple Sec Curaçao
3 cl Apricot Brandy
3 cl Zitronensaft

Im Shaker mit Eiswürfeln kräftig schütteln und durch das Barsieb in eine Cocktailschale abgießen.

Orangen Flip

3 cl Dry Orange Curaçao
2 cl Gin
4 cl Orangensaft
1 cl Zuckersirup
2 cl Sahne
1 Eigelb

Im Shaker mit Eiswürfeln kräftig schütteln und durch das Barsieb in einen Sektkelch abgießen. Mit Muskatnuss bestreuen.

Amanda Exotic

6 cl Amanda Blue
12 cl Orangensaft

Einige Eiswürfel in ein Longdrinkglas geben, den Triple Sec Curaçao dazugießen und mit dem Orangensaft auffüllen. Mit einem Barlöffel gut umrühren. Eine Orangenscheibe und zwei Trinkhalme dazugeben.

Curaçao Tonic

4 cl Red Curaçao
kaltes Tonic Water

In ein Longdrinkglas einige Eiswürfel geben und den Curaçao dazugießen. Mit Tonic Water auffüllen und mit einem Barlöffel umrühren.

< *Im Bild: Green Star*

Kingston Town

3 cl Triple Sec Curaçao
3 cl Weißer Rum
1 cl Crème de Bananes
1 cl Blue Curaçao
12 cl Ananassaft

Im Shaker mit Eiswürfeln kräftig schütteln und durch das Barsieb in ein Longdrinkglas auf einige Eiswürfel abgießen. Mit Orangenscheibe, Kiwi und einer Cocktailkirsche garnieren.

Mexican Midnight

4 cl Blue Curaçao
1 cl Crème de Menthe Grün
1 cl Tequila
2 cl Sahne

Im Shaker mit Eiswürfeln kräftig schütteln und durch das Barsieb in eine Cocktailschale abgießen.

Südsee

4 cl Triple Sec Curaçao
1 cl Blue Curaçao
4 cl Ananassaft
10 cl kaltes Ginger Ale

Triple Sec Curaçao, Blue Curaçao und den Ananassaft in ein Longdrinkglas mit Eiswürfeln geben. Mit einem Barlöffel gut vermischen und mit dem Ginger Ale auffüllen. Ein Ananasstück und eine Cocktailkirsche an den Glasrand stecken.

Blue Angel

2 cl Blue Curaçao
kalter trockener Sekt

Den Curaçao mit zwei Eiswürfeln in einen Sektkelch geben und mit Sekt aufgießen. Eine Cocktailkirsche dazugeben.

Blue Bay

4 cl Blue Curaçao
kaltes Bitter Lemon

In ein Longdrinkglas einige Eiswürfel geben und den Curaçao dazugießen. Mit Bitter Lemon auffüllen und mit einem Barlöffel umrühren. Eine Zitronenscheibe an den Glasrand stecken und Trinkhalme dazugeben.

Golden Gate Sling

3 cl Red Curaçao
3 cl Weißer Rum
3 cl Zitronensaft
2 cl Grenadine
kaltes Bitter Orange

Zutaten – ohne Bitter Orange – mit Eis im Shaker gut schütteln und in ein zur Hälfte mit Eiswürfeln gefülltes Longdrinkglas abgießen. Mit Bitter Orange auffüllen und mit Cocktailkirschen garnieren.

Young, Fresh and Beautiful

4 cl Blue Curaçao
3 cl Limettensaft
2 cl Zitronensaft
10 cl kaltes Bitter Lemon

Curaçao und die Säfte mit Eiswürfeln im Shaker kräftig schütteln und durch das Barsieb in ein Fancyglas auf einige Eiswürfel abgießen. Mit dem Bitter Lemon auffüllen. Mit je einer Zitronen- und Limettenspirale garnieren. Trinkhalme dazugeben.

Im Bild: Blue Bay, Golden Gate Sling und Young, Fresh and Beautiful >

Black Death

4 cl Blue Curaçao
2 cl Tequila
2 cl Grenadine
4 cl Zitronensaft
8 cl Blutorangensaft

Alle Zutaten mit Eiswürfeln im Shaker kräftig schütteln und durch das Barsieb in ein Longdrinkglas auf einige Eiswürfel abgießen. Eine Zitronenscheibe mit einer Cocktailkirsche an den Glasrand stecken. Trinkhalme dazugeben.

Green Almond

4 cl Blue Curaçao
2 cl Amaretto
8 cl Orangensaft
8 cl Ananassaft

Alle Zutaten im Shaker mit Eiswürfeln gut schütteln und in ein Longdrinkglas auf Eiswürfel abgießen. Mit einem Ananasstück und einer Cocktailkirsche garnieren.

Zitronen Flip

2 cl Dry Curaçao Orange
2 cl Gin
4 cl Zitronensaft
1 cl Zuckersirup
2 cl Sahne
1 Eigelb

Im Shaker mit Eiswürfeln schütteln und in einen Sektkelch abgießen.

Im Bild: Black Death

Grand Marnier

Der berühmteste aller Liköre ist zweifellos der Grand Marnier. Mögen auch moderne Marken mehr verkaufen – in Qualität und Ansehen ist Grand Marnier nicht zu überbieten.

Alles an Grand Marnier ist außergewöhnlich! Seine unnachahmliche Rezeptur aus edlem, altem Cognac und exotischen Bitterorangen, seine unverwechselbare Flasche, seine internationale Verbreitung in 120 Länder der Erde und nicht zuletzt seine Marktposition als größte Orangenlikörmarke mit jährlich rund 17 Millionen verkauften Flaschen. Marnier-Lapostolle ist bis heute in Familienbesitz und seit rund 20 Jahren die Nummer 1 unter den französischen Liqueur-Exporteuren.

Die Marke

Die Geschichte des Grand Marnier beginnt im Jahre 1827. In dem Städtchen Neauphle-le-Château bei Paris, in der Destillerie Lapostolle beschäftigte man sich mit der Herstellung von Likören. Eugène, der Sohn des Firmengründers, zog sich wegen des Krieges von 1870 nach Cognac zurück und begann mit dem Handel von Cognac. Nach dem Krieg kamen die Liköre in Mode. Dem Trend folgend, versuchte Louis Alexandre Marnier-Lapostolle, der Schwiegersohn von Eugène, einen außergewöhnlichen Likör zu kreieren. Er experimentierte mit Cognac und den Extrakten karibischer Bitterorangen, und 1880 waren seine Bemühungen von Erfolg gekrönt: Der Grand Marnier war geboren und wurde erfolgreich wie kaum sonst ein Likör in dieser Zeit. Grand Marnier ist ein Orangenlikör auf der Basis von Cognac. Aus Schalen der karibischen Bitterorangen entsteht im Laufe einer langen Mazerierung in Alkohol und anschließender Destillation ein aromatischer Extrakt, der mit Cognac und Zucker vermischt den Grand Marnier ergibt.

Das Beste vom Besten

Marnier-Lapostolle bietet mit der Cuvée du Centenaire und der Cuvée du Cent Cinquantenaire auch zwei Jubiläumsabfüllungen an. Diese unterscheiden sich im Prinzip nur durch das Alter der verwendeten Cognacs und die Ausstattung. Beide gelten als die exquisitesten Liköre der Welt. Cuvée du Centenaire enthält hauptsächlich Petite Champagne Cognacs, die bis zu 25 Jahre gereift sind. Diese Spezialcuvée wurde 1927 zum 100-jährigen Jubiläum komponiert und wird in einer schwarz-goldenen Flasche angeboten. Cuvée du Cent Cinquantenaire wurde anlässlich des 150-jährigen Firmenjubiläums im Jahre 1977 geschaffen. Hauptsächlich Grande Champagne Cognacs mit einem Alter von bis zu 50 Jahre alten Bränden werden verwendet. Cuvée du Cent Cinquantenaire wird in Repliken einer mit Blumen handbemalten Jugendstilflasche des berühmten Glaskünstlers Emile Gallé angeboten.

Empfehlungen

Grand Marnier trinkt man ungekühlt im Likörglas oder kleinen Schwenker, zum Kaffee und als Digestif. Beliebt ist Grand Marnier auch on the rocks und als Longdrink mit Orangensaft, Maracuja Nektar oder Tonic Water. Grand Marnier ist äußerst vielseitig. Nicht nur in Cocktails oder Longdrinks, sondern auch in der Patisserie ist er unentbehrlich. Viele neue Rezepte wurden mit Grand Marnier kreiert und die neueste Entwicklung sind die so genannten Drinks im Cuisine Style, bei denen Kräuter und Gewürze wie Ingwer, Chili oder Vanille Verwendung finden.

Red Lion

2 cl Grand Marnier
3 cl Gin
1 cl Zitronensaft
4 cl Orangensaft
einige Tropfen Grenadine

Die Zutaten mit Eiswürfeln im Shaker gut schütteln und in eine Cocktailschale abgießen.

Grand Margarita

3 cl Grand Marnier
3 cl Tequila
3 cl Zitronensaft

Den Rand einer Cocktailschale in einem Zitronenviertel drehen und in eine mit Salz gefüllte Schale tupfen. Das nicht haftende Salz durch leichtes Klopfen am Glas entfernen. Die Zutaten mit Eiswürfeln im Shaker kräftig schütteln und in das präparierte Glas abgießen.

Guadeloupe

3 cl Grand Marnier
3 cl Weißer Rum
1 cl Kokossirup
6 cl Ananassaft
6 cl Maracujanektar

Im Shaker mit Eiswürfeln kräftig schütteln und durch das Barsieb in ein Fancyglas auf Crushed Ice abgießen.

Pierrot

3 cl Grand Marnier
2 cl Campari
10 cl Orangensaft

Alle Zutaten in ein Fancyglas auf einige Eiswürfel geben und gut umrühren. Eine halbe Orangenscheibe dazugeben.

Rêve Tropical

4 cl Grand Marnier
4 cl Orangensaft
4 cl Ananassaft

Im Shaker mit Eiswürfeln kräftig schütteln und in ein Old-Fashioned-Glas auf einige Eiswürfel abgießen. Mit einem Ananasstück, einer Cocktailkirsche und einem Minzezweig garnieren.

Margie

3 cl Grand Marnier
2 cl Gin
10 cl Maracujanektar

In ein Longdrinkglas auf einige Eiswürfel geben und gut umrühren. Eine halbe Orangenscheibe dazugeben.

Rêve d'Or

4 cl Grand Marnier
1 cl Galliano
2 cl Sahne
4 cl Orangensaft

Die Zutaten mit Eiswürfeln im Shaker gut schütteln und in eine Cocktailschale abgießen.

Grand Marnier Champagne

2 cl Grand Marnier
6 cl Orangensaft
kalter Champagner

Grand Marnier und Orangensaft mit Eiswürfeln im Shaker kräftig schütteln und in ein Kelchglas abgießen. Mit gut gekühltem Champagner auffüllen. Eine halbe Orangenscheibe dazugeben.

Chapeau blanc

4 cl Grand Marnier
2 cl Cognac
leicht geschlagene Sahne

Grand Marnier und Cognac im Rührglas mit Eiswürfeln gut vermischen und in ein kleines Stielglas abgießen. Die Sahne als Haube darauf setzen.

Grand Marnier Grapefruit

4 cl Grand Marnier
12 cl Grapefruitsaft

In ein Longdrinkglas auf einige Eiswürfel geben und gut umrühren. Eine halbe Grapefruitscheibe dazugeben.

Marnier Tonic

4 cl Grand Marnier
kaltes Tonic Water

Grand Marnier in ein Longdrinkglas auf einige Eiswürfel geben. Mit kaltem Tonic Water auffüllen und mit einer Zitronenscheibe garnieren.

Marnier Orange

4 cl Grand Marnier
Orangensaft

Grand Marnier in ein Longdrinkglas auf einige Eiswürfel geben. Mit Orangensaft auffüllen und mit einer Orangenscheibe garnieren.

< Im Bild: Guadeloupe und Pierrot

Eng miteinander verknüpft ist die reale Geschichte des schottischen Freiheitskampfs mit der Legende um die Entstehung des Drambuie. Diese berichtet, dass Bonnie Prince Charlie, der Thronanwärter Prince Charles Edward III. Stuart, das Rezept einem Mitstreiter namens Mackinnon als Dank für die Rettung nach der verlorenen Schlacht schenkte.

Der Name des Prinzen steht bis heute auf dem Etikett, aber auch The Isle of Skye Liqueur. Auf diese wild zerklüftete Insel flohen Mackinnon und der Prinz nach der verlorenen Schlacht von Culloden (nahe Inverness) im Jahre 1745. Während dieser Zwischenstation auf dem Weg nach Frankreich lernte Prinz Bonnie den Likör kennen.

Die Legende

Im Laufe der Jahrzehnte bildete sich daraus die Legende, und die Familie Mackinnon hat dieser sicher nicht widersprochen. Wahrscheinlich ist, dass der Drambuie aus alten Hausrezepten entstanden ist. Diese waren der Ursprung für die später aus Whisky, Honig und aromatischen Kräutern geschaffenen Getränke.

Die Marke

Der heutige Drambuie wird aus bis zu 17 Jahren altem Malt Whisky, Grain Whisky, Heidehonig der schottischen Highlands und aromatischen Kräutern hergestellt. Sein Name stammt aus dem Gälischen und ist abgeleitet von „an dram bruidheach" (ein Trank, der zufrieden macht).
Über 150 Jahre wurde das Mackinnon-Rezept nur für den Hausgebrauch verwendet. Im Jahr 1906 verließen die Nachfahren der Familie die Insel Skye und begannen in Edinburgh mit der kommerziellen Nutzung. Nach kärglichen Anfangserfolgen kam 1916 mit der Aufnahme in das erlesene Sortiment des House of Lords der Durchbruch, und heute ist Drambuie als die bekannteste Likörmarke Großbritanniens weltweit verbreitet.

Empfehlungen

Man trinkt Drambuie leicht gekühlt im Schwenker als Digestif, on the rocks im kleinen Tumbler und verwendet ihn vielfach zum Mixen von Cocktails und Longdrinks.

Drambuie

Drambuie Grape

4 cl Drambuie
2 cl Zitronensaft
10 cl Orangensaft

Den Drambuie in ein Longdrinkglas mit Eiswürfeln geben, mit den Säften auffüllen und gut rühren. Mit einer Orangenscheibe garnieren.

Drambuie Orange

4 cl Drambuie
Orangensaft

Den Drambuie in ein Longdrinkglas mit Eiswürfeln geben, mit dem Orangensaft auffüllen und gut rühren. Mit einer Orangenscheibe garnieren.

Drambuie Fizz

4 cl Drambuie
4 cl Zitronensaft
1–2 cl Zuckersirup
kaltes Sodawasser

Die Zutaten – ohne Sodawasser – mit Eiswürfeln im Shaker lange und kräftig schütteln. In ein Longdrinkglas abgießen und mit etwas Sodawasser auffüllen.

Prince Charles

3 cl Drambuie
3 cl Cognac
3 cl Zitronensaft

Die Zutaten mit Eiswürfeln im Shaker gut schütteln und in ein Stielglas abgießen.

Old Nick

3 cl Drambuie
3 cl Scotch Whisky
2 cl Orangensaft
2 cl Zitronensaft
2 Spritzer Angostura
Die Zutaten mit Eiswürfeln im Shaker gut schütteln und in ein Stielglas abgießen.

Honeybee of Skye

4 cl Drambuie
2 cl Mandelsirup
1 cl Zitronensaft
12 cl Orangensaft
Die Zutaten im Shaker mit Eiswürfeln gut schütteln und in ein Longdrinkglas auf einige Eiswürfel abgießen. Mit einer Orangenscheibe und einer Cocktailkirsche garnieren.

Honey Dew

3 cl Drambuie
3 cl Calvados
3 cl Zitronensaft
Die Zutaten mit Eiswürfeln im Shaker gut schütteln und in ein Stielglas abgießen.

Drambuie Sour

4 cl Drambuie
4 cl Zitronensaft
2 cl Orangensaft
1 cl Zuckersirup
Die Zutaten im Shaker mit Eiswürfeln kräftig schütteln und in ein Stielglas abgießen. Mit einer halben Orangenscheibe und einer Cocktailkirsche garnieren.

Rusty Nail

2 cl Drambuie
4 cl Scotch Whisky
oder
3 cl Drambuie
3 cl Scotch Whisky
Drambuie und Scotch im Rührglas mit Eiswürfeln gut vermischen und in ein Cocktailglas oder in einen mit Eiswürfeln gefüllten Tumbler abgießen.

Drambuie Apricot

4 cl Drambuie
1 cl Zitronensaft
10 cl Aprikosennektar
Mit Eiswürfeln in ein Longdrinkglas geben und gut vermischen. Zusätzlich kann mit etwas Sodawasser aufgefüllt werden. Mit einer Orangenscheibe garnieren.

Corcovado

2 cl Drambuie
2 cl Blue Curaçao
2 cl Tequila
kaltes Sprite
Die Zutaten – ohne Limonade – mit Eiswürfeln im Shaker gut schütteln und in ein mit gestoßenem Eis gefülltes Longdrinkglas abgießen. Mit der Limonade auffüllen. Eine Orangen- und eine Zitronenscheibe an den Glasrand stecken, eine Cocktailkirsche dazugeben.

Konfetti

3 cl Drambuie
3 cl Weißer Rum
3 cl Grapefruitsaft
kaltes Sprite
Drambuie, Rum und Grapefruitsaft in ein Longdrinkglas mit Eiswürfeln geben, kurz rühren und mit der Limonade auffüllen. Eine halbe Scheibe Grapefruit und einige Cocktailkirschen ins Glas geben.

Drambuie Punch

4 cl Drambuie
4 cl Zitronensaft
10 cl Orangensaft
Die Zutaten im Shaker mit Eiswürfeln kräftig schütteln und in einen Tumbler abgießen. Eine halbe Orangenscheibe dazugeben.

Rose of Skye

3 cl Drambuie
3 cl Scotch Whisky
2 cl Zitronensaft
1 cl Grenadine
2 cl Orangensaft
Im Shaker mit Eiswürfeln kräftig schütteln und durch das Barsieb in eine Cocktailschale abgießen. Eine Erdbeere an den Glasrand stecken.

Noble Coffee

4 cl Drambuie
1 Tasse heißer Kaffee
leicht geschlagene Sahne
Zu einer Tasse heißem Kaffee den Drambuie geben und eine Sahnehaube darauf setzen.

Im Bild: Rusty Nail (oben links) Drambuie Sour, Corcovado und Drambuie Punch >

Die Klassiker unter den Likören sind die in den Klöstern entwickelten Rezepturen. Diese „Elixiere" sind oft schon seit Jahrhunderten bekannt und werden bis heute nach geheim gehaltenen Rezepturen bereitet.

Die Chartreuse-Liköre sind die einzigen weltbekannten Liköre Frankreichs, die noch immer von Mönchen hergestellt werden. Aus dem einstigen Heilmittel entwickelte sich ein wohlschmeckender und aromatischer Likör, der heute in über 100 Ländern zu finden ist.

Die Marke

Die Geschichte der Chartreuse-Liköre beginnt 1605. In diesem Jahr erhielten Kartäusermönche in Paris ein Manuskript mit der Formel eines „Elixiers für ein langes Leben". 1737 erreichte es nach vielen Umwegen das 1676 in der Dauphiné, nahe Grenoble, erbaute Kloster der Grande Chartreuse. Einem der Mönche, dem gelehrten Apotheker Jérôme Maubec, gelang es schließlich, ein Herstellungsverfahren auszuarbeiten. Zu Beginn, um 1755, wurde das Elixier Végétal hergestellt. 1764 entwickelte man ein zweites Produkt, den grünen Chartreuse. Diesem folgte 1835 der gelbe. 1860 verlegte man die Produktion in eine neu erbaute Destillerie im 8 Kilometer entfernten Ort Fourvoirie. Die Säkularisation in Frankreich führte 1903 zur Vertreibung der Karthäuser und zum Bau einer neuen Destillerie in Tarragona/Spanien. Erst im Jahre 1932 kehrten die Mönche zurück und produzierten wieder in Fourvoirie. Als die Gebäude nur drei Jahre später durch einen Erdrutsch zerstört wurden, verlegte man die Produktion an den heutigen Standort, in das nahe gelegene Städtchen Voiron.

Die Herstellung

Nur drei Mönche kennen alle Einzelheiten der Produktion. Unter ihrer Aufsicht arbeitet auch die weiterhin betriebene Destillerie in Tarragona. Chartreuse besteht aus den Auszügen von 130 Kräutern und Gewürzen, aus Weindestillat, Honig und Zucker. Nachdem der Chartreuse in seiner endgültigen Zusammensetzung fertig gemischt ist, reift er rund 5 Jahre in z. T. über 100-jährigen, bis zu 50000 l fassenden Eichenholzfässern in den mit 164 Metern längsten Likörkellern der Welt.

Empfehlungen

Der kräftig-herbe Chartreuse „Verte" (grün) mit 55 %vol und der zart-milde „Jaune" (gelb) mit 40 %vol sind international bekannte Digestifklassiker. Man trinkt sie pur gut gekühlt oder „on the rocks" und als Longdrink mit Eiswürfeln und Orangensaft und anderen Fruchtsäften. Beide Sorten eignen sich zum Mixen von Cocktails und Longdrinks und als Heißgetränk mit Kaffee oder Schokolade und geschlagener Sahne.

Chartreuse

Bijou

2 cl Chartreuse Grün
2 cl Gin
2 cl Vermouth Dry

Mit Eiswürfeln im Rührglas gut vermischen und in ein gekühltes Cocktailglas abgießen.

Swamp Water

4 cl Chartreuse Grün
Ananassaft

Den Chartreuse in ein mit Eiswürfeln gefülltes Longdrinkglas geben und mit Ananassaft auffüllen. Mit einem Ananasstück garnieren.

Chartreuse Sour

4 cl Chartreuse Gelb
3 cl Zitronensaft
2 cl Orangensaft
1 cl Zuckersirup

Im Shaker mit Eiswürfeln kräftig schütteln und in einen Tumbler abgießen. Mit einer halben Orangenscheibe und einer Cocktailkirsche garnieren.

Chartreuse Tonic

4 cl Chartreuse Grün
1 cl Zitronensaft
kaltes Tonic Water

Chartreuse und Zitronensaft in ein mit Eiswürfeln gefülltes Longdrinkglas geben und mit Tonic Water auffüllen. Eine halbe Scheibe Zitrone dazugeben.

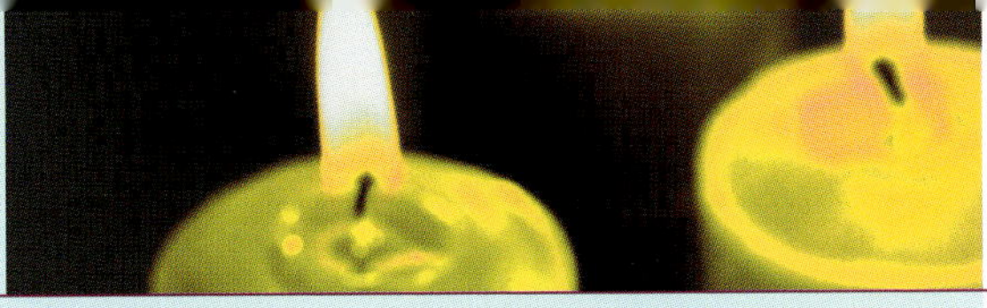

Café Royal

4 cl Chartreuse Gelb oder Grün
1 Tasse heißer Kaffee
1 Teelöffel Zucker
leicht geschlagene Sahne

Chartreuse, Zucker und Kaffee in ein vorgewärmtes Stielglas geben, gut verrühren. Die Sahne als Haube darauf setzen, einige Schokoladenraspel darauf streuen.

Chartreuse Orange

4 cl Chartreuse Gelb oder Grün
Orangensaft

Den Chartreuse in ein mit Eiswürfeln gefülltes Longdrinkglas geben und mit Orangensaft auffüllen. Mit einer Orangenscheibe garnieren.

Amber Dream

1 cl Chartreuse Gelb
2 cl Vermouth Rosso
3 cl Gin

Mit Eiswürfeln im Rührglas gut vermischen und in ein gekühltes Cocktailglas abgießen.

Chartreuse Matinée

3 cl Chartreuse Gelb
3 cl Kaffeelikör
3 cl Orangensaft
3 cl Sahne

Die Zutaten im Shaker mit Eiswürfeln gut schütteln und in eine Cocktailschale abgießen.

Chartreusito

¼ Limette
1 Barlöffel Rohrzucker
frische Minze
3 cl Chartreuse Grün
kaltes Sodawasser

Das Limettenviertel zerteilen und im Glas mit dem Holzstößel ausdrücken. Den Zucker und Minzeblätter dazu geben und diese leicht andrücken. Das Glas mit Crushed Ice füllen und den Chartreuse dazu gießen. Mit etwas Sodawasser auffüllen und mit dem Barlöffel umrühren.

Chartreuse Cooler

4 cl Chartreuse Gelb
6 cl Orangensaft
2 cl Zitronensaft
kaltes Bitter Lemon

Den Chartreuse, Orangen- und Zitronensaft im Shaker mit Eiswürfeln gut schütteln und in ein Fancyglas auf einige Eiswürfel abgießen. Mit Bitter Lemon auffüllen, leicht rühren und mit einer Limettenscheibe und einer Erdbeere garnieren.

Alaska

2 cl Chartreuse Gelb
4 cl Gin

Mit Eiswürfeln im Rührglas gut vermischen und in ein gekühltes Cocktailglas abgießen.

Im Bild:
< Chartreusito und
Chartreuse Cooler >

Unter den internationalen (Mix-) Likören nimmt der Galliano – nicht nur wegen seiner überlangen Flasche – eine herausragende Stellung ein. Die extravagante Flasche ist in jeder Bar ein Blickfang und zwingt Hobby- und Profimixer zur Suche nach einem geeigneten Platz.

Der Erfolgsweg des Galliano führte nicht – was naheliegend gewesen wäre – von Italien nach Deutschland, sondern über den Umweg über die USA. Dort feierte der Galliano bereits große Erfolge zu Zeiten, als er bei uns noch völlig unbekannt war. Die in den 1980er Jahren beginnende Cocktail-Welle schuf die Nachfrage, und seither sind die Galliano-Klassiker Harvey Wallbanger, Golden Cadillac und Golden Dream im Angebot jeder gut geführten Bar.

Die Marke

Die Komposition des Galliano stammt von Arturo Vaccari, einem toskanischen Weinbrenner und Wegbereiter der modernen Destillationsverfahren. Er kreierte 1896 in Livorno den goldgelben Likör und benannte ihn nach Giuseppe Galliano, einem berühmten italienischen Kriegshelden. Dieser hielt im Abessinienkrieg 1885/86 mit seinen Soldaten 44 Tage einer überlegenen Streitmacht Kaiser Meneliks stand und beendete dadurch den Krieg. Bis in die 80er Jahre war das damals umkämpfte Fort Enda Jesus auf den Etiketten abgebildet.

Die Herstellung

Galliano besteht aus bis zu 70 verschiedenen Kräutern, Wurzeln, Samen, Rinden und weiteren aromatischen Beigaben. Für die Kräuteressenz werden diese in fünf Gruppen zusammengestellt und destilliert. Nach etwa drei Monaten werden sie gemischt, es kommen Alkohol, Zucker und Safran für die Farbe dazu, und es folgt eine weitere Reifezeit. Vorherrschend in Geschmack und Aroma sind eine Spur Anis und vor allem Vanille. All dies machte Galliano zu einem Mixlikör ersten Ranges, führte aber auch dazu, dass Galliano selten pur getrunken wird. Wie dem auch sei, Galliano ist Bestandteil vieler weltbekannter Drinks, und „langweilige" Drinks wie z. B. der Screw Driver (Wodka mit Orangensaft) wurden durch einen Schuss Galliano (zum Harvey Wallbanger) weltberühmt.

Empfehlungen

Galliano ist einer der anpassungsfähigsten Liköre, und sein Aroma prägt jeden Drink. Er wird selten pur, aber wenn doch, dann leicht gekühlt oder on the rocks getrunken. Ideal ist die Verbindung mit Orangensaft, bei Sahnedrinks und mit Kaffee.

Galliano

Man mixt mit ihm Cocktails und Mixgetränke jeder Art, denn er verträgt sich mit vielen Spirituosen, Likören und anderen Zutaten in idealer Weise.

Hot Shot

2 cl Galliano
2 cl heißer Kaffee
2 cl leicht geschlagene Sahne
In ein kleines Glas den Galliano geben und darauf langsam und vorsichtig den Kaffee gießen. Die Sahne als Haube darauf setzen.

Froggy

3 cl Galliano
3 cl Blue Curaçao
3 cl Orangensaft
3 cl Sahne
Die Zutaten mit Eiswürfeln im Shaker gut schütteln und in eine Cocktailschale abgießen.

Golden Dream

3 cl Galliano
3 cl Cointreau
3 cl Orangensaft
3 cl Sahne
Die Zutaten mit Eiswürfeln im Shaker gut schütteln und in eine Cocktailschale abgießen.

Princess Dream

3 cl Galliano
3 cl Crème de Cacao Weiß
3 cl Ananassaft
3 cl Sahne
Die Zutaten mit Eiswürfeln im Shaker gut schütteln und in eine Cocktailschale abgießen.

Golden Torpedo

3 cl Galliano
3 cl Amaretto
6 cl Sahne
Die Zutaten mit Eiswürfeln im Shaker gut schütteln und in eine Cocktailschale abgießen.

Apollo 8

2 cl Galliano
2 cl Tequila
2 cl Blue Curaçao
6 cl Sahne
Die Zutaten mit Eiswürfeln im Shaker gut schütteln und in eine Cocktailschale abgießen.

Golden Russian

2 cl Galliano
4 cl Wodka
leicht geschlagene Sahne
Galliano und Wodka im Rührglas mit Eiswürfeln gut vermischen und in ein kleines Stielglas oder in einen mit Eiswürfeln gefüllten Tumbler abgießen. Auf den Drink eine Sahnehaube setzen.

Golden Cadillac

3 cl Galliano
3 cl Crème de Cacao Weiß
4–6 cl Sahne
Die Zutaten mit Eiswürfeln im Shaker gut schütteln und in eine Cocktailschale abgießen.

Orange Cadillac

3 cl Galliano
3 cl Crème de Cacao Weiß
3 cl Orangensaft
3 cl Sahne
Die Zutaten mit Eiswürfeln im Shaker gut schütteln und in eine Cocktailschale abgießen.

Snowflake

4 cl Galliano
2 cl Cointreau
2 cl Chartreuse Gelb
6 cl Sahne
Die Zutaten mit Eiswürfeln im Shaker gut schütteln und in eine Cocktailschale abgießen.

Banana Italiano

3 cl Galliano
3 cl Crème de Bananes
4–6 cl Sahne
Die Zutaten mit Eiswürfeln im Shaker gut schütteln und in eine Cocktailschale abgießen.

Goldfinger

2 cl Galliano
4 cl Wodka
4 cl Ananassaft
Die Zutaten mit Eiswürfeln im Shaker gut schütteln und in eine Cocktailschale abgießen.

< *Im Bild: Hot Shot*

Terrazza

4 cl Galliano
2 cl Wodka
4 cl Ananassaft
2 cl Sahne
1 cl Grenadine

Im Shaker mit Eiswürfeln kräftig schütteln und durch das Barsieb in ein Fancyglas auf einige Eiswürfel abgießen. Mit einer Limetten- und Orangenscheibe und einer Cocktailkirsche garnieren.

Harvey Wallbanger

2 cl Galliano
4 cl Wodka
10 cl Orangensaft

Wodka und Orangensaft in ein mit Eiswürfeln gefülltes Longdrinkglas geben, kurz rühren, den Galliano langsam darauf gießen und nicht mehr rühren. Eine Orangenscheibe an den Glasrand stecken.

Freddy Fudpucker

2 cl Galliano
4 cl Tequila
10 cl Orangensaft

Tequila und Orangensaft in ein mit Eiswürfeln gefülltes Longdrinkglas geben, kurz rühren, den Galliano langsam darauf gießen und nicht mehr rühren. Eine Orangenscheibe an den Glasrand stecken.

< ***Im Bild: Terrazza***

Northern Kiss

4 cl Galliano
2 cl Crème de Menthe Weiß
4 cl Sahne

Die Zutaten mit Eiswürfeln im Shaker gut schütteln und in eine Cocktailschale abgießen.

Roman Coffee

4 cl Galliano
1 Tasse heißer Kaffee
1 Teelöffel Zucker
leicht geschlagene Sahne

Den Galliano, Zucker und Kaffee in ein vorgewärmtes Stielglas geben, gut verrühren. Die Sahne als Haube darauf setzen.

French and It

3 cl Galliano
3 cl Cognac
6 cl Sahne

Im Shaker mit Eiswürfeln kräftig schütteln und durch das Barsieb in eine Cocktailschale abgießen. Mit Schokoladenraspeln bestreuen.

Galliano Orange

4 cl Galliano
Orangensaft

Den Galliano in ein Fancyglas mit Eiswürfeln geben und mit Orangensaft auffüllen. Mit einer Orangenscheibe garnieren.

Yellow Bird

2 cl Galliano
4 cl Brauner Rum
2 cl Crème de Bananes
6 cl Orangensaft
6 cl Ananassaft
Die Zutaten im Shaker mit Eiswürfeln gut schütteln und in ein Longdrinkglas auf einige Eiswürfel abgießen. Mit einem Stück Ananas und Cocktailkirschen garnieren.

Bossa Nova

3 cl Galliano
3 cl Weißer Rum
1 cl Apricot Brandy
8 cl Ananassaft
1 cl Zitronensaft
Die Zutaten mit Eiswürfeln im Shaker gut schütteln und in ein zur Hälfte mit Eiswürfeln gefülltes Longdrinkglas abgießen. Mit Früchten garnieren.

Galliano Margerita

4 cl Tequila
2 cl Galliano
2 cl Zitronensaft
Den Rand einer Cocktailschale in einem Zitronenviertel drehen und in eine mit Salz gefüllte Schale tupfen. Das nicht haftende Salz durch leichtes Klopfen entfernen. Die Zutaten mit Eiswürfeln im Shaker kräftig schütteln und in das präparierte Glas abgießen.

Im Bild: Galliano Orange und Yellow Bird >

Zu den großen Aufsteigern der 1980er Jahre gehört der Amaretto. Er war nach den Cream- und Kokoslikören die dritte Likörart, die sich schnell und dauerhaft durchsetzte. Obwohl Amaretto zu den ältesten Likörsorten in Italien gehört, wurde er erst Anfang 1980 bei uns richtig entdeckt.

Er ist ein vollsüßer Likör auf der Basis von Mandeln und wird heute in einer Vielzahl von Marken angeboten. Die überragende Premium-Marke ist dabei der weltweit bekannte Marktführer Disaronno Originale, von dem jährlich rund 22 Millionen Flaschen verkauft werden.

Die Marke

Um die Entstehung vieler Liköre ranken sich unterhaltsame Legenden, und viele Unternehmen pflegen diese uralten Geschichten. Der Legende nach schmückte im Jahre 1525 der Maler Bernardino Luini in Saronno bei Mailand die örtliche Wallfahrtskirche mit Fresken. Ein schönes Mädchen, das ihm Modell für seine Madonna saß, beschenkte ihn mit einem süßen Likör und überließ ihm das Rezept. Soweit die Geschichte. Im späten 18. Jahrhundert begannen die Erben, die in Saronno ansässige Apothekerfamilie Reina, mit der Verwertung der alten Niederschrift. Zu dieser Zeit wurden vielerlei Liköre für den Hausgebrauch aus Früchten und auch Nüssen bereitet.

Der erste in großem Umfang hergestellte Mandellikör war jener nach dem legendären Rezept der Familie Reina. Disaronno Originale unterscheidet sich von den zahlreichen Amaretti dadurch, dass ihm Aprikosenkernöl zugesetzt wird. Dazu kommen Alkohol, gebrannter Zucker und die Aromen von 17 Kräutern und Früchten. Die raffinierte Kombination aromatischer Süße mit feinen Bitterkomponenten machte Disaronno in der ganzen Welt berühmt.

Empfehlungen

Disaronno Originale Amaretto trinkt man pur oder „on the rocks" und gerne zum Kaffee oder als „coretto" im Kaffee.

Seine Anpassungsfähigkeit stellt Disaronno in Verbindung mit Fruchtsäften, Tonic Water oder auch Milch unter Beweis.

Unzählige Rezepte, in denen Disaronno mit Spirituosen, Sahne, Fruchtsäften und auch Eiscreme, Likören und Sirupen gemixt wird, beweisen die Flexibilität des Disaronno als Mixlikör.

Amaretto

Amaretto Sour

5 cl Amaretto
3 cl Zitronensaft
2 cl Orangensaft

Im Shaker mit Eiswürfeln kräftig schütteln und in ein Stielglas abgießen. Mit einer halben Orangenscheibe und einer Cocktailkirsche garnieren.

Pancho's Punch

4 cl Amaretto
2 cl Tequila
4 cl Zitronensaft
2 cl Grenadine

Die Zutaten mit Eiswürfeln im Shaker gut schütteln und in eine Cocktailschale abgießen.

Amaretto Orange

4 cl Amaretto
Orangensaft

Amaretto in ein Longdrinkglas mit Eiswürfeln geben und mit Orangensaft auffüllen. Mit einer Orangenscheibe garnieren.

Italian Coffee

4 cl Amaretto
1 Tasse heißer Espresso
leicht geschlagene Sahne

Den Amaretto und den Espresso in ein vorgewärmtes Stielglas geben und eine Sahnehaube darauf setzen.

Godmother

2 cl Amaretto
4 cl Wodka
In einem Tumbler mit Eiswürfeln verrühren.

Godfather

2 cl Amaretto
4 cl Bourbon Whiskey
In einem Tumbler mit Eiswürfeln verrühren.

French Connection

2 cl Amaretto
4 cl Cognac
In einem Tumbler mit Eiswürfeln verrühren.

Baked Almonds

3 cl Amaretto
3 cl Crème de Cacao Braun
4–6 cl Sahne
Die Zutaten mit Eiswürfeln im Shaker gut schütteln und in eine Cocktailschale abgießen.

Yellow Nut

4 cl Amaretto
2 cl Wodka
6 cl Orangensaft
6 cl Ananassaft
Im Shaker mit Eiswürfeln kräftig schütteln und durch das Barsieb in ein Longdrinkglas auf einige Eiswürfel abgießen.

Julia

3 cl Amaretto
3 cl Weißer Rum
6 cl Sahne
3 große Erdbeeren
Im Elektromixer gut durchmixen. Die Mischung mit Eiswürfeln im Shaker gut schütteln und in einen großen Sektkelch abgießen. Eine Erdbeere an den Glasrand stecken.

Sweet Maria

3 cl Amaretto
3 cl Wodka
4–6 cl Sahne
Die Zutaten mit Eiswürfeln im Shaker gut schütteln und in eine Cocktailschale abgießen.

Saronno Toddy

4 cl Amaretto
1 cl italienischer Brandy
1 Scheibe Zitrone
3 Gewürznelken
1 Zimtstange
Den Amaretto und den Brandy in eine vorgewärmte Tasse geben und mit heißem Wasser auffüllen. Zitronenscheibe, Nelken und Zimtstange dazugeben.

Saronno

3 cl Amaretto
3 cl Cognac
4–6 cl Sahne
Die Zutaten mit Eiswürfeln im Shaker gut schütteln und in eine Cocktailschale abgießen.

Lust

3 cl Amaretto
1 cl Blue Curaçao
2 cl Zitronensaft
4 cl Ananassaft
Im Shaker mit Eiswürfeln gut schütteln und in ein Cocktailglas abgießen. Eine Cocktailkirsche in das Glas geben.

Ferrari

2 cl Amaretto
4 cl Vermouth Dry
Alle Zutaten im Rührglas mit Eiswürfeln gut verrühren und in ein vorgekühltes Cocktailglas abgießen.

Im Bild: Lust >

Der japanische Getränkemulti Suntory wurde 1899 von Shinjiro Torii, einem damals 20-jährigen Winzer gegründet. Heute ist Suntory einer der führenden Spirituosenproduzenten der Welt. Der international tätige Konzern produziert und vertreibt unter seinem Namen alle wichtigen Spirituosenarten wie Gin, Wodka, Rum und Tequila.

Der größte Geschäftszweig des Unternehmens ist seit Jahrzehnten die Produktion japanischen Whiskeys. Dieser wird in verschiedenen Qualitäten angeboten, und allein die vier größten Marken sind mit zusammen 100 Millionen jährlich verkauften Flaschen unter den 100-Top-Spirituosen der Welt zu finden.

Die Marke

Eine der weltweit erfolgreichsten Likörmarken der neunziger Jahre ist der Midori Melon Liqueur. Er war Teil der Hermes-Likörreihe von Suntory und zu Beginn der siebziger Jahre nur in Japan bekannt. 1971 besuchten US-Barkeeper die Suntory Yamazaki Destillerie in Japan und stießen bei zahlreichen Likörproben auf den Hermes Midori Liqueur. Nach Auswertung der Verkostungen glich man den Midori dem amerikanischen Geschmack an und begann mit dem Export nach den USA. Der neuartige, nach Wassermelonen schmeckende Likör mit seiner kraftvollen grünen Farbe etablierte sich schon nach kurzer Zeit auf dem Markt, und daraufhin ließ der Erfolg des Getränks auch in verschiedenen anderen Ländern nicht lange auf sich warten. Midori wird heute von Suntory in Mexiko hergestellt und ist seit einigen Jahren auch bei uns zu haben.

Empfehlungen

Mit Midori mixt man leichte, aromatische Drinks, und auch Klassiker erhalten durch Midori einen neuen Charakter.

Man trinkt ihn on the rocks, als Longdrink mit Eiswürfeln und Fruchtsäften und mixt mit ihm aparte Cocktails und Longdrinks mit grünem Farbton.

Midori

Midori Sour

5 cl Midori
3 cl Zitronensaft
2 cl Rose's Lime Juice

Im Shaker mit Eiswürfeln gut schütteln und in ein Sourglas abgießen. Eine Cocktailkirsche dazugeben.

Green Orange

6 cl Midori
12 cl Orangensaft

In ein Longdrinkglas einige Eiswürfel, Midori und Orangensaft geben. Mit einem Barlöffel gut umrühren und eine halbe Orangenscheibe dazugeben.

Green Sex Machine

4 cl Midori
2 cl Rose's Lime Juice
kalter Sekt

Midori und Lime Juice auf Eiswürfel in einFancyglas geben und mit Sekt auffüllen.

Melonball

5 cl Midori
3 cl Weißer Rum
12 cl Orangensaft

Im Shaker mit Eiswürfeln schütteln, in Longdrinkglas auf Eiswürfel abgießen. Mit Orangenscheibe und Melonenbällchen garnieren.

Midori Margarita

3 cl Midori
5 cl Tequila
3 cl Zitronensaft
1 cl Zuckersirup

Mit Eiswürfeln im Shaker gut schütteln und durch das Barsieb in eine Cocktailschale abgießen. Das Glas kann auch mit einem Salz- oder Zuckerrand versehen sein.

Midori Tropical

4 cl Midori
2 cl Triple Sec Curaçao
2 cl Weißer Rum
4 cl Orangensaft
4 cl Ananassaft
2 cl Rose's Lime Juice

Im Shaker mit Eiswürfeln schütteln, in Longdrinkglas auf Eiswürfel abgießen. Ein Ananasstück mit einer Cocktailkirsche an den Glasrand stecken.

Midori Colada

5 cl Midori
3 cl Weißer Rum
2 cl Zitronensaft
10 cl Ananassaft
2 cl Cream of Coconut

Im Shaker mit Eiswürfeln schütteln und in ein Longdrinkglas auf Crushed Ice abgießen. Melonenstück mit Cocktailkirsche an den Glasrand stecken.

Midori Sun

4 cl Midori
2 cl Wodka
1 cl Grenadine
10 cl Orangensaft

Im Shaker mit Eiswürfeln schütteln, in Longdrinkglas auf Eiswürfel abgießen. Eine halbe Orangenscheibe dazugeben.

Midori Punch

4 cl Midori
3 cl Wodka
3 cl Orangensaft
2 cl Limettensaft

Im Shaker mit Eiswürfeln schütteln, in einen Tumbler auf Eiswürfel abgießen. Eine halbe Orangenscheibe und Cocktailkirschen dazugeben.

Midori Daiquiri

3 cl Midori
3 cl Weißer Rum
1 cl Triple Sec Curaçao
2 cl Zitronensaft

Im Shaker mit Eiswürfeln gut schütteln und in ein Stielglas abgießen. Eine Erdbeere an den Glasrand stecken.

< Im Bild: Midori Sour und Green Sex Machine >

Batidas nennen die Brasilianer ihre erfrischenden Mixdrinks. Mit den exotischen Früchten des Landes werden fruchtig-frische Drinks in unzähligen Varianten gemixt. Die wichtigste Zutat ist dabei der brasilianische Zuckerrohrschnaps Cachaça (sprich: Kaschassa).

Im Gegensatz zum Rum, der aus Melasse hergestellt wird, ist Cachaça ein Destillat aus frischem grünem Zuckerrohr. Cachaça sollte man keinesfalls mit Rum vergleichen. Beide sind zwar aus Zuckerrohr, trotzdem aber völlig unterschiedlich.

Die Marke

Einer der berühmtesten Drinks ist der Batida de Côco. Dieser wird in Deutschland und anderen europäischen Ländern als Fertigprodukt angeboten. In Brasilien steht hinter dem Namen der Cachaçaproduzent Mangaroca, der von der italienischen Spirituosenfirma Buton den Batida de Côco auf der Basis von Kokosnuss und Milch herstellen lässt. Mit Batida de Côco stand ab 1978 in Deutschland erstmals ein Likör auf Kokosnussbasis zur Verfügung. Weit über 50 Millionen Flaschen wurden seither bei uns verkauft. Mit nur 16 %vol ist Batida de Côco eine ideale Basis für schnell gemixte Longdrinks mit Fruchtsäften und dem beliebten Kokosgeschmack. Seit 2005 gibt es nun auch „Black Batida", eine Mischung von Batida de Coco, Haselnuss und Kakao.

Die Verwendung

Batida de Côco trinkt man immer gut gekühlt oder „on the rocks". Man mixt mit ihm problemlose Longdrinks mit Eiswürfeln und Fruchtsäften und verwendet ihn vor allem für fruchtige Drinks mit Kokosgeschmack. Batida de Côco verträgt sich beim Mixen bestens mit anderen Getränken und auch Likören und Spirituosen.

Im Bild: Batida Sunrise, Night in Blue und Batida Cherie >

Batida de Côco

Batida Orange

6 cl Batida de Côco
Orangensaft

Batida de Côco in ein mit Eiswürfeln gefülltes Longdrinkglas geben und mit Orangensaft auffüllen.

Batida Ananas

6 cl Batida de Côco
Ananassaft

Batida de Côco in ein mit Eiswürfeln gefülltes Longdrinkglas geben und mit Ananassaft auffüllen.

Cococabana

4 cl Batida de Côco
2 cl Cachaça
8 cl Ananassaft
1 cl Rose's Lime Juice

Die Zutaten im Shaker mit Eiswürfeln gut schütteln und in ein mit Eiswürfeln gefülltes Longdrinkglas abgießen. Mit einem Stückchen Ananas und einer Cocktailkirsche servieren.

Red and White

6 cl Batida de Côco
6 cl Orangensaft
3 mittelgroße Erdbeeren
1 cl Strawberry Liqueur

Den Rand einer Cocktailschale in einem Zitronenviertel drehen und in eine mit Kokosraspel gefüllte Schale tupfen. Die Zutaten mit Eis im Elektromixer durchmixen und in das vorbereitete Glas gießen.

Brasil Tropical

6 cl Batida de Côco
10 cl Grapefruitsaft
2 cl Erdbeersirup

Die Zutaten im Shaker mit Eiswürfeln gut schütteln, in ein Longdrinkglas auf einige Eiswürfel abgießen oder im Glas mit Eiswürfeln anrichten und umrühren.

Cococherry

4 cl Batida de Coco
2 cl Kirschlikör
4 cl Orangensaft
10 cl kaltes Bitter Lemon

Im Shaker mit Eiswürfeln schütteln, in ein Longdrinkglas auf Eiswürfel abgießen. Mit Bitter Lemon auffüllen. Eine Zitronenscheibe und eine Cocktailkirsche dazugeben.

Golden Copacabana

4 cl Batida de Côco
2 cl Cachaça
6 cl Maracujanektar
6 cl Bananennektar

Den Rand eines Longdrinkglases in einem Zitronenviertel drehen und in eine mit rotem Zucker gefüllte Schale tupfen. Einige Eiswürfel in das Glas geben. Die Zutaten mit Eiswürfeln im Shaker schütteln und in das Glas abgießen.

Batida Lemon

4 cl Batida de Côco
kaltes Bitter Lemon

Batida de Côco in ein mit Eiswürfeln gefülltes Longdrinkglas geben und mit Bitter Lemon auffüllen.

Batida Sunrise

4 cl Batida de Côco
12 cl Ananassaft
2 cl Kirschlikör

Ein Longdrinkglas mit Crushed Ice füllen, Batida de Côco und Ananassaft darüber gießen und gut rühren, den Kirschlikör darüber geben. Mit Trinkhalm servieren.

Night in Blue

4 cl Batida de Côco
2 cl Blue Curaçao
12 cl Ananassaft

Die Zutaten im Shaker mit Eiswürfeln gut schütteln, in ein Longdrinkglas auf einige Eiswürfel abgießen oder gleich im Glas mit Eiswürfeln anrichten und umrühren. Mit einem Ananasstück, Ananasblättern und einer Cocktailkirsche garnieren.

Batida Cherie

4 cl Batida de Côco
6 cl Sauerkirschnektar
kalter Sekt

In ein Fancyglas zwei Eiswürfel, Batida de Côco und den Nektar geben, mit Sekt auffüllen.

Blue Sky

4 cl Batida de Côco
2 cl Blue Curaçao
8 cl Ananassaft
einige Tropfen Zitronensaft
10 cl kaltes Bitter Lemon

Im Shaker mit Eiswürfeln schütteln, in ein Longdrinkglas auf Eiswürfel abgießen. Mit Bitter Lemon auffüllen. Einen Karambolestern an den Glasrand stecken.

Brasilian Fever

4 cl Batida de Côco
2 cl Cachaça
12 cl Bananennektar

Die Zutaten in ein Longdrinkglas auf einige Eiswürfel geben und gut rühren. Einen Spieß mit Bananenstückchen und Cocktailkirschen über den Glasrand legen.

Lunatico

6 cl Batida de Côco
8 cl Maracujanektar
1 Kiwi

Die Kiwi schälen und zusammen mit den anderen Zutaten im Elektromixer gut durchmixen.
Ein großes Longdrinkglas mit Crushed Ice füllen und die Mischung dazugießen. Eine Kiwischeibe an den Glasrand stecken.

Cocobanana

4 cl Batida de Côco
2 cl Cachaça
2 cl Bananensirup
6 cl Ananassaft
6 cl Maracujanektar

Die Zutaten mit Eiswürfeln im Shaker kräftig schütteln. Durch ein Barsieb in ein Longdrinkglas auf einige Eiswürfel abgießen. Einen Spieß mit Trauben und Bananenscheiben dazugeben.

Batida Jumbo

1 Teil Batida de Côco
1 Teil Milch

Batida de Côco und die Milch mit Eiswürfeln im Shaker schütteln. Durch das Barsieb in ein Glas auf einige Eiswürfel abgießen.

Eine der großen Erfolgsgeschichten hat der Malibu zu bieten. Seit seiner Markteinführung im Jahre 1980 hat dieser klare Kokosnusslikör alles überrundet, was nach Kokosnuss schmeckt. In seiner Gruppe ist er die unbestrittene Nummer eins, und unter den Likören der Welt die viertgrößte Marke.

Es gab in den USA zwar schon Kokosliköre, doch diese waren bis dahin international wenig präsent gewesen. Man kann sagen, dass Malibu genau den richtigen Geschmack traf. Um 1980 wurden auch bei uns die Bars populär – und damit auch die Mixgetränke. Malibu vermittelte ein neues Aroma und lag genau im Trend. Mit der großen Anpassungsfähigkeit an andere Spirituosen und Liköre und vor allem an Fruchtsäfte war der Erfolg des Malibu wie vorgezeichnet.

Die Marke

Dem damaligen Spirituosenmulti International Distillers & Vintners gelang 1974 mit der Entwicklung des Baileys Irish Cream die große Überraschung auf dem Likörmarkt. Sechs Jahre später traf man mit dem Malibu nochmals ins Schwarze. Die Zeit war reif für einen klaren Kokoslikör auf Basis von Rum und mit niedrigem Alkoholgehalt.
Ursprünglich wurde Malibu mit 28 %vol angeboten, dem Trend der Zeit entsprechend setzte man diesen aber in zwei Schritten auf die heutigen 21 %vol herab.

Empfehlungen

Malibu ist ein Standard-Basis-Mixer für Mixdrinks mit betonter Fruchtigkeit und den sanften Schuss Alkohol.
Beliebte Malibu-Mixzutaten für schnell gemixte Drinks sind Fruchtsäfte und Limonaden von Zitrusfrüchten. Malibu verträgt sich außergewöhnlich gut mit vielen alkoholischen und nicht alkoholischen Zutaten und bietet eine vielfache Verwendung für Drinks jeder Art.

Malibu

Malibu Amor

4 cl Malibu
2 cl Amaretto
2 cl Zitronensaft

Die Zutaten mit Eiswürfeln im Shaker gut schütteln und in eine Cocktailschale abgießen. Ein Minzeblatt auf den Drink legen.

Cool Caribbean

4 cl Malibu
2 cl Crème de Bananes
kaltes Bitter Orange

In ein Longdrinkglas Eiswürfel, den Malibu und die Crème de Bananes geben, mit Bitter Orange auffüllen, rühren. Mit Orangenscheibe und einer Cocktailkirsche garnieren.

Malibu Brazil

5 cl Malibu
1 cl Zitronensaft
Maracujanektar

Malibu und Zitronensaft in ein Longdrinkglas auf einige Eiswürfel geben und mit Marajuca auffüllen. Mit einer Orangenscheibe garnieren.

Malibu Screwdriver

5 cl Malibu
12 cl Orangensaft

Malibu und Orangensaft in ein mit Eiswürfeln gefülltes Longdrinkglas geben, kurz rühren. Eine Orangenscheibe an den Glasrand stecken.

Topolino

2 cl Malibu
2 cl Weißer Rum
2 cl Crème de Bananes
12 cl Ananassaft
Die Mischung mit Eiswürfeln im Elektromixer gut durchmixen und auf einige Eiswürfel in ein Longdrinkglas abgießen. Einen Spieß mit Bananenstückchen und Cocktailkirschen über den Rand legen.

Gold Coconut

3 cl Malibu
3 cl Cognac
6 cl Orangensaft
einige Tropfen Grenadine
Die Zutaten mit Eiswürfeln im Shaker gut schütteln und in eine Cocktailschale abgießen. Ein Minzeblatt auf den Drink legen.

Grass Skirt

4 cl Malibu
2 cl Weißer Rum
4 cl Ananassaft
2 cl Zitronensaft
Die Zutaten mit Eiswürfeln im Shaker gut schütteln und in eine Cocktailschale abgießen. Ein Minzeblatt auf den Drink legen.

Malibu Mint

4 cl Malibu
2 cl Crème de Menthe Grün
4–6 cl Sahne
Die Zutaten mit Eiswürfeln im Shaker gut schütteln und in eine Cocktailschale abgießen. Einige Schokoladenraspel auf den Drink streuen.

Malibu Banana

4 cl Malibu
2 cl Crème de Bananes
4–6 cl Sahne
Die Zutaten mit Eiswürfeln im Shaker gut schütteln und in eine Cocktailschale abgießen. Ein Minzeblatt auf den Drink legen.

Malibu Sunrise

6 cl Malibu
1 cl Grenadine
10 cl Orangensaft
Malibu und Orangensaft mit Eiswürfeln im Shaker gut schütteln und in ein zur Hälfte mit Eiswürfeln gefülltes Longdrinkglas abgießen. Den Grenadine langsam darüber gießen. Vor dem Trinken gut verrühren.

Cocoskiss

4 cl Malibu
2 cl Weißer Rum
1 cl Maracujasirup
6 cl Orangensaft
6 cl Ananassaft
Mit Eiswürfeln im Shaker gut schütteln und in ein Fancyglas auf einige Eiswürfel abgießen. Mit einer Limettenscheibe und einer Cocktailkirsche garnieren.

Malibu Hot Coffee

4 cl Malibu
1 Tasse heißer Kaffee
leicht geschlagene Sahne
Zimt
Malibu und Kaffee in ein vorgewärmtes Stielglas geben, die Sahne als Haube darauf setzen und mit etwas Zimt bestreuen.

Coconut Grove

5 cl Malibu
2 cl Triple Sec Curaçao
2 cl Zitronensaft
kaltes Sodawasser
Malibu, Curaçao und Zitronensaft mit Eiswürfeln im Shaker gut schütteln und in ein Longdrinkglas auf Eiswürfel abgießen. Mit Sodawasser auffüllen, eine Zitronenscheibe und eine Cocktailkirsche zum Garnieren nehmen.

Malibu Hot Chocolate

4 cl Malibu
1 Tasse heiße Schokolade
leicht geschlagene Sahne
Schokoladenraspel
Malibu und Schokolade in ein vorgewärmtes Stielglas geben, die Sahne als Haube darauf setzen und mit etwas Zimt bestreuen.

***Im Bild:* *Malibu Sunrise und Cocoskiss* >**

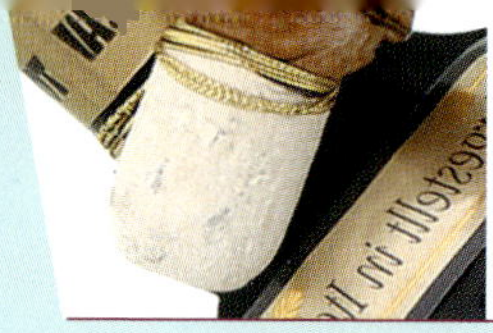

Kokos-, Wal- und Nusslikör

Die Liköre aus der tropischen Kokosnuss unterscheiden sich von den Mandel-, Walnuss- oder Haselnusslikören in vielfacher Hinsicht. Während die Liköre aus dem kleinfrüchtigen Schalenobst in Europa altbekannt sind, bereichern die Exoten aus der Kokosnuss erst seit rund dreißig Jahren das Angebot bei uns.

Der Ursprung

In Mittel- und Südeuropa sind Nussliköre seit langer Zeit bekannt, und einige Marken haben Weltruf. Hauptsächlich in Italien wurde die Herstellung von Likören aus Mandeln, Hasel- und Walnüssen perfektioniert, und speziell der Mandellikör Amaretto hat sich international durchgesetzt. Die größte Marke, der Disaronno Originale (siehe dort), ist der weltweit meistverkaufte italienische Likör und die sechstgrößte internationale Likörmarke. Ein Klassiker und auch heute noch sehr bekannt ist der französische Noisette. Dieser goldgelbe, aber klare Haselnusslikör wird von allen großen Sortimentsproduzenten hergestellt, und der Noisette von Marie Brizard ist die bekannteste Marke. Von Marie Brizard wird bei San Sebastian im spanischen Baskenland für Spanien ebenfalls ein Haselnusslikör hergestellt. Dieser „Avellana" ist in Farbe und Geschmack dem französischen Noisette sehr ähnlich und in Spanien weit verbreitet. Auch in Deutschland waren schon früh Hasel- und Walnussliköre bekannt. Sie spielten jedoch nur in der Hausbereitung, und da nur in geringem Umfang eine Rolle. Auch einer nennenswerten industriellen Produktion blieb der Erfolg versagt. Eine speziell in Deutschland beliebte Likörart, bei der die Haselnuss zum Zuge kam, ist der Kakao mit Nuss. Dieser wasserhelle oder auch braune Likör ist ein unter Mitverwendung von Haselnüssen hergestellter Kakaolikör. Dieser bei den Damen geschätzte Likör erlebte nach 1950 einen Aufschwung, verlor aber in den achtziger Jahren durch das Aufkommen der Amaretto-, Kaffee- und Creamliköre an Bedeutung. Aus der in den warmen Regionen weltweit verbreiteten tropischen Kokosnuss entstehen ganz andere Liköre. Ihr Ursprung liegt im Coconut-Rum, für den Kokosextrakte und weißer Rum die Basis sind. Sie schmecken frisch, sind modern, und haben keinerlei geschmackliche Verbindung zu den ehrwürdigen europäischen Nusslikören. Batida de Coco (siehe dort) wird erst seit 1978 bei uns angeboten, und der heute weltbekannte Malibu (siehe dort) kam erst 1980 auf den Markt. Die beiden sind bei uns Marktführer, und der milchigtrübe Batida de Coco wie auch der wasserklare Malibu sind beliebt zum Mixen exotischer Drinks.

Die Herstellung

Alle Nussliköre werden aus Destillaten oder Extrakten der Nüsse hergestellt. Dazu kommen aromatische Auszüge von Beeren, Früchten, Kräutern und Gewürzen sowie Alkohol, Zucker und Wasser. Die genaue Zusammensetzung ist natürlich immer das Geheimnis der Hersteller.

Die Verwendung

Liköre aus Hasel- und Walnüssen sowie der Amaretto sind beliebte Digestifs und werden gerne zum oder im Kaffee getrunken. Sie eignen sich zum Mixen, zum Verfeinern von Eiscreme und zur Bereitung von Gebäck und Konditoreiwaren. Kokosliköre trinkt man gekühlt pur oder „on the rocks". Allen gemeinsam ist der Kokosgeschmack und die gute Anpassung an Fruchtsäfte. Als Mixliköre sind sie schon längst etabliert, und ihre Verwendungsmöglichkeiten liegen hauptsächlich in der Zubereitung exotischer Longdrinks.

Bekannte Marken

Marie Brizard Coconut Der französische Likörproduzent Marie Brizard (siehe Curaçao) bietet seinen aus Karibikrum und Kokosnuss komponierten „Coconut Liqueur" (20 %vol) seit 2004 auch in Deutschland an.

De Kuyper Coconut Der niederländische Likör- und Spirituosenproduzent De Kuyper (siehe Curaçao) bietet in seinem Likörsortiment auch einem wasserklaren Kokoslikör (20 %vol) an.

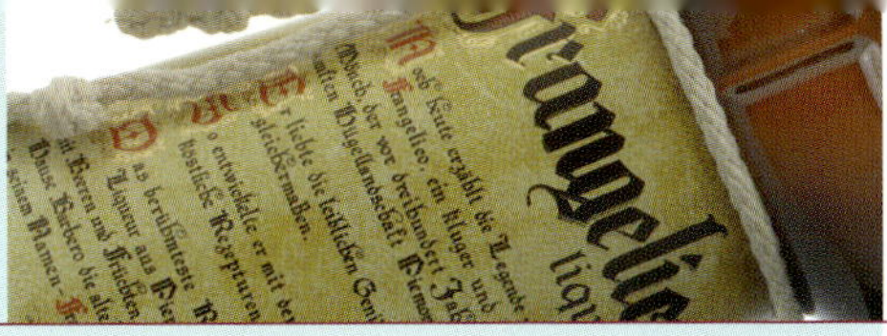

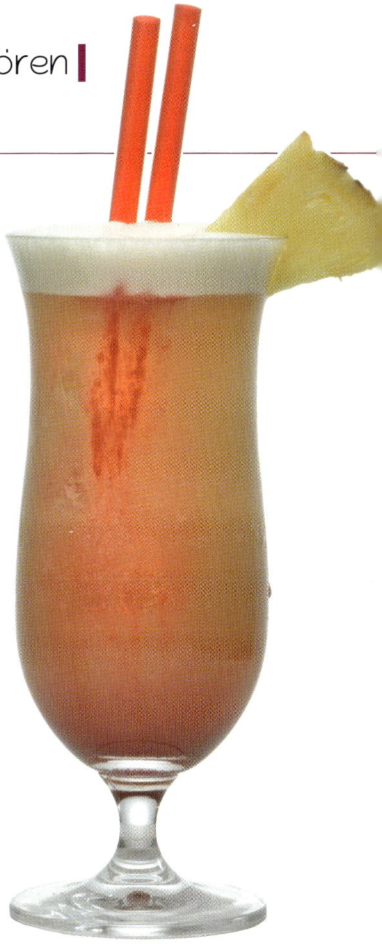

Frangelico Der Haselnusslikör Frangelico (24 %vol) ist die weitaus größte Nusslikörmarke und international praktisch konkurrenzlos. Er wird von der 1891 in Canale/Piemont gegründeten Firma Barbera hergestellt und in über 50 Länder exportiert.

Koko Kanu Der Kokosnussrum Koko Kanu ist ein Produkt von J. Wray & Nephew in Kingston/Jamaica, die die international bekannte Jamaica-Rum-Marke Appleton herstellt (siehe Rum). Koko Kanu ist auf Grund seines hohen Alkoholgehalts (37,5 %vol) auch eine ausgezeichnete Mixspirituose.

Pitú Cocotida Der berühmte Cachaça Pitú wird seit 1938 in Vitória de Santo Antao im Bundesstaat Pernambuco hergestellt. In dieser Region, im Nordosten Brasiliens, lebt eine große Garnelenart – das Pitú-Markenzeichen. Pitú Cachaça wurde schon lange vor dem Beginn der Caipirinha-Ära in Deutschland angeboten und belegt seit jeher der ersten Platz in der Hitliste der Cachaças in Deutschland (siehe Cachaça). Neu seit dem April 2006 ist der Cocotida (16 %vol). Die alkoholische Basis stellt die Gold-Qualität (Especial de Ouro) von Pitú. Dieser reift ein Jahr im Fass und hat ein weicheres Bouquet als das wasserhelle Original. Dazu kommen Kokosnussextrakte und leicht Sahne.

Toschi Nocello Die Destillerie Toschi ist Hersteller des Walnusslikörs Nocello. Er ist die größte Marke ihrer Art und wird in über 45 Länder exportiert. Toschi Nocello (25 %vol) ist kraftvoll und schmeckt deutlich nach Walnüssen. Ein nettes Anhängsel gibt es zusätzlich: An jeder Flasche hängt ein zweiter Verschluss, der aus einer echten Walnuss und einem angeklebten Korken gefertigt wird.

Roner Nusseler Der Name, der weit über die Grenzen von Südtirol hinaus bekannten Obstbrennerei Roner, steht seit mehr als fünfzig Jahren für höchste Qualität. Die am Ortsrand von Tramin liegende Destillerie produziert mit dem Nusseler auch einen Walnusslikör. Diese besondere Spezialität aus Südtiroler Walnüssen wird mit 21% vol angeboten.

Fluffy Coconut

4 cl Koko Kanu Cocos Liqueur
1 cl Grenadine
2 cl Sahne
8 cl Orangensaft
8 cl Ananassaft

Im Shaker mit Eiswürfeln kräftig schütteln und in ein Longdrinkglas auf Eiswürfel abgießen.
Mit einem Ananasstück und einer Cocktailkirsche garnieren.

Koko Kanu Colada

4 cl Koko Kanu Cocos Liqueur
2 cl White Rum
2 cl Cream of Coconut
2 cl Sahne
10 cl Ananassaft

Im Shaker mit Eiswürfeln kräftig schütteln und in ein Longdrinkglas auf crushed Ice abgießen. Mit einem Ananasstück und einer Cocktailkirsche garnieren.

Im Bild: Monk's Habit

Monk´s Milkshake

6 cl Frangelico
3 cl Carolans Irish Cream
1 cl Borghetti Coffee Liqueur
6 cl Sahne
6 cl Milch

Im Shaker mit Eiswürfeln kräftig schütteln und in ein Longdrinkglas auf einige Eiswürfel abgießen.

Monk's Habit

3 cl Frangelico
3 cl weißer Rum
1 1/2 cl Curaçao Triple Sec
10 cl Ananassaft
1 cl Grenadine

Alle Zutaten (ohne Grenadine) im Shaker mit Eiswürfeln kräftig schütteln und in ein Longdrinkglas auf einige Eiswürfel abgießen.

Die Apéritiverie St. Jehan entwickelte zu Beginn der 80er Jahre den Pêcher Mignon. Er war der erste der neuartigen, leichten Pfirsichliköre und ab 1984 auch der erste, der auf dem deutschen Markt angeboten wurde.
Die aus kleinen Anfängen entstandene Marke wurde ursprünglich in Maretz/Elsass hergestellt. Heute kommt der Pêcher Mignon aus Rochecorbon, einem kleinen, östlich von Tours an der Loire gelegenen Ort. Obwohl Pêcher Mignon als Aperitif entwickelt wurde, ist er als Likör ebenso erfolgreich sowie aufgrund seiner Leichtigkeit und seines geringen Alkoholgehalts von 18 %vol vielseitig verwendbar.

Die Marke
Weiße Pfirsiche, unter der Sonne des Mittelmeers gereift und von einem intensiven Aroma geprägt, bilden die Basis dieses Pioniers der neuartigen Pfirsichliköre. Pêcher Mignon gilt in seiner Heimat Frankreich als „Apéritif léger", womit leicht und leichtsinnig gemeint ist. Nicht umsonst bedeutet Pêcher Mignon auf Französisch auch „die niedliche Sünde".

Die Herstellung
Drei getrennte Verfahren sind erforderlich, um die wertvollen Aromen des Pfirsichs einzufangen. Ein Teil der Früchte wird in einer Mühle zerkleinert, ohne die Steine zu zerstören. Diese Maische wird vermischt mit Alkohol drei Monate gelagert. Ein anderer Teil der Pfirsiche wird ohne Steine zerkleinert und sofort – ohne die bei Obstwässern nötige Vergärung der Früchte – zusammen mit Alkohol angesetzt und anschließend destilliert. Von einem weiteren Teil der Pfirsiche wird frischer Saft abgepresst, filtriert und achtfach konzentriert. Alle drei Komponenten, Mazerat aus Pfirsichmaische, Pfirsichdestillat und der konzentrierte Pfirsichsaft, werden dann in genau bemessenen Anteilen unter Zusatz von Kristallzucker zur endgültigen Reife gelagert, gefiltert und abgefüllt.

Empfehlungen
Pêcher Mignon ist aromatisch, fruchtig und mit Sekt ein beliebter Aperitif. Pur trinkt man ihn gut gekühlt im Likörglas oder „on the rocks". Man mixt mit ihm leichte Drinks mit Sekt und/oder Fruchtsäften, und er erweist sich als äußerst vielseitig beim Mixen von fruchtigen Longdrinks.

Pêcher Mignon

Pêcher Royal

2 cl Pêcher Mignon
kalter Sekt
Pêcher Mignon in einen Sektkelch geben und mit Sekt auffüllen.

Peach Blossom

4 cl Pêcher Mignon
1 cl Grenadine
1 cl Zitronensaft
4 cl Sahne
2 cl Weißer Rum
Die Zutaten im Shaker mit Eiswürfeln gut schütteln und in ein Stielglas abgießen.

Southern Peach

3 cl Pêcher Mignon
3 cl Southern Comfort
4–6 cl Sahne
1 Spritzer Angostura
Die Zutaten im Shaker mit Eiswürfeln gut schütteln und in ein Stielglas abgießen.

Pêcher Mignon

5 cl Pêcher Mignon
kaltes Sodawasser
Pêcher Mignon in ein mit Eiswürfeln gefülltes Longdrinkglas geben und mit Sodawasser auffüllen. Eine spiralenförmig geschnittene Zitronenschale dazugeben.

Sex on the Beach

3 cl Pêcher Mignon
3 cl Wodka
6 cl Preiselbeernektar
6 cl Ananassaft

Alle Zutaten im Shaker mit Eiswürfeln gut schütteln und in ein Longdrinkglas auf Eiswürfel abgießen.

Peach Sling

4 cl Pêcher Mignon
2 cl Wodka
6 cl Orangensaft
6 cl Ananassaft
1 cl Grenadine

Die Zutaten mit Eiswürfeln im Shaker gut schütteln und in ein zur Hälfte mit Eiswürfeln gefülltes Longdrinkglas abgießen. Mit einer halben Orangenscheibe garnieren.

Im Bild: Sex on the Beach und Peach Sling >

Pêcher Orange

4–6 cl Pêcher Mignon
Orangensaft

Pêcher Mignon und Orangensaft in ein mit Eiswürfeln gefülltes Longdrinkglas geben, kurz rühren und mit einer Orangenscheibe garnieren.

Pêcher Tonic

5 cl Pêcher Mignon
kaltes Tonic Water

Pêcher Mignon in ein mit Eiswürfeln gefülltes Longdrinkglas geben und mit Tonic Water auffüllen. Eine spiralenförmig geschnittene Zitronenschale dazugeben.

Pêcher Cup

5 cl Pêcher Mignon
kalter Sekt
1 weißer Pfirsich

Einen weißen Pfirsich schälen und in kleine Stücke schneiden, die Stücke in ein Sektglas geben, Pêcher Mignon darüber gießen und mit Sekt auffüllen. Mit einem Teelöffel servieren.

Peach Velvet

3 cl Pêcher Mignon
1 cl Grenadine
1 cl Orangensaft
kalter Sekt

Pêcher Mignon, Grenadine und Orangensaft im Shaker mit Eiswürfeln gut schütteln, in einen Kelch abgießen und mit Sekt auffüllen.

Pêcher Bellini

4 cl Pêcher Mignon
1 weißer Pfirsich
einige Tropfen Zitronensaft
kalter Sekt

Den Pfirsich schälen und in Stücke schneiden, mit Pêcher Mignon und Zitronensaft im Elektromixer pürieren. Das Püree in eine Schale füllen und langsam mit Sekt auffüllen.

Pêcher Sour

6 cl Pêcher Mignon
2 cl Zitronensaft

Pêcher Mignon und Zitronensaft im Shaker mit Eiswürfeln gut schütteln und in ein Stielglas abgießen. Mit einer halben Orangenscheibe und einer Cocktailkirsche garnieren.

Peach Bunny

3 cl Pêcher Mignon
3 cl Crème de Cacao Weiß
3 cl Sahne

Alle Zutaten im Shaker mit Eiswürfeln gut schütteln und in eine Cocktailschale abgießen.

Golden Daze

2 cl Pêcher Mignon
4 cl Gin
4 cl Orangensaft

Alle Zutaten im Shaker mit Eiswürfeln gut schütteln und in einen Tumbler auf einige Eiswürfel abgießen. Eine halbe Orangenscheibe dazugeben.

Peach Daiquiri

3 cl Pêcher Mignon
3 cl Weißer Rum
1/2 Pfirsich
2 cl Zitronensaft
1 cl Zuckersirup

Alle Zutaten im Elektromixer durchmixen, dann etwas Crushed Ice dazugeben und nochmals durchmixen. In eine Cocktailschale abgießen.

Peach Cocktail

4 cl Pêcher Mignon
2 cl Noilly Prat
1/2 cl Grenadine

In ein Rührglas auf viele Eiswürfel geben, gut verrühren und durch das Barsieb in ein vorgekühltes Cocktailglas gießen.

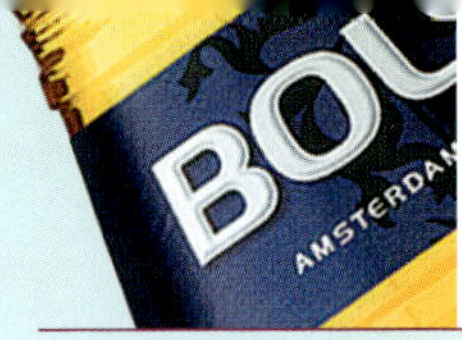

Likörklassiker

Wie auch sonst im Leben – Klassiker sind Dinge, die schon immer da waren. Die Grenze ist bei den Likören allerdings schwer zu ziehen, denn ein Klassiker muss nicht unbedingt uralt sein. So ist der Baileys Irish Cream Liqueur der Klassiker unter den Cream-Likören. Er war der erste dieser jungen Likörart und wurde erstmals 1974 vorgestellt.

Klassiker unter den Likören wie Kirschlikör, Orangenlikör, Pfefferminzlikör, Curaçao sowie viele Einzelmarken werden in diesem Buch in eigenen Kapiteln beschrieben. Nachfolgend werden Likörarten vorgestellt, die seit langer Zeit bekannt sind und im großen Umfang auch von den führenden Likör-Sortimentsproduzenten angeboten werden.

Der Ursprung

Im auslaufendem Mittelalter verbreitete sich die Kunst der Destillation, und Heilkundige bereiteten auf der Suche nach Heiltränken die ersten Liköre. Man versuchte mit Alkohol die gesundheitsfördernden Substanzen aus Kräutern und Gewürzen herauszuziehen und damit heilende Elixiere herzustellen. Zum gesundheitlichen Aspekt gesellte sich bald auch der Wunsch nach Genuss, und die Perfektionierung der Zuckerherstellung ermöglichte ab 1800 die Likörbereitung in großem Umfang. Nahe liegend war zuerst der Einsatz der heimischen Obstsorten, diesen folgten dann exotische Früchte und schmackhafte Samen wie der des Kakaobaumes. Viele der klassischen Sorten sind bis heute ein fester Bestandteil im Likörangebot und jedermann bekannt.

Empfehlungen

Die nebenstehend abgebildeten Liköre trinkt man ungekühlt oder leicht gekühlt im Likörglas und verwendet sie vielfach zum Mixen. Der Cassis ist außerdem ein unbedingtes „Muss" für den Kir und Kir Royal, der Eierlikör ist eine altbekannte Schleckerei und beliebt zum Verfeinern von Desserts und Eiscreme.

Die Sorten

Apricot Brandy Liköre aus der Aprikose (in Österreich Marille genannt) sind altbekannt und werden heute von allen großen Likör-Sortimentsproduzenten als Fruchtbrandys hergestellt. Fruchtbrandys sind Fruchtliköre die auf 100 Liter Fertigware mindestens 5 Liter Obstbrand zu 40 %vol aus der namensgebenden Frucht enthalten. Außer dem Aprikosenbrand besteht Apricot Brandy in der Regel aus Neutralalkohol, Wasser, Zucker und Fruchtextrakten. Zum Teil werden auch Weinbrand und Mandelextrakte mitverwendet.

Crème de Cacao Ein wahrer Klassiker ist der Crème de Cacao, der schon zu Beginn des 19. Jahrhunderts im Angebot der großen Produzenten war. Kakaolikör wird aus Kakaobohnen, Zucker, Wasser und Neutralalkohol hergestellt und oft auch mit Kirschwasser und Vanille abgerundet. Der weiße, wasserhelle ist meist ein reines Destillatserzeugnis, der braune meist eine Mischung von Mazerat und Destillat und unterscheidet sich vom weißen außer in der Farbe durch einen herberen, kräftigeren Kakaogeschmack.

Blackberry Liqueur Die englische Bezeichnung für die Brombeere hat sich bei den großen Produzenten eingebürgert. Der tiefdunkle, fast schwarze Fruchtlikör besteht aus Fruchtsaft/Extrakt, Neutralalkohol, Zucker und Wasser. Der Gehalt an Fruchtsaft beträgt mindestens 20 Liter auf 100 Liter Fertigware. Der Zusatz von natürlichen Aromastoffen ist erlaubt, eine Färbung jedoch nicht.

Maraschino – auch Marasquin oder Marrasquino geschrieben, wurde ursprünglich in Dalmatien hergestellt. Er ist eine besondere Art von Kirschlikör, und alle großen Sortimentsproduzenten haben ihn im Programm. Es gibt aber auch kleine, auf Maraschino spezialisierte Hersteller. Für den Maraschino werden Maraska-

weichseln verwendet. Aus diesen wird zunächst ein Kirschbrand gewonnen. Diesen und ein Kirschkerndestillat gibt man mit Gewürzextrakten zu den Pressrückständen und lässt diese Maische einige Monate ruhen. Darauf folgt eine zweimalige Destillation und eine Reifezeit des Destillats. Anschließend kommen Zucker und Wasser dazu.

Crème de Cassis Cassis ist der französische Name für die schwarze Johannisbeere und den berühmten Likör. Dieser wird hauptsächlich in Burgund hergestellt und darf dann auf seine Herkunft verweisen. Der Zusatz Crème de … bedeutet (nur) beim Cassis, dass ein Liter mindestens 400 Gramm Zucker enthält. Cassis besteht lediglich aus Fruchtsaft, Alkohol, Wasser und Zucker. Cassis ist empfindlich gegen Licht und Sauerstoff. Er sollte kühl, dunkel und gut verschlossen aufbewahrt werden.

Crème de Bananes Altbekannt ist der Crème de Bananes. Er ist einer der bekanntesten Fruchtliköre und wird besonders zum Mixen verwendet. Der Namenszusatz bedeutet hier, dass der Likör mindestens 250 Gramm Zucker pro Liter enthält (Ausnahme Crème de Cassis mit 400 Gramm). Seine Zutaten sind Fruchtdestillat, Alkohol, Zucker, Wasser und fruchteigene Aromastoffe.

Advocaat Der Name (auch Advokat, Avocat) ist eine Synonymbezeichnung für Eierlikör und hat seinen Ursprung in der Avocadofrucht. Die Holländer stellten in ihren Kolonien Indien/Indonesien aus der Avocado mit Alkohol, Zucker und Gewürzen einen Likör her. In der Heimat ersetzte man die Avocado durch Eidotter, aber der Name Advocaat bürgerte sich ein. Als einziger Likör kann der Eierlikör nur 14 %vol Alkoholgehalt aufweisen, die Regel sind aber 20 %vol. Zu seiner Herstellung braucht man mindestens 140 Gramm hochwertiges Eigelb und 150 Gramm Zucker oder Honig pro Liter. Dazu kommt Wasser, eventuell Gewürzextrakte und entweder Neutralalkohol oder Weinbrand. Bei Bols ist der Advocaat einer der klassischen Liköre des Sortiments und in Deutschland der meistverkaufte Eierlikör niederländischer Produktion.

Kir

1 cl Crème de Cassis
10 cl weißer Burgunder

Den Cassis in ein Weinglas geben und mit dem Wein auffüllen.

Kir Framboise

1 cl Liqueur de Framboise
10 cl weißer Burgunder

Den Framboise in ein Weinglas geben und mit Wein auffüllen.

Apricot Fizz

5 cl Apricot Brandy
3 cl Zitronensaft
2 cl Orangensaft
1 cl Zuckersirup
kaltes Sodawasser

Die Zutaten – ohne Sodawasser – im Shaker mit Eiswürfeln kräftig schütteln und durch das Barsieb in ein Fancyglas abgießen. Mit etwas Sodawasser auffüllen.

Blando Mexican

4 cl Eierlikör
3 cl Tequila
6 cl Orangensaft

Mit Eiswürfeln im Shaker kräftig schütteln und durch das Barsieb in ein Cocktailglas abgießen.

Bel Ami

2 cl Eierlikör
2 cl Crème de Cacao Weiß
2 cl Wodka

Mit Eiswürfeln im Shaker kräftig schütteln und durch das Barsieb in ein Cocktailglas abgießen.

Sweet Girl

3 cl Apricot Brandy
3 cl Gin
6 cl Sahne

Im Shaker mit Eiswürfeln kräftig schütteln und durch das Barsieb in eine Cocktailschale abgießen.

Apricot Sour

4 cl Apricot Brandy
2 cl Zitronensaft
4 cl Orangensaft
Im Shaker mit Eiswürfeln schütteln, in ein Sourglas abgießen. Einen Spieß mit halber Orangenscheibe und Cocktailkirsche über den Glasrad legen.

Roadster

1,5 cl Apricot Brandy
1,5 cl Crème de Bananes
0,5 cl Grenadine
1,5 cl Orangensaft
1,5 cl Sahne
Mit Eiswürfeln im Shaker kräftig schütteln und durch das Barsieb in ein Cocktailglas abgießen. Eine Physalis an den Glasrand stecken.

Evergreen

3 cl Crème de Bananes
1 cl Blue Curaçao
1 cl Gin
5 cl Grapefruitsaft
Alle Zutaten im Shaker mit Eiswürfeln gut schütteln und in Tumbler auf Eiswürfel abgießen.

Dizzy Blonde

4 cl Eierlikör
2 cl Pernod
kaltes Sprite
Eierlikör und Pernod in ein Longdrinkglas auf einige Eiswürfel geben. Mit der Zitronenlimonade auffüllen und eine Zitronenscheibe an den Glasrand stecken.

< ***Im Bild: Apricot Sour***

Butterfly Flip

3 cl Crème de Cacao Braun
2 cl Cognac
2 cl Sahne
1 Eigelb
Alle Zutaten im Shaker mit Eiswürfeln gut schütteln und in ein Stielglas abgießen. Fein geriebene Muskatnuss darüber streuen.

Chiquita Punch

5 cl Crème de Bananes
5 cl Orangensaft
5 cl Sahne
2 cl Grenadine
Alle Zutaten im Shaker mit Eiswürfeln gut schütteln und in Tumbler auf Eiswürfel abgießen. Mit einer Orangenscheibe und einer Cocktailkirsche garnieren.

Cassis Lady II

3 cl Crème de Cassis
1 1/2 cl Kirschwasser
1 1/2 cl Vermouth Dry
Alle Zutaten im Rührglas mit Eiswürfeln gut verrühren und in ein vorgekühltes Cocktailglas abgießen. Mit einer Orangenschale abspritzen.

Bananen Flip

3 cl Crème de Bananes
2 cl Gin
1 cl Zuckersirup
2 cl Sahne
1 Eigelb
Im Shaker mit Eiswürfeln gut schütteln und in ein Stielglas abgießen. Muskatnuss darüber reiben.

Banshee

3 cl Crème de Bananes
3 cl Crème de Cacao Weiß
4 cl Sahne
Alle Zutaten im Shaker mit Eiswürfeln gut schütteln und in eine Cocktailschale abgießen.

Sweet Dream

3 cl Apricot Brandy
3 cl Weißer Rum
3 cl Ananassaft
3 cl Sahne
Im Shaker mit Eiswürfeln gut schütteln und in eine Cocktailschale abgießen.

Fifth Avenue

3 cl Crème de Cacao Braun
3 cl Apricot Brandy
3 cl Sahne
Zutaten im Shaker mit Eiswürfeln gut schütteln und in eine Cocktailschale abgießen. Mit Schokoladenraspeln bestreuen.

Imperial II

3 cl Crème de Cassis
2 cl Himbeergeist
1 cl Grenadine
6 cl Orangensaft
4 cl Ananassaft
Im Shaker mit Eiswürfeln schütteln und in ein großes Becherglas auf Eiswürfel abgießen. Mit Melonenstück, Himbeere und Minze garnieren.

< **Im Bild: Banana Bliss**

Green Wonder

3 cl Apricot Brandy
2 cl Blue Curaçao
6 cl Orangensaft
6 cl Maracujanektar
2 cl Limettensaft

Mit Eiswürfeln im Shaker kräftig schütteln und durch das Barsieb in ein Longdrinkglas auf einige Eiswürfel abgießen. Eine Orangenscheibe mit einer Cocktailkirsche und einer Physalis an den Glasrand stecken.

Cal Ex

2 cl Sahne
1 cl Gin
2 cl Crème de Bananes
1 cl Bols Red Orange

Mit Eiswürfeln im Shaker kräftig schütteln und durch das Barsieb in ein Cocktailglas abgießen. Eine Johannisbeerrispe an den Glasrand hängen.

Rêve Satin

3 cl Blackberry Brandy
3 cl Strawberry Liqueur
4 cl Sahne

Im Shaker mit Eiswürfeln schütteln, in eine Cocktailschale abgießen.

Banana Bliss

3 cl Crème de Bananes
3 cl Weißer Rum
2 cl Orangensaft
4 cl Sahne
1 Spritzer Angostura

Im Shaker mit Eiswürfeln kräftig schütteln und durch das Barsieb in ein Fancyglas abgießen. Mit Ananasstück und Cocktailkirsche garnieren.

Top Banana

3 cl Crème de Bananes
3 cl Wodka
6 cl Orangensaft

Alle Zutaten im Shaker mit Eiswürfeln gut schütteln und in Tumbler auf Eiswürfel abgießen.

Golden Girl

3 cl Apricot Brandy
3 cl Wodka
6 cl Orangensaft

Im Shaker mit Eiswürfeln schütteln, in eine Cocktailschale abgießen. Einen Spieß mit Kiwischeibe und Cocktailkirsche über den Glasrand legen.

Silver Jubilee

4 cl Crème de Bananes
2 cl Gin
4 cl Sahne

Alle Zutaten im Shaker mit Eiswürfeln gut schütteln und in eine Cocktailschale abgießen.

Im Bild: Green Wonder und Cal Ex >

Likörspezialitäten

Klassiker und Bestseller, Exoten und Neuheiten sind in diesem Kapitel zu finden. Obwohl sie alle einer bestimmten Gattung zugeordnet werden könnten, sind sie aufgrund ihrer außergewöhnlichen Zutaten oder ihrer Einzelstellung hier beschrieben.
Als Likörspezialitäten bezeichnet man im weitesten Sinne alle nicht alltäglichen Kompositionen, aber auch für sich alleine stehende Marken oder bei uns wenig bekannte Produkte. Manche Marken sind weltbekannt, manche waren bekannt und erleben eine Renaissance und manche stehen noch am Anfang ihrer Karriere. Während die so genannten „harten" Spirituosen wie Whisky, Cognac oder Aquavit über Jahrhunderte allmählich entstanden und sich geschmacklich wenig änderten, verhielt sich dies beim Likör völlig anders. Liköre waren immer „in" und „out", und modische Trends, neue Farben, neue Zusammenstellungen, neue Rezepturen und Geschmacksrichtungen sorgten stets für Bewegung im Angebot.

Die Herstellung

Drei Elemente spielen im Likör die tragende Rolle: Alkohol, Zucker und jene Substanzen, die Aroma und Geschmack bestimmen. Dazu kommt Wasser, und dort, wo es angebracht ist, die erlaubten Farbstoffe. Die frühesten Liköre bereiteten Heilkundige und Mönche in den Klöstern auf der Suche nach Heilmitteln. Sie zogen mit Hilfe von Alkohol die gesundheitsfördernden Substanzen aus Kräutern und Gewürzen und schufen somit die Vorläufer dieser bis heute beliebten Liköre. Ab dem 16. Jahrhundert verbreitete sich auch in Deutschland die Destillation. Korn und Wein waren die ersten Grundstoffe. Vom Alkohol zum Likör war es dann nur noch ein verhältnismäßig kurzer Schritt. Man versuchte mit Früchten, Kräutern und Gewürzen sowie Süßungsmitteln wie Honig den Alkohol trinkbar zu machen und zu verfeinern.
Dass dies schon früh gelang, belegt zum einen die Geschichte der 1575 gegründeten Firma Bols und zum anderen die Anleitung zur Bereitung eines Kirschlikörs in einem berühmten Kräuterbuch aus dem Jahre 1630. Einhergehend mit den verbesserten Destillationsverfahren und einer größeren Verfügbarkeit des Alkohols entwickelte sich ab 1800 eine umfangreiche Likörindustrie.

Die Verwendung

Die Trinkgewohnheiten sind bei den Likörspezialitäten so unterschiedlich wie die einzelnen Marken. Fast jede wird bevorzugt zu einer speziellen Zeit oder einem bestimmten Anlass getrunken. Einige sind ausgezeichnete Digestifs, andere trinkt man nur verlängert mit Fruchtsäften oder Limonaden. Manche sind Aperitif wie Longdrink, und ihr Genuss braucht keinen bestimmten Anlass oder Zeitpunkt.

Bekannte Marken

Marie Brizard Watermelon Das weltbekannte Haus Marie Brizard et Roger ist der größte Likör-Sortimentsproduzent Frankreichs und der Watermelon (17 %vol) eine der großen Neueinführungen des letzten Jahrzehnts. Seit 2005 wird dieser fruchtige Wassermelonenlikör in einer völlig neuen Aufmachung angeboten.

Charleston Follies Der innovativste Likör unter all den Neuentwicklungen von Marie Brizard ist zweifellos der Charleston Follies (20 %vol). Dieser leichte und fruchtige Likör erhält sein unverwechselbares Aroma und seinen Geschmack von Aprikosen, Pfirsichen, Ananas, Mangos, Guaven und Passionsfrüchten. Die mehrfach ausgezeichnete Shakerflasche aus metallischem Glas stellt eine einzigartige Novität dar.

De Kuyper Sour Rhubarb Seit dem Frühjahr 2006 wird diese Likör-Novität angeboten. Sour Rhubarb schmeckt intensiv nach saurem Rhabarber, ist nur dezent süß und hat 15 %vol Alkoholgehalt.

Irish Mist Irish Mist (Mist=Nebel) besteht aus altem Irish Whiskey, Heidehonig und Kräuterauszügen. Sein Ursprung geht auf alte Überlieferungen zurück. Er wird in über 100 Länder der Erde exportiert und gilt als der klassische irische Likör. Alkoholgehalt 35 %vol.

Kwai Feh Kwai Feh ist ein moderner, leichter Likör (20 %vol), der von dem niederländischen Likörproduzenten De Kuyper zu Beginn der 90er Jahre entwickelt wurde. Das weiße, perlmuttartig schimmernde Fruchtfleisch der Lychee mit seinem mild-säuerlichen Geschmack ist die Basis

des Kwai Feh, der in einer außergewöhnlichen satinierten Flasche angeboten wird. Der Name des Likörs stammt aus dem Chinesischen und bedeutet „geschätzte Konkubine".

Passoã Im Anjou, am Rande der Bretagne, liegt die Stadt Angers, die Heimat des weltberühmten Orangenlikörs Cointreau. Dort entschied man zu Beginn der 80er Jahre, dass ein neuer fruchtiger Likör mit geringem Alkoholgehalt entwickelt werden sollte. Als Basis wählte man die Passionsfrucht, und 1986 wurde der Passoã vorgestellt. Alkoholgehalt 17 %vol.

Pimm' No 1 Jean Pimm, ein Restaurantbetreiber in London, schuf um 1840 den Pimm´s. Er entwickelte neue Getränke, die er dann in seiner Oyster Bar testete und verkaufte. Seine erfolgreichste Kreation war der spätere Pimm´s. Die genaue Rezeptur ist ein gehütetes Geheimnis, und bis heute wird Pimm´s nach der Originalrezeptur hergestellt. Lediglich der Alkoholgehalt wurde auf heute 25 %vol etwas gesenkt. Der große Erfolg führte letztendlich dazu, dass Pimm´s zu Beginn des 20. Jahrhunderts auf der Basis von fünf weiteren Spirituosen angeboten wurde. Diesen war jedoch kein Erfolg beschieden, und man konzentrierte sich wieder auf das Original. Die alkoholische Basis ist Gin. Dazu kommen Zitrusauszüge, Gewürze, Zucker, Wasser und schließlich Zuckercouleur zur Verstärkung der Farbe. Auch in seiner Verwendung ist Pimm´s einmalig. Man trinkt ihn fast ausschließlich als Longdrink mit klarer Zitronenlimonade oder Ginger Ale oder mit Champagner als Pimm´s Royal.

Pisang Ambon Das Rezept dieses exotischen Fruchtlikörs stammt aus Indonesien, und auch der Name hat dort seinen Ursprung. Pisang heißt eine kleine grüne Bananensorte, die auf den Amboninseln wächst. Neben diesen enthält der Pisang Ambon weitere exotische Früchte, Kräuter und Gewürze. Pisang Ambon gibt es in Deutschland seit 1983 und mit ihm schloss sich damals die Lücke der Farbe Grün beim Mixen. Alkoholgehalt 20 %vol.

Soho Zu Beginn des Jahres 2005 wurde der Lycheelikör „Soho" in Deutschland eingeführt. Der aromatisch nach Lychee schmeckende wasserklare „Soho" (21 %vol) wird vom französischen Spirituosen-Multi Pernod Ricard hergestellt.

Coeur du Breuil Im Herzen der Normandie, im Pays d'Auge, hat die Destillerie Château du Breuil im gleichnamigen Schloss ihren Sitz. Berühmt ist das Château für seine lange gereiften Calvadosqualitäten, die in mit Kordeln umwickelten und von Hand versiegelten Flaschen angeboten werden. Als erstes Unternehmen stellte Château du Breuil nun einen Calvadoslikör vor. Dieser aus Calvados, Apfelsaft und Zucker hergestellte Likör ist in jeder Hinsicht eine Novität. Alkoholgehalt 24 %vol.

Sparkling Melon

4 cl Watermelon Liqueur
4 cl Orangensaft
1 cl Rose's Lime Juice
10 cl kalter Sekt

Watermelon Liqueur, Orangensaft und Lime Juice in ein Longdrinkglas mit Eiswürfeln geben. Mit Sekt auffüllen und umrühren. Mit Melonenbällchen garnieren.

Tokyo Sunset

5 cl Watermelon Liqueur
kaltes Tonic Water

Den Watermelon Liqueur in ein Longdrinkglas auf Eiswürfel geben und mit Tonic Water auffüllen.

Crazy Follies

4 cl Charleston Follies
2 cl Gin
4 cl Grapefruitsaft

Im Shaker mit Eiswürfeln kräftig schütteln und durch das Barsieb in eine Cocktailschale abgießen.

French Elefant

3 cl Coeur du Breuil
2 cl Amarula
1 cl Crème de Cacao Weiß
2 cl Sahne

Im Shaker mit Eiswürfeln kräftig schütteln und durch das Barsieb in eine Cocktailschale abgießen.

Shanghai Express

2 cl Kwai Feh
2 cl Peachtree
Orangensaft

Die Liköre in ein Longdrinkglas auf Eiswürfel geben und mit Orangensaft auffüllen.

Passoã Exclusita

3 cl Passoã
3 cl Cointreau
12 cl Orangensaft

Im Shaker mit Eiswürfeln gut schütteln und in ein Fancyglas auf Eiswürfel abgießen. Mit einer Erdbeere garnieren.

Pisang Pistacha

6 cl Pisang Ambon
2 cl Amaretto
4 cl Sahne

Im Shaker mit Eiswürfeln kräftig schütteln und durch das Barsieb in ein Stielglas abgießen.

Pisang Cooler

4 cl Pisang Ambon
2 cl Wodka
12 cl Orangensaft
Mit Eiswürfeln im Shaker kräftig schütteln und durch das Barsieb in ein Fancyglas auf einige Eiswürfel abgießen. Mit frischen Minzezweigen dekorieren.

Chinese Wallbanger

4 cl Wodka
4 cl Kwai Feh
Orangensaft
Kwai Feh und Wodka in ein Longdrinkglas auf Eiswürfel geben und mit Orangensaft auffüllen.

Violetta

2 cl Parfait Amour
2 cl Tequila
1 cl Rose's Lemon Squash
5 cl roter Johannisbeernektar
Im Shaker mit Eiswürfeln kräftig schütteln und durch das Barsieb in ein Stielglas abgießen.

Perestroika

3 cl Watermelon Liqueur
2 cl Wodka
1 Barlöffel Strawberry Liqueur
Im Rührglas mit Eiswürfeln gut vermischen und in ein Cocktailglas abgießen.

< *Im Bild: Tokyo Sunset, French Elefant, Passoã Exclusita*

Passoã Fizzzz

3 cl Passoã
10 cl kalter Sekt
Passoã in ein Longdrinkglas auf Eiswürfel geben und mit dem Sekt auffüllen.

Hawaii Follies

6 cl Charleston Follies
2 cl Kokossirup
4 cl Ananassaft
8 cl Grapefruitsaft
Im Shaker mit Eiswürfeln schütteln und in ein Longdrinkglas auf Eiswürfel abgießen. Mit Ananasstück und Cocktailkirsche garnieren.

Passoã Lady

5 cl Passoã
10 cl Grapefruitsaft
Passoã in ein Longdrinkglas auf Eiswürfel geben und mit Grapefruitsaft auffüllen.

Golden Follies

3 cl Charleston Follies
3 cl Cognac
4 cl Orangensaft
Im Shaker mit Eiswürfeln gut schütteln und in eine Cocktailschale abgießen. Eine Orangenscheibe dazugeben.

Pimm's No.1 Cup

5 cl Pimm's
kaltes Sprite oder Ginger Ale
In einen Glaskrug einige Eiswürfel geben und Pimm's darüber gießen. Mit einer der Limonaden auffüllen und mit je einer halben Orangen- und Zitronenscheibe, Cocktailkirschen und einer Gurkenschale garnieren.

Im Bild: Pimm's No.1 Cup

East Wind

4 cl Kwai Feh
2 cl Cream of Coconut
10 cl Ananassaft
4 Lychees aus der Dose
mit etwas Saft
Im Elektromixer mit Crushed Ice mixen und in ein Longdrinkglas auf Crushed Ice abgießen. Einen Spieß mit Lychees und Cocktailkirschen über den Glasrand legen.

Passoã Moorea

3 cl Passoã
3 cl Cointreau
12 cl Grapefruitsaft
Passoã und Cointreau in ein Longdrinkglas auf Eiswürfel geben und mit Grapefruitsaft auffüllen. Mit einer halben Grapefruitscheibe garnieren.

< *Pisang Cooler*

Fruchtliköre

Fruchtliköre stellen die größte Gruppe unter den Likören, und ihre Vielfalt ist fast unüberschaubar. Ob Maracujas aus den Tropen, Lychees aus China oder Melonen aus Mexiko – jede noch so exotische Frucht wird heute auch zu Likör verarbeitet.

Die großen Klassiker unter den Fruchtlikören, die Kirschliköre und der Curaçao, werden in eigenen Kapiteln vorgestellt. Weitere Fruchtliköre finden sich in den Kapiteln Likörklassiker und Trendliköre, sowie bei den Beschreibungen unter ihren eigenen Namen, bei Grand Marnier, Cointreau, Midori und Pêcher Mignon.

Der Ursprung

Zur Likörbereitung braucht man Alkohol, und so datiert die Herstellung der ersten Liköre in der Zeit, in der sich das Wissen um die Destillation verbreitete. Um 1500 wurde das Wein- und Kornbrennen bekannt und damit die Likörbereitung ermöglicht. Apotheker und Heilkundige waren auf der Suche nach Heilmitteln und nutzten den Alkohol zur Herstellung gesundheitsfördernder Getränke. Der Durchbruch zum Genussmittel erfolgte nach der Entdeckung Amerikas. Erst die Verfügbarkeit des Zuckers von den Antillen erlaubte die Herstellung von Likören, die hauptsächlich zum Genuss bestimmt waren. In den folgenden Jahrhunderten entstanden durch aus aller Welt eingeführte exotische Früchte und Gewürze viele neue Likörsorten, und zu Beginn des 19. Jahrhunderts begann in ganz Europa die Likörbereitung im großen Umfang. Bis vor kurzem unterschied man je nach Ausgangsstoff, Extrakt- und Alkoholgehalt in viele Untergruppen. Heute sind alle Spirituosen der Gattung Likör zuzuordnen, wenn ihr Zuckergehalt mehr als 100 g pro Liter im Fertigerzeugnis beträgt. Der zur Herstellung eines Likörs nötige Alkohol kann aus Neutralalkohol oder aber aus nahezu allen uns bekannten Spirituosen bestehen. Der Mindestalkoholgehalt muss 15 %vol (Eierlikör: 14 %vol) betragen.

Die Herstellung

Fruchtliköre bestehen aus Alkohol, Zucker, Wasser und Früchten in Form von Saft, Extrakten oder Aromastoffen. Man unterscheidet dabei zwischen Fruchtsaftlikören, Fruchtaromalikören und Fruchtbrandys. Fruchtsaftliköre enthalten den Saft derjenigen Frucht, nach der die Liköre benannt sind, als wesentlichen geschmacksbestimmenden Anteil. Der Gehalt an Fruchtsaft der namensgebenden Frucht muss mindestens 20 Liter auf 100 Liter Fertigware betragen. Zusätze weiterer Fruchtsäfte und natürlicher Aromastoffe sind erlaubt, eine Färbung mit Farbstoff ist unzulässig.

Fruchtaromaliköre erhalten ihren Geschmack aus den Früchten, nach denen sie benannt sind. Die Verwendung künstlicher Aromastoffe ist unzulässig. Sie dürfen nicht nach den folgenden Früchten bezeichnet werden: Ananas, Brombeeren, Erdbeeren, Kirschen, Johannisbeeren, Heidelbeeren und Himbeeren. Dieses Verbot gilt nicht bei wasserklaren Likören wie dem Maraschino. Die Färbung mit künstlichen Farbstoffen ist unzulässig.

Fruchtbrandys sind Fruchtliköre, die einen geschmacksbestimmenden Anteil an Obstbrand enthalten (mindestens 5 Liter Obstbrand mit 40 %vol je 100 Liter Fertigerzeugnis), der aus der namensgebenden Frucht gewonnen sein muss. Da die Bezeichnung Brandy ansonsten den Weindestillaten vorbehalten ist, wurde für Prune-, Orangen-, Apricot- und Cherry Brandy eine Ausnahmeregelung getroffen. Fruchtbrandys sind durch die Zugabe von Obstbrand eine besondere Art der Fruchtliköre. Auch bei ihnen ist die Verwendung von Farbstoffen unzulässig.

Die Verwendung

Alle Arten von Fruchtlikören trinkt man je nach Sorte und persönlichem Geschmack ungekühlt, leicht oder stark gekühlt pur im Likörglas. Sie eignen sich als Digestif und zum Genuss in Verbindung mit Kaffee oder einem Erfrischungsgetränk. Alle eignen sich zum Mixen und zum Mischen mit Fruchtsäften oder auch Sekt.

Bekannte Marken

Amanda Red Orange Mit Amanda wurde Ende des Jahres 2006 ein völlig neu entwickeltes Likör-Sortiment mit vorerst vier Sorten vorge-

stellt. Amanda Red Orange ist ein tiefroter Fruchtaromaliqueur auf der Basis von Orangen, Blutorangen sowie weiteren Citrus-Früchten. Außer dem Red Orange gibt es Blue Curaçao, Apricot Brandy und Crème de Bananes. Alle vier sind äußerst fruchtig und leicht, und mit 15 %vol ideal zum Pur-Genuss oder zum Mixen problemloser fruchtiger Longdrinks. Für die Entwicklung und Herstellung zeichnet das für seine Spirituosenkompetenz bekannte Unternehmen Underberg verantwortlich (siehe auch bei Curaçao und Likörklassiker).

Bols Grüne Banane Die Grüne Banane wurde 1983 von Bols als erstem Produzenten vorgestellt. Er unterscheidet sich durch seine Farbe und die geringere Süße von den klassischen gelben Crème de Bananes. Für ihm werden die auch im reifen Zustand kleinen grünen Bananen mit weiteren exotischen Früchten und aromatischen Extrakten verarbeitet.

Bols Maracuja Liqueur Der leuchtend orangerote Bols Maracuja wurde 1993 eingeführt. Er hat die tropische Maracujafrucht als Basis, und mit seinem exotischen Geschmack und den leichten 17 %vol ist er ein idealer Likör zum Mixen fruchtiger Longdrinks.

Bols Red Orange Bols Red Orange ist neben den Curaçaos ein weiterer Likör auf Orangenbasis. Doch der Red Orange ist völlig anders. Er ist ein Likör auf Basis der Curaçao-Orange, mit weiteren Früchten wie Pfirsich und Passionsfrucht . Er ist herb-süß, sehr fruchtig und hat 17 %vol.

De Kuyper Wild Strawberry Dieser feine Walderdbeer-Liqueur besitzt eine sehr natürliche und intensive Erdbeernote. Alkoholgehalt 23 %vol.

Lantenhammer Mirabelle Die Destillerie Lantenhammer in Schliersee in den bayerischen Voralpen wird seit 1988 von dem Destillateurmeister Florian Stetter geführt, und damit begann der unglaubliche Erfolg der Lantenhammer-Brände und –Liköre. Im Jahre 1996 wurde das Sortiment mit den Fruchtbrandlikören erweitert. Diese sind mit das Beste, was auf dem deutschen Likörmarkt angeboten wird. Die alkoholische Basis ist bei diesen Likören immer ein Obstbrand aus der gleichnamigen Frucht. Alle 20 %vol.

Marie Brizard Cranberry Die im Jahr 2005 vorgestellte „Hot Shot"-Likörreihe von Marie Brizard wurde 2006 um den „Cranberry" erweitert. Nachdem die Cranberry als Nektar, Sirup und auch in aromatisierten Wodkas große Erfolge aufweisen kann, ist sie nun mit dem „Cranberry" von Marie Brizard auch im Likörsegment vertreten.

Marie Brizard Peach Der Peach ist eine der großen alten Marken von Marie Brizard. Für ihn sind Pfirsiche der Provence die Basis. Bei Marie Brizard hat man eine lange Erfahrung in der Verarbeitung von Pfirsichen, denn der heutige Peach ist der Nachfolger des früheren Peach Brandy, mit dem Marie Brizard lange Jahre der einzige Anbieter eines Pfirsichlikörs war. Alkoholgehalt 18 %vol. Seit 2004 gibt es in der „Hot Shot"-Likörreihe von Brizard mit dem „Melocoton" (20 %vol) einen weiteren Pfirsichlikör.

Marie Brizard Poire William Die Firma Marie Brizard ist eine der wenigen mit einer großen Williams-Liqueur-Marke. Dieser Likör aus den hocharomatischen, aber empfindlichen Williamsbirnen, ist pur oder in Mixgetränken immer ein Geschmackserlebnis. 30 %vol.

Peachtree Eine Produktinnovation und weltweit eine der erfolgreichsten Neueinführungen war der 1984 von De Kuyper/USA entwickelte Peachtree. Dieser damals völlig neue, leichte, frische und fruchtige Pfirsichlikör wurde ab1986 auch in Deutschland angeboten. Peachtree ist heute der bekannteste Pfirsichlikör und international das erfolgreichste Einzelprodukt des Hauses De Kuyper.

Kaffeeliköre

Der Kaffee, das beliebteste Getränk in Deutschland, ist längst kein Luxusartikel mehr und jederzeit verfügbar. Der einstmals begehrte Kaffee ist heute Bestandteil des täglichen Lebens und außer in seiner hauptsächlichen Verwendung, dem direkten Trinkgenuss, eine wichtige Komponente bei der Süßwarenherstellung und zur Likörproduktion.

Doch obwohl der Kaffee bei uns und auch in den meisten europäischen Ländern einen hohen Stellenwert einnimmt, kamen die Kaffeeliköre erst ab den späten 1960er Jahren zu Ehren.

Der Ursprung

Grundlage des Kaffeelikörs sind die Kaffeebohnen, die in den rotfleischigen Früchten des Kaffeestrauches wachsen. Kaffee wird heute hauptsächlich in Süd- und Mittelamerika, aber auch in Afrika und Indonesien angebaut. Seine Heimat liegt in Ostafrika, im heutigen Äthiopien. Von da gelangte er in den Orient und die Türkei und schließlich im 17. Jahrhundert auch nach Europa. Schon bald wurden in vielen Städten Kaffeehäuser eröffnet, und in Deutschland soll es 1679 das erste in Hamburg gegeben haben. Bald konnte die Nachfrage nicht mehr gedeckt werden, und man suchte neue Anbaugebiete. Auf diese Weise gelangte der Kaffee nach Süd- und Mittelamerika, wo viele Regionen hervorragende klimatische Bedingungen boten. Der Weg vom Kaffee zum Likör war nicht weit, und außer den großen Marken entwickelten sich viele Kaffeeliköre, die jedoch keine internationale Verbreitung fanden.

Die Herstellung

Frisch gerösteter und anschließend gemahlener Kaffee ist die Basis. Dieser wird perkoliert, d. h. ständig mit Alkohol übergossen, um die Aromastoffe auszuziehen. Dazu kommen dann Gewürze wie Zimt und Vanille sowie weiterer Alkohol, Zucker und Wasser.

Die Verwendung

Die aromatischen und gehaltvollen Kaffeeliköre werden gerne zum Kaffee oder mit Kaffee getrunken. Man trinkt sie „on the rocks", mit Milch oder Fruchtsäften und verwendet sie vielfach zum Mixen.

Bekannte Marken

Borghetti Borghetti Espresso Liqueur wird seit 1860 hergestellt und wurde nach seinem Erfinder Ugo Borghetti benannt. Seit 1978 ist das Unternehmen im Besitz der weltweit bekannten Fratelli-Branca-Destillerie. Borghetti ist heute mit über 70% Marktanteil die Nummer eins in Italien. Für den Borghetti – „Liquore Caffè Espresso" werden frisch geröstete und gemahlene Arabica- und Robusta-Kaffeebohnen verwendet. Alkoholgehalt 25 %vol.

Kahlúa Zwei trinkbare Spezialitäten aus Mexiko genießen Weltruf. Tequila und Kahlúa. Kahlúa ist die international größte Kaffeelikörmarke und mit 27 Millionen Flaschen (2005) die fünftgrößte Likörmarke. Das modernisierte, aber immer noch altertümliche Etikett ist einer genauen Betrachtung wert. Eingerahmt von einem im arabischen Stil erbauten Torbogen, als Hinweis des Ursprungs des Kaffees in Arabien, ist eine in der Mittagshitze liegende mexikanische Ansiedlung zu sehen. Der Aufstieg des Kahlúa zur Weltmarke begann nach dem Ende der Prohibition (1933) in den USA. Seit 1963 gibt es Kahlúa in Deutschland, und aus kleinen Anfängen wuchs er zu einer der wichtigsten Likörsorten des Barsortiments. Die Hauptzutaten des Kahlúa sind ein Kaffeeextrakt und Neutralalkohol (und kein Tequila!), dazu kommen Zucker, Wasser und Auszüge von Vanille und weiteren aromatischen Gewürzen. Alkoholgehalt 20 %vol.

Tia Maria Tia Maria ist neben dem mexikanischen Kahlúa der berühmteste Kaffeelikör. Seine Heimat ist Jamaica, und 1947 begann man mit der kommerziellen Vermarktung des schon über 200 Jahre bekannten Rezepts der „Tante Maria". Wie auch das einzige internationale Konkurrenzprodukt – der mexikanische Kahlúa – ist die Marke im Besitz des französischen Spirituosen-Multis Pernod Ricard. Der wichtigste Bestandteil ist der berühmte „Blue Mountain Coffee" der Insel. Aus diesem wird mit aus Zuckerrohr destilliertem Alkohol ein Extrakt gewonnen, das mit Pflanzenextrakten (Vanille, Kakao) abgerundet wird. Dazu kommen weiterer Alkohol, Zucker und Wasser. 20 %vol.

stellt. Amanda Red Orange ist ein tiefroter Fruchtaromaliqueur auf der Basis von Orangen, Blutorangen sowie weiteren Citrus-Früchten. Außer dem Red Orange gibt es Blue Curaçao, Apricot Brandy und Crème de Bananes. Alle vier sind äußerst fruchtig und leicht, und mit 15 %vol ideal zum Pur-Genuss oder zum Mixen problemloser fruchtiger Longdrinks. Für die Entwicklung und Herstellung zeichnet das für seine Spirituosenkompetenz bekannte Unternehmen Underberg verantwortlich (siehe auch bei Curaçao und Likörklassiker).

Bols Grüne Banane Die Grüne Banane wurde 1983 von Bols als erstem Produzenten vorgestellt. Er unterscheidet sich durch seine Farbe und die geringere Süße von den klassischen gelben Crème de Bananes. Für ihn werden die auch im reifen Zustand kleinen grünen Bananen mit weiteren exotischen Früchten und aromatischen Extrakten verarbeitet.

Bols Maracuja Liqueur Der leuchtend orangerote Bols Maracuja wurde 1993 eingeführt. Er hat die tropische Maracujafrucht als Basis, und mit seinem exotischen Geschmack und den leichten 17 %vol ist er ein idealer Likör zum Mixen fruchtiger Longdrinks.

Bols Red Orange Bols Red Orange ist neben den Curaçaos ein weiterer Likör auf Orangenbasis. Doch der Red Orange ist völlig anders. Er ist ein Likör auf Basis der Curaçao-Orange, mit weiteren Früchten wie Pfirsich und Passionsfrucht . Er ist herb-süß, sehr fruchtig und hat 17 %vol.

De Kuyper Wild Strawberry Dieser feine Walderdbeer-Liqueur besitzt eine sehr natürliche und intensive Erdbeernote. Alkoholgehalt 23 %vol.

Lantenhammer Mirabelle Die Destillerie Lantenhammer in Schliersee in den bayerischen Voralpen wird seit 1988 von dem Destillateurmeister Florian Stetter geführt, und damit begann der unglaubliche Erfolg der Lantenhammer-Brände und –Liköre. Im Jahre 1996 wurde das Sortiment mit den Fruchtbrandlikören erweitert. Diese sind mit das Beste, was auf dem deutschen Likörmarkt angeboten wird. Die alkoholische Basis ist bei diesen Likören immer ein Obstbrand aus der gleichnamigen Frucht. Alle 20 %vol.

Marie Brizard Cranberry Die im Jahr 2005 vorgestellte „Hot Shot"-Likörreihe von Marie Brizard wurde 2006 um den „Cranberry" erweitert. Nachdem die Cranberry als Nektar, Sirup und auch in aromatisierten Wodkas große Erfolge aufweisen kann, ist sie nun mit dem „Cranberry" von Marie Brizard auch im Likörsegment vertreten.

Marie Brizard Peach Der Peach ist eine der großen alten Marken von Marie Brizard. Für ihn sind Pfirsiche der Provence die Basis. Bei Marie Brizard hat man eine lange Erfahrung in der Verarbeitung von Pfirsichen, denn der heutige Peach ist der Nachfolger des früheren Peach Brandy, mit dem Marie Brizard lange Jahre der einzige Anbieter eines Pfirsichlikörs war. Alkoholgehalt 18 %vol. Seit 2004 gibt es in der „Hot Shot"-Likörreihe von Brizard mit dem „Melocoton" (20 %vol) einen weiteren Pfirsichlikör.

Marie Brizard Poire William Die Firma Marie Brizard ist eine der wenigen mit einer großen Williams-Liqueur-Marke. Dieser Likör aus den hocharomatischen, aber empfindlichen Williamsbirnen, ist pur oder in Mixgetränken immer ein Geschmackserlebnis. 30 %vol.

Peachtree Eine Produktinnovation und weltweit eine der erfolgreichsten Neueinführungen war der 1984 von De Kuyper/USA entwickelte Peachtree. Dieser damals völlig neue, leichte, frische und fruchtige Pfirsichlikör wurde ab1986 auch in Deutschland angeboten. Peachtree ist heute der bekannteste Pfirsichlikör und international das erfolgreichste Einzelprodukt des Hauses De Kuyper.

My Favourite Peach

5 cl Pfirsichlikör
4 cl Ananassaft
3 cl Zitronensaft
3 cl Mangonektar
1 cl Grenadine

Mit Eiswürfeln im Shaker kräftig schütteln und durch das Barsieb in ein Longdrinkglas auf einige Eiswürfel abgießen.

Williams Lady

4 cl Williamslikör
2 cl Triple Sec Curaçao
2 cl Limettensaft

Im Shaker mit Eiswürfeln kräftig schütteln und in eine Cocktailschale abgießen.

Galaxis

4 cl Pfirsichlikör
2 cl Weißer Rum
1 cl Zitronensaft
12 cl Orangensaft

Im Shaker mit Eiswürfeln kräftig schütteln und in ein Longdrinkglas auf Eiswürfel abgießen.

Banana Lemon

4–6cl Bols Grüne Banane
kaltes Bitter Lemon

In ein Longdrinkglas einige Eiswürfel und Bols Grüne Banane geben. Mit Bitter Lemon auffüllen. Eine Zitronenscheibe an den Glasrand stecken und Trinkhalme dazugeben.

Red Orange Sparkling

2 cl Bols Red Orange
4 cl Orangensaft
8 cl kalter Sekt

Einen Eiswürfel mit Red Orange und Orangensaft in ein Stielglas geben und mit Sekt aufgießen. Eine halbe Orangenscheibe dazugeben.

Im Bild: Red Orange Sparkling >

Amanda Sunset

6 cl Amanda Red Orange
12 cl Orangensaft

Eiswürfel in ein Longdrinkglas geben, Red Orange dazugießen und mit Orangensaft auffüllen. Eine halbe Orangenscheibe in den Drink geben.

The Lovely Mix

2 cl Fruchtbrandlikör Williams
2 cl Williams-Brand

Likör und Brand in ein Digestifglas oder einen Tumbler mit Eiswürfeln geben.

Fruit Romance

4 cl Maracuja Liqueur
6 cl Xuxu Erdbeer-Limes
6 cl Ananassaft
6 cl Maracujanektar

Mit Eiswürfeln im Shaker kräftig schütteln und durch das Barsieb in ein Longdrinkglas auf einige Eiswürfel abgießen. Ein Ananasstück mit einer Physalis an den Glasrand stecken.

Stardust

3 cl Maracuja Liqueur
3 cl Wodka
8 cl Orangensaft
6 cl Ananassaft
1 Eigelb

Mit Eiswürfeln im Shaker kräftig schütteln und durch das Barsieb in ein Longdrinkglas auf einige Eiswürfel abgießen. Mit einer Karambolescheibe und einer Physalis garnieren.

Green Summer

4 cl Bols Grüne Banane
4 cl Ananassaft
kaltes Bitter Lemon

In ein Longdrinkglas einige Eiswürfel, Bols Grüne Banane und den Ananassaft geben. Einen Spieß mit Bananenscheiben und Cocktailkirschen über den Glasrand legen. Trinkhalme dazugeben.

Tropical Red

4 cl Bols Red Orange
2 cl Gin
6 cl Orangensaft
6 cl Grapefruitsaft

Alle Zutaten mit Eiswürfeln im Shaker kräftig schütteln und durch das Barsieb in ein Longdrinkglas auf einige Eiswürfel abgießen. Einen Spieß mit einer halben Orangenscheibe und einer Cocktailkirsche über den Glasrand legen. Trinkhalme dazugeben.

Fireball

3 cl Bols Red Orange
2 cl Wodka
kaltes Tonic Water

Red Orange und Wodka in ein Longdrinkglas auf einige Eiswürfel geben und mit Tonic Water auffüllen. Eine halbe Orangenscheibe und zwei Trinkhalme dazugeben.

Diane

2 cl Mandarinenlikör
2 cl Wodka
Orangensaft

Likör und Wodka mit Eiswürfeln in ein Longdrinkglas geben und mit Orangensaft auffüllen.

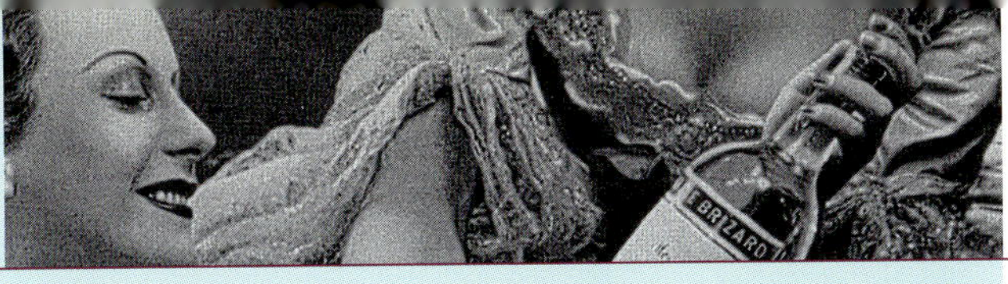

Greed

2 cl Strawberry Liqueur
2 cl Wodka
2 cl Rose's Lemon Squash
4 cl Maracujanektar
Im Shaker mit Eiswürfeln gut schütteln und in ein Sourglas abgießen. Eine Erdbeere an den Glasrand stecken.

Wrath

2 cl Crème de Mûre (Brombeerlikör)
2 cl Wodka
1 cl Grenadine
1 cl Zitronensaft
4 cl Grapefruitsaft
Im Shaker mit Eiswürfeln gut schütteln und in ein Sourglas abgießen. Einen Karambolestern an den Glasrand stecken.

Peach Ball

4 cl Pfirsichlikör
2 cl Erdbeersirup
2 cl Zitronensaft
12 cl Orangensaft
Alle Zutaten im Shaker mit Eiswürfeln gut schütteln und in ein Longdrinkglas auf Eiswürfel abgießen. Ein Pfirsichstück mit einer Erdbeere an den Glasrand stecken.

Red Finish

3 cl Strawberry Liqueur
2 cl Wodka
1 cl Zitronensaft
4 cl Orangensaft
Im Shaker mit Eiswürfeln gut schütteln und in ein Sourglas abgießen. Mit einer Zitronenscheibe garnieren.

Im Bild: Royal Strawberry >

Exotic Dream

2 cl Wodka
3 cl Maracuja Liqueur
12 cl Orangensaft
2 cl Kokossirup
1 cl Blue Curaçao
Mit Eiswürfeln im Shaker kräftig schütteln und durch das Barsieb in ein Longdrinkglas auf einige Eiswürfel abgießen. Eine Melonenspalte mit einer Physalis an den Glasrand stecken. Trinkhalme dazugeben.

Smiley

2 cl Maracuja Liqueur
3 cl Crème de Cacao Weiß
1 cl Kokossirup
2 Barlöffel Joghurt
14 cl Ananassaft
Mit Eiswürfeln im Shaker kräftig schütteln und durch das Barsieb in ein Longdrinkglas auf einige Eiswürfel abgießen. Ein Ananasstück mit einer Erdbeere an den Glasrand stecken. Trinkhalme dazugeben.

Jungle Juice

2 cl Maracuja Liqueur
1 cl Crème de Bananes
3 cl Blue Curaçao
2 cl Sahne
8 cl Ananassaft
Alle Zutaten mit Eiswürfeln im Shaker kräftig schütteln und durch das Barsieb in ein Longdrinkglas auf einige Eiswürfel abgießen. Ein Ananasstück mit einer Physalis an den Glasrand stecken. Trinkhalme dazugeben.

Bird of Paradise

1 Limette
4 cl Maracuja Liqueur
2 cl Limettensirup
8 cl Orangensaft
1 cl Grenadine
Die Limette vierteln und in einem Tumbler mit einem Holzstößel ausdrücken. Das Glas mit Crushed Ice füllen. Die Zutaten – ohne Grenadine – mit Eiswürfeln im Shaker kräftig schütteln und durch das Barsieb abgießen. Darüber den Grenadine geben.

Sloth

2 cl Mandarine Liqueur
2 cl Weißer Rum
2 cl Rose's Lemon Squash
4 cl Pink Grapefruitsaft
Im Shaker mit Eiswürfeln schütteln, in ein Sourglas abgießen. Einen Spieß mit halber Orangenscheibe und Cocktailkirsche über den Glasrand legen.

Green Monkey

2 cl Bols Grüne Banane
2 cl Blue Curaçao
4 cl Orangensaft
4 cl Sahne
Im Shaker mit Eiswürfeln schütteln und in eine Cocktailschale abgießen. Mit gehackten Pistazien bestreuen.

Royal Strawberry

1–2cl Strawberry Liqueur
10 cl kalter Sekt
Den Erdbeerlikör in ein Stielglas geben und mit kaltem Sekt auffüllen. Eine Erdbeere an den Glasrand stecken.

Kaffeeliköre

Der Kaffee, das beliebteste Getränk in Deutschland, ist längst kein Luxusartikel mehr und jederzeit verfügbar. Der einstmals begehrte Kaffee ist heute Bestandteil des täglichen Lebens und außer in seiner hauptsächlichen Verwendung, dem direkten Trinkgenuss, eine wichtige Komponente bei der Süßwarenherstellung und zur Likörproduktion.

Doch obwohl der Kaffee bei uns und auch in den meisten europäischen Ländern einen hohen Stellenwert einnimmt, kamen die Kaffeeliköre erst ab den späten 1960er Jahren zu Ehren.

Der Ursprung

Grundlage des Kaffeelikörs sind die Kaffeebohnen, die in den rotfleischigen Früchten des Kaffeestrauches wachsen. Kaffee wird heute hauptsächlich in Süd- und Mittelamerika, aber auch in Afrika und Indonesien angebaut. Seine Heimat liegt in Ostafrika, im heutigen Äthiopien. Von da gelangte er in den Orient und die Türkei und schließlich im 17. Jahrhundert auch nach Europa. Schon bald wurden in vielen Städten Kaffeehäuser eröffnet, und in Deutschland soll es 1679 das erste in Hamburg gegeben haben. Bald konnte die Nachfrage nicht mehr gedeckt werden, und man suchte neue Anbaugebiete. Auf diese Weise gelangte der Kaffee nach Süd- und Mittelamerika, wo viele Regionen hervorragende klimatische Bedingungen boten. Der Weg vom Kaffee zum Likör war nicht weit, und außer den großen Marken entwickelten sich viele Kaffeeliköre, die jedoch keine internationale Verbreitung fanden.

Die Herstellung

Frisch gerösteter und anschließend gemahlener Kaffee ist die Basis. Dieser wird perkoliert, d. h. ständig mit Alkohol übergossen, um die Aromastoffe auszuziehen. Dazu kommen dann Gewürze wie Zimt und Vanille sowie weiterer Alkohol, Zucker und Wasser.

Die Verwendung

Die aromatischen und gehaltvollen Kaffeeliköre werden gerne zum Kaffee oder mit Kaffee getrunken. Man trinkt sie „on the rocks", mit Milch oder Fruchtsäften und verwendet sie vielfach zum Mixen.

Bekannte Marken

Borghetti Borghetti Espresso Liqueur wird seit 1860 hergestellt und wurde nach seinem Erfinder Ugo Borghetti benannt. Seit 1978 ist das Unternehmen im Besitz der weltweit bekannten Fratelli-Branca-Destillerie. Borghetti ist heute mit über 70% Marktanteil die Nummer eins in Italien. Für den Borghetti – „Liquore Caffè Espresso" werden frisch geröstete und gemahlene Arabica- und Robusta-Kaffeebohnen verwendet. Alkoholgehalt 25 %vol.

Kahlúa Zwei trinkbare Spezialitäten aus Mexiko genießen Weltruf. Tequila und Kahlúa. Kahlúa ist die international größte Kaffeelikörmarke und mit 27 Millionen Flaschen (2005) die fünftgrößte Likörmarke. Das modernisierte, aber immer noch altertümliche Etikett ist einer genauen Betrachtung wert. Eingerahmt von einem im arabischen Stil erbauten Torbogen, als Hinweis des Ursprungs des Kaffees in Arabien, ist eine in der Mittagshitze liegende mexikanische Ansiedlung zu sehen. Der Aufstieg des Kahlúa zur Weltmarke begann nach dem Ende der Prohibition (1933) in den USA. Seit 1963 gibt es Kahlúa in Deutschland, und aus kleinen Anfängen wuchs er zu einer der wichtigsten Likörsorten des Barsortiments. Die Hauptzutaten des Kahlúa sind ein Kaffeeextrakt und Neutralalkohol (und kein Tequila!), dazu kommen Zucker, Wasser und Auszüge von Vanille und weiteren aromatischen Gewürzen. Alkoholgehalt 20 %vol.

Tia Maria Tia Maria ist neben dem mexikanischen Kahlúa der berühmteste Kaffeelikör. Seine Heimat ist Jamaica, und 1947 begann man mit der kommerziellen Vermarktung des schon über 200 Jahre bekannten Rezepts der „Tante Maria". Wie auch das einzige internationale Konkurrenzprodukt – der mexikanische Kahlúa – ist die Marke im Besitz des französischen Spirituosen-Multis Pernod Ricard. Der wichtigste Bestandteil ist der berühmte „Blue Mountain Coffee" der Insel. Aus diesem wird mit aus Zuckerrohr destilliertem Alkohol ein Extrakt gewonnen, das mit Pflanzenextrakten (Vanille, Kakao) abgerundet wird. Dazu kommen weiterer Alkohol, Zucker und Wasser. 20 %vol.

Rum Alexander

4 cl Kaffeelikör
2 cl Brauner Rum
4–6 cl Sahne
Die Zutaten mit Eiswürfeln im Shaker gut schütteln und in eine Cocktailschale abgießen.

Italian Fascination

3 cl Kaffeelikör
2 cl Galliano
1 cl Triple Sec Curaçao
6 cl Sahne
Die Zutaten mit Eiswürfeln im Shaker gut schütteln und in eine Cocktailschale abgießen.

Jamaican Hop

3 cl Tia Maria
2 cl Crème de Cacao Weiß
6 cl Sahne
Die Zutaten mit Eiswürfeln im Shaker gut schütteln und in eine Cocktailschale abgießen.

Sombrero

4 cl Kahlúa
leicht geschlagene Sahne
Kahlúa in ein kleines Stielglas geben, die Sahne als Haube darauf setzen.

Coffee Grand

3 cl Kaffeelikör
3 cl Grand Marnier
6 cl Orangensaft
Die Zutaten mit Eiswürfeln im Shaker gut schütteln und in eine Cocktailschale abgießen.

Jamaica Coffee

2 cl Tia Maria
3 cl Jamaica Rum
1 Tasse heißer Kaffee
1–2 Teelöffel brauner Zucker
leicht geschlagene Sahne
Tia Maria, Rum, Kaffee und Zucker in ein vorgewärmtes Stielglas geben und gut verrühren. Die Sahne als Haube darauf setzen.

Caribbean Coffee

4 cl Tia Maria/Kahlúa
1 Tasse heißer Kaffee
leicht geschlagene Sahne
Tia Maria/Kahlúa und den Kaffee in ein vorgewärmtes Stielglas geben, kurz rühren und die Sahne als Haube darauf setzen.

Kahlúa Colada

4 cl Kahlúa
2 cl Weißer Rum
1–2 cl Kokossirup
2 cl Sahne
10 cl Ananassaft
Die Zutaten mit Eiswürfeln im Shaker gut schütteln und in ein zur Hälfte mit Eiswürfeln gefülltes großes Longdrinkglas abgießen. Mit einem Ananasstück und einer Cocktailkirsche garnieren.

Kahlúa Alexander

4 cl Kahlúa
2 cl Cognac
4–6 cl Sahne
Die Zutaten mit Eiswürfeln im Shaker gut schütteln und in eine Cocktailschale abgießen.

Coco Sun

3 cl Kahlúa
3 cl Malibu
14 cl Ananassaft
Im Shaker mit Eiswürfeln kräftig schütteln und durch das Barsieb in ein Longdrinkglas auf einige Eiswürfel abgießen. Mit einem Ananasstück garnieren.

Tia Banana

3 cl Tia Maria
1 cl Cognac
1 cl Crème de Bananes
4 cl Orangensaft
8 cl Bananennektar
Im Shaker mit Eiswürfeln kräftig schütteln und durch das Barsieb in ein Longdrinkglas auf einige Eiswürfel abgießen. Einen Spieß mit Bananenscheiben und Cocktailkirschen dazugeben.

Tia Tropical

2 cl Tia Maria
2 cl Tequila
2 cl Strawberry Liqueur
1 cl Zitronensaft
6 cl Orangensaft
6 cl Maracujanektar
Im Shaker mit Eiswürfeln kräftig schütteln und durch das Barsieb in ein Fancyglas auf einige Eiswürfel abgießen. Ein Ananasstück mit einer Cocktailkirsche an den Glasrand stecken.

Im Bild: Tia Tropical >

Creamliköre

Süßes in feinster Form, zusätzlich verbunden mit leichtem Alkoholgenuss, bieten die Creamliköre. Süße Liköre kennt man, seit es Zucker gibt, doch wenn man es auch noch cremig haben wollte, dann endete die Suche meist beim Eierlikör. Zu diesem gesellten sich um 1980 die damals neuartigen Creamliköre.

Die Creamliköre (Sahneliköre) waren auf Anhieb erfolgreich, und keiner anderen Likörgattung war jemals ein vergleichbarer Siegeszug gelungen. Als Creamlikör bezeichnet man die mit Sahne hergestellten Liköre, und man sollte sie keinesfalls mit den altehrwürdigen Crème de …-Likören verwechseln. Bei diesen weist der Namenszusatz Crème de … (Cassis, Cacao, Bananes, Menthe etc.) auf einen hohen Zuckergehalt hin.

Der Ursprung

Das Cassis-Urteil des Europäischen Gerichtshofs von 1978 trug dazu bei, dass die bis dahin den deutschen Bestimmungen nicht entsprechenden niedrigprozentigen Sahneliköre ihren Siegeszug antreten konnten. 1979 erfolgte mit Baileys Irish Cream die Einführung des ersten Creamlikörs auf dem deutschen Markt. Der unglaubliche Erfolg der ersten Marken führte zur Entwicklung von Creamlikören auf der Grundlage von vielen Spirituosen, Likören und sonstigen Geschmacksgebern. Dem klassischen Irish Whiskey als Basis folgten Weinbrand, Cognac, Calvados, Rum, Apricot, Amaretto, Kirschlikör und viele weitere, zum Teil abenteuerliche Mischungen mit Tequila, Himbeergeist, Fernet oder Grappa. Die Zeit war damals reif für niedrigprozentige Liköre und die Verbindung mit Sahne ein Volltreffer.

Die Herstellung

Die Frage, warum erst 1974 (Baileys) erstmals ein Creamlikör entwickelt wurde, wird mit der problematischen Herstellung beantwortet. Bei Baileys wurde 4 Jahre experimentiert, bis ein verwertbares Ergebnis entstand. Das Problem dabei war die dauerhafte Verbindung der Sahne mit dem Alkohol.

Generell sind alle Creamliköre eine Mischung aus der jeweils verwendeten Alkoholsorte mit Sahne. Dazu kommen Zucker, Wasser, Gewürzextrakte oder Aromastoffe. Allen gemeinsam ist die Auflage, dass der Sahneanteil mindestens 15 Prozent betragen muss, und diese nicht unter 10 Prozent Fettgehalt haben darf.

Produkttechnisch gehören die Cream- oder Sahneliköre in die Gruppe der Emulsionsliköre, sind also verwandt mit dem Schokoladen- oder Eierlikör. Als Mindestalkoholgehalt gilt auch hier 15 %vol, die meisten Marken werden mit 17 %vol angeboten.

Die Verwendung

Creamliköre sollten (zumindest nach dem Öffnen) gekühlt aufbewahrt werden. Man trinkt sie gekühlt oder „on the rocks", und sie sind zum oder im Kaffee ein unglaublicher Genuss. Vielfach werden sie zur Verfeinerung von Eiscreme und Süßspeisen verwendet, und auch beim Mixen finden sie oftmals Verwendung.

Bekannte Marken

Amarula Für diesen südafrikanischen Creamlikör wird die Marula verarbeitet. Diese tropische, herbe, hellgelbe Frucht hat den vierfachen Vitamin-C-Gehalt einer Orange und erreicht etwa die Größe einer Pflaume. Das daraus gewonnene Destillat reift 3 Jahre und wird dann mit Sahne zum Amarula „Wild Fruit Cream Liqueur" (17 %vol) verarbeitet.

Baileys Die Basis für „Baileys Original Irish Cream" bilden irische Sahne, irischer Whiskey und natürliche Aromastoffe. Der R & A Bailey, eine damalige Tochtergesellschaft der IDV (heute Diageo) gelang es in jahrelangen Versuchsreihen, zwei der bekanntesten Produkte Irlands stabil zu verbinden: Whiskey und Sahne. 1975 wurde Bailey in Großbritannien und in einigen Ländern Nordeuropas eingeführt, 1979 kam er mit großem Erfolg auf den amerikanischen und deutschen Markt. Heute ist Baileys mit einem Jahresabsatz von rund 90 Mio. Flaschen die bedeutendste Likörmarke der Welt. Alkoholgehalt 17 %vol.

Carolans Seit 1979 gibt es den „Finest Irish Cream Liqueur" Carolans (17 %vol) der aus irischer Sahne, irischem Whiskey und mit hochwertigem Klee- und Heidehonig hergestellt wird. Carolans ist nach Baileys die Nummer zwei und wird von Cantrell & Cochrane, einer irischen Firma hergestellt.

Sheridan's „Coffee Layered Liqueur" besteht aus zwei Likören in einem und ist bisher einzigartig auf dem Markt. Die Doppelflasche enthält 50 cl schwarzen Kaffee-Schokoladen-Likör und 20 cl weißen Vanillin-Sahne-Likör mit je 15,5 %vol. Durch einen neuen speziellen Ausgießer trennen sich beide Liköre im Glas anteilmäßig zu zwei Drittel schwarzen Likör unten und einem Drittel weißen obenauf. Sheridan´s sollte immer gekühlt getrunken werden.

Sangster's Jamaica Rum Cream Hoch über der jamaicanischen Hauptstadt Kingston, in den berühmten Blue Mountains, liegt die von dem Schotten Dr. Ian Sangster gegründete und für ihren Rum und ihre Liköre berühmte „World´s End Distillerie". Der Jamaica Rum Cream entstand durch eine Zusammenarbeit mit der J. Wray & Nephew Ltd., die unter dem Markennamen Appleton eine der großen Rummarken Jamaicas herstellt. Gereifter Rum, Sahne, Kaffee und aromatische Gewürze sind die bekannten Zutaten dieses außergewöhnlichen Creamlikörs. Alkoholgehalt 17 %vol.

Crema de Alba Crema de Alba (17 %vol) kommt aus dem Hause Bodegas Williams & Humbert in Jerez de la Frontera und ist der einzige Cream-Liqueur, der aus spanischem Brandy „Gran Reserva" hergestellt wird. Aus den berühmten Soleras von Gran Duque d´Alba (siehe Brandy) stammt der Brandy für diese exquisite Komposition, dazu kommen beste Sahne, Kakao und Vanille.

African Queen

4 cl Amarula Wild Fruit Cream
4 cl Kirschsaft
4 cl frische Milch

Mit Eiswürfeln im Shaker kräftig schütteln und durch das Barsieb in ein Stielglas abgießen.

Marula Paradise

4 cl Amarula Wild Fruit Cream
2 cl Triple Sec Curaçao
2 cl Weißer Rum
2 cl Grenadine

Mit Eiswürfeln im Shaker kräftig schütteln und durch das Barsieb in ein Stielglas abgießen.

B 52

2 cl Baileys
2 cl Kahlúa
2 cl Grand Marnier

Die Liköre in einem kleinen Tumbler so in Schichten aufeinander setzen, dass sie sich nicht vermischen.

Sangster's Strawberry Cream

4 cl Sangster´s Jamaica Rum Cream
2 cl Pêcher Mignon Pfirsich Liqueur
5 mittelgroße Erdbeeren
8 cl Erdbeer Nektar

Die Zutaten mit etwas crushed ice im Standmixer gut durchmixen und in ein großes Glas auf etwas crushed ice abgießen. Eine Erdbeere an den Glasrand stecken.

Elefantenkaffee

4 cl Amarula Wild Fruit Cream
1 Tasse heißer Kaffee
steif geschlagene Sahne
Schokoladenraspel

Amarula in den vorgewärmten Original Amarula-Elefantenbecher geben. Den Kaffee dazugießen und die Sahne als Haube darauf setzen. Mit Schokoladenraspel bestreuen.

Ein Likörklassiker ist der Kirschlikör. Er nimmt seit alter Zeit eine überragende Stellung ein und ist in seiner Kategorie – den Fruchtsaftlikören – der unangefochtene Spitzenreiter. Seine fruchtige Frische und sein vollmundiger Geschmack bestätigen immer wieder seine Favoritenrolle.

Alle Länder Mitteleuropas betreiben intensiven Obstanbau, und überall wo es Kirschen gibt, gibt es auch Kirschlikör. Die wichtigsten Herstellerländer sind Frankreich, die Niederlande, Deutschland, die Schweiz, Italien, Dänemark und Österreich. Aus ihnen sind zahlreiche Kirschlikörmarken bekannt, und nicht wenige davon genießen Weltruf.

Der Ursprung

Neben den von Mönchen in Klöstern entwickelten Kräuterlikören dürfte der Kirschlikör einer der ältesten Liköre überhaupt sein. Schon 1630 erwähnt Hieronymus Tragus die Zubereitung von Kirschlikör in seinem berühmten Kräuterbuch. Bis heute ist dieser feine Likör höchst beliebt, und jeder große internationale Likör-Sortimentsproduzent hat Kirschlikör und/oder Cherry Brandy im Programm. Auch Einzelmarken wie der dänische Heering Cherry sind weltweit bekannt.

Die Herstellung

Kirschlikör ist ein Fruchtsaftlikör, und mindestens 20 Liter Kirschsaft müssen für 100-Liter Fertigerzeugnis verwendet werden. Dazu kommen lediglich Zucker, Wasser und Neutralalkohol oder ein fruchteigenes Destillat. Der Zusatz weiterer Fruchtsäfte und natürlicher Aromastoffe ist erlaubt, eine Färbung jedoch unzulässig. Eine besondere Art Kirschlikör ist der Cherry Brandy. Er ist eine Zubereitung aus Kirschsaft, Kirschwasser, Neutralalkohol, Zucker und Wasser. Cherry Brandy muss mindestens fünf Liter Kirschwasser zu 40 %vol je 100 Liter Fertigerzeugnis haben, um den Geruch und Geschmack dieser Stoffe erkennen zu lassen. Essenzen, die geeignet sind, einen höheren Gehalt an Kirschwasser vorzutäuschen, dürfen ebenso wenig wie Farbstoffe zugesetzt werden. Die Bezeichnung „Brandy" darf außer für den Cherry Brandy nur für die mit Fruchtdestillaten hergestellten „Fruchtbrandys" Prune Brandy, Orange Brandy und Apricot Brandy verwendet werden. Eine weitere Kirschlikörvariante ist der Maraschino. Dies ist ein wasserheller Fruchtaromalikör, der unter Mitverwendung von Kirschbrand aus der adriatischen Maraska-Sauerkirsche hergestellt wird.

Die Verwendung

Kirschliköre trinkt man ungekühlt oder leicht gekühlt im Likörglas. Sie eignen sich als Digestif und zum Genuss in Verbindung mit Kaffee. Kirschlikör und Cherry Brandy verfeinern fruchtige Longdrinks und sind beim Mixen vieler Rezepte ein unentbehrlicher Geschmacksgeber.

Kirschliköre

Bekannte Marken

Bols Der Kirschlikör zählt auch bei Bols zu den ältesten und traditionsreichsten Marken. Man bietet drei unterschiedliche Kirschliköre an. Kirschlikör mit 17 %vol, Cherry Brandy und Maraschino mit 24 %vol.

Heering Die Geschichte des von der Firma Peter F. Heering in Kopenhagen hergestellten Kirschlikörs reicht in das Jahr 1818 zurück. Peter Heering fand sein Rezept für den heute weltbekannten „Cherry Liqueur" nach jahrelangem Experimentieren. Seine dezente Süße und das herbe Fruchtaroma verdankt er den dunkelroten Heering-Stevens-Kirschen, den reichlich zugesetzten zerdrückten und mitvergorenen Kirschkernen, der aufwändigen Mazeration und der über drei Jahre dauernden Reifezeit in Eichenholzfässern. Alkoholgehalt 25 %vol.

De Kuyper Der führende niederländische Likörsortiments-Produzent De Kuyper hat natürlich auch einen Cherry Brandy im Programm (24 %vol). Dieser enthält als aromatische Zusätze Zimt und Nelken und weist eine leichte Mandelnote auf. Des Weiteren bietet De Kuyper mit dem Marasquin einen Maraschino mit 30 %vol.

Lantenhammer Die für seine Obstbrände berühmte Destillerie Lantenhammer im oberbayerischen Schliersee bietet auch exzellente Fruchtbrandliköre an. Darunter den „Edelkirsch" mit 25 %vol. Weitere Fruchtbrand-Liqueure sind Williamsbirne, Mirabelle und Quitten; als Fruchtgeist-Liqueure die Sorten Waldhimbeer und Schlehe.

Schladerer Die berühmte „Alte Schwarzwälder Hausbrennerei" Schladerer bietet neben ihren berühmten Obstbränden auch Fruchtbrandliköre, darunter einen Kirsch mit 28 %vol an. Außerdem werden Maraschino, Himbeer- und Williamsbirne Fruchtbrand-Liqueur angeboten.

Cherry Rum

3 cl Cherry Brandy
3 cl Weißer Rum
4–6 cl Sahne

Die Zutaten im Shaker mit Eiswürfeln gut schütteln und in eine Cocktailschale abgießen.

Cherry Rum Fizz

2 cl Cherry Brandy
4 cl Weißer Rum
3 cl Zitronensaft
1 cl Zuckersirup
kaltes Sodawasser

Die Zutaten – ohne Sodawasser – im Shaker mit Eiswürfeln lange und kräftig schütteln, in ein kleines Longdrinkglas abgießen und mit etwas Sodawasser auffüllen. Mit einer Zitronenscheibe und einer Cocktailkirsche garnieren.

Cherry Banana

4 cl Cherry Brandy
2 cl Crème de Bananes
4–6 cl Sahne

Die Zutaten im Shaker mit Eiswürfeln gut schütteln und in eine Cocktailschale abgießen. Mit Bananenstückchen und Cocktailkirschen garnieren.

Pink Flamingo

3 cl Kirschlikör
3 cl Gin
4 cl Ananassaft
4 cl Orangensaft
2 cl Cream of Coconut

Alle Zutaten im Elektromixer durchmixen und in ein Longdrinkglas auf Crushed Ice abgießen. Eine Orangen- und Kiwischeibe mit Cocktailkirsche an den Glasrand stecken.

Cherry Blossom

2 cl Kirschlikör
2 cl Cognac
1 cl Cointreau
1 cl Grenadine
2 cl Zitronensaft

Die Zutaten im Shaker mit Eiswürfeln gut schütteln und in eine Cocktailschale abgießen.

Red Russian

3 cl Kirschlikör
3 cl Wodka

Mit Eiswürfeln im Rührglas gut vermischen und in ein Cocktailglas oder einen mit Eiswürfeln gefüllten Tumbler abgießen.

Cherry Sour

4 cl Cherry Brandy
3 cl Zitronensaft
2 cl Orangensaft
1 cl Zuckersirup

Im Shaker mit Eiswürfeln kräftig schütteln und in ein Stielglas abgießen. Mit einer halben Orangenscheibe und einer Cocktailkirsche garnieren.

Brigitte

2 cl Kirschlikör
2 cl Wodka
1 cl Zitronensaft
kaltes Sprite

In ein Longdrinkglas auf Eiswürfel Cherry Brandy oder Kirschlikör, Wodka und Zitronensaft geben, mit Sprite auffüllen und kurz umrühren.

Pfefferminzliköre

Nie im Vordergrund, aber immer im Angebot waren die Pfefferminzliköre bei den großen, in Deutschland vertretenen holländischen und französischen Likör-Sortimentsproduzenten. Nur ein einziges Unternehmen, die französische Firma Get, ist ausschließlich auf Pfefferminzlikör spezialisiert und damit auch international bekannt.

Auch in Deutschland werden Pfefferminzliköre hergestellt. Doch die Marken der wenigen Produzenten haben keinen nennenswerten Marktanteil und sind meist nur wegen der Vollständigkeit des Sortiments im Programm.

Der Ursprung

Als Hausmittel gegen Magenbeschwerden blickt der Pfefferminzlikör auf eine lange Tradition zurück. Zur Verwendung als Mixlikör hat er nicht die Beliebtheit wie in den USA erreicht, aber allein wegen dem weltberühmten „Grasshopper" befindet sich Pfefferminzlikör seit jeher in jeder Bar.

Die Herstellung

Pfefferminzliköre besitzen einen starken, kühlenden und erfrischenden Pfefferminzgeschmack. Sie werden aus Pfefferminzöl, reinem Alkohol, Wasser und Zucker hergestellt. Das Öl gewinnt man durch Wasserdampfdestillation aus den Blättern bestimmter Pfefferminzpflanzen. Es riecht durchdringend aromatisch, schmeckt würzig-scharf brennend und hinterher kühlend. Diese kühlende Wirkung beruht auf dem hohen Gehalt an Menthol. Unter den verschiedenen Sorten genießt das englische Mitcham-Pfefferminzöl den besten Ruf. Durch die hohe Konzentration dieses ätherischen Öls genügen schon kleine Mengen zur Herstellung des Likörs. Pfefferminzlikör wird zum Großteil in grüner Farbe angeboten. Ob man weißen oder grünen Likör verwendet, spielt geschmacklich keine Rolle. Die Sorten der großen Produzenten sind in der Regel „Crème de Menthe", d. h., dass sie einen hohen Zuckergehalt haben. Ihre Süße verbindet sich jedoch äußerst angenehm mit dem kühlenden und erfrischenden Pfefferminzgeschmack.

Empfehlungen

Pfefferminzlikör schmeckt frisch wie kühlend und überdeckt jeden vorhergehenden Geschmack.

Man trinkt ihn leicht gekühlt im Likörglas, on the rocks oder als „Frappé" auf gestoßenem Eis als Digestif. Er verleiht beim Mixen auch in kleinen Dosierungen jedem Drink die Frische und den Geschmack der Pfefferminze. Pfefferminzlikör verträgt sich gut mit Spirituosen, Fruchtsäften, Sahne und Likören wie z. B. Banane, Kakao, Kaffee und Kokos.

Bekannte Marken

Bols Das niederländische Unternehmen stellt den Likör weiß (wasserhell) und grün gefärbt her. In Deutschland wird nur der Peppermint Green mit 24 %vol, angeboten.

Marie Brizard Das in Bordeaux ansässige Unternehmen stellt Crème de Menthe Blanc und Verte her. Neu ist seit 2005 der in der Reihe „Hot Shot" angebotene „Hot Mint" mit 20 %vol.

De Kuyper Im umfangreichen Sortiment von De Kuyper sind auch Crème de Menthe weiß und grün mit 24 %vol.

Grasshopper

3 cl Crème de Menthe Grün
3 cl Crème de Cacao Weiß
4–6 cl Sahne

Die Zutaten mit Eiswürfeln im Shaker gut schütteln und in eine Cocktailschale abgießen. Mit frischer Minze dekorieren.

Jungle Grasshopper

4 cl Crème de Menthe Grün
12 cl Ananassaft
2 cl Cream of Coconut

Im Elektromixer gut durchmixen und in ein mit Eiswürfeln gefülltes Longdrinkglas gießen. Mit einem Minzezweig garnieren.

Green Dragon

3 cl Crème de Menthe Grün
3 cl Wodka

In einen mit Eiswürfeln gefüllten Tumbler geben und kurz umrühren.

Caruso

2 cl Crème de Menthe Grün
2 cl Gin
2 cl Vermouth Dry

Mit Eiswürfeln im Rührglas gut rühren und in ein gekühltes Cocktailglas abgießen.

Stinger

4 cl Cognac
2 cl Crème de Menthe Weiß

Mit Eiswürfeln im Rührglas gut rühren und in ein gekühltes Cocktailglas abgießen.

Summer Mint

2 cl Crème de Menthe Grün
2 cl Galliano
2 cl Cointreau
4 cl Ananassaft
4 cl Zitronensaft
4 cl Grapefruitsaft

Die Zutaten mit Eiswürfeln im Shaker gut schütteln und in ein zur Hälfte mit Eiswürfeln gefülltes Longdrinkglas abgießen. Mit Zitronenscheibe, Cocktailkirsche und Minzezweig garnieren.

After Eight

1 cl Crème de Menthe Grün
3 cl Crème de Cacao Braun
1 Tasse heißer Kaffee
leicht geschlagene Sahne

Die Liköre und den Kaffee in ein vorgewärmtes Stielglas geben, umrühren und die Sahne als Haube darauf setzen.

Menthe Frappé

5 cl Crème de Menthe Grün

Ein Whiskyglas mit gestoßenem Eis füllen und den Likör darüber gießen. Zwei kurze Trinkhalme dazugeben.

Green Jade

2 cl Crème de Menthe Grün
3 cl Gin
6 cl Sahne

Die Zutaten mit Eiswürfeln im Shaker gut schütteln und in eine Cocktailschale abgießen. Mit einer grünen Cocktailkirsche und einem Minzezweig garnieren.

Green Hat

2 cl Crème de Menthe Grün
2 cl Gin
kaltes Sodawasser

Likör und Gin auf einige Eiswürfel in ein Longdrinkglas geben und mit Sodawasser auffüllen, leicht umrühren.

Alexander's Sister

3 cl Crème de Menthe Grün
3 cl Gin
4–6 cl Sahne

Die Zutaten mit Eiswürfeln im Shaker gut schütteln und in eine Cocktailschale abgießen. Ein Minzeblatt auf den Drink legen.

Coffee Grasshopper

3 cl Crème de Menthe Weiß
3 cl Kaffeelikör
4–6 cl Sahne

Die Zutaten mit Eiswürfeln im Shaker gut schütteln und in eine Cocktailschale abgießen. Ein Minzeblatt auf den Drink legen.

Irish Dream

2 cl Crème de Menthe Grün
2 cl Crème de Cacao Weiß
2 cl Galliano
6 cl Sahne

Die Zutaten mit Eiswürfeln im Shaker gut schütteln und in eine Cocktailschale abgießen. Ein Minzeblatt auf den Drink legen.

Morning Delight

3 cl Crème de Menthe Grün
3 cl Wodka
6 cl Ananassaft

Die Zutaten mit Eiswürfeln im Shaker gut schütteln und in eine Cocktailschale abgießen. Mit einem Minzezweig garnieren.

White Banana

3 cl Crème de Menthe Weiß
3 cl Crème de Bananes
6 cl Sahne

Die Zutaten mit Eiswürfeln im Shaker gut schütteln und in eine Cocktailschale abgießen. Ein Minzeblatt auf den Drink legen.

Im Bild: Grasshopper >

Für viele Rezepte großer Bitter-Marken zeichneten Ärzte, Apotheker und heilkundige Klosterbrüder verantwortlich. Meist war die Suche nach Heilgetränken der Anlass ihrer Entstehung.
Bis heute ist der gesundheitliche Aspekt einer der Gründe, warum sich die süß-würzigen bis herb-bitteren Getränke solcher Beliebtheit erfreuen. Eine wohltuende Wirkung kann man den Bitteren nicht absprechen, denn allen Zutaten werden bekömmliche Eigenschaften nachgesagt.

Die Unterschiede

Die Sortenvielfalt ist heute fast nicht mehr überschaubar. Jedes Land hat seine Bitteren, und viele davon sind internationale Berühmtheiten. Führend auf dem Bitter-Markt sind die mitteleuropäischen Länder, darunter besonders Deutschland und Italien. Es ist schwer, exakte Einteilungen vorzunehmen. Grob unterscheiden sollte man Bitter und Halbbitter, Aperitif-Bitter und die Gruppe der klaren Kräuter- und Gewürzliköre. Zur Verwirrung tragen natürlich auch die Hersteller bei. Dass manche pauschal behaupten, ihre Marke sei genauso Aperitif wie Digestif, aber auch eine Basis für Cocktails und Longdrinks, trägt nicht gerade zur Abgrenzung bei. Auch die Bezeichnung der einzelnen Marken als Alpenbitter, Bitterlikör, Magenbitter, Kräuterspezialität, Kräuterbitter, Kräuterlikör oder Kräuterhalbbitter usw. verwirrt. Einen Anhaltspunkt gibt jedoch der Zuckergehalt. Im Unterschied zu einer Bitter-Spirituose muss ein Bitter-Likör mindestens 100 g Zucker pro l aufweisen.

Die Herstellung

Bitter sind Spirituosen mit vorherrschend bitterem Geschmack, die durch Aromatisieren von Neutralalkohol mit natürlichen und/oder naturidentischen Aromastoffen oder -extrakten gewonnen werden. Neben der Anzahl und Menge der verwendeten Kräuter, Früchte, Beeren, Blüten, Samen, Wurzeln, Rinden usw. ist für das Erzeugnis „Bitter" vor allem das Herstellungsverfahren entscheidend. Die meisten Bitteren werden heute auf dem Wege der Mazeration (Kaltauszug) hergestellt. Dazu werden die Bestandteile mit Neutralalkohol angesetzt und einer mehrwöchigen Extraktion überlassen. Bei der Digestion wird ein Heißauszug der Aromastoffe mit Neutralalkohol vorgenommen. Man erreicht dabei schneller ein ähnliches Ergebnis als bei der Mazeration. Auch bei der Perkolation werden die zerkleinerten Rohstoffe mit Neutralalkohol angesetzt. In einem speziellen Behälter wird ständig von oben Alkohol zugegeben, der langsam nach unten fließt, so dass sich der Alkohol allmählich mit den Extraktstoffen sättigt.
Ein weiteres Verfahren ist die Destillation. Dabei wird durch Erhitzen von Alkohol-Wasser-Gemischen mit Pflanzenteilen eine besonders feine und reintönige Rohspirituose gewonnen. Die gewonnenen Extrakte werden dann mit Alkohol, Wasser, Zucker und Zuckercouleur (für die Farbe) zum Endprodukt verarbeitet. Der Mindestalkoholgehalt beträgt nur 15 %vol, liegt allerdings in der Praxis meist höher.

Die Verwendung

Bitter trinkt man ungekühlt bis stark gekühlt pur und meist nach dem Essen. Manche Marken eignen sich als Aperitif mit Sodawasser, manche haben einen überwiegenden Digestifcharakter.

Bitterspirituosen

Bekannte Marken

Aromatic Bitters Sie sind als Cocktail Flavouring Bestandteil vieler Rezepte. Die bekanntesten sind Angostura, Orange Bitters, Lemon Bitters und Orange Flower Water (siehe Seite 17).

Averna Diese große italienische Halbbitter-Marke wird seit 1869 von der Firma Fratelli Averna in Caltanissetta/Sizilien hergestellt. 32 %vol.

Becherovka Diese helle, feinbittere Kräuterlikör-Spezialität wird seit 1807 in Karlsbad/Tschechien hergestellt. Die vom Apotheker Johann Becher entwickelte Marke hat 38 %vol.

Cynar Ein außergewöhnlicher Amaro ist der Cynar, der auf einer Basis von Artischockensäften und Kräutern hergestellt wird. Die zu Beginn der 1950er Jahre entwickelten Marke ist im Besitz von Campari. 16,5 %vol.

Fernet Branca In Italien gibt es mehrere Firmen, die Fernet herstellen. Fernet Branca ist jedoch das Original. Entwickelt wurde er um 1845 von dem italienischen Arzt Fernet. Berühmt ist auch der Branca Menta, dessen Komposition Pfefferminze enthält. Alkoholgehalt 40 und 38 %vol.

Kuemmerling Der Ursprung des Unternehmens geht auf Hugo Kuemmerling zurück. Er begann 1921 in Thüringen mit der Herstellung von Kräuterlikör und 1938 entstand die Marke Kuemmerling (35 %vol). Neu ist der Kuemmerling Orange (24 %vol), der ein fruchtiges Orangenaroma aufweist.

Nonino Quintessentia Wer Nonino hört, denkt an Grappa, es wird aber auch ein Amaro angeboten. Für ihn wird außer Neutralalkohol auch der legendäre Traubenbrand ÙE eingesetzt. 35 %vol.

Ramazzotti Ramazzotti in Mailand ist einer der erfolgreichsten Amaros in Italien und auf den Exportmärkten. Er wurde 1815 von

Heinz O.

2 cl Underberg
2 cl Wodka
1 cl Campari
Die Zutaten im Rührglas mit Eiswürfeln gut rühren und in ein kleines Cocktailglas abgießen.

Branca & Cola

2 cl Fernet-Branca
kaltes Cola
In ein Longdrinkglas einige Eiswürfel geben, den Fernet-Branca dazugießen und mit kaltem Cola auffüllen.

Ramazzotti Tonic

4 cl Ramazzotti
kaltes Tonic Water
Ramazzotti in ein mit Eiswürfeln gefülltes Longdrinkglas gießen und mit Tonic Water auffüllen. Eine halbe Zitronenscheibe dazugeben.

Averna Sour

5 cl Averna
3 cl Zitronensaft
2 cl Zuckersirup
Im Shaker mit Eiswürfeln kräftig schütteln und in ein Stielglas abgießen. Mit einer halben Orangenscheibe garnieren.

Apotheke

2 cl Underberg
2 cl Crème de Menthe Grün
2 cl Vermouth Rosso
In ein Cocktailglas auf einen Eiswürfel gießen, kurz rühren, den Eiswürfel wieder herausnehmen.

Bonsoni

2 cl Fernet Branca
4 cl Vermouth Bianco
Die Zutaten im Rührglas mit Eiswürfeln gut rühren und in ein kleines Cocktailglas abgießen. Eine Cocktailkirsche dazugeben.

Ausano Ramazzotti entwickelt. In Deutschland wird seit 2000 auch Ramazzotti Menta angeboten. Alkoholgehalt 30 und 32 %vol.

Rossbacher Aus der Destillerie Wunderlich in Wien kommt eine der bekanntesten Kräuterspezialitäten. Sie wird seit 1897 unverändert hergestellt und mit 32 %vol angeboten.

Underberg In Rheinberg am Niederrhein fand 1846 Hubert Underberg das Rezept für seinen weltberühmten Bitter. Die Nachkommen des Gründers leiten das große Unternehmen bis heute. Aus 43 verschiedenen Ländern stammende Kräuter bilden die Basis des Underberg. Von den mit Strohpapier umwickelten Portionsfläschchen werden täglich rund eine Million Stück abgefüllt. Alkoholgehalt 44 %vol.

Zwack Die Firma Zwack wurde 1840 in Budapest gegründet, und sie war bis 1918 der bedeutendste Spirituosenhersteller in Osteuropa. Der Kräuterlikör Zwack „Unicum" wurde bereits 1790 entwickelt und wird heute wieder in Budapest hergestellt. Alkoholgehalt 42 %vol.

Das Konzept dieser neu entwickelten Reihe von fertig (oder fast fertig) gemischten Mixdrinks, entstand in Zusammenarbeit der Firmen Gastro-Trend und der Spitzen-Fruchtsaftmarke Hitchcock. Von den, im Frühjahr 2006 mit großem Erfolg in Deutschland und Österreich eingeführten 15 Sorten, sind zehn mit und fünf ohne Alkohol. Damit lassen sich ohne Fachpersonal und ohne Bevorratung mit Spirituosen und weiteren Zutaten bekannte Mixdrinks in echter Spitzenqualität zubereiten.

Nicht nur bei Großveranstaltungen oder Messen, wo oftmals in kurzer Zeit große Mengen an Mixdrinks herzustellen sind, sondern auch im kleineren Gastronomiebetrieb, im privaten Bereich und für die Party bieten die „Ready to Shake"-Mixdrinks eine ideale Lösung. Interessant an dem Ready-to-Shake-Konzept ist, dass die Mixdrink-Basis bereits die Spirituosen enthält und teilweise nur noch Fruchtsaft oder Cola zugegeben werden muss. „Ready to Shake"- Mixdrink-Basen bieten die Möglichkeit, jederzeit Mixdrinks in immer konstanter Qualität anbieten zu können. Auf jeder Flasche ist vermerkt, wie viele Zentiliter man verwenden sollte und welche Zutaten man benötigt. Daraus lässt sich leicht errechnen, wie viele Drinks sich pro Flasche mixen lassen, welche Zutaten man braucht und welche Kosten insgesamt anfallen. Man braucht also nur noch Eiswürfel oder Crushed Ice, Shaker oder Elektromixer, Gläser und Trinkhalme.
Nachfolgend die angebotenen Sorten mit Angaben ihres Alkoholgehalts, der benötigten Menge, die benötigte Menge an Saft oder Cola und einen Tipp zur Garnitur.

Hitchcock „Ready to Shake"

Geschmacksrichtung der Mix-Basen

mit Alkohol:
Mai Tai
Rum, Mandel, Limette, Orange, Grenadine
Piña Colada
Rum, Kokos, Ananas
Planter´s Punch
Rum, Zitrone, Ananas, Grenadine
Sex on the Beach
Wodka, Maracuja, Papaya, Pfirsich, Orange, Ananas
Strawberry Colada
Wodka, Erdbeere, Orange
Swimming Pool
Rum, Wodka, Curaçao, Kokos, Ananas
Tequila Sunrise
Tequila, Orange, Zitrone
Long Island Ice Tea
Rum, Gin, Tequila, Wodka, Triple Sec, Zitrone, Orange
Mojito
Rum, Minze, Limette
Caipirinha
Cachaça, Limetten, Zucker

ohne Alkohol:
Big Apple
grüner Apfel, Orange
Boris Sportsman
Pfirsich, Mango, Ananas, Orange
Coconut Kiss
Kokos, Ananas, Sahne
Grand Slam
Erdbeere, Himbeere, Heidelbeere, Orange
Peach Dream
Pfirsich, Kokos, Orange

Drinks mit Alkohol:

Drinkname	Alkoholgehalt in %vol.	Mixbasis und Zugabe	Garniervorschlag
Mai Tai	28	4 cl und 14 cl Orangensaft	Ananas/Kirsche/Limette
Piña Colada	28	4 cl und 14 cl Ananassaft	Ananas/Kirsche
Planter´s Punch	28	4 cl und 14 cl Ananassaft	Ananas/Kirsche
Sex on the Beach	28	4 cl und 7 cl Orangensaft und 7 cl Ananassaft	Orangenscheibe
Strawberry Colada	28	4 cl und 14 cl Orangensaft	Ananas/Erdbeere
Swimming Pool	28	4 cl und 12 cl Ananassaft	Ananas
Tequila Sunrise	28	4 cl und 14 cl Orangensaft	Orangenscheibe
Long Island Ice Tea	40	4 cl und 14 cl Cola	Limettenscheibe
Mojito	28	5 cl (keine weiteren Zutaten)	Limette/Minze
Caipirinha	37,5	5 cl (keine weiteren Zutaten)	2-3 Limettenviertel

Drinks ohne Alkohol:

Drinkname	Hauptzutaten	Mixbasis und Zugabe	Garniervorschlag
Big Apple	Apfel, Orange	2 cl und 20 cl Orangensaft	Apfelstück/Minze
Boris Sportsman	Pfirsich, Mango, Ananas	2 cl und 20 cl Orangensaft	Limettenscheibe
Coconut Kiss	Kokos, Ananas	2 cl und 20 cl Ananassaft	Ananas/Kirsche
Grand Slam	Erdbeeren, Orange	2 cl und 20 cl Orangensaft	Erdbeere/Minze
Peach Dream	Kokos, Pfirsich, Orange	2 cl und 20 cl Orangensaft	Pfirsich/Orange

Die heute besonders im Sommer beliebten Bowlen haben ihre Vorläufer in den Kräuter- und Gewürzweinen des späten Mittelalters. Ihren Namen verdankt die Bowle der englischen Bezeichnung für Schüssel – bowl.

Bowlen eignen sich hervorragend als leichtes Sommergetränk in den Nachmittags- und Abendstunden. Sie bieten dem Gastgeber die Möglichkeit, viele Personen gleichzeitig und ohne Hektik mit einem ansprechenden Getränk zu versorgen.

Für eine Bowle benötigt man:

1. Ein Bowlengefäß mit einem Eiseinsatz oder eine Glasschüssel, die man in ein größeres Gefäß stellt. Der Zwischenraum wird dann mit Eisstücken ausgefüllt.
2. Bowlentassen (mit Henkel) oder Gläser.
3. Obst (frisch, aus der Dose oder tiefgefroren).
4. Eiswürfel oder Eisstücke.
5. Wein und Sekt bzw. Champagner.

Einen großen Teil ihrer Beliebtheit verdankt die Bowle sicherlich dem Umstand, dass sich unsere einheimischen spritzigen Mosel- und lieblichen Rheinweine ausgezeichnet dazu eignen. Es ist nicht nötig, Spitzenweine in die Bowle zu geben, aber naturreine Weine der Mittelklasse sollten schon verwendet werden.

Dass Bowlen ihre Hochsaison im Sommer haben, liegt nicht nur daran, dass sommerliche Temperaturen leichtere Getränke erfordern und man die Terrasse oder den Garten zur Bowlen-Party benutzen kann, sondern auch an der Haupterntezeit der einheimischen Obstsorten. Da aber jetzt auch hervorragende exotische Obstkonserven und Tiefkühlprodukte zu haben sind und man jederzeit frische Kiwis, Ananas usw. zur Verfügung hat, ist es kein Problem, zu jeder Jahreszeit eine Bowle anzusetzen.

Bei der Zubereitung sollte man einige Tipps beachten:

1. Früchte möglichst mit Wein ansetzen und nicht mit destilliertem Alkohol.
2. Nur wenig Zucker, am besten gar keinen verwenden. Wenn jemand nachsüßen will, dann nur mit Zuckersirup, damit zu heftiges Umrühren vermieden wird.
3. Keine Eiswürfel oder Eisstücke in die Bowle geben, sondern Gefäß mit Eiseinsatz verwenden.
4. Die Bowle im Kühlschrank ziehen lassen, jedoch darauf achten, dass sie keine fremden Gerüche annimmt.
5. Wein und Sekt bzw. Champagner erst vor dem Servieren zugeben. Nach der Weinzugabe etwas umrühren. Ist mit Sekt aufgefüllt, empfiehlt sich nur noch ein leichtes Aufrühren.
6. Bei der Bowle ist das Früchtearoma ausschlaggebend, aus diesem Grund sollte sie nicht zu alkoholhaltig sein.
7. Hat man zu wenig Bowle vorbereitet, dann nie verlängern, da die eventuell noch vorhandenen Früchte bereits ausgelaugt sind und der Geschmack dem der frischen Bowle nicht mehr entsprechen kann.

Bowlen

Erdbeer-Kiwi-Himbeer-Bowle

500 g Erdbeeren
250 g Himbeeren
(auch tiefgefroren)
3 Kiwis
12 cl Kiwilikör
2 Flaschen trockener Weißwein
1 Flasche trockener Sekt

Erdbeeren und Himbeeren mit Kiwilikör und einer Flasche Riesling in das Bowlengefäß geben. Eine Stunde zugedeckt in den Kühlschrank stellen. Vor dem Servieren die Kiwis schälen, in Scheiben schneiden und mit der zweiten Flasche Riesling und dem Sekt in die Bowle geben (ergibt ca. drei Liter).

Pfirsichbowle

8 mittelgroße weiße Pfirsiche
12 cl Pfirsichlikör
1 Zitronenspirale
2 Flaschen Weißwein
1 Flasche trockener Sekt

Die Pfirsiche, den Likör und die Zitronenspirale mit einer Flasche Wein ansetzen und zugedeckt im Kühlschrank eine Stunde ziehen lassen. Danach mit der zweiten Flasche Wein auffüllen (ergibt ca. zweieinhalb Liter).

Himbeerbowle

500 g Himbeeren
12 cl Liqueur de Framboise
(Himbeerlikör)
1 Zitronenschale
2 Flaschen Weißwein
1 Flasche trockener Sekt

Die Himbeeren, den Likör und die Zitronenspirale mit einer Flasche Wein ansetzen und zugedeckt im Kühlschrank eine Stunde ziehen lassen. Danach mit der zweiten Flasche Wein und dem Sekt auffüllen (ergibt ca. zweieinhalb Liter).

Kiwibowle

8 Kiwis
12 cl Kiwilikör
4 cl Brauner Rum
1 Zitronenspirale
2 Flaschen trockener Weißwein
1 Flasche trockener Sekt

Die Kiwis schälen und in Scheiben schneiden, mit der Zitronenspirale ins Bowlengefäß legen, darüber Kiwilikör, Jamaica Rum und die beiden Flaschen Riesling gießen. Eine Stunde zugedeckt im Kühlschrank ziehen lassen, danach mit dem Sekt auffüllen (ergibt ca. zweieinhalb Liter).

Im Bild:
Erdbeer-Kiwi-Himbeer-Bowle >

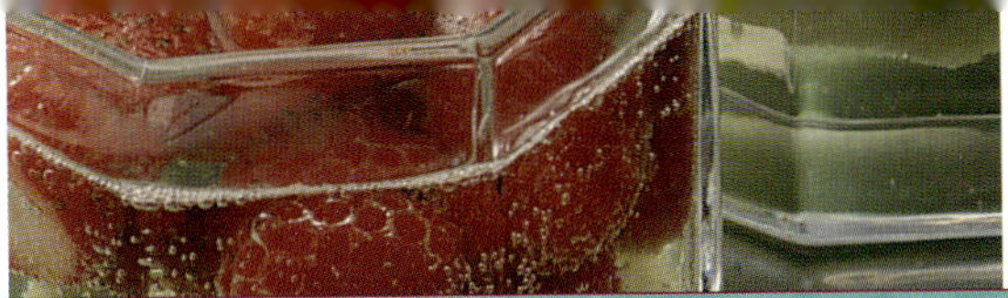

Feuerzangenbowle

1 Zuckerhut
3 Orangen
2 Zitronen
1 Zimtstange
6 Gewürznelken
1 0,75 l Flasche Brauner Rum (über 70 %vol)
3 Flaschen roter Bordeaux

In einem Kupferkessel den Rotwein, den Saft von zwei Orangen und einer Zitrone, die Schalen je einer Orange und Zitrone, eine Zimtstange und die Nelken erhitzen (nicht kochen!) und auf einen Rechaud stellen.
Die Feuerzange über den Kessel legen, den Zuckerhut darauf legen und mit Rum tränken – anzünden. Ständig Rum auf den Zuckerhut nachgießen (mit Hilfe einer Kelle und nicht direkt aus der Flasche!), bis der Zucker abgeschmolzen, also in den Wein getropft ist. Danach die Feuerzange, die Orangen- und Zitronenschalen sowie die Gewürze entfernen (ergibt ca. drei Liter).

Lycheebowle

2 Dosen Lychees
4 cl Cointreau
4 cl Cognac
1 Zitrone
2 Flaschen Weißwein
1 Flasche trockener Sekt

Die Lychees im Sieb abtropfen lassen, dann mit Cointreau, Cognac und dem Saft der Zitrone ins Bowlengefäß geben. Mit einer Flasche Wein übergießen und eine Stunde lang im Kühlschrank zugedeckt ziehen lassen. Danach die zweite Flasche Wein und den Sekt dazugeben (ergibt ca. zweieinhalb Liter).

Gurkenbowle

1 grüne Salatgurke
12 cl Cointreau
12 cl Roter Portwein
2 Flaschen Weißwein
1 Flasche trockener Sekt

Die Gurke schälen, in Scheiben schneiden und ins Bowlengefäß legen. Darüber Cointreau, den Roten Portwein und den Moselwein gießen. Eine Stunde zugedeckt im Kühlschrank ziehen lassen, danach mit dem Sekt auffüllen (ergibt ca. zweieinhalb Liter).

Erdbeerbowle

500 g Erdbeeren
1 Zitronenspirale
2 Flaschen Weißwein
1 Flasche trockener Sekt

Die Erdbeeren halbieren und mit der Zitronenspirale in das Bowlengefäß geben, mit dem Moselwein übergießen und zugedeckt eine Stunde im Kühlschrank ziehen lassen, danach mit dem Sekt auffüllen (ergibt ca. zweieinhalb Liter).

Ananasbowle

1 Ananas
4 cl Brauner Rum
10 cl Cointreau
2 Flaschen Weißwein
1 Flasche trockener Sekt

Die Ananas der Länge nach achteln, das harte Mittelstück herausschneiden, das Fruchtfleisch schälen und würfeln. Die Ananasstückchen mit dem Jamaica Rum und dem Cointreau in das Bowlengefäß geben. Mit Wein übergießen und zugedeckt im Kühlschrank eine Stunde ziehen lassen. Dann mit Sekt auffüllen (ergibt ca. zweieinhalb Liter).

Waldmeisterbowle

1 Büschel Waldmeister
2 Flaschen trockener Weißwein
1 Flasche trockener Sekt

Ein Büschel unaufgeblühten Waldmeister waschen, den Wein in den Bowlenkrug geben und den Waldmeister an einem Bindfaden hineinhängen, ohne dass die Stiele in den Wein eintauchen. Vor dem Servieren eine halbe Stunde im Kühlschrank ziehen lassen, den Waldmeister entfernen und den Sekt dazugeben (ergibt ca. zwei Liter).

Sangria

5 Pfirsiche
3 Orangen
2 Zitronen
2 Zimtstangen
8 cl Cointreau
8 cl spanischer Brandy
8 cl Roter Portwein
3 Flaschen trockener spanischer Rotwein

In den Bowlenkrug gibt man die enthäuteten, in längliche Stücke geschnittenen Pfirsiche, den Saft einer Orange und einer Zitrone, eine Zitronenspirale, die Zimtstangen, das Fruchtfleisch von zwei in Stückchen geschnittenen Orangen, Cointreau, Brandy und Portwein. Diesen Ansatz stellt man zugedeckt ein bis zwei Stunden kühl und füllt dann mit kaltem Rotwein auf (ergibt ca. drei Liter).

Melonen-Basilikum-Bowle

4 Bund Basilikum
1 Netz- oder Kantalupmelone
2 Flaschen Weißwein
1 Flasche Sekt

Die Melone halbieren, entkernen, mit einem Kugelausstecher das Fruchtfleisch herausstechen und in das Bowlengefäß geben. 3 Bund Basilikum zusammenbinden und in das Gefäß hängen, die beiden Muscadet-Flaschen darüber gießen, eine Stunde zugedeckt im Kühlschrank ziehen lassen. Vor dem Servieren das Basilikum herausnehmen. Die Blätter des verbliebenen Bundes Basilikum in die Bowle geben und mit dem Sekt auffüllen (ergibt ca. zweieinhalb Liter).

Kalte Ente

1 Zitronenspirale
2 Flaschen halbtrockener oder trockener Weißwein
2 Flaschen trockener Sekt

In einen Glaskrug mit Eiseinsatz die Zitronenspirale hängen und den kalten Wein und Sekt darüber gießen. Die Zitronenspirale nach einiger Zeit herausnehmen. Je nach Geschmack kann man auch zwei Teile Wein und einen Teil Sekt nehmen (ergibt ca. zwei bis drei Liter).

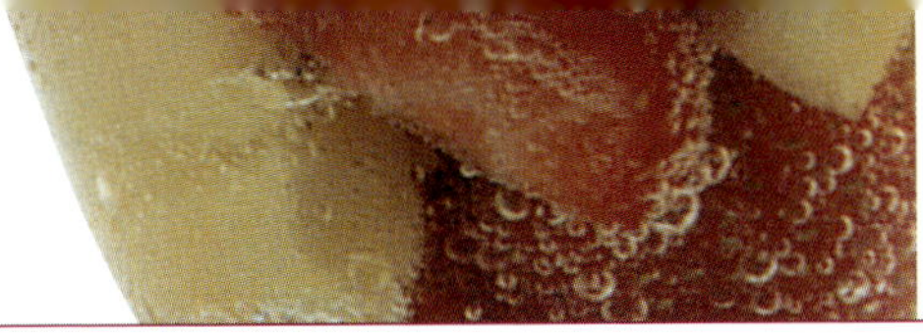

Zitronen-Tee-Bowle

1 l kräftiger Tee
20 cl Limonenlikör
2 Zitronen
3 Flaschen kalter Sekt

Den Tee in der Tiefkühltruhe zu Eiswürfeln gefrieren lassen. Die gefrorenen Tee-Eiswürfel in das Bowlengefäß geben, die Zitronen in Scheiben schneiden und dazugeben. Darüber den Limonenlikör und die drei Flaschen Sekt gießen (ergibt ca. drei Liter).

Haiti-Punch

20 cl Grand Marnier
20 cl Cognac
1,5 l trockener Weißwein
1 Zitrone
1 Orange
2 Zimtstangen
3 Scheiben frische Ananas

In ein Bowlengefäß Zimtstangen, Zitronen- sowie Orangenscheiben und Ananasstückchen geben. Mit Grand Marnier und Cognac übergießen, im Kühlschrank ziehen lassen und mit kaltem Weißwein auffüllen (ergibt ca. zwei Liter).

Ananas-Erdbeer-Bowle

1 Ananas
250 g Erdbeeren
2 Flaschen Weißwein
1 Flasche trockener Sekt

Die Ananas der Länge nach achteln, das harte Mittelstück herausschneiden, das Fruchtfleisch schälen und würfeln. Die Ananasstückchen mit den halbierten Erdbeeren in das Bowlengefäß geben. Mit Wein übergießen und zugedeckt im Kühlschrank eine Stunde ziehen lassen. Dann mit Sekt auffüllen (ergibt ca. zweieinhalb Liter).

< Im Bild: Ananas-Erdbeer-Bowle

Sirupe erfüllen seit jeher eine wichtige Funktion beim Mixen. Sie süßen und aromatisieren, und manchen Sorten verdankt man interessante Farben.
Sirupe sind konzentrierte, dickflüssige Lösungen von Zucker in Wasser (Zuckersirup) oder von Zucker in Fruchtsäften oder Pflanzenauszügen. Ihre Verwendungsmöglichkeit beim Mixen ist fast uneingeschränkt. Sie harmonieren mit Fruchtsäften, Limonaden und Milch in unzähligen Rezepten.

Der Ursprung
Bis in die 1970er Jahre wurde zum Mixen der klassischen Rezepturen lediglich Zuckersirup, Grenadine und vereinzelt Lime Juice (Limonensirup) verwendet. Da Sirupe in der heutigen Sortenvielfalt nicht vorhanden waren, blieb auch das Mixgetränkeangebot auf die Klassiker beschränkt. Erst die Einführung der neuartigen Sirupe führte zum heutigen Angebot an tropischen Drinks und auch alkoholfreien Mixgetränken. Deutsche und französische Produzenten bieten heute ein umfangreiches Sortiment an. Eine herausragende Stellung nimmt dabei die Firma Riemerschmid ein. Die 1835 in München gegründete und heute in Erding bei München produzierende Likörmanufaktur Anton Riemerschmied ist der bekannteste Sirup-Produzent Deutschlands. Anfang der 1980er Jahre begann man mit der Produktion der ersten Sirupsorten. In den folgenden Jahren wurde das Sortiment ständig erweitert, und Mitte der 1990er Jahre führte man mit der Trennung in Frucht- und Barsirupe eine zweite Produktionslinie ein.

Sirupe

Der im Vergleich zu den Fruchtsirupen geringere Fruchtanteil wird bei den Barsirupen durch eine zusätzliche, natürliche Aromatisierung ausgeglichen, die sie außerdem besonders ergiebig macht. Diese leichtflüssigen Barsirupe wurden entwickelt, um den Profi-Mixern ein zügiges Arbeiten zu ermöglichen. Seit dem Jahr 2006 haben die Bar-Syrup-Flaschen ein neues Design und sind nun mit einem integrierten Ausgießer ausgestattet. Riemerschmid als Trendsetter bietet alle klassischen und wichtigen Sirupe an und ergänzt das Sortiment laufend mit neuen Entwicklungen.

Wissenswertes
Neben dem Zuckersirup und dem Grenadine sind Kokos, Mandel, Maracuja, Banane, Erdbeere, Limette und Curaçao Blue die wichtigsten Sorten. Etwas Verwirrung schafft die international gebräuchliche Bezeichnung für Mandelsirup. Dieser wird in Frankreich und den USA mit dem Namen Orgeat, in Italien als Orzata (Latte di Mandorla) angeboten. Neben den Sirupen soll auch die Cream of Coconut nicht unerwähnt bleiben. Sie wird seit Mitte der 1970er Jahre angeboten und erlaubte erstmals die Zubereitung von Mixgetränken auf Kokosnussbasis.

Empfehlungen
Den einfachen Zuckersirup kann man auch selbst herstellen. Dazu gibt man 1 kg Streuzucker in 1 l kochendes Wasser und rührt, bis sich der Zucker vollständig aufgelöst hat. Nach dem Erkalten füllt man ihn auf Flaschen ab. Angebrochene Sirupe sind aufgrund ihres hohen Zuckergehalts monatelang haltbar. Man sollte sie jedoch gut verschlossen und kühl aufbewahren.

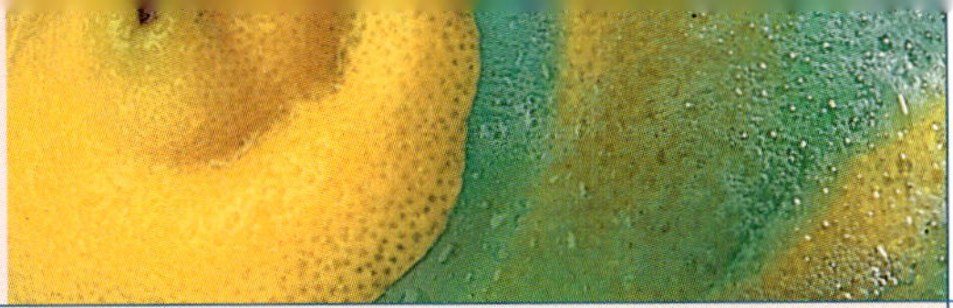

Die Sorten

Riemerschmid

Frucht-Sirupe:

Granatapfel (Grenadine), Maracuja, Limette, Kokos, Banane, Mango, Kirsche, Himbeere, Ananas, Preiselbeer

Bar-Sirupe:

Rohrzucker, Bloodorange, Cranberry, Granatapfel (Grenadine), Lime Juice, Limette, Mango, Maracuja, Peppermint, Pfirsich, Strawberry, Watermelon, Caramel, Chocolate, Coconut, Hazelnut, Mandel, Vanilla, Waldmeister, Zimt, Amaretto, Blue Curaçao, Havana (Typ Rum alkoholfrei), Banana und des Weiteren gibt es den Riemerschmid Bitter.

Coco Tara

„Cream of Coconut" wurde erstmals 1948 hergestellt und seit Mitte der 1970er Jahre auch in Deutschland angeboten. Coco Tara ist die bekannteste und größte Marke.

Rose's Lime Juice

ist kein Saft, sondern ein spezieller Limettensirup. Er wurde 1865 entwickelt und war der erste konservierte Fruit Drink seiner Zeit. Ein weiteres Rose´s Produkt ist das „Lemon-Squash", ein Zitronensirup, der noch Fruchtbestandteile enthält. Neu auf dem deutschen Markt ist der Rose´s „Cranberry Mixer", der aus hochkonzentriertem Cranberrysaft hergestellt wird.

Baby Piña Colada

4 cl Kokossirup
2 cl Sahne
16 cl Ananassaft

Mit Eiswürfeln im Shaker kräftig schütteln und durch das Barsieb in ein Longdrinkglas auf einige Eiswürfel oder zerstoßenes Eis abgießen. Ein Ananasstück mit einer Cocktailkirsche an den Glasrand stecken.

Piña Colada Natur

4–6 cl Kokossirup
16 cl Ananassaft

Im Elektromixer gut durchmixen und in ein mit Eiswürfeln gefülltes Longdrinkglas gießen. Mit einem Ananasstück und Cocktailkirschen garnieren.

Florida

2 cl Maracujasirup
2 cl Zitronensaft
5 cl Ananassaft
5 cl Orangensaft
5 cl Grapefruitsaft

Mit Eiswürfeln im Shaker gut schütteln, in ein großes Longdrinkglas auf einige Eiswürfel abgießen und mit Früchten garnieren. Trinkhalme dazugeben.

Fiesta

2 cl Himbeersirup
8 cl Orangensaft
8 cl Maracujanektar
2 cl Sahne

Mit Eiswürfeln im Shaker gut schütteln, in ein großes Longdrinkglas auf einige Eiswürfel abgießen und mit Früchten garnieren. Trinkhalme dazugeben.

Alice

1–2 cl Grenadine
2 cl Sahne
8 cl Orangensaft
8 cl Ananassaft

Mit Eiswürfeln im Shaker gut schütteln, in ein großes Fancyglas auf einige Eiswürfel abgießen und mit Früchten garnieren. Trinkhalme dazugeben.

Virgin Colada

2 cl Kokossirup
8 cl Ananassaft
8 cl Orangensaft

Mit Eiswürfeln im Shaker kräftig schütteln und durch das Barsieb in ein Longdrinkglas auf einige Eiswürfel abgießen. Ein Ananasstück mit einer Cocktailkirsche an den Glasrand stecken.

Virgin Cherry

2 cl Vanillesirup
2 cl Amarena-Kirsche-Sirup
2 cl Sahne
8 cl Ananassaft
8 cl Orangensaft

Mit Eiswürfeln im Shaker kräftig schütteln und durch das Barsieb in ein Longdrinkglas auf einige Eiswürfel abgießen. Mit einem Ananasstück, Orange und einer Cocktailkirsche garnieren.

< ***Im Bild: Alice***

Franz III.

4 cl Creme of Coconut
2 cl Blue Curaçao Sirup
12 cl Ananassaft

Im Elektromixer gut durchmixen und in ein mit Eiswürfeln gefülltes Longdrinkglas gießen. Mit einem Ananasstück und Cocktailkirschen garnieren.

Tropical

2 cl Mandelsirup
2 cl Pfefferminzsirup
kalte Milch

Mandelextrakt und Pfefferminzsirup in ein Longdrinkglas geben und mit kalter Milch auffüllen.

Fruit Punch

2 cl Mangosirup
4 cl Maracujanektar
4 cl Ananassaft
4 cl Orangensaft
4 cl Grapefruitsaft

Mit Eiswürfeln im Shaker gut schütteln, in ein großes Longdrinkglas auf einige Eiswürfel abgießen und mit Früchten garnieren. Trinkhalme dazugeben.

Pussy Cat

2 cl Cassissirup
6 cl Ananassaft
6 cl Orangensaft
6 cl Grapefruitsaft

Mit Eiswürfeln im Shaker gut schütteln, in ein großes Longdrinkglas auf einige Eiswürfel abgießen und mit Früchten garnieren. Trinkhalme dazugeben.

Trauben Flip

2 cl Himbeersirup
1 Eigelb
10 cl kalte Milch
10 cl kalter roter Traubensaft

Mit Eiswürfeln im Shaker gut schütteln und in ein Longdrinkglas abgießen.

Orange Velvet

1–2 cl Mandelsirup
8 cl Maracujanektar
8 cl Orangensaft
2 cl Sahne

Mit Eiswürfeln im Shaker gut schütteln, in ein großes Longdrinkglas auf einige Eiswürfel abgießen und mit Früchten garnieren. Trinkhalme dazugeben.

Pussy Foot

2 cl Grenadine
6 cl Ananassaft
6 cl Orangensaft
6 cl Grapefruitsaft

Mit Eiswürfeln im Shaker gut schütteln, in ein großes Longdrinkglas auf einige Eiswürfel abgießen und mit Früchten garnieren. Trinkhalme dazugeben.

Kokosschokolade

2–4 cl Kokossirup
1 Tasse heiße Schokolade
leicht geschlagene Sahne

In ein Stielglas oder eine Tasse die heiße Schokolade geben und den Kokossirup dazugießen. Umrühren und leicht geschlagene Sahne darüber geben. Mit Schokoladenraspeln bestreuen.

< Im Bild: Mint Cooler und Exotic Punch
unten: Cocoloco und Florida Flip

Cocoloco

2 cl Kokossirup
2 cl Sahne
6 cl Ananassaft
6 cl Orangensaft
6 cl Maracujanektar

Mit Eiswürfeln im Shaker kräftig schütteln und durch das Barsieb in ein Stielglas auf einige Eiswürfel abgießen. Ein Ananasstück mit einer Cocktailkirsche an den Glasrand stecken.

Red Orchid

2 cl Grenadine
1 cl Zitronensaft
10 cl Orangensaft
2 cl Limettensirup
6 cl Grapefruitsaft

Mit Eiswürfeln im Shaker kräftig schütteln und durch das Barsieb in ein Longdrinkglas auf einige Eiswürfel abgießen. Einen Spieß mit Erdbeeren und Melonenstücken über den Glasrand legen.

Florida Flip

2 cl Mangosirup
1 Eigelb
einige Tropfen Grenadine
10 cl Orangensaft

Mit Eiswürfeln im Shaker kräftig schütteln und durch das Barsieb in ein Stielglas abgießen. Eine Erdbeere an den Glasrand stecken.

Mint Cooler

2 cl Pfefferminzsirup
1 cl Zitronensaft
8 cl Orangensaft
8 cl Maracujanektar

Mit Eiswürfeln im Shaker kräftig schütteln und durch das Barsieb in ein Fancyglas auf einige Eiswürfel abgießen. Mit einem Minzezweig verzieren.

Cherry Love

2 cl Pfefferminzsirup
2 cl Kokossirup
16 cl Kirschnektar

Mit Eiswürfeln im Shaker kräftig schütteln und durch das Barsieb in ein Longdrinkglas auf einige Eiswürfel abgießen. Mit frischen Kirschen und einem Minzezweig garnieren.

Exotic Punch

2 cl Mangosirup
4 cl Maracujanektar
4 cl Ananassaft
4 cl Orangensaft
4 cl Grapefruitsaft

Mit Eiswürfeln im Shaker kräftig schütteln und durch das Barsieb in ein Longdrinkglas auf einige Eiswürfel abgießen. Mit einem Fruchtspieß garnieren.

Summer Feeling

2 cl Cranberrysirup
8 cl Pfirsichnektar
8 cl Ananassaft

Mit Eiswürfeln im Shaker kräftig schütteln und durch das Barsieb in ein großes Glas auf einige Eiswürfel abgießen. Ein Pfirsichstück an den Glasrand stecken.

Red Risk

2 cl Erdbeersirup
2 cl Karamelsirup
3 cl Zitronensaft
6 cl Ananassaft
11 cl Orangensaft

Mit Eiswürfel im Shaker kräftig schütteln und durch das Barsieb in ein großes Stielglas auf einige Eiswürfel abgießen. Mit einem Melonenstück und einer Erdbeere garnieren.

Yellow Boxer

2 cl Mandarinensirup
2 cl Zitronensaft
10 cl Orangensaft
10 cl kaltes Tonic Water

Die Zutaten – ohne Tonic Water – mit Eiswürfeln im Shaker kräftig schütteln und durch das Barsieb in ein Longdrinkglas auf einige Eiswürfel abgießen. Mit Tonic Water auffüllen. Mit Mandarinenspalten und Cocktailkirschen garnieren.

Mandelkaffee

2–4 cl Mandelsirup
1 Tasse heißer Kaffee
leicht geschlagene Sahne

In ein Stielglas oder eine Tasse den heißen Kaffee geben und den Mandelsirup dazugießen. Umrühren und leicht geschlagene Sahne darüber geben. Mit Schokoladenraspeln bestreuen.

Ambra's Spezial

3 cl Vanillesirup
3 cl Karamelsirup
3 cl Sahne
8 cl Pfirsichnektar
5 cl Orangensaft

Mit Eiswürfeln im Shaker kräftig schütteln und durch das Barsieb in ein großes Stielglas auf einige Eiswürfel abgießen. Mit einem Ananasstück und einer Cocktailkirsche garnieren.

Tutti Frutti

4 cl Maracujasirup
6 cl Orangensaft
6 cl Ananassaft
2 cl Sahne

Mit Eiswürfeln im Shaker kräftig schütteln und durch das Barsieb in ein Longdrinkglas auf einige Eiswürfel abgießen. Ein Aprikosenstück mit einer Traube an den Glasrand stecken.

Mango Lady

2 cl Mangosirup
8 cl Orangensaft
10 cl kaltes Bitter Lemon

Den Sirup und den Saft in ein Longdrinkglas mit Eiswürfeln geben. Mit einem Barlöffel gut vermischen und mit kaltem Bitter Lemon auffüllen. Mit einem Mangostück dekorieren.

Flamingo

2 cl Kokossirup
2 cl Erdbeersirup
8 cl Grapefruitsaft
8cl Orangensaft

Mit Eiswürfeln im Shaker kräftig schütteln und durch das Barsieb in ein großes Stielglas auf einige Eiswürfel abgießen. Mit einer Erdbeere dekorieren.

Mandarinetto

2 cl Mandarinensirup
8 cl Kirschnektar
8 cl Birnennektar

Mit Eiswürfeln im Shaker kräftig schütteln und durch das Barsieb in eine Cocktailschale abgießen. Einen Spieß mit Mandarinenspalten und frischen Kirschen über den Glasrand legen.

Southside

2 cl Kokossirup
2 cl Grenadine
16 cl Grapefruitsaft

Mit Eiswürfeln im Shaker kräftig schütteln und durch das Barsieb in ein Longdrinkglas auf Eiswürfel abgießen. Mit Grapefruitstück und Cocktailkirsche garnieren.

< ***Im Bild: Red Risk***

Im Bild: Red Fruits, Golden Nugget und Cinderella >

Red Fruits

2 cl Grenadine
6 cl roter Traubensaft
6 cl Kirschnektar
6 cl Preiselbeernektar

Mit Eiswürfeln im Shaker kräftig schütteln und durch das Barsieb in eine Cocktailschale mit Eiswürfeln abgießen. Einen Spieß mit Trauben und frischen Kirschen über den Glasrand legen.

Golden Nugget

2 cl Limettensirup
2 cl Zitronensaft
12 cl Maracujanektar

Mit Eiswürfeln im Shaker kräftig schütteln und durch das Barsieb in ein Fancyglas auf einige Eiswürfel abgießen. Eine Limettenscheibe mit einer Kumquat an den Glasrand stecken.

Cinderella

2 cl Kokossirup
1 cl Grenadine
2 cl Sahne
8 cl Ananassaft
8 cl Orangensaft

Mit Eiswürfeln im Shaker kräftig schütteln und durch das Barsieb in ein Fancyglas auf einige Eiswürfel abgießen. Einen Spieß mit Bananenscheiben und Cocktailkirschen über den Glasrand legen.

Pink Banana

2 cl Bananensirup
4 cl Sahne
2 cl Grenadine
12 cl Maracujanektar

Im Shaker mit einigen Eiswürfeln gut schütteln und in ein Longdrinkglas auf einige Eiswürfel abgießen. Mit Früchten garnieren.

Bandolero

2 cl Maracujasirup
2 cl Kokossirup
2 cl Kirschsirup
kaltes Tonic Water

Die Sirupe in ein Longdrinkglas auf Eiswürfel geben und mit Tonic Water auffüllen. Gut umrühren und mit einem Fruchtspieß garnieren.

Snow White

2 cl Cream of Coconut
2 cl Mandelsirup
4 cl Sahne
10 cl Ananassaft

Im Elektromixer gut durchmixen und in ein mit Eiswürfeln gefülltes Longdrinkglas gießen. Mit Schokoladenraspeln bestreuen.

Summer Cooler

2 cl Limettensirup
8 cl Kirschnektar
kaltes Ginger Ale

Den Limettensirup und den Kirschnektar in ein Longdrinkglas mit Eiswürfeln geben. Mit einem Barlöffel gut vermischen und mit Ginger Ale auffüllen.

Grape Minz

2 cl Pfefferminzsirup
10 cl Grapefruitsaft
kaltes Sodawasser

Sirup und Säfte in ein Longdrinkglas auf Eiswürfel geben, gut rühren und mit Sodawasser auffüllen. Mit einem Fruchtspieß garnieren.

Tom und Cherry

2 cl Maracujasirup
4 cl Pfirsichnektar
4 cl Ananassaft
4 cl Kirschnektar
4 cl Sahne

Im Shaker mit Eiswürfeln gut schütteln und in ein Longdrinkglas auf einige Eiswürfel abgießen. Mit Früchten garnieren.

Cocomint

2 cl Pfefferminzsirup
2 cl Kokossirup
1 cl Zitronensaft
8 cl Orangensaft
8 cl Ananassaft

Mit Eiswürfeln im Shaker kräftig schütteln und durch das Barsieb in ein Fancyglas auf einige Eiswürfel abgießen. Mit Minzezweig und Cocktailkirschen garnieren.

Tropicana

2 cl Limettensirup
2 cl Kokossirup
8 cl Kirschnektar
8 cl Bananennektar

Mit Eiswürfeln im Shaker kräftig schütteln und durch das Barsieb in ein Longdrinkglas auf einige Eiswürfel abgießen. Mit einem Spieß aus Bananenscheiben und Cocktailkirschen dekorieren.

Karamell Dream

2 cl Karamelsirup
2 cl Mangosirup
2 cl Zitronensaft
9 cl Maracujanektar
9 cl Tropical-Mehrfruchtsaft

Mit Eiswürfeln im Shaker kräftig schütteln und durch das Barsieb in ein Longdrinkglas auf einige Eiswürfel abgießen. Ein Ananasstück mit einer Cocktailkirsche an den Glasrand stecken.

Chiquita Punch

2 cl Bananensirup
2 cl Grenadine
2 cl Sahne
14 cl Orangensaft

Mit Eiswürfeln im Shaker kräftig schütteln und durch das Barsieb in ein Longdrinkglas auf einige Eiswürfel abgießen. Eine Orangenscheibe mit einer Cocktailkirsche an den Glasrand stecken.

Drivers Special

2 cl Mandelsirup
2 cl Blutorangensirup
6 cl Maracujanektar
6 cl Orangensaft
6 cl Ananassaft

Die Zutaten – ohne Blutorangensirup – mit Eiswürfeln im Shaker kräftig schütteln und durch das Barsieb in ein Longdrinkglas auf einige Eiswürfel abgießen. Den Blutorangensirup langsam darüber geben. Mit einem Melonenstück und einer Physalis garnieren.

Californian

2 cl Mangosirup
2 cl Limettensirup
8 cl Orangensaft
8 cl Grapefruitsaft

Mit Eiswürfeln im Shaker kräftig schütteln und durch das Barsieb in ein Longdrinkglas auf einige Eiswürfel abgießen. Mit einer Limettenscheibe und einer Cocktailkirsche am Glasrand verzieren.

< Im Bild: Cocomint

Rubino

1 cl Grenadine
10 cl roter Traubensaft
10 cl schwarzer Johannisbeernektar

Mit Eiswürfeln im Shaker kräftig schütteln und durch das Barsieb in ein großes Stielglas auf einige Eiswürfel abgießen. Mit einigen roten Trauben dekorieren.

Anita's Love

4 cl Bananensirup
8 cl Maracujanektar
6 cl Ananassaft
2 cl Sahne

Mit Eiswürfeln im Shaker kräftig schütteln und durch das Barsieb in ein Longdrinkglas auf einige Eiswürfel abgießen. Einen Fruchtspieß mit Bananenscheiben und einer Erdbeere über den Glasrand legen.

Cherry Dream

1 cl Grenadine
1 cl Mandelsirup
2 cl Sahne
8 cl Kirschnektar
8 cl Orangensaft

Mit Eiswürfeln im Shaker kräftig schütteln und durch das Barsieb in ein Fancyglas auf einige Eiswürfel abgießen. Mit frischen Kirschen und einem Minzezweig garnieren.

Tropical Cup

1 cl Vanillesirup
1 cl Mangosirup
1 cl Mandarinensirup
1 cl Zitronensaft
6 cl Ananassaft
14 cl Orangensaft

Mit Eiswürfeln im Shaker kräftig schütteln und durch das Barsieb in ein Longdrinkglas auf einige Eiswürfel abgießen. Mit einem Pfirsichstück und einer Cocktailkirsche garnieren.

Tropic Love

2 cl Maracujasirup
1 cl Mangosirup
2 cl Erdbeersirup
1 cl Zitronensaft
12 cl Grapefruitsaft

Mit Eiswürfeln im Shaker kräftig schütteln und durch das Barsieb in ein Longdrinkglas auf einige Eiswürfel abgießen. Mit Melone, Aprikose und einer Cocktailkirsche garnieren.

Mango-Maracuja-Milch

2 cl Mangosirup
10 cl Maracujanektar
8 cl kalte Milch

Mit Eiswürfeln im Shaker kräftig schütteln und durch das Barsieb in ein Longdrinkglas auf einige Eiswürfel abgießen. Mit Mangostücken und einer Erdbeere dekorieren.

< Im Bild: Rubino, Anitas Love und Cherry Dream

Strawberry Kiss

2cl Erdbeersirup
2 cl Sahne
6 cl Maracujanektar
6 cl Mangonektar
6 cl Orangensaft
Mit Eiswürfeln im Shaker kräftig schütteln und durch das Barsieb in ein Longdrinkglas auf einige Eiswürfel abgießen. Mit einer Erdbeere dekorieren.

Red Weaver

4 cl Amarena-Kirsche-Sirup
2 cl Limettensirup
4 cl Sahne
7 cl Kirschnektar
7 cl Ananassaft
Mit Eiswürfeln im Shaker kräftig schütteln und durch das Barsieb in ein Fancyglas auf einige Eiswürfel abgießen. Mit einem Melonenstück und einer Physalis garnieren.

Highway Patrol

2 cl Guavesirup
8 cl Orangensaft
8 cl Ananassaft
Mit Eiswürfeln im Shaker kräftig schütteln und durch das Barsieb in ein Fancyglas auf einige Eiswürfel abgießen.

Im Bild: Red Weaver >
unten: Strawberry Kiss und Highway Patrol

Pink Dream

2 cl Cranberrysirup
8 cl Orangensaft
10 cl kaltes Bitter Lemon
Sirup und Saft in ein Longdrinkglas mit Eiswürfeln geben. Mit einem Barlöffel vermischen und mit dem Bitter Lemon auffüllen. Mit einer Orangenscheibe und zwei Cocktailkirschen verzieren.

Brasil Tropical

4 cl Cream of Coconut
2 cl Erdbeersirup
8 cl Grapefruitsaft
6 cl Orangensaft
Im Elektromixer gut durchmixen und in ein mit Eiswürfeln gefülltes Longdrinkglas gießen.

Erdbeercup

Einige Erdbeeren
1 cl Erdbeersirup
2 cl Kokossirup
2 cl Sahne
15 cl Ananassaft

Den Rand eines großen Glases mit einem Zitronenviertel befeuchten und in Kokosraspel tupfen. Die Zutaten im Elektromixer mit etwas gestoßenem Eis gut durchmixen und in das Glas gießen. Eine Erdbeere an den Glasrand stecken.

Royal Juice

2 cl Mandarinensirup
4 cl Ananassaft
4 cl Orangensaft
4 cl Birnennektar
4 cl Kirschnektar

Mit Eiswürfeln im Shaker kräftig schütteln und durch das Barsieb in ein Longdrinkglas auf einige Eiswürfel abgießen. Einen Karambolestern mit einer Physalis an den Glasrand stecken.

Cocos Mint

1 cl Pfefferminzsirup
4 cl Cream of Coconut
1/2 Banane
einige Erdbeeren
8 cl kalte Milch
8 cl Orangensaft

Im Elektromixer gut durchmixen und in ein mit Eiswürfeln gefülltes Longdrinkglas gießen. Mit einem Fruchtspieß garnieren. Trinkhalme dazugeben.

Im Bild: Red Cat >

Paulchen Panther

4 cl Maracujasirup
6 cl Grapefruitsaft
10 cl Sauerkirschnektar

In ein Longdrinkglas auf einige Eiswürfel geben und gut rühren. Mit einer Orangenscheibe und Cocktailkirschen garnieren.

Red Cat

2 cl Mangosirup
2 cl Blutorangensirup
6 cl Grapefruitsaft
6 cl Ananassaft
6 cl Preiselbeernektar

Mit Eiswürfeln im Shaker kräftig schütteln und durch das Barsieb in ein Fancyglas auf einige Eiswürfel abgießen. Mit einer Scheibe Karambole und einer Physalis garnieren.

Queen of Strawberries

einige Erdbeeren
1 cl Erdbeersirup
2 cl Kokossirup
4 cl Sahne
10 cl Ananassaft

Im Elektromixer gut durchmixen und in ein mit Eiswürfeln gefülltes Longdrinkglas gießen. Erdbeeren an den Glasrand stecken.

Apri-Cooler

4 cl Aprikosensirup
1 cl Bananensirup
2 cl Zitronensaft
10 cl Orangensaft

Im Shaker mit einigen Eiswürfeln gut schütteln und in ein Longdrinkglas auf Eiswürfel abgießen.

Andrea

2 cl Blue Curaçao Sirup
2 cl Mandelsirup
2 cl Zitronensaft
14 cl Orangensaft

Mit Eiswürfeln im Shaker kräftig schütteln und durch das Barsieb in ein Longdrinkglas auf einige Eiswürfel abgießen. Eine Orangenscheibe mit einer Cocktailkirsche an den Glasrand stecken.

Caribbean Fruitpunch

2 cl Blue Curaçao Sirup
2 cl Limettensirup
2 cl Zitronensaft
6 cl Maracujanektar
6 cl Ananassaft

Mit Eiswürfeln im Shaker kräftig schütteln und durch das Barsieb in ein Longdrinkglas auf einige Eiswürfel abgießen. Mit einer Orangenscheibe und zwei Cocktailkirschen garnieren.

Green Lady

4 cl Bar-Sirup London Dry
2 cl Blue Curaçao Sirup
4 cl Zitronensaft

Mit Eiswürfeln im Shaker kräftig schütteln und durch das Barsieb in eine Cocktailschale auf einige Eiswürfel abgießen. Eine Cocktailkirsche ins Glas geben.

Unicorn

3 cl Bar-Sirup Havana
2 cl Blue Curaçao Sirup
2 cl Limettensaft
6 cl Pfirsichnektar
10 cl Bitter Lemon

Die Zutaten – ohne Bitter Lemon – mit Eiswürfeln im Shaker schütteln und durch das Barsieb in ein Longdrinkglas auf Eiswürfel abgießen. Das Bitter Lemon dazugießen und eine Karambolescheibe mit einer Physalis an den Glasrand stecken.

Safety Car

3 cl Bar-Sirup Havana
2 cl Mandelsirup
2 cl Zitronensaft
6 cl Maracujanektar
10 cl Orangensaft

Mit Eiswürfeln im Shaker kräftig schütteln und durch das Barsieb in ein Longdrinkglas auf einige Eiswürfel abgießen. Mit einem Ananasstück, einer Kiwischeibe und einer Cocktailkirsche garnieren.

Red Island

4 cl Bar-Sirup Havana
1 cl Grenadine
2 cl Vanillesirup
15 cl Preiselbeernektar

Mit Eiswürfeln im Shaker kräftig schütteln und durch das Barsieb in ein großes Stielglas auf einige Eiswürfel abgießen. Mit einem Stück Honigmelone und einer Cocktailkirsche garnieren.

Blue Lemon

4 cl Blue Curaçao Sirup
2 cl Zitronensaft
1 Kugel Zitroneneis
Bitter Lemon

Das Eis mit dem Sirup und den Zitronensaft in ein großes Glas geben und mit Bitter Lemon auffüllen. Einen langstieligen Löffel und Trinkhalm dazugeben.

Planter's Punch

4 cl Bar-Sirup Havana
1 cl Grenadine
6 cl Orangensaft
6 cl Ananassaft
2–3 cl Zitronensaft

Mit Eiswürfeln im Shaker kräftig schütteln und durch das Barsieb in ein Longdrinkglas auf einige Eiswürfel oder zerstoßenes Eis abgießen. Ein Ananasstück mit einer Cocktailkirsche an den Glasrand stecken.

Nightdrive

2 cl Bar-Sirup Havana
2 cl Mandelsirup
4 cl Kirschnektar
4 cl Sahne
4 cl kalter Espresso

Mit Eiswürfeln im Shaker kräftig schütteln und durch das Barsieb in ein Longdrinkglas auf einige Eiswürfel abgießen. Darauf eine Sahnehaube geben. Diese mit Schokoladenraspeln bestreuen und eine Cocktailkirsche an den Glasrand stecken.

Piña Colada

4 cl Bar-Sirup Havana
1 cl Kokossirup
2 cl Sahne
12 cl Ananassaft

Mit Eiswürfeln im Shaker kräftig schütteln und durch das Barsieb in ein Longdrinkglas auf einige Eiswürfel oder zerstoßenes Eis abgießen. Ein Ananasstück mit einer Cocktailkirsche an den Glasrand stecken.

Pink Panther

4 cl Bar-Sirup Havana
5 cl Bananennektar
5 cl Kirschnektar
5 cl Grapefruitsaft

Mit Eiswürfeln im Shaker kräftig schütteln und durch das Barsieb in ein Longdrinkglas auf einige Eiswürfel oder zerstoßenes Eis abgießen. Einen Karambolestern mit einer Cocktailkirsche an den Glasrand stecken.

Blue Passion

2 cl Blue Curaçao Sirup
2 cl Maracujasirup
16 cl Grapefruitsaft

Mit Eiswürfeln im Shaker kräftig schütteln und durch das Barsieb in ein Longdrinkglas auf einige Eiswürfel abgießen. Mit Grapefruit und grüner Cocktailkirsche verzieren.

< Im Bild: Safety Car und Red Island

Im Bild: Green Banana und Strawberry Daiquiri >

Hour of Trues

3 cl Bar-Sirup Havana
2 cl Mandelsirup
2 cl Mangosirup
3 cl Limettensaft
10 cl Ananassaft

Mit Eiswürfeln im Shaker kräftig schütteln und durch das Barsieb in ein Longdrinkglas auf einige Eiswürfel abgießen. Eine halbe Orangenscheibe dazugeben.

Cathy Freeman

3 cl Bar-Sirup Havana
2 cl Mandelsirup
1 cl Blutorangensirup
2 cl Zitronensaft
14 cl Ananassaft

Mit Eiswürfeln im Shaker kräftig schütteln und durch das Barsieb in ein großes Stielglas auf einige Eiswürfel abgießen. Mit einem Papayastück und einer Physalis garnieren.

Swimming Pool

2 cl Blue Curaçao Sirup
2 cl Kokossirup
2 cl Sahne
14 cl Ananassaft

Mit Eiswürfeln im Shaker kräftig schütteln und durch das Barsieb in ein Fancyglas auf einige Eiswürfel abgießen. Ein Ananasstück mit einer Cocktailkirsche an den Glasrand stecken.

Green Banana

2 cl Blue Curaçao Sirup
2 cl Bananensirup
Orangensaft

Mit Eiswürfeln im Shaker kräftig schütteln und durch das Barsieb in eine Cocktailschale abgießen. Mit einem Fruchtspieß aus Bananenscheiben und Cocktailkirschen garnieren.

Strawberry Daiquiri

4 cl Bar-Sirup Havana
1 cl Erdbeersirup
3 cl Zitronensaft
1–2 EL Erdbeermus

Mit etwas gestoßenem Eis in den Elektromixer geben und gut durchmixen. In eine Cocktailschale mit Zuckerrand geben und mit einer Erdbeere garnieren.

Es ist nicht alles Fruchtsaft, was auf den ersten Blick so aussieht oder so schmeckt. Als Fruchtsaft dürfen nur Getränke bezeichnet werden, die Saft aus frischen oder tiefgefrorenen Früchten enthalten. Sie sind stets unverdünnt und bestehen daher zu 100 % aus gepresstem Obst. Hierbei unterscheidet man zwischen naturreinem Fruchtsaft, der erntefrisch gepresst und unmittelbar darauf in die Flasche gefüllt wird, und Fruchtsaft aus Fruchtsaftkonzentrat. Bei Letzterem muss dies auf dem Etikett entsprechend deklariert werden.

Fruchtsaftkonzentraten wird gleich nach dem Pressen im Ursprungsland 50 bis 80 % des natürlichen Fruchtwassers unter Hitze entzogen. Es wird für den Transport tiefgefroren, beim Abfüllen wieder aufgetaut und in der ursprünglichen Menge wieder zugefügt. Hierbei ist eine Zuckerung bis 15 g je Liter erlaubt, um einen eventuellen Fruchtzuckermangel auszugleichen. Naturreine Fruchtsäfte dürfen nicht gezuckert werden.

Die Säfte aus manchen Früchten und Beeren haben von Natur aus ein unausgeglichenes Zucker-Säure-Verhältnis und sind deshalb unverdünnt ungenießbar. Sie werden darum zu Fruchtnektar verarbeitet, das heißt in gewissem Umfang mit Zucker und Wasser versetzt. Nektare müssen einen bestimmten Fruchtanteil enthalten. Dieser beträgt zwischen mindestens 25 % wie im schwarzen Johannisbeer-Nektar und 50 % wie in Nektaren aus Äpfeln, Birnen oder Zitrusfrüchten.

Fruchtsaftgetränke werden aus kohlensäurehaltigem oder stillem Tafelwasser und Zucker unter Hinzufügung von Fruchtsäften, Fruchtsaftgemischen oder sogenannten Dicksäften hergestellt.

Beim Einkauf von Fruchtsäften lohnt sich also ein genaues Studium der Etiketten. Die Zusammensetzung der Säfte erklärt natürlich auch die Preisunterschiede. Für die hier vorgestellten alkoholfreien Mixgetränke bietet sich die Verwendung von Fruchtsäften der Getränkeindustrie an. Bei dem heutigen Stand der Haltbarmachung rückt auch die Frage Frisch- oder Fertigprodukt in den Hintergrund, ganz abgesehen davon, dass sich diese nur bei Zitronen-, Orangen- und Grapefruitsaft stellt. Bei Tomaten-, Trauben- und Apfelsaft sowie den exotischen Säften aus Ananas, Maracuja, Mango usw. musste man schon immer auf Fertigprodukte zurückgreifen, und trotzdem – oder gerade deswegen – haben sich weltbekannte Drinks durchgesetzt. Beim Mixen von alkoholfreien Mixgetränken sind durch das heutige Angebot an Fruchtsäften und Fruchtnektaren der Phantasie keinerlei Grenzen gesetzt. In Verbindung mit dem großen Sirup-Angebot lassen sich Kreationen in allen Geschmacksrichtungen und Farben herstellen. Doch auch hier gilt: Nicht nur süße oder säuerliche Säfte verwenden, sondern auf Ausgewogenheit achten.

Fruchtsaft

Nicht vergessen sollte man die Diät- und Light-Produkte sowie die von den Reformhäusern angebotenen, besonders aufbereiteten Säfte und Sirupe. Wenn man aus gesundheitlichen Gründen Rücksicht nehmen muss, so lassen sich bei Verwendung dieser Produkte genauso farbenprächtige und wohlschmeckende Mixgetränke herstellen.

Mit Früchten wie z. B. Orangen, Ananas, Erdbeeren und Cocktailkirschen kann man einfache, ansprechende und auch genießbare Garnituren zubereiten. Weitere Früchte wie Kiwi, Maracuja, Mango etc., die ganzjährig angeboten werden, eignen sich zum Pürieren, und ein zurückgehaltener Rest kann zum Garnieren verwendet werden.

Die besten Partner der Fruchtsäfte sind Milch, Speiseeis und Sirup. In Verbindung mit entalkoholisierten schäumenden Weinen, mit Mineralwasser und in Bowlen finden Fruchtsäfte vielseitige Verwendung. Die Rezepturen auf den folgenden Seiten lassen sich je nach persönlichem Geschmack verändern.

Hitchcock

Die stärkste Hitchcock-Marke, der Orangensaft, wurde 1968 auf dem deutschen Markt eingeführt. Er wurde im Auftrag eines Amerikaners namens Hitchcock (übrigens ein Vetter des Regisseurs Alfred Hitchcock) in Zusammenarbeit mit dem Fruchtsaftunternehmen Tropicana in Florida hergestellt. Erweitert wurde das Angebot ein Jahr später mit Grapefruitsaft und 1979 mit Zitronensaft. Seit 1999 ist das deutsche Fruchtsaftunternehmen Sportfit Inhaber der Markenrechte und auch der Hersteller der Hitchcock-Säfte. Die Marke Hitchcock ist nunmehr seit fast 40 Jahren in Deutschland präsent und steht für Premium Direktsäfte – 100 Prozent direkt gepresst. Die Früchte für die Hitchcock-Säfte reifen

unter der Sonne Floridas, Brasiliens oder Siziliens und stammen aus den besten Anbaugebieten. Sorgfältig ausgewählt werden die extra saftigen Früchte noch im Ernteland direkt gepresst. Es werden die Sorten Orange (mit und ohne Fruchtfleisch), Grapefruit, Ananas, Zitrone, Limette, und „Sunny Breakfast" – eine Komposition aus Orangen, Pink Grapefruit, und Blutorangen – sowie „Exotic Dream" – eine Komposition aus Orange, Mango und Maracuja – angeboten.

Wolfra

Im südlich von München gelegenen Städtchen Wolfratshausen wurde 1930 eine zentrale Obstverwertungsstelle, die heutige Wolfra-Kelterei, gegründet. 1941 verlegte der damals größte Obstverwertungsbetrieb Deutschlands seinen Firmensitz nach München, und seit 1987 produziert man im nordöstlich von München gelegenen Städtchen Erding. Wolfra ist heute der größte Fruchtsafthersteller in Bayern und einer der größten Produzenten des Landes. Das Sortiment umfasst alle bekannten Fruchtsäfte und Fruchtnektare in bester Qualität, sowie Spezialitäten und Saisonprodukte.

Sunny Cup

10 cl Sunny Breakfast Saft
1 cl Zitronensaft
6 cl Ananassaft
2 cl Mandarinensirup
2 cl Guavensirup

Mit Eiswürfeln im Shaker kräftig schütteln und durch das Barsieb in ein Longdrinkglas auf einige Eiswürfel abgießen. Einen Fruchtspieß über den Glasrand legen.

Moon Walker

5 cl Orangensaft
5 cl roter Traubensaft
5 cl Preiselbeernektar
5 cl schwarzer Johannisbeernektar

Mit Eiswürfeln im Shaker kräftig schütteln und durch das Barsieb in ein Longdrinkglas auf einige Eiswürfel abgießen. Mit einer Orangenscheibe und zwei Trauben garnieren.

Florida Sun

2cl Zitronensaft
5cl Orangensaft
5cl Ananassaft
5cl Grapefruitsaft
2cl Maracujasirup

Mit Eiswürfeln im Shaker kräftig schütteln und durch das Barsieb in ein Longdrinkglas auf einige Eiswürfel abgießen. Ein Ananasstück mit einer Cocktailkirsche an den Glasrand stecken.

Sparkling Pineapple

1 Scheibe Ananas
1 cl Zitronensaft
4 cl Kokossirup
10 cl Ananassaft
kaltes Mineralwasser

Die Ananasscheibe mit Säften und Sirup im Elektromixer gut durchmixen. In ein großes Glas gießen, mit Mineralwasser auffüllen, leicht umrühren und mit einem Fruchtspieß garnieren.

Dream of Granada

2 cl Kokossirup
2 cl Grenadine
4 cl Sahne
12 cl Ananassaft

Im Shaker mit einigen Eiswürfeln gut schütteln und in ein Longdrinkglas auf einige Eiswürfel abgießen. Mit einem Fruchtspieß garnieren.

Sweety

4 cl Bananensirup
12 cl Ananassaft
4 cl Kokossirup

Im Shaker mit einigen Eiswürfeln gut schütteln und in ein Longdrinkglas auf einige Eiswürfel abgießen. Mit einem Fruchtspieß garnieren.

Speedy Gonzales

2 cl Blue Curaçao Sirup
6 cl Maracujanektar
6 cl Grapefruitsaft
6 cl Bananennektar

Im Shaker mit einigen Eiswürfeln gut schütteln und in ein Longdrinkglas auf einige Eiswürfel abgießen. Mit einem Fruchtspieß garnieren.

Tahiti

2 cl Kokossirup
4 cl Maracujanektar
6 cl Bananennektar
6 cl Ananassaft

Im Shaker mit Eiswürfeln gut schütteln und in ein Longdrinkglas auf einige Eiswürfel abgießen. Mit einem Fruchtspieß garnieren.

Green Dreams

2 cl Pfefferminzsirup
6 cl Orangensaft
6 cl Ananassaft
6 cl Maracujanektar

Im Shaker mit Eiswürfeln gut schütteln und in ein Longdrinkglas auf einige Eiswürfel abgießen. Mit einem Fruchtspieß garnieren.

Mish Mash

2 cl Kokossirup
6 cl Orangensaft
6 cl Ananassaft
6 cl Grapefruitsaft

Im Shaker mit Eiswürfeln gut schütteln und in ein Longdrinkglas auf einige Eiswürfel abgießen. Mit einer Orangenscheibe und Cocktailkirschen garnieren.

Blaue Nuss

2 cl Blue Curaçao Sirup
4 cl Kokossirup
2 cl Zitronensaft
12 cl Ananassaft

Im Shaker mit einigen Eiswürfeln gut schütteln und in ein Longdrinkglas auf einige Eiswürfel abgießen oder direkt im Glas anrichten. Mit einem Fruchtspieß aus Ananasstücken, Zitronenscheiben und Cocktailkirschen garnieren.

Goofy

4 cl Ananassirup
10 cl Orangensaft
1 Kugel Fruchteis
kaltes Mineralwasser

In ein großes Glas Ananassirup und Orangensaft geben und gut verrühren. Mit Mineralwasser auffüllen und das Fruchteis dazugeben. Mit Ananasstücken und Cocktailkirschen garnieren.

Summertime

4 cl Maracujasirup
4 cl Zitronensaft
6 cl Ananassaft
6 cl Orangensaft

Im Shaker mit einigen Eiswürfeln gut schütteln und in ein Longdrinkglas auf einige Eiswürfel abgießen.

Trinidad

1 cl Grenadine
8 cl Orangensaft
8 cl Ananassaft
4 cl Cream of Coconut

Im Elektromixer gut durchmixen und in ein mit Eiswürfeln gefülltes Longdrinkglas gießen. Mit Früchten garnieren.

Dessert Dream

4 cl Maracujasirup
2 cl Zitronensirup
1 Kugel Vanilleeis
kaltes Sprite

Die Kugel Vanilleeis mit dem Sirup in ein großes Longdrinkglas geben und mit Sprite auffüllen. Mit einem langstieligen Löffel und Trinkhalm servieren.

Baby Colada

4 cl Kokossirup
8 cl Ananassaft
10 cl kalte Milch

Im Shaker mit einigen Eiswürfeln gut schütteln und in ein Longdrinkglas auf einige Eiswürfel abgießen oder direkt im Glas anrichten.

Green Peach

4 cl Blue Curaçao Sirup
4 cl Orangensirup
2 cl Zitronensaft
10 cl Pfirsichnektar

Im Shaker mit einigen Eiswürfeln gut schütteln und in ein Longdrinkglas auf einige Eiswürfel abgießen

Fair Way

4 cl Kiwisirup
4 cl Bananensirup
2 cl Zitronensaft
10 cl Grapefruitsaft

Im Shaker mit einigen Eiswürfeln gut schütteln und in ein Longdrinkglas auf einige Eiswürfel abgießen oder direkt im Glas anrichten. Mit einem Fruchtspieß garnieren.

Crazy Coconut

4 cl Cream of Coconut
1 cl Zitronensaft
6 cl Aprikosennektar
6 cl Orangensaft
6 cl Ananassaft

Im Elektromixer gut durchmixen und in ein mit Eiswürfeln gefülltes Longdrinkglas gießen. Mit einem Fruchtspieß garnieren.

Red Devil

4 cl Kokossirup
2 cl Mandelsirup
12 cl Sauerkirschnektar

Im Shaker mit Eiswürfeln gut schütteln und in ein Longdrinkglas auf einige Eiswürfel abgießen. Mit einem Fruchtspieß garnieren.

Banana-Orange

4 cl Bananensirup
Orangensaft

Den Bananensirup auf einige Eiswürfel in ein Longdrinkglas geben und mit Orangensaft auffüllen. Mit Bananenscheiben und Cocktailkirschen garnieren.

Peach Smile

4 cl Pfirsichsirup
Orangensaft

Den Pfirsichsirup auf einige Eiswürfel in ein Longdrinkglas geben und mit Orangensaft auffüllen. Mit Cocktailkirschen garnieren.

Green Almond

2 cl Blue Curaçao Sirup
2 cl Mandelsirup
8 cl Orangensaft
8 cl Ananassaft

Im Shaker mit Eiswürfeln gut schütteln und in ein Longdrinkglas auf einige Eiswürfel abgießen. Mit einem Karambolestern und einer Cocktailkirsche garnieren.

Ghostbuster

4 cl Maracujasirup
8 cl Grapefruitsaft
4 cl roter Traubensaft
4 cl Sahne

Im Shaker mit Eiswürfeln gut schütteln und in ein Longdrinkglas auf einige Eiswürfel abgießen. Mit Weintrauben garnieren. Trinkhalme dazugeben.

Im Bild: Green Almond >

< Im Bild: Blue River

Blue River

4 cl Blue Curaçao Sirup
8 cl Ananassaft
8 cl Maracujanektar

Im Shaker mit einigen Eiswürfeln gut schütteln und in ein Longdrinkglas auf einige Eiswürfel abgießen. Mit Orangenscheibe und Cocktailkirsche garnieren.

Dolores

2 cl Maracujasirup
2 cl Kokossirup
2 cl Erdbeersirup
kaltes Sodawasser

Die Sirupe in ein Longdrinkglas auf Eiswürfel geben und mit Sodawasser auffüllen. Gut umrühren und mit einem Fruchtspieß garnieren.

Cherry Tea

4 cl Kirschsirup
8 cl Sauerkirschnektar
schwarzer Tee

Den Sirup und den Saft in ein großes Longdrinkglas mit Eiswürfeln geben, mit dem kalten Tee auffüllen und gut rühren.

Kiwi-Orange

4 cl Kiwisirup
Orangensaft

Kiwisirup auf einige Eiswürfel in ein Longdrinkglas geben und mit Orangensaft auffüllen. Mit einer Kiwischeibe garnieren.

Rote Grete

4 cl Orangensaft
2 cl Zitronensaft
4 cl Ananassaft
4 cl Grenadine
kaltes Mineralwasser

Sirup und Säfte in ein Longdrinkglas mit Eiswürfeln geben, gut rühren und mit Mineralwasser auffüllen. Mit einem Fruchtspieß garnieren.

Dumbo

2 cl Pfirsichsirup
2 cl Erdbeersirup
2 cl Zitronensaft
14 cl Orangensaft

Im Shaker mit einigen Eiswürfeln gut schütteln und in ein Longdrinkglas auf einige Eiswürfel abgießen oder direkt im Glas anrichten. Mit Früchten garnieren.

Drachenblut

8 cl Kirschnektar
8 cl Maracujanektar
2 cl Grenadine
2 cl Zitronensaft

Im Shaker mit einigen Eiswürfeln gut schütteln und in ein Longdrinkglas auf einige Eiswürfel abgießen. Mit Zitronenscheibe sowie Cocktailkirschen garnieren.

Vier Viertel

4 cl Apfelsaft
4 cl Zitronensaft
4 cl Orangensaft
4 cl Ananassaft

Im Shaker mit einigen Eiswürfeln gut schütteln und in ein Longdrinkglas auf einige Eiswürfel abgießen. Mit einem Fruchtspieß garnieren.

Fantasy Island

2 cl Grenadine
8 cl Maracujanektar
kaltes Tonic Water

Sirup und Maracujanektar in ein Longdrinkglas mit Eiswürfeln geben, gut rühren und mit Tonic Water auffüllen.

Im Bild: Athletic, Banana-Boat, Virgin Mary und Green Widow >

Athletic

2 cl Cranberrysirup
2 cl Zitronensaft
2 cl Sahne
8 cl roter Traubensaft

Mit einigen Eiswürfeln im Shaker gut schütteln, in ein großes Stielglas abgießen. Mit frischen Trauben garnieren.

Banana-Boat

4 cl Bananensirup
8 cl Grapefruitsaft
8 cl Ananassaft

Im Shaker mit einigen Eiswürfeln gut schütteln und in ein Fancyglas auf einige Eiswürfel abgießen. Mit einem Fruchtspieß garnieren.

Virgin Mary

1 cl Zitronensaft
frisch gemahlener Pfeffer
Selleriesalz
2 Spritzer Tabasco
3–5 Spritzer Worcestershire-Sauce
20 cl Tomatensaft

In ein Longdrinkglas auf einige Eiswürfel die Gewürze und den Zitronensaft geben, mit dem Tomatensaft auffüllen und gut rühren.

Green Widow

16 cl Orangensaft
1 cl Bananensirup
2 cl Blue Curaçao Sirup

Mit Eiswürfeln im Shaker kräftig schütteln und durch das Barsieb in einen großen Tumbler auf einige Eiswürfel abgießen. Eine halbe Orangenscheibe dazugeben.

Calimero

8 cl Orangensaft
8 cl Grapefruitsaft
4 cl Kokossirup
2 cl Blue Curaçao Sirup

Mit Eiswürfeln im Shaker schütteln und in einen Tumbler abgießen.

Yellow Coconut

2 cl Bananensirup
4 cl Cream of Coconut
12 cl Ananassaft

Im Elektromixer gut durchmixen und in ein mit Eiswürfeln gefülltes Longdrinkglas gießen. Mit einem Fruchtspieß aus Bananenscheiben und Cocktailkirschen garnieren.

Blue Coconut

2 cl Blue Curaçao Sirup
2 cl Cream of Coconut
1 cl Bananensirup
12 cl Orangensaft

Im Elektromixer gut durchmixen und in ein mit Eiswürfeln gefülltes Longdrinkglas gießen. Mit Früchten garnieren.

Sweet Bear

2 cl Maracujasirup
4 cl Cream of Coconut
2 cl Zitronensaft
10 cl Orangensaft
Im Elektromixer gut durchmixen und in ein mit Eiswürfeln gefülltes Longdrinkglas gießen.

California

4 cl Pfirsichsirup
2 cl Cream of Coconut
1 cl Rose's Lime Juice
6 cl Ananassaft
6 cl Orangensaft
Im Elektromixer gut durchmixen und in ein mit Eiswürfeln gefülltes Longdrinkglas gießen. Mit Früchten garnieren.

Banana Jack

8 cl Bananennektar
8 cl Orangensaft
2 cl Zitronensaft
1 cl Grenadine
Im Shaker mit einigen Eiswürfeln kräftig schütteln und in ein großes Longdrinkglas auf einige Eiswürfel abgießen. Mit einem Fruchtspieß aus Bananenstücken und Cocktailkirschen garnieren.

Caribbean Dream

1 cl Pfefferminzsirup
2 cl Zitronensaft
8 cl Orangensaft
8 cl Maracujanektar
Im Shaker mit einigen Eiswürfeln gut schütteln und in ein Longdrinkglas auf einige Eiswürfel abgießen. Mit einem Fruchtspieß garnieren.

Im Bild: Bora Bora und Smoothie >

Bora Bora

4 cl Cream of Coconut
4 cl Bananennektar
6 cl Ananassaft
4 cl Maracujanektar
Im Elektromixer gut durchmixen und in ein mit Eiswürfeln gefülltes Fancyglas gießen. Mit einem Fruchtspieß garnieren.

Smoothie

4 cl Cream of Coconut
8 cl Kirschnektar
8 cl Aprikosennektar
Im Elektromixer gut durchmixen und in ein mit Eiswürfeln gefülltes Fancyglas gießen. Mit Früchten garnieren.

Minznuss

4 cl Cream of Coconut
2 cl Pfefferminzsirup
6 cl Orangensaft
6 cl Ananassaft
Im Elektromixer gut durchmixen und in ein mit Eiswürfeln gefülltes Longdrinkglas gießen.

Car Driver

1/2 Banane
4 cl Sahne
8 cl Pfirsichnektar
8 cl Maracujanektar
Im Elektromixer gut durchmixen und in ein mit Eiswürfeln gefülltes Longdrinkglas gießen. Mit einem Fruchtspieß garnieren.

Cherry Mary

6 cl Amarena-Kirsch-Sirup
4 cl Zitronensaft
10 cl Orangensaft
Im Shaker mit Eiswürfeln gut schütteln und in ein großes Stielglas abgießen. Mit Orangenscheibe und Cocktailkirsche garnieren.

Smooth Pineapple

1/2 Scheibe Ananas
4 cl Sahne
8 cl Ananassaft
8 cl Pfirsichnektar
Im Elektromixer gut durchmixen und in ein mit Eiswürfeln gefülltes Longdrinkglas gießen.

Glacier Express

4 cl Rose's Lime Juice
2 cl Zitronensaft
12 cl Grapefruitsaft
Im Shaker mit einigen Eiswürfeln gut schütteln und in ein Longdrinkglas auf einige Eiswürfel abgießen. Eine Zitronenscheibe an den Glasrand stecken.

San Juan Punch

1/2 Scheibe Ananas
einige Erdbeeren
4 cl Zitronensaft
8 cl Orangensaft
Im Elektromixer gut durchmixen und in ein mit Eiswürfeln gefülltes Longdrinkglas gießen.

Grüne Orange

2 cl Blue Curaçao Sirup
2 cl Bananensirup
4 cl Sahne
8 cl Orangensaft
Im Shaker mit einigen Eiswürfeln gut schütteln und in ein Longdrinkglas auf einige Eiswürfel abgießen. Mit Früchten garnieren.

Happy Strawberry

4 cl Kokossirup
8 cl Orangensaft
3 Erdbeeren
Den Rand einer Cocktailschale in einem Zitronenviertel drehen und in eine mit Kokosraspeln gefüllte Schale tupfen. Die Zutaten im Elektromixer mit Eis gut durchmixen und in das vorbereitete Glas gießen. Eine Erdbeere an den Glasrand stecken.

Peachtime

4 cl Pfirsichsirup
4 cl Pfirsichnektar
8 cl Orangensaft
Im Shaker mit einigen Eiswürfeln gut schütteln und in ein Longdrinkglas auf einige Eiswürfel abgießen. Mit einem Fruchtspieß garnieren.

Peach Trip

2 cl Pfirsichsirup
2 cl Blue Curaçao Sirup
8 cl Ananassaft
8 cl Maracujanektar
Im Shaker mit einigen Eiswürfeln gut schütteln und in ein Longdrinkglas auf Eiswürfel abgießen.

Cherry Moon

8 cl Kirschnektar
4 cl Aprikosennektar
kaltes Tonic Water
In ein Longdrinkglas auf Eiswürfel die Säfte geben und mit Tonic Water auffüllen. Mit einem Aprikosenstück und einer Cocktailkirsche garnieren.

Peach-Orange

4 cl Pfirsichsirup
4 cl Pfirsichnektar
4 cl Orangensaft
kaltes Bitter Lemon
Sirup und Säfte in ein Longdrinkglas auf Eiswürfel geben, gut rühren und mit Bitter Lemon auffüllen.

Flamingo Cooler

4 cl Kokossirup
2 cl Erdbeersirup
12 cl Grapefruitsaft
Im Shaker mit einigen Eiswürfeln gut schütteln und in ein Longdrinkglas auf einige Eiswürfel abgießen. Mit Erdbeeren garnieren.

Sunrise

4 cl Kokossirup
10 cl Ananassaft
2 cl Zitronensaft
2 cl Kirschsirup
Ein Longdrinkglas mit gestoßenem Eis füllen. Kokossirup, Ananassaft und Zitronensaft im Shaker mit Eiswürfeln gut schütteln und abgießen. Den Kirschsirup langsam dazugießen. Mit einem Trinkhalm servieren.

Yellow Bear

4 cl Rose's Lime Juice
2 cl Zitronensaft
12 cl Maracujanektar
Im Shaker mit einigen Eiswürfeln gut schütteln und in ein Fancyglas auf einige Eiswürfel abgießen. Mit einer Pfirsichscheibe und einer grünen Cocktailkirsche garnieren.

Almond Colada

2 cl Mandelsirup
2 cl Kokossirup
1 cl Zitronensaft
14 cl Ananassaft
Im Shaker mit einigen Eiswürfeln gut schütteln und in ein Longdrinkglas auf einige Eiswürfel abgießen. Mit Früchten garnieren.

Pink Colada

2 cl Grenadine
4 cl Cream of Coconut
2 cl Sahne
10 cl Ananassaft
Im Elektromixer gut durchmixen und in ein mit gestoßenem Eis halb gefülltes Longdrinkglas gießen. Mit einem Pfefferminzzweig garnieren.

Red Sky

4 cl Rose's Lime Juice
6 cl Ananassaft
10 cl Kirschnektar
In ein Longdrinkglas auf einige Eiswürfel geben und gut rühren.

Im Bild: Yellow Bear >

Summernight

4 cl Rose's Lime Juice
4 cl Zitronensaft
4 cl Johannisbeernektar
12 cl Ananassaft

In ein Longdrinkglas auf einige Eiswürfel geben und gut rühren. Mit einer Zitronenscheibe und Johannisbeeren garnieren.

Daisy

8 cl Pfirsichnektar
4 cl Maracujanektar
4 cl Orangensaft
4 cl Birnennektar

Im Shaker mit einigen Eiswürfeln gut schütteln und in ein Fancyglas auf einige Eiswürfel abgießen. Mit einem Fruchtspieß garnieren.

Miami Vice

1/2 Banane
1/2 Scheibe Ananas
1 TL Traubenzucker
2 cl Zitronensaft
10 cl Ananassaft

Im Elektromixer gut durchmixen und in ein mit Eiswürfeln gefülltes Longdrinkglas gießen. Mit Früchten garnieren.

Grasshopper

4 cl Pfefferminzsirup
4 cl Cream of Coconut
12 cl Ananassaft

Im Elektromixer gut durchmixen und in ein mit Eiswürfeln gefülltes Longdrinkglas gießen. Mit einem Minzezweig garnieren.

Düsentrieb

2 cl Erdbeersirup
6 cl Pfirsichnektar
2 cl Zitronensaft
6 cl Orangensaft
6 cl Ananassaft

Im Shaker mit einigen Eiswürfeln gut schütteln und in ein Longdrinkglas auf einige Eiswürfel abgießen. Mit einem Fruchtspieß garnieren.

Im Bild: Daisy

Banana Lips

4 cl Bananensirup
8 cl Bananennektar
8 cl Grapefruitsaft

Im Shaker mit einigen Eiswürfeln gut schütteln und in ein Longdrinkglas auf einige Eiswürfel abgießen. Mit einem Fruchtspieß garnieren.

Orient Express

2 cl Zitronensaft
8 cl Bananennektar
10 cl Mangonektar

Im Shaker mit einigen Eiswürfeln gut schütteln und in ein Longdrinkglas auf einige Eiswürfel abgießen. Mit Früchten garnieren.

Banana Baby

6 cl Bananennektar
6 cl Maracujanektar
6 cl Ananassaft
2 cl Sahne

Im Shaker mit einigen Eiswürfeln gut schütteln und in ein Longdrinkglas auf einige Eiswürfel abgießen.

Aruba Sling

4 cl Cream of Coconut
2 cl Amarena-Kirsch-Sirup
4 cl Orangensaft
kaltes Bitter Lemon

Cream of Coconut, Sirup und Saft im Elektromixer gut durchmixen und in ein mit Eiswürfeln gefülltes Longdrinkglas gießen. Mit Bitter Lemon auffüllen und leicht umrühren. Mit einem Fruchtspieß garnieren.

Orange Sunrise

2 cl Rose's Lime Juice
10 cl Orangensaft
2 cl Grenadine
Im Shaker mit Eiswürfeln gut schütteln und in ein Longdrinkglas auf einige Eiswürfel abgießen. Grenadine langsam dazugießen.

Cherry Bliss

10 cl Sauerkirschnektar
4 cl Orangensaft
kaltes Mineralwasser
Säfte in ein Longdrinkglas mit Eiswürfeln geben, gut rühren und mit Mineralwasser auffüllen.

Shirley Temple

4 cl Maracujanektar
8 cl Ananassaft
kaltes Sprite
Säfte in ein Longdrinkglas mit Eiswürfeln geben, gut rühren und mit Sprite auffüllen.

Rosenrot

2 cl Erdbeersirup
6 cl Grapefruitsaft
12 cl Kirschnektar
In ein Longdrinkglas auf einige Eiswürfel geben und gut rühren. Einen Fruchtspieß über das Glas legen.

Im Bild: Balu Bear >

Balu Bear

2 cl Grenadine
2 cl Zitronensaft
8 cl Maracujanektar
8 cl roter Traubensaft
Im Shaker mit einigen Eiswürfeln gut schütteln und in ein Fancyglas auf einige Eiswürfel abgießen.

Banana Girl

4 cl Bananensirup
2 cl Cream of Coconut
8 cl Orangensaft
kaltes Bitter Lemon
Cream of Coconut, Sirup und Saft im Elektromixer gut durchmixen und in ein mit Eiswürfeln gefülltes Longdrinkglas gießen. Mit Bitter Lemon auffüllen und leicht umrühren. Mit einem Fruchtspieß garnieren.

Mint Garden

1 cl Pfefferminzsirup
2 cl Zitronensaft
6 cl Ananassaft
6 cl Maracujanektar
6 cl Mangonektar
Im Shaker mit einigen Eiswürfeln gut schütteln und in ein Longdrinkglas auf einige Eiswürfel abgießen. Mit einem Fruchtspieß garnieren.

< ***Im Bild: Orange Sunrise und Cherry Bliss***

Yogi Bear

1 cl Blue Curaçao Sirup
6 cl Grapefruitsaft
6 cl Birnennektar
6 cl Bananennektar
Im Shaker mit einigen Eiswürfeln gut schütteln und in ein Longdrinkglas auf einige Eiswürfel abgießen. Mit Früchten garnieren.

Peach Sling

4 cl Pfirsichsirup
1 cl Grenadine
8 cl Orangensaft
8 cl Ananassaft
Im Shaker mit einigen Eiswürfeln gut schütteln und in ein Longdrinkglas auf einige Eiswürfel abgießen. Mit Früchten garnieren.

Mineralwasser und Limonaden

Die Vielzahl der Mineralwässer und Limonaden mit ihren unterschiedlichen Zusammensetzungen bereichern das Angebot an alkoholfreien Longdrinks um viele reizvolle Möglichkeiten.

Ob Mineralwasser nun mit einem Sirup „parfümiert" oder eine gelungene Mischung von Sirup und Säften mit Mineralwasser verlängert wird, es sind auf alle Fälle leichte, fruchtige Getränke, die dem Körper Mineralstoffe und Vitamine zuführen und nicht nur an heißen Sommertagen äußerst beliebt sind. Das Angebot an Mineralwässern und Limonaden ist so groß, daß man auf die Unterschiede eingehen sollte.

Mineralwasser

Mineralwasser sprudelt in Deutschland aus über 400 natürlichen und künstlich erschlossenen Quellen.
Ständig sickert Wasser von oben durch die Gesteinsschichten, wird dabei auf natürliche Weise gefiltert, gereinigt und zugleich mit den Mineralstoffen, Spurenelementen und Kohlensäure angereichert.
Neben der Herkunft bestimmen noch andere Faktoren den Geschmack, die Zusammensetzung und die Heilwirkung des Wassers. Es kommt darauf an, ab es naturbelassen oder bearbeitet worden ist. Außerdem gibt es noch Quell- und Tafelwasser, dessen Herkunft nicht auf eine Quelle oder eine Wasserart beschränkt ist. Natürliches Mineralwasser lautet die Bezeichnung für Wasser, das stets aus einer unterirdischen Quelle stammt.
Grundsätzlich muss das natürliche Mineralwasser seine ursprüngliche Reinheit und die für diese Quelle typischen Merkmale behalten.
Auf Grund seines Gehaltes an Mineralien und Spurenelementen hat es günstige ernährungsphysiologische Wirkungen.
Mit Ausnahme von Kohlensäure darf ihm nichts zugesetzt und nur aus geschmacklichen Gründen und der Bekömmlichkeit wegen Kohlensäure, Eisen sowie Schwefel entzogen werden. Wenn das Wasser auf diese Weise bearbeitet wurde, muss es auf dem Etikett vermerkt sein.
Enteisent bedeutet: Stark eisenhaltigem Wasser wurde ein Teil des Eisens entzogen. Das Wasser wird so wieder klar.
Entschwefelt muss das Mineralwasser werden, wenn es stark schwefelhaltige Verbindung enthält.
Ohne Kohlensäure-Zusatz bedeutet einfach „Natürliches Mineralwasser". Manche sind kohlensäurearm oder fast kohlensäurefrei.
Kohlensäure entzogen: Entzieht man dem Mineralwasser die Kohlensäure, so muss dies vermerkt sein.
Mit Kohlensäure versetzt wird Mineralwasser, da bei der Gewinnung natürliche Kohlensäure entweicht.
Heilwasser ist ebenfalls natürliches Mineralwasser aus natürlichen Quellen, dem bestimmte Heilwirkungen nachgewiesen wurden. Es darf nichts entzogen und nichts hinzugefügt werden. Heilwässer unterliegen dem Arzneimittelgesetz.
Tafelwasser ist ein künstlich hergestelltes Gemisch aus verschiedenen Wasserqualitäten: Trinkwasser, Mineralwasser und Quellwasser werden gemischt und mit weiteren Zutaten „gewürzt".
Sodawasser heißt Tafelwasser, das mindestens 570 mg Natriumhydrogencarbonat (Natron) und Kohlensäure enthalten muss.

Limonaden

Der Name Limonade stammt von der Limone. Früher verstand man darunter nichts anderes als Zitronensaft mit Wasser und Zucker. Im Allgemeinen werden Limonaden aus natürlichen Aromastoffen, Fruchtauszügen, Zucker, Genusssäuren, Trink- oder Mineralwasser hergestellt. Der Zuckergehalt beträgt mindestens 7 Prozent. Wenn natürliche Farbstoffe zugesetzt werden, muss auf dem Etikett der Hinweis „gefärbt" stehen.
Tonic Water gehört zu den Limonaden, und zwar zu den klaren mit natürlichen Zitrusauszügen und einem Zusatz von höchstens 0,085 g Chinin pro Liter. Die Chinin-Beigabe muss deklariert werden.
Bitter Lemon und andere Bitter-Getränke sind Limonaden, die mit den entsprechenden Fruchtauszügen und immer mit einem Bitter-Aroma hergestellt werden, das meist von einem Chinin-Zusatz oder von bestimmten Kräutern stammt.
Koffeinhaltige Limonaden enthalten 65 bis 250 mg Koffein pro Liter, neben sonstigen Frucht- oder Pflanzenauszügen, meist von der Kola-Nuss. Ihre bräunliche Färbung stammt vom Zuckercouleur. „Koffeinhaltig" muss angegeben sein.
Brausen gelten als „nachgemachte Limonaden" und enthalten statt natürlichen künstliche Essenzen und Farbstoffe.
Limonaden gibt es auch kalorienreduziert:
Die Bezeichung „light" ist von den Verordnungen nicht näher definiert. Sie darf bei Erfrischungsgetränken nur zusammen mit der Angabe „kalorienarm" bzw. „kalorienreduziert" verwendet werden. Diese Limonaden haben mindestens 40 Prozent weniger Kalorien.
Bei diätetischen Erfrischungsgetränken sind nur ganz bestimmte Süßstoffe zugelassen. Sie sind eine eigenständige Getränkegattung.

Apollinaris

Die Apollinaris-Quelle in Bad Neuenahr-Ahrweiler ist eine der bekanntesten und größten in Deutschland. Im Jahre 1851 wurde sie von dem Winzer Georg Kreuzberg in einem Weinberg entdeckt, und er benannte sie nach dem hl. Apollinaris, dessen Statue am Fuße des Weinbergs stand. Schon bald erfreute sich das Apollinaris-Wasser immer größerer Beliebtheit, und heute entfallen über 15 Prozent des Mineralwasserverbrauchs in Deutschland auf Apollinaris.

Spa

Das Wasser aus Spa, am Rande der belgischen Ardennen, ist eines der berühmtesten der Welt. Es war 1583 das erste abgefüllte Mineralwasser, und besonders die Sorten Spa Reine – ohne Kohlensäure und Spa Barisart – mit Kohlensäure genießen heute Weltruf.

San Pellegrino

San Pellegrino kommt aus den Vorbergen der italienischen Alpen, nahe der Stadt Bergamo. Es ist das bekannteste Mineralwasser Italiens und außerhalb der Heimat in über 50 Ländern zu finden.

Coco Cola

Die Geschichte von Coca Cola, der weltweit erfolgreichsten Brause, begann 1886 in Atlanta/Georgia/USA. Heute bietet der auf allen Kontinenten tätige Konzern vielerlei Limonaden an, darunter die weltbekannten Sorten Fanta und Sprite.

Orangina

Seit 1936 entwickelte sich das französische Fruchtsaftgetränk „Orangina" zu einer der größten Limonadenmarken. Orangina besteht aus 12 Prozent Fruchtsaftanteil und zwei Prozent Fruchtfleisch und enthält weder Farbstoff noch künstliches Aroma.

Schweppes

Am Anfang der Geschichte steht ein Mann, dessen Wirken die Grundlage für die heutige Erfrischungsgetränke-Industrie gelegt hat: Jakob Schweppe. Als im Jahre 1783 der in Hessen geborene Jakob Schweppe mit seinem „Soda Water" zum ersten Mal kohlensäurehaltiges Wasser herstellte, war das die Geburtsstunde des heute weltbekannten Unternehmens. Von England aus begann die Verbreitung des „Soda Water" um die ganze Welt. Die Entwicklung war so expansiv, dass bereits 1809 fünf Fabrikationsstätten „Soda Water" und andere Schweppes-Produkte herstellten. 1897 wurde „Ginger Ale" und „Tonic Water" eingeführt und diesen folgten 1957 die Schweppes Bitter-Limonaden. Neu ist die Sorte Citrus Summer. Schweppes Erfrischungsgetränke erfüllen in idealer Weise die Anforderungen von weltbekannten Longdrinks. Als Beigabe oder zur Geschmacksgebung bei vielen Spirituosen sind sie unentbehrlich und zur Herstellung vieler erfrischender Misch- und Mixgetränke hervorragend geeignet.

Wer Wein oder Sekt liebt, aber aus mancherlei Gründen auf den Alkohol verzichten möchte oder muss, hat seit einiger Zeit eine Alternative. Nachdem alkoholfreie Weine schon seit längerem angeboten werden, bietet sich Sektliebhabern nun auch die Chance auf alkoholfreien Konsum ohne Verzicht auf prickelnden Genuss. Bereits vor 3000 Jahren hatten die Ägypter eine Methode entwickelt, um dem Wein Alkohol zu entziehen. Auch der römischen Armee wurde seinerzeit entalkoholisierter Wein gereicht. Der Wein wurde stark erhitzt, bis sich der Alkohol verflüchtigte. Diese Methode wurde auch bei dem ersten deutschen Patent im Jahre 1908 angewandt. Heute werden die alkoholfreien Weine nach den traditionellen Weinanbaumethoden hergestellt. Nach der Reifung und Gärung wird den ausgewählten Weinen der Alkohol auf schonende Weise im Vakuum entzogen. Im Vakuum wird der Wein auf nur 28 °C erwärmt. Bereits bei dieser niedrigen Temperatur entweicht der Alkohol als Gas, wird abgekühlt und tropft als farb- und geruchlose Flüssigkeit in einen Auffangbehälter. Die Kunst besteht darin, den Prozess rechtzeitig zu stoppen, bevor auch die ätherischen Öle und anderen Inhaltsstoffe, die das Aroma und die Qualität des Weins bestimmen, sich dem Alkohol anschließen und sich verflüchtigen.

So entsteht in groben Zügen beschrieben der entalkoholisierte Wein und – nach Zusatz natürlicher Kohlensäure – auch der spritzige Sekt, der offiziell noch nicht so heißen darf und daher „schäumender entalkoholisierter Wein" genannt wird. Der so bearbeitete Rot- oder Weißwein muss weniger als 0,5 Prozent Alkohol enthalten und deutlich als entalkoholisierter Wein gekennzeichnet sein. Der Weincharakter des Originalweines bleibt durch die schonende Entziehung erhalten. Im Geschmack sind die entalkoholisierten Weine nur schwer vom alkoholischen Wein zu unterscheiden. Im Durchschnitt liegen die entalkoholisierten Weine mit einem Restalkohol von 0,1 bis 0,2 Prozent deutlich unter den vorgeschriebenen Werten und weisen auch einen deutlich geringeren Kaloriengehalt aus.

Solche Spuren von Alkohol finden sich zum Beispiel auch in einigen unvergorenen Säften. Alkoholfreier Wein wird als Rot- oder Weißwein in verschiedenen Geschmacksrichtungen angeboten.

Alle Genussmittel, die einer Extraktgehaltreduzierung unterworfen wurden, sind im Geschmack leichter als das Ausgangsprodukt. Dies gilt für Kaffee mit und ohne Koffein ebenso wie für Leichtzigaretten und Wein. Da durch die »Entgeistung« Aromastoffe verloren gehen, verwendet man als Ausgangsprodukt besonders bukettreiche Weine, wie zum Beispiel Rieslingweine aus deutschen Lagen.

Entalkoholisierte Weine eignen sich zum unbeschwerten Genuss. Man trinkt sie ohne Angst vor den Folgen des Alkohols, vor Katerstimmung oder Führerscheinentzug. Sie sind Getränke für gesundheitsbewusste Menschen, denen Mineralwasser zu wenig Geschmack hat und Fruchtsaft zu viele Kalorien enthält. Sie bieten sich auch als Alternative bei Bürofesten, bei denen Alkohol unerwünscht ist, für Empfänge, für Tagungen, bei denen ein klarer Kopf benötigt wird und für viele weitere Anlässe an. Beim Mixen von Cocktails lassen sich durch Verwendung von schäumendem entalkoholisiertem Wein vielerlei fruchtige, interessante Mischungen aller Geschmacksrichtungen herstellen. Oftmals lässt sich durch den Austausch nur einer alkoholischen Zutat der früher alkoholische Drink total entschärfen. Des Weiteren bieten sich viele Möglichkeiten für die Zubereitung von Bowlen.

Cantor Sparkling

Cantor

Das Weingesetz verbietet die Bezeichnung alkoholfreier Sekt, und obwohl Cantor alle Sekteigenschaften aufweist – mit Ausnahme des Alkohols, darf er sich nicht so nennen. Der Name Cantor geht auf die 1852 von den Brüdern Eduard und Friedrich Cantor gegründete Sektkellerei zurück. Die Sektkellereien Henkell & Söhnlein erweckten 1989 den alten Namen wieder zu neuem Leben und bieten mit Cantor eine alkoholfreie Besonderheit an. Cantor ist lt. Formulierung des Gesetzgebers ein „Schäumendes Getränk aus alkoholfreiem Wein". Er hat deutlich weniger als 0,1 %vol Alkoholgehalt und ist damit alkoholfrei (0,5 %vol ist für alkoholfrei die Obergrenze). Auf Grund des Alkoholentzugs hat Cantor auch etwa 2/3 weniger Kalorien als Sekt. Bei der Herstellung wird der Weincuvée auf schonende Weise in einem Unterdruckbehälter (Vakuum) der Alkohol entzogen. Nach dem Entalkoholisieren wird dem Wein dann Gärungskohlensäure zugesetzt. Cantor Alkoholfrei ist ein leichtes, dem Sekt ähnliches Getränk mit weiniger Note. Die Dosage ist halbtrocken (Demi-Sec).

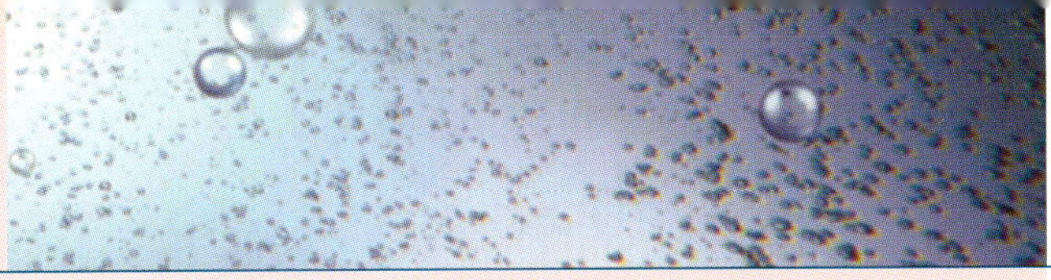

Limonaden

Der Name Limonade stammt von der Limone. Früher verstand man darunter nichts anderes als Zitronensaft mit Wasser und Zucker. Im Allgemeinen werden Limonaden aus natürlichen Aromastoffen, Fruchtauszügen, Zucker, Genusssäuren, Trink- oder Mineralwasser hergestellt. Der Zuckergehalt beträgt mindestens 7 Prozent. Wenn natürliche Farbstoffe zugesetzt werden, muss auf dem Etikett der Hinweis „gefärbt" stehen.
Tonic Water gehört zu den Limonaden, und zwar zu den klaren mit natürlichen Zitrusauszügen und einem Zusatz von höchstens 0,085 g Chinin pro Liter. Die Chinin-Beigabe muss deklariert werden.
Bitter Lemon und andere Bitter-Getränke sind Limonaden, die mit den entsprechenden Fruchtauszügen und immer mit einem Bitter-Aroma hergestellt werden, das meist von einem Chinin-Zusatz oder von bestimmten Kräutern stammt.
Koffeinhaltige Limonaden enthalten 65 bis 250 mg Koffein pro Liter, neben sonstigen Frucht- oder Pflanzenauszügen, meist von der Kola-Nuss. Ihre bräunliche Färbung stammt vom Zuckercouleur. „Koffeinhaltig" muss angegeben sein.
Brausen gelten als „nachgemachte Limonaden" und enthalten statt natürlichen künstliche Essenzen und Farbstoffe.
Limonaden gibt es auch kalorienreduziert:
Die Bezeichung „light" ist von den Verordnungen nicht näher definiert. Sie darf bei Erfrischungsgetränken nur zusammen mit der Angabe „kalorienarm" bzw. „kalorienreduziert" verwendet werden. Diese Limonaden haben mindestens 40 Prozent weniger Kalorien.
Bei diätetischen Erfrischungsgetränken sind nur ganz bestimmte Süßstoffe zugelassen. Sie sind eine eigenständige Getränkegattung.

Apollinaris

Die Apollinaris-Quelle in Bad Neuenahr-Ahrweiler ist eine der bekanntesten und größten in Deutschland. Im Jahre 1851 wurde sie von dem Winzer Georg Kreuzberg in einem Weinberg entdeckt, und er benannte sie nach dem hl. Apollinaris, dessen Statue am Fuße des Weinbergs stand. Schon bald erfreute sich das Apollinaris-Wasser immer größerer Beliebtheit, und heute entfallen über 15 Prozent des Mineralwasserverbrauchs in Deutschland auf Apollinaris.

Spa

Das Wasser aus Spa, am Rande der belgischen Ardennen, ist eines der berühmtesten der Welt. Es war 1583 das erste abgefüllte Mineralwasser, und besonders die Sorten Spa Reine – ohne Kohlensäure und Spa Barisart – mit Kohlensäure genießen heute Weltruf.

San Pellegrino

San Pellegrino kommt aus den Vorbergen der italienischen Alpen, nahe der Stadt Bergamo. Es ist das bekannteste Mineralwasser Italiens und außerhalb der Heimat in über 50 Ländern zu finden.

Coco Cola

Die Geschichte von Coca Cola, der weltweit erfolgreichsten Brause, begann 1886 in Atlanta/Georgia/USA. Heute bietet der auf allen Kontinenten tätige Konzern vielerlei Limonaden an, darunter die weltbekannten Sorten Fanta und Sprite.

Orangina

Seit 1936 entwickelte sich das französische Fruchtsaftgetränk „Orangina" zu einer der größten Limonadenmarken. Orangina besteht aus 12 Prozent Fruchtsaftanteil und zwei Prozent Fruchtfleisch und enthält weder Farbstoff noch künstliches Aroma.

Schweppes

Am Anfang der Geschichte steht ein Mann, dessen Wirken die Grundlage für die heutige Erfrischungsgetränke-Industrie gelegt hat: Jakob Schweppe. Als im Jahre 1783 der in Hessen geborene Jakob Schweppe mit seinem „Soda Water" zum ersten Mal kohlensäurehaltiges Wasser herstellte, war das die Geburtsstunde des heute weltbekannten Unternehmens. Von England aus begann die Verbreitung des „Soda Water" um die ganze Welt. Die Entwicklung war so expansiv, dass bereits 1809 fünf Fabrikationsstätten „Soda Water" und andere Schweppes-Produkte herstellten. 1897 wurde „Ginger Ale" und „Tonic Water" eingeführt und diesen folgten 1957 die Schweppes Bitter-Limonaden. Neu ist die Sorte Citrus Summer. Schweppes Erfrischungsgetränke erfüllen in idealer Weise die Anforderungen von weltbekannten Longdrinks. Als Beigabe oder zur Geschmacksgebung bei vielen Spirituosen sind sie unentbehrlich und zur Herstellung vieler erfrischender Misch- und Mixgetränke hervorragend geeignet.

Wer Wein oder Sekt liebt, aber aus mancherlei Gründen auf den Alkohol verzichten möchte oder muss, hat seit einiger Zeit eine Alternative. Nachdem alkoholfreie Weine schon seit längerem angeboten werden, bietet sich Sektliebhabern nun auch die Chance auf alkoholfreien Konsum ohne Verzicht auf prickelnden Genuss. Bereits vor 3000 Jahren hatten die Ägypter eine Methode entwickelt, um dem Wein Alkohol zu entziehen. Auch der römischen Armee wurde seinerzeit entalkoholisierter Wein gereicht. Der Wein wurde stark erhitzt, bis sich der Alkohol verflüchtigte. Diese Methode wurde auch bei dem ersten deutschen Patent im Jahre 1908 angewandt. Heute werden die alkoholfreien Weine nach den traditionellen Weinanbaumethoden hergestellt. Nach der Reifung und Gärung wird den ausgewählten Weinen der Alkohol auf schonende Weise im Vakuum entzogen. Im Vakuum wird der Wein auf nur 28 °C erwärmt. Bereits bei dieser niedrigen Temperatur entweicht der Alkohol als Gas, wird abgekühlt und tropft als farb- und geruchlose Flüssigkeit in einen Auffangbehälter. Die Kunst besteht darin, den Prozess rechtzeitig zu stoppen, bevor auch die ätherischen Öle und anderen Inhaltsstoffe, die das Aroma und die Qualität des Weins bestimmen, sich dem Alkohol anschließen und sich verflüchtigen.

So entsteht in groben Zügen beschrieben der entalkoholisierte Wein und – nach Zusatz natürlicher Kohlensäure – auch der spritzige Sekt, der offiziell noch nicht so heißen darf und daher „schäumender entalkoholisierter Wein" genannt wird. Der so bearbeitete Rot- oder Weißwein muss weniger als 0,5 Prozent Alkohol enthalten und deutlich als entalkoholisierter Wein gekennzeichnet sein. Der Weincharakter des Originalweines bleibt durch die schonende Entziehung erhalten. Im Geschmack sind die entalkoholisierten Weine nur schwer vom alkoholischen Wein zu unterscheiden. Im Durchschnitt liegen die entalkoholisierten Weine mit einem Restalkohol von 0,1 bis 0,2 Prozent deutlich unter den vorgeschriebenen Werten und weisen auch einen deutlich geringeren Kaloriengehalt aus.

Solche Spuren von Alkohol finden sich zum Beispiel auch in einigen unvergorenen Säften. Alkoholfreier Wein wird als Rot- oder Weißwein in verschiedenen Geschmacksrichtungen angeboten.

Alle Genussmittel, die einer Extraktgehaltreduzierung unterworfen wurden, sind im Geschmack leichter als das Ausgangsprodukt. Dies gilt für Kaffee mit und ohne Koffein ebenso wie für Leichtzigaretten und Wein. Da durch die »Entgeistung« Aromastoffe verloren gehen, verwendet man als Ausgangsprodukt besonders bukettreiche Weine, wie zum Beispiel Rieslingweine aus deutschen Lagen.

Entalkoholisierte Weine eignen sich zum unbeschwerten Genuss. Man trinkt sie ohne Angst vor den Folgen des Alkohols, vor Katerstimmung oder Führerscheinentzug. Sie sind Getränke für gesundheitsbewusste Menschen, denen Mineralwasser zu wenig Geschmack hat und Fruchtsaft zu viele Kalorien enthält. Sie bieten sich auch als Alternative bei Bürofesten, bei denen Alkohol unerwünscht ist, für Empfänge, für Tagungen,

Cantor Sparkling

bei denen ein klarer Kopf benötigt wird und für viele weitere Anlässe an. Beim Mixen von Cocktails lassen sich durch Verwendung von schäumendem entalkoholisiertem Wein vielerlei fruchtige, interessante Mischungen aller Geschmacksrichtungen herstellen. Oftmals lässt sich durch den Austausch nur einer alkoholischen Zutat der früher alkoholische Drink total entschärfen. Des Weiteren bieten sich viele Möglichkeiten für die Zubereitung von Bowlen.

Cantor

Das Weingesetz verbietet die Bezeichnung alkoholfreier Sekt, und obwohl Cantor alle Sekteigenschaften aufweist – mit Ausnahme des Alkohols, darf er sich nicht so nennen. Der Name Cantor geht auf die 1852 von den Brüdern Eduard und Friedrich Cantor gegründete Sektkellerei zurück. Die Sektkellereien Henkell & Söhnlein erweckten 1989 den alten Namen wieder zu neuem Leben und bieten mit Cantor eine alkoholfreie Besonderheit an. Cantor ist lt. Formulierung des Gesetzgebers ein „Schäumendes Getränk aus alkoholfreiem Wein". Er hat deutlich weniger als 0,1 %vol Alkoholgehalt und ist damit alkoholfrei (0,5 %vol ist für alkoholfrei die Obergrenze). Auf Grund des Alkoholentzugs hat Cantor auch etwa 2/3 weniger Kalorien als Sekt. Bei der Herstellung wird der Weincuvée auf schonende Weise in einem Unterdruckbehälter (Vakuum) der Alkohol entzogen. Nach dem Entalkoholisieren wird dem Wein dann Gärungskohlensäure zugesetzt. Cantor Alkoholfrei ist ein leichtes, dem Sekt ähnliches Getränk mit weiniger Note. Die Dosage ist halbtrocken (Demi-Sec).

Limonaden

Der Name Limonade stammt von der Limone. Früher verstand man darunter nichts anderes als Zitronensaft mit Wasser und Zucker. Im Allgemeinen werden Limonaden aus natürlichen Aromastoffen, Fruchtauszügen, Zucker, Genusssäuren, Trink- oder Mineralwasser hergestellt. Der Zuckergehalt beträgt mindestens 7 Prozent. Wenn natürliche Farbstoffe zugesetzt werden, muss auf dem Etikett der Hinweis „gefärbt" stehen.
Tonic Water gehört zu den Limonaden, und zwar zu den klaren mit natürlichen Zitrusauszügen und einem Zusatz von höchstens 0,085 g Chinin pro Liter. Die Chinin-Beigabe muss deklariert werden.
Bitter Lemon und andere Bitter-Getränke sind Limonaden, die mit den entsprechenden Fruchtauszügen und immer mit einem Bitter-Aroma hergestellt werden, das meist von einem Chinin-Zusatz oder von bestimmten Kräutern stammt.
Koffeinhaltige Limonaden enthalten 65 bis 250 mg Koffein pro Liter, neben sonstigen Frucht- oder Pflanzenauszügen, meist von der Kola-Nuss. Ihre bräunliche Färbung stammt vom Zuckercouleur. „Koffeinhaltig" muss angegeben sein.
Brausen gelten als „nachgemachte Limonaden" und enthalten statt natürlichen künstliche Essenzen und Farbstoffe.
Limonaden gibt es auch kalorienreduziert:
Die Bezeichung „light" ist von den Verordnungen nicht näher definiert. Sie darf bei Erfrischungsgetränken nur zusammen mit der Angabe „kalorienarm" bzw. „kalorienreduziert" verwendet werden. Diese Limonaden haben mindestens 40 Prozent weniger Kalorien.
Bei diätetischen Erfrischungsgetränken sind nur ganz bestimmte Süßstoffe zugelassen. Sie sind eine eigenständige Getränkegattung.

Apollinaris

Die Apollinaris-Quelle in Bad Neuenahr-Ahrweiler ist eine der bekanntesten und größten in Deutschland. Im Jahre 1851 wurde sie von dem Winzer Georg Kreuzberg in einem Weinberg entdeckt, und er benannte sie nach dem hl. Apollinaris, dessen Statue am Fuße des Weinbergs stand. Schon bald erfreute sich das Apollinaris-Wasser immer größerer Beliebtheit, und heute entfallen über 15 Prozent des Mineralwasserverbrauchs in Deutschland auf Apollinaris.

Spa

Das Wasser aus Spa, am Rande der belgischen Ardennen, ist eines der berühmtesten der Welt. Es war 1583 das erste abgefüllte Mineralwasser, und besonders die Sorten Spa Reine – ohne Kohlensäure und Spa Barisart – mit Kohlensäure genießen heute Weltruf.

San Pellegrino

San Pellegrino kommt aus den Vorbergen der italienischen Alpen, nahe der Stadt Bergamo. Es ist das bekannteste Mineralwasser Italiens und außerhalb der Heimat in über 50 Ländern zu finden.

Coco Cola

Die Geschichte von Coca Cola, der weltweit erfolgreichsten Brause, begann 1886 in Atlanta/Georgia/USA. Heute bietet der auf allen Kontinenten tätige Konzern vielerlei Limonaden an, darunter die weltbekannten Sorten Fanta und Sprite.

Orangina

Seit 1936 entwickelte sich das französische Fruchtsaftgetränk „Orangina" zu einer der größten Limonadenmarken. Orangina besteht aus 12 Prozent Fruchtsaftanteil und zwei Prozent Fruchtfleisch und enthält weder Farbstoff noch künstliches Aroma.

Schweppes

Am Anfang der Geschichte steht ein Mann, dessen Wirken die Grundlage für die heutige Erfrischungsgetränke-Industrie gelegt hat: Jakob Schweppe. Als im Jahre 1783 der in Hessen geborene Jakob Schweppe mit seinem „Soda Water" zum ersten Mal kohlensäurehaltiges Wasser herstellte, war das die Geburtsstunde des heute weltbekannten Unternehmens. Von England aus begann die Verbreitung des „Soda Water" um die ganze Welt. Die Entwicklung war so expansiv, dass bereits 1809 fünf Fabrikationsstätten „Soda Water" und andere Schweppes-Produkte herstellten. 1897 wurde „Ginger Ale" und „Tonic Water" eingeführt und diesen folgten 1957 die Schweppes Bitter-Limonaden. Neu ist die Sorte Citrus Summer. Schweppes Erfrischungsgetränke erfüllen in idealer Weise die Anforderungen von weltbekannten Longdrinks. Als Beigabe oder zur Geschmacksgebung bei vielen Spirituosen sind sie unentbehrlich und zur Herstellung vieler erfrischender Misch- und Mixgetränke hervorragend geeignet.

Blue Boat

4 cl Blue Curaçao Sirup
2 cl Zitronensaft
4 cl Orangensaft
kaltes Mineralwasser
Sirup und Säfte in ein Longdrinkglas mit Eiswürfeln geben, gut rühren und mit Mineralwasser auffüllen. Mit Früchten garnieren.

Red Angel

2 cl Rose's Lime Juice
8 cl roter Traubensaft
kaltes Bitter Lemon
Sirup und Saft in ein Longdrinkglas mit Eiswürfeln geben, gut rühren und mit Bitter Lemon auffüllen. Mit blauen Trauben garnieren.

Mickey Mouse

kaltes Cola
1 Kugel Vanilleeis
steif geschlagene Sahne
In ein Longdrinkglas auf Eiswürfel das Cola gießen und das Vanilleeis dazugeben. Die Sahne als Haube darauf setzen, mit einem langstieligen Löffel und Trinkhalm servieren.

Full House

2 cl Grenadine
4 cl Grapefruitsaft
4 cl Bananennektar
4 cl Pfirsichnektar
kaltes Tonic Water
Grenadine und Säfte im Shaker mit einigen Eiswürfeln gut schütteln und in ein Longdrinkglas auf Eiswürfel abgießen. Mit Tonic Water auffüllen und mit Früchten garnieren.

Azzurro Notte

2 cl Mandelsirup
2 cl Blue Curaçao Sirup
4 cl Zitronensaft
kaltes Mineralwasser
Sirup und Saft in ein Fancyglas mit Eiswürfeln geben, gut rühren und mit Mineralwasser auffüllen. Mit einer Zitronenschalenspirale garnieren.

Im Bild: Azzurro Notte

Mint und Maunz

2 cl Pfefferminzsirup
4 cl Grapefruitsaft
kaltes Ginger Ale
Sirup und Saft in ein Longdrinkglas mit Eiswürfeln geben, gut rühren und mit Ginger Ale auffüllen.

Snake River

2 cl Maracujasirup
6 cl Grapefruitsaft
kaltes Bitter Lemon
Sirup und Säfte in ein Longdrinkglas mit Eiswürfeln geben, gut rühren und mit Bitter Lemon auffüllen.

Muddy River

2 cl Ananassirup
2 cl Zitronensaft
kaltes Ginger Ale
Sirup und Säfte in ein Longdrinkglas mit Eiswürfeln geben, gut rühren und mit Ginger Ale auffüllen.

Kiwi Bubbles

4 cl Kiwisirup
4 cl Orangensaft
kaltes Tonic Water

Sirup und Säfte in ein Longdrinkglas mit Eiswürfeln geben, gut rühren und mit Tonic Water auffüllen.

Curaçao Tonic

4 cl Blue Curaçao Sirup
kaltes Tonic Water
Sirup in ein Longdrinkglas auf Eiswürfel geben und mit Tonic Water auffüllen. Leicht umrühren.

Softie

4 cl Zitronensaft
4 cl Orangensaft
4 cl Maracujasirup
kaltes Mineralwasser

Sirup und Säfte in ein Longdrinkglas mit Eiswürfeln geben, rühren und mit Mineralwasser auffüllen.

Strawberry Cooler

2 cl Erdbeersirup
1 cl Zitronensaft
8 cl Tropical-Mehrfruchtsaft
kaltes Bitter Lemon

Die Zutaten – ohne Bitter Lemon – mit Eiswürfeln im Shaker schütteln und durch das Barsieb in ein Longdrinkglas auf Eiswürfel abgießen. Mit Bitter Lemon auffüllen.

Yellow Fox

2 cl Maracujasirup
2 cl Zitronensaft
6 cl Ananassaft
kaltes Mineralwasser

Sirup und Säfte in ein Longdrinkglas mit Eiswürfeln geben, gut rühren und mit Mineralwasser auffüllen.

Fruit Highball

1 cl Grenadine
2 cl Rose's Lime Juice
4 cl Grapefruitsaft
6 cl Orangensaft
kaltes Mineralwasser

Sirup und Säfte in ein Longdrinkglas mit Eiswürfeln geben, gut rühren und mit Mineralwasser auffüllen. Mit einer Zitronenschalenspirale garnieren.

Kiwi Ginger

4 cl Kiwisirup
kaltes Ginger Ale

Sirup in ein Glas mit Eiswürfeln geben und mit Ginger Ale auffüllen.

Kirsch Tonic

2 cl Limettensirup
10 cl kalter Kirschnektar
kaltes Tonic Water

Den Sirup und den Kirschnektar in ein Longdrinkglas mit Eiswürfeln geben. Mit einem Barlöffel gut vermischen und mit Tonic Water auffüllen. Mit einer Limettenscheibe und frischen Kirschen garnieren.

Grenadine Soda

4 cl Grenadine
kaltes Sodawasser

Grenadine in ein Longdrinkglas mit Eiswürfeln geben, mit Sodawasser auffüllen und gut aufrühren.

Limetten Spritzer

4 cl Limettensirup
kaltes Mineralwasser mit Kohlensäure

Den Limettensirup in ein Longdrinkglas auf Eiswürfel geben und mit dem Mineralwasser auffüllen. Eine Limettenscheibe dazugeben.

Ipanema

1 Limette
2-3 Barlöffel brauner Rohrzucker
kaltes Ginger Ale

Die Limette in acht Teile schneiden und in einen großen Tumbler geben. Mit einem Holzstößel ausdrücken, den Rohrzucker dazugeben und mit einem Barlöffel gut vermischen. Das Glas zur Hälfte mit Crushed Ice füllen und mit kaltem Ginger Ale aufgießen. Mit dem Barlöffel nochmals umrühren.

Im Bild: Kirsch Tonic, Limetten Spritzer und Grenadine Soda

Wer Wein oder Sekt liebt, aber aus mancherlei Gründen auf den Alkohol verzichten möchte oder muss, hat seit einiger Zeit eine Alternative. Nachdem alkoholfreie Weine schon seit längerem angeboten werden, bietet sich Sektliebhabern nun auch die Chance auf alkoholfreien Konsum ohne Verzicht auf prickelnden Genuss. Bereits vor 3000 Jahren hatten die Ägypter eine Methode entwickelt, um dem Wein Alkohol zu entziehen. Auch der römischen Armee wurde seinerzeit entalkoholisierter Wein gereicht. Der Wein wurde stark erhitzt, bis sich der Alkohol verflüchtigte. Diese Methode wurde auch bei dem ersten deutschen Patent im Jahre 1908 angewandt. Heute werden die alkoholfreien Weine nach den traditionellen Weinanbaumethoden hergestellt. Nach der Reifung und Gärung wird den ausgewählten Weinen der Alkohol auf schonende Weise im Vakuum entzogen. Im Vakuum wird der Wein auf nur 28 °C erwärmt. Bereits bei dieser niedrigen Temperatur entweicht der Alkohol als Gas, wird abgekühlt und tropft als farb- und geruchlose Flüssigkeit in einen Auffangbehälter. Die Kunst besteht darin, den Prozess rechtzeitig zu stoppen, bevor auch die ätherischen Öle und anderen Inhaltsstoffe, die das Aroma und die Qualität des Weins bestimmen, sich dem Alkohol anschließen und sich verflüchtigen.

So entsteht in groben Zügen beschrieben der entalkoholisierte Wein und – nach Zusatz natürlicher Kohlensäure – auch der spritzige Sekt, der offiziell noch nicht so heißen darf und daher „schäumender entalkoholisierter Wein" genannt wird. Der so bearbeitete Rot- oder Weißwein muss weniger als 0,5 Prozent Alkohol enthalten und deutlich als entalkoholisierter Wein gekennzeichnet sein. Der Weincharakter des Originalweines bleibt durch die schonende Entziehung erhalten. Im Geschmack sind die entalkoholisierten Weine nur schwer vom alkoholischen Wein zu unterscheiden. Im Durchschnitt liegen die entalkoholisierten Weine mit einem Restalkohol von 0,1 bis 0,2 Prozent deutlich unter den vorgeschriebenen Werten und weisen auch einen deutlich geringeren Kaloriengehalt aus.

Solche Spuren von Alkohol finden sich zum Beispiel auch in einigen unvergorenen Säften. Alkoholfreier Wein wird als Rot- oder Weißwein in verschiedenen Geschmacksrichtungen angeboten.

Alle Genussmittel, die einer Extraktgehaltreduzierung unterworfen wurden, sind im Geschmack leichter als das Ausgangsprodukt. Dies gilt für Kaffee mit und ohne Koffein ebenso wie für Leichtzigaretten und Wein. Da durch die »Entgeistung« Aromastoffe verloren gehen, verwendet man als Ausgangsprodukt besonders bukettreiche Weine, wie zum Beispiel Rieslingweine aus deutschen Lagen.

Entalkoholisierte Weine eignen sich zum unbeschwerten Genuss. Man trinkt sie ohne Angst vor den Folgen des Alkohols, vor Katerstimmung oder Führerscheinentzug. Sie sind Getränke für gesundheitsbewusste Menschen, denen Mineralwasser zu wenig Geschmack hat und Fruchtsaft zu viele Kalorien enthält. Sie bieten sich auch als Alternative bei Bürofesten, bei denen Alkohol unerwünscht ist, für Empfänge, für Tagungen,

Cantor Sparkling

bei denen ein klarer Kopf benötigt wird und für viele weitere Anlässe an. Beim Mixen von Cocktails lassen sich durch Verwendung von schäumendem entalkoholisiertem Wein vielerlei fruchtige, interessante Mischungen aller Geschmacksrichtungen herstellen. Oftmals lässt sich durch den Austausch nur einer alkoholischen Zutat der früher alkoholische Drink total entschärfen. Des Weiteren bieten sich viele Möglichkeiten für die Zubereitung von Bowlen.

Cantor

Das Weingesetz verbietet die Bezeichnung alkoholfreier Sekt, und obwohl Cantor alle Sekteigenschaften aufweist – mit Ausnahme des Alkohols, darf er sich nicht so nennen. Der Name Cantor geht auf die 1852 von den Brüdern Eduard und Friedrich Cantor gegründete Sektkellerei zurück. Die Sektkellereien Henkell & Söhnlein erweckten 1989 den alten Namen wieder zu neuem Leben und bieten mit Cantor eine alkoholfreie Besonderheit an. Cantor ist lt. Formulierung des Gesetzgebers ein „Schäumendes Getränk aus alkoholfreiem Wein". Er hat deutlich weniger als 0,1 %vol Alkoholgehalt und ist damit alkoholfrei (0,5 %vol ist für alkoholfrei die Obergrenze). Auf Grund des Alkoholentzugs hat Cantor auch etwa 2/3 weniger Kalorien als Sekt. Bei der Herstellung wird der Weincuvée auf schonende Weise in einem Unterdruckbehälter (Vakuum) der Alkohol entzogen. Nach dem Entalkoholisieren wird dem Wein dann Gärungskohlensäure zugesetzt. Cantor Alkoholfrei ist ein leichtes, dem Sekt ähnliches Getränk mit weiniger Note. Die Dosage ist halbtrocken (Demi-Sec).

Cantor Mimosa

1/3 Orangensaft
2/3 kalter Cantor
Cantor in ein Stielglas geben und mit dem Orangensaft auffüllen. Mit einer Orangenscheibe garnieren.

Südsee Trip

4 cl Pfirsichsirup
4 cl Orangensaft
kalter Cantor
Pfirsichsirup und Orangensaft in ein Longdrinkglas mit Eiswürfeln geben und mit Cantor auffüllen.

Kir Cassis

1 cl Cassissirup
10 cl trockener entalkoholisierter Wein
Den Cassis in ein Stielglas geben und mit kaltem entalkoholisiertem Wein auffüllen.

Cardinal

2 cl Cassissirup
10 cl trockener entalkoholisierter Rotwein
Den Cassis in ein Stielglas geben und mit kaltem entalkoholisiertem Wein auffüllen.

Kir Framboise

1 cl Himbeersirup
10 cl trockener entalkoholisierter Wein
Den Himbeersirup in ein Stielglas geben und mit kaltem entalkoholisiertem Wein auffüllen.

Yellow Sun

2 cl Orangensirup
2 cl Bananensirup
4 cl Orangensaft
kalter Cantor
Sirupe und Orangensaft in ein Longdrinkglas mit Eiswürfeln geben und mit Cantor auffüllen. Mit einer Orangenscheibe garnieren.

Peach Velvet

2 cl Pfirsichsirup
1 cl Grenadine
4 cl Orangensaft
kalter Cantor
Pfirsichsirup, Grenadine und Orangensaft im Shaker mit Eiswürfeln schütteln. In einen Kelch abgießen und mit Cantor aufgießen.

Red Kiss

4 cl Amarena-Kirsch-Sirup
8 cl Ananassaft
kalter Cantor
Sirup und Saft mit Eiswürfeln im Shaker schütteln und in einen Kelch abgießen. Mit Cantor auffüllen.

Frühstücksflip

4 cl entalkoholisierter Wein
1 cl Zuckersirup
2 cl Sahne
1 Eigelb
kalter Cantor
Die Zutaten – ohne Cantor – mit Eiswürfeln im Shaker kräftig schütteln, in einen großen Kelch abgießen und langsam mit Cantor auffüllen. Mit Muskat bestreuen.

Im Bild: Cantor Mimosa

Peach Dreams

1 Pfirsich
4 cl Pfirsichsirup
4 cl Orangensaft
kalter Cantor
Den Pfirsich schälen und in kleine Stücke schneiden, die Stücke in ein großes Stielgals geben. Pfirsichsirup und Orangensaft dazugeben und mit Cantor auffüllen. Leicht verrühren und mit einem Teelöffel servieren.

Kiwi Kir

2 cl Kiwisirup
10 cl kalter Cantor
Kiwisirup und einige Eiswürfel in einen großen Sektkelch geben und mit Cantor auffüllen.

Petite Fleur

1 cl Mandelsirup
4 cl Kirschsirup
4 cl Grapefruitsaft
kalter Cantor

Sirupe und Saft mit Eiswürfeln im Shaker schütteln und in einen Kelch abgießen. Mit Cantor auffüllen.

Paradiso

2 cl Grenadine
2 cl Zitronensaft
4 cl Orangensaft
kalter Cantor

Sirup und Säfte mit Eiswürfeln im Shaker schütteln und in einen Kelch abgießen. Mit Cantor auffüllen.

Coco Chérie

4 cl Kokossirup
6 cl Sauerkirschnektar
kalter Cantor

Sirup und Sauerkirschnektar im Shaker auf einigen Eiswürfeln gut schütteln und in eine Schale abgießen. Mit Cantor auffüllen.

Kir Pêche

2 cl Pfirsichsirup
10 cl kalter Cantor

Den Pfirsichsirup in ein Stielglas geben und mit Cantor auffüllen.

Red Banana

2 cl Grenadine
4 cl Bananennektar
10 cl kalter Cantor

Grenadine, Bananennektar und einige Eiswürfel in ein Stielglas geben. Mit einem Barlöffel gut vermischen. Mit Cantor auffüllen und nochmals leicht umrühren. Einen Spieß mit einer Kapstachelbeere über den Glasrand legen.

Exotic Cantor

10 cl Maracujanektar
10 cl kalter Cantor

Den Maracujanektar in ein Fancyglas auf Eiswürfel gießen. Mango-, Maracuja-, Karambole- und Zwergorangenstücke ins Glas geben und mit Cantor auffüllen.

Cantor Pussy Cat

2 cl Grenadine
4 cl Orangensaft
4 cl Ananassaft
10 cl kalter Cantor

Die Zutaten – ohne Cantor – mit Eiswürfeln im Shaker kräftig schütteln. Durch ein Barsieb in ein Longdrinkglas auf einige Eiswürfel abgießen und mit Cantor auffüllen. Mit Ananas und Cocktailkirsche garnieren.

Cantor Kir Royal

1 cl Cassissirup
10 cl kalter Cantor

Den Cassis in ein Stielglas geben und mit Cantor auffüllen.

Eiscremewein Kir Royal

1 Kugel Vanilleeis
2 cl Cassissirup
kalter Cantor

In ein großes Kelchglas das Eis geben, darüber den Cassis gießen und mit Cantor auffüllen. Eine Rispe schwarze Johannisbeeren an den Glasrand stecken und mit einem langstieligen Löffel und Trinkhalm servieren.

Red Star

2 cl Kokossirup
8 cl Sauerkirschnektar
kalter Cantor

Kokossirup und Sauerkirschnektar mit Eiswürfeln im Shaker gut schütteln und in ein Stielglas abgießen. Mit Cantor aufgießen.

Blue Devil

1 cl Blue Curaçao Sirup
1 cl Zitronensaft
kalter Cantor

In einen Sektkelch einen Eiswürfel, Curaçao Sirup und Zitronensaft geben. Mit Cantor auffüllen und noch einige Cocktailkirschen ins Glas geben.

< Im Bild: Exotic Cantor und Cantor Pussy Cat

< Im Bild: Tizian, Summerdream und Strawberry Cup

Tizian

10 cl roter Traubensaft
10 cl kalter Cantor

Den Traubensaft in ein Longdrinkglas auf Eiswürfel gießen und mit Cantor auffüllen.

Summerdream

2 cl Blue Curaçao Sirup
4 cl Orangensaft
4 cl Ananassaft
10 cl kalter Cantor

Die Zutaten – ohne Cantor – mit Eiswürfeln im Shaker kräftig schütteln. Durch ein Barsieb in ein Stielglas auf einige Eiswürfel abgießen und mit Cantor auffüllen.

Little Sin

2 cl Grenadine
4 cl Kirschsaft
4 cl Pfirsichnektar
10 cl kalter Cantor

Die Zutaten – ohne Cantor – mit Eiswürfeln im Shaker kräftig schütteln. Durch ein Barsieb in einen großen Sektkelch abgießen und mit Cantor auffüllen. Einen Spieß mit einer halben Orangenscheibe und zwei Cocktailkirschen über den Glasrand legen.

Blue Angel

2 cl Blue Curaçao Sirup
10 cl kalter Cantor

Den Curaçao Sirup in ein Stielglas geben und mit Cantor auffüllen.

Volcano

3 cl Himbeersirup
3 cl Blue Curaçao Sirup
kalter Cantor

Himbeersirup und Curaçao Sirup in einen Sektkelch geben und mit Cantor auffüllen. Leicht umrühren und mit einer Orangenscheibe garnieren.

Weineiscreme Côte d'Azur

1 Kugel Vanilleeis
4 cl Blue Curaçao Sirup
kalter Cantor

In ein großes Kelchglas das Vanilleeis geben, darüber den Sirup gießen und mit Cantor auffüllen. Mit einem langstieligen Löffel und Trinkhalm servieren.

Blue Pear

2 cl Blue Curaçao Sirup
8 cl Birnensaft
kalter Cantor

In ein mit Eiswürfeln gefülltes Longdrinkglas den Curaçao Sirup und den Birnensaft geben, gut verrühren und mit Cantor auffüllen. Mit einem Fruchtspieß garnieren.

Weineiscreme Kokos-Kirsch

1 Kugel Vanilleeis
2 cl Kokossirup
4 cl Sauerkirschnektar
kalter Cantor

In ein großes Kelchglas das Vanilleeis geben, darüber den Sirup gießen und mit Cantor auffüllen. Mit einem langstieligen Löffel und Trinkhalm servieren.

Strawberry Cup

2 cl Erdbeersirup
2 Erdbeeren
10 cl kalter Cantor

Zwei Erdbeeren in Scheiben schneiden und mit Eiswürfeln in ein Fancyglas geben. Den Erdbeersirup dazugießen und mit Cantor auffüllen. Mit Zitronenmelisse und einer Erdbeere garnieren.

Cantor Bellini

6 cl Pfirsichnektar
kalter Cantor

Pfirsichnektar in einen großen Kelch geben und langsam mit Cantor auffüllen.

Im Bild: Blue Angel >

Mit Eiscreme lassen sich besonders raffinierte Mixgetränke herstellen, die vor allem im Sommer äußerst erfrischend sind. Das bei jung und alt beliebte Speiseeis ist mehr als nur eine süße Nascherei. Es gilt als wertvolles Nahrungsmittel, weil viele Vitamine darin enthalten sind. Der Eiweißgehalt liegt außerdem noch höher als bei der vergleichbaren Menge frischer Trinkmilch.

Das Speiseeis hat eine lange Geschichte. Die Kunst der Zubereitung sollen bereits die Chinesen 3000 v. Chr. beherrscht haben. Im alten Rom ließ Kaiser Nero per Stafette Gipfelschnee kommen und reichte ihn vermischt mit Rosenwasser, Honig und Früchten seinen Gästen als besondere Erfrischung.

Als 1533 Katharina Medici in Florenz den späteren französischen Thronfolger Heinrich II. heiratete, gab es zum Hochzeitsschmaus zartes, dickflüssiges Gefrorenes aus Himbeeren, Orangen und Zitronen. Den größten Einfluss auf dem Weg zum heutigen Speiseeis hatte die fortschreitende Entwicklung der Kühltechnik. Diese bediente sich der Verflüssigung von Ammoniak und ermöglichte schon in der ersten Hälfte des vorigen Jahrhunderts die Herstellung und Lagerung großer Eismengen. Die erste Eiscremefabrik entstand 1851 in Nordamerika. 80 Jahre später konnte man auch in Deutschland das erste industriell hergestellte Speiseeis kaufen. Der Durchbruch beim Verbraucher kam aber erst in den fünfziger Jahren.

Grundlage für die Speiseeisherstellung sind frische Milch, Sahne und andere Molkereiprodukte sowie Zucker. Die Vielfalt des Speiseeises macht eine Einteilung in Gruppen und Sorten schwierig. Die deutsche Speiseeisverordnung unterscheidet sieben Sorten. Innerhalb dieser werden zahlreiche Varianten angeboten, vom Eis am Stiel bis zum Sorbet:

Eiscreme ist ein Speiseeis, das durch Homogenisieren, Pasteurisieren und den Gefriervorgang bei niedriger Temperatur hergestellt wird. Es besteht aus Zucker, Milch, Sahne oder Butterreinfett, natürlichen Aromastoffen und Zutaten wie z. B. Nussmark, Kaffee, Kakao, Karamelcreme. Der Milchfettanteil beträgt mindestens 10 Prozent. Die Fruchteiscreme unterliegt dem gleichen Herstellungsverfahren, sie muss jedoch eine geschmacklich ausreichende Menge Fruchtbestandteile aufweisen und mindestens 8 Prozent Milchfett.

Einfacheiscreme unterscheidet sich von Eiscreme nur durch einen deutlich geringeren Gehalt an Milchfett (mindestens 3 Prozent).

Fruchteis besteht aus Zucker, Wasser, frischem Obst, Fruchtfleisch, Obstmark oder -saft sowie aus natürlichen Geschmacks- und Geruchsstoffen. Der Obstanteil muss mindestens 20 Prozent betragen (bei Zitroneneis werden mindestens 10 Prozent Zitronenmark oder -saft verwendet).

Milchspeiseeis zeichnet sich durch einen Milchanteil von mindestens 70 Prozent aus. Es wird aus Zucker, Milch, natürlichen Geschmacks- und Geruchsstoffen hergestellt.

Rahmeis (Sahneeis) enthält mindestens 60 Prozent Schlagsahne, außerdem noch Zucker sowie natürliche Geschmacks- und Geruchsstoffe.

Cremeeis (Eiercremeeis) wird aus Eiern, Zucker, Milch und natürlichen Geschmacks- und Geruchsstoffen hergestellt.

Bei Cremeeis werden mindestens 270 g Vollei oder 100 g Eidotter auf 1 Liter Milch verwendet.

Eiscreme

Kunstspeiseeis braucht keine der bei den anderen Sorten genannten Mindestanforderungen bezüglich des Gehalts an Ei, Obsterzeugnissen, Schlagsahne oder Milch zu erfüllen.

Eisengel

1 Kugel Vanilleeis
8 cl Orangensaft
10 cl kalter Cantor
In eine Schale das Eis und den Orangensaft geben. Mit Cantor auffüllen. Mit einem langstieligen Löffel und Trinkhalm servieren.

Pfirsich-Eismilch

1 große Kugel Walnusseis
10 cl Pfirsichnektar
10 cl kalte Milch
steif geschlagene Sahne
In einem großen Glas den Saft und die Milch mischen. Die Eiskugel dazugeben und die Sahne als Haube darauf setzen. Mit einem langstieligen Löffel und Trinkhalm servieren.

Pistazien-Eismilch

1 große Kugel Pistazieneis
20 cl kalte Milch
steif geschlagene Sahne
In ein großes Glas die Milch und die Pistazieneiskugel geben. Die Sahne als Haube darauf setzen. Mit einem langstieligen Löffel und Trinkhalm servieren.

Birnen-Eismilch

1 Kugel Zitroneneis
10 cl Birnennektar
10 cl kalte Milch
steif geschlagene Sahne
In einem großen Glas den Nektar und die Milch mischen. Die Eiskugeln dazugeben und die Sahne als Haube darauf setzen. Mit einem langstieligen Löffel und Trinkhalm servieren.

Im Bild: Eisengel >

Black Forest Cup

2 EL Sauerkirschen mit etwas Saft
1 Kugel Kirscheis
10 cl kalte Milch
1 cl Kirschsirup
etwas Vanillinzucker
steif geschlagene Sahne
Alle Zutaten außer der Sahne im Elektromixer gut durchmixen und in ein großes Glas abgießen. Die Sahne als Haube darauf setzen und mit Schokoladenraspeln bestreuen.

Bananen Milkshake

1/2 Banane
20 cl kalte Milch
1 Kugel Vanilleeis
1 EL Honig
Im Elektromixer gut durchmixen und in ein großes Longdrinkglas gießen.

Schoko Milkshake

1/2 Banane
20 cl kalte Milch
4 cl Schokoladensauce
1 Kugel Schokoladeneis
Im Elektromixer gut durchmixen und in ein großes Longdrinkglas gießen.

Ananas Milkshake

1 Scheibe Ananas
20 cl kalte Milch
1 Kugel Ananaseis
2 cl Ananassirup
Im Elektromixer gut durchmixen und in ein Longdrinkglas gießen.

Mango Milkshake

einige Mangostücke
20 cl kalte Milch
2 BL Cream of Coconut
1 Kugel Vanilleeis
Im Elektromixer gut durchmixen und in ein Longdrinkglas gießen.

Coco Dream

1 Kugel Vanilleeis
4 cl Cream of Coconut
20 cl kalte Milch

Im Elektromixer gut durchmixen und in ein großes Longdrinkglas gießen. Mit Ananas und Cocktailkirsche garnieren.

Erdbeer Milkshake

5 Erdbeeren
20 cl kalte Milch
4 cl Erdbeersirup
1 Kugel Erdbeereis

Im Elektromixer gut durchmixen und in ein großes Longdrinkglas gießen. Eine Erdbeere an den Glasrand stecken.

Sanfter Engel

1 Kugel Vanilleeis
Orangensaft
steif geschlagene Sahne

In ein großes Longdrinkglas das Eis geben, mit dem Orangensaft auffüllen und die Sahne als Haube darauf setzen. Mit einem langstieligen Löffel und Trinkhalm servieren.

Birnen Milkshake

1/2 Williams Christ Birne
mit etwas Saft (aus der Dose)
20 cl kalte Milch
1 Kugel Vanilleeis

Im Elektromixer gut durchmixen und in ein Longdrinkglas gießen.

Sweet Rose

1 Kugel Vanilleeis
2 cl Preiselbeersirup
10 cl Kirschnektar

Im Elektromixer gut durchmixen und in ein großes Longdrinkglas gießen.

Maracujaeis-Cocktail

2 Kugeln Fruchteis nach Wahl
(Zitrone, Banane)
Maracujanektar
steif geschlagene Sahne

In ein großes Longdrinkglas das Eis geben, mit dem Maracujanektar auffüllen und die Sahne als Haube darauf setzen. Mit einem langstieligen Löffel und Trinkhalm servieren.

Eiscocktail Italia

1 Kugel Aprikoseneis
1 Kugel Bananeneis
Pfirsichnektar
steif geschlagene Sahne

In ein großes Longdrinkglas das Eis geben, mit dem Pfirsichnektar auffüllen und die Sahne als Haube darauf setzen. Mit einem langstieligen Löffel und Trinkhalm servieren.

Mangoeis-Cocktail

2 Kugeln Vanilleeis
Mangonektar
steif geschlagene Sahne

In ein großes Longdrinkglas das Eis geben, mit dem Mangonektar auffüllen und die Sahne als Haube darauf setzen. Mit einem langstieligen Löffel und Trinkhalm servieren.

Kirscheis-Cocktail

2 Kugeln Vanilleeis
Sauerkirschnektar
steif geschlagene Sahne

In ein großes Longdrinkglas das Eis geben, mit dem Sauerkirschnektar auffüllen und die Sahne als Haube darauf setzen.

Bananencream

1/2 Banane
1 Ei
12 cl kalte Milch
1 Kugel Vanilleeis

Alle Zutaten im Elektromixer kurz durchmixen, in ein Longdrinkglas abgießen, mit Schokoladenraspeln bestreuen.

< Im Bild: Coco Dream und Erdbeer Milkshake

< *Im Bild: Erdbeer Flip und Domino*

Erdbeer Flip

1 Kugel Erdbeereis
4 cl Sahne
4 cl Erdbeersirup
1 Eigelb

Im Elektromixer gut durchmixen und in ein Stielglas füllen. Eine Erdbeere an den Glasrand stecken.

Eistee

1 große Kugel Vanilleeis
1 Tasse starker kalter Tee
steif geschlagene Sahne
Schokoladenraspel

In ein hohes Glas das Eis geben, mit dem Tee übergießen und die Sahne als Haube darauf setzen. Mit Schokoladenraspeln bestreuen. Mit einem langstieligen Löffel und Trinkhalm servieren.

Domino

1 Kugel Vanilleeis
2 cl Bananensirup
10 cl Maracujanektar
2 cl Sahne

Im Elektromixer gut durchmixen und in ein Stielglas gießen. Mit einem Pfirsichstück und einer Cocktailkirsche garnieren.

Trauben-Eismilch

10 cl roter Traubensaft
10 cl kalte Milch
1 große Kugel Vanilleeis
steif geschlagene Sahne

In einem großen Glas den Saft und die Milch mischen. Die Eiskugel dazugeben und die Sahne als Haube darauf setzen. Mit einem langstieligen Löffel und Trinkhalm servieren.

Ananas-Eismilch

10 cl Ananassaft
10 cl kalte Milch
1 Kugel Vanilleeis
1 Kugel Ananaseis
steif geschlagene Sahne

In einem großen Glas den Saft und die Milch mischen. Die Eiskugeln dazugeben und die Sahne als Haube darauf setzen. Mit einem langstieligen Löffel und Trinkhalm servieren.

Maracuja Milkshake

einige Maracujastücke
20 cl kalte Milch
1 Kugel Maracujaeis

Im Elektromixer gut durchmixen und in ein Longdrinkglas gießen.

Melonen Milkshake

einige Melonenbällchen
mit etwas Saft
(aus der Dose)
20 cl kalte Milch
1 Kugel Vanilleeis

Im Elektromixer gut durchmixen und in ein Longdrinkglas gießen.

Mandarinen Milkshake

einige Mandarinenstücke
mit etwas Saft (aus der Dose)
20 cl kalte Milch
1 Kugel Orangeneis

Im Elektromixer gut durchmixen und in ein Longdrinkglas gießen.

Bananas

4 cl Bananensirup
20 cl kalte Milch
1 Kugel Ananaseis

Im Elektromixer gut durchmixen und in ein Longdrinkglas gießen.

Aprikosen Shake

1 Kugel Aprikoseneis
4 cl Aprikosensirup
20 cl kalte Milch

Im Elektromixer gut durchmixen und in ein Longdrinkglas gießen.

Kirsch Flip

1 Kugel Vanilleeis
4 cl Sahne
4 cl Kirschnektar
1 Eigelb
Im Elektromixer gut durchmixen und in ein Stielglas füllen.

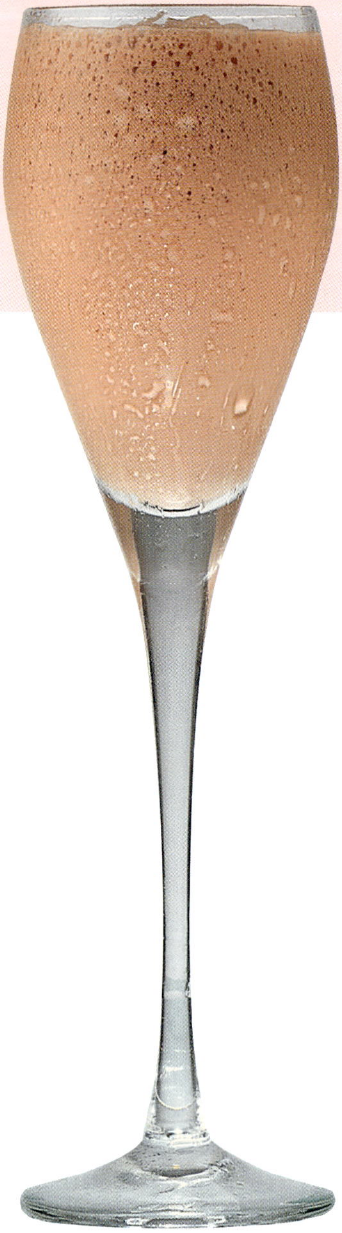

Blueberry Hill

1 Kugel Vanilleeis
10 cl Heidelbeernektar
kaltes Sodawasser
Das Eis mit dem Heidelbeernektar in ein großes Longdrinkglas geben und mit Sodawasser auffüllen. Mit einem langstieligen Löffel und Trinkhalm servieren.

Grenadine Shake

1 Kugel Vanilleeis
2 cl Grenadine
20 cl kalte Milch
Im Elektromixer gut durchmixen und in ein großes Longdrinkglas gießen. Mit einem Pfefferminzzweig garnieren.

Pfirsich Shake

1 Kugel Pfirsicheis
4 cl Pfirsichnektar
20 cl kalte Milch
Im Elektromixer gut durchmixen und in ein großes Longdrinkglas gießen.

Kirsch-Soda

4 cl Kirschsauce
8 cl Sahne
1 Kugel Vanilleeis
kaltes Sodawasser
Kirschsauce mit Sahne und Vanilleeis im Elektromixer gut durchmixen. In ein großes Glas abgießen, mit Sodawasser auffüllen und leicht umrühren.

< ***Im Bild: Kirsch Flip***

Blue Moon

2 cl Blue Curaçao Sirup
1 Kugel Vanilleeis
2 cl Sahne
10 cl kalte Milch
Im Elektromixer gut durchmixen und in ein großes Glas gießen.

Mocca Flip

1 Kugel Schokoladeneis
4 cl Sahne
4 cl Schokoladensauce
1 Eigelb
Im Elektromixer gut durchmixen und in ein großes Stielglas füllen.

Eiskaffee Orange

1 große Kugel Orangeneis
1 Tasse starker schwarzer Kaffee
steif geschlagene Sahne
2 cl Orangensirup
Schokoladenraspel
In ein großes Glas das Eis geben, mit dem Kaffee übergießen und die Sahne als Haube darauf setzen. Den Sirup über das fertige Getränk gießen und mit Schokoladenraspeln bestreuen. Mit einem langstieligen Löffel und Trinkhalm servieren.

Stracciatellamilch

2 Kugeln Stracciatellaeis
kalte Milch
steif geschlagene Sahne
Schokoladenraspel
In ein großes Glas die Eiskugeln geben, mit der kalten Milch auffüllen, die Sahne als Haube darauf setzen und Schokoladenraspel darüber streuen. Mit einem langstieligen Löffel und Trinkhalm servieren.

Bianca Neve

1 Kugel Vanilleeis
2 cl Mandelsirup
10 cl Ananassaft
Im Elektromixer gut durchmixen und in ein großes Longdrinkglas gießen.

Mint Leaf

1 Kugel Vanilleeis
2 cl Pfefferminzsirup
20 cl kalte Milch
Im Elektromixer gut durchmixen und in eine große Cocktailschale gießen. Einige Pfefferminzblätter auf das Getränk geben.

Eiskaffee Cassis

1 große Kugel Johannisbeereis
1 Tasse starker schwarzer Kaffee
steif geschlagene Sahne
2 cl Johannisbeersirup
Schokoladenraspel
In ein großes Glas das Eis geben, mit dem Kaffee übergießen und die Sahne als Haube darauf setzen. Den Sirup über das fertige Getränk gießen und mit Schokoladenraspeln bestreuen. Mit einem langstieligen Löffel und Trinkhalm servieren.

Heidelbeer Shake

200 g tiefgefrorene Heidelbeeren
1/2 l Buttermilch
2 Kugeln Vanilleeis
2 EL Honig
Die Heidelbeeren nach dem Auftauen mit den anderen Zutaten im Elektromixer gut durchmixen, in zwei Gläser abgießen und mit gehackten Mandeln bestreuen.

Grenadine Flip

1 Kugel Vanilleeis
4 cl Sahne
1 cl Grenadine
1 Eigelb

Im Elektromixer gut durchmixen und in eine Schale füllen.

Maracuja-Eismilch

10 cl Maracujanektar
10 cl kalte Milch
1 Kugel Maracujaeis
1 Kugel Vanilleeis
steif geschlagene Sahne

In einem großen Glas den Nektar und die Milch mischen. Die Eiskugeln dazugeben und die Sahne als Haube darauf setzen. Mit einem Fruchtspieß garnieren. Mit einem langstieligen Löffel und Trinkhalm servieren.

Bananen-Eismilch

20 cl Bananenmilch
1 Kugel Bananeneis
1 Kugel Zitroneneis
steif geschlagene Sahne

Die Milch in ein großes Glas gießen. Die Eiskugeln dazugeben und die Sahne als Haube darauf setzen. Mit einem Fruchtspieß garnieren. Mit einem langstieligen Löffel und Trinkhalm servieren.

< Im Bild: Grenadine Flip und Bananen-Eismilch

Eiskaffee

1 große Kugel Vanilleeis
1 Tasse kalter schwarzer Kaffee
steif geschlagene Sahne
Schokoladenraspel

In ein hohes Stielglas das Vanilleeis geben, mit dem Kaffee übergießen und die Sahne als Haube darauf setzen. Schokoladenraspel darüber streuen. Mit einem langstieligen Löffel und Trinkhalm servieren.

Zitronen Flip

1 Kugel Vanilleeis
4 cl Sahne
2 cl Zitronensaft
1 Eigelb

Im Elektromixer gut durchmixen und in ein großes Stielglas füllen.

Orangen Flip

1 Kugel Vanilleeis
4 cl Sahne
4 cl Orangensaft
1 Eigelb

Im Elektromixer gut durchmixen und in ein großes Stielglas füllen.

Ananas Flip

1 Kugel Ananaseis
4 cl Sahne
4 cl Ananassirup
1 Eigelb

Im Elektromixer gut durchmixen und in ein großes Stielglas füllen.

Kokos Flip

1 Kugel Ananaseis
4 cl Sahne
4 cl Kokossirup
1 Eigelb

Im Elektromixer gut durchmixen und in ein großes Stielglas füllen.

Waldmeister Flip

1 Kugel Vanilleeis
4 cl Sahne
4 cl Waldmeistersirup
1 Eigelb

Im Elektromixer gut durchmixen und in ein großes Stielglas füllen.

Cherry Soda

1 Kugel Vanilleeis
10 cl Kirschsaft
kaltes Sodawasser

Das Eis mit dem Kirschsaft in ein großes Longdrinkglas geben und mit Sodawasser auffüllen.

Mandel-Eiskaffee

2 Kugeln Nusseis
1 Tasse kalter schwarzer Kaffee
steif geschlagene Sahne
2 cl Mandelsirup
Mandelsplitter

In ein großes Glas das Nusseis geben, mit dem Kaffee übergießen und die Sahne als Haube darauf setzen. Den Mandelsirup über das fertige Getränk gießen. Mit Mandelsplittern bestreuen. Mit einem langstieligen Löffel und Trinkhalm servieren.

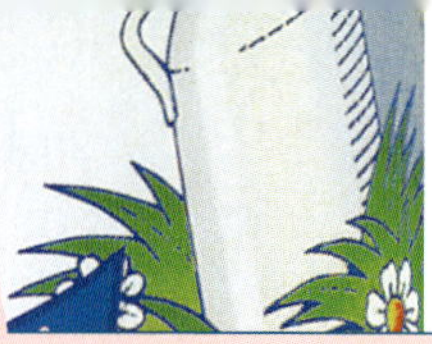

Seit Urzeiten gilt die Milch als wichtiges Grundnahrungsmittel des Menschen. Heute ist dieser ganz besondere Saft so aktuell wie nie zuvor. Umfragen haben ergeben, dass nahezu 90 Prozent unserer Bevölkerung positiv zur Milch stehen und sie für unentbehrlich in der menschlichen Ernährung halten.
Die Erkenntnis, dass gerade in unserer modernen Industriegesellschaft mit ihren vielfältigen Belastungen das Naturprodukt Milch von großem Wert ist, mag die Ursache dafür sein, dass der Verbrauch an Milch und Milcherzeugnissen stetig ansteigt.
Milch ist nicht nur der erste „Drink" in unserem Leben, sie ist auch Grundlage vieler origineller und raffinierter Mixgetränke.
Mixen mit Milch bringt Abwechslung in den Speisezettel und bietet eine attraktive Möglichkeit, die für unsere Gesundheit so wichtige und wertvolle Milch in den täglichen Ernährungsplan einzubauen.

Wenn Milch „pur" einmal auf Ablehnung stößt, so kann mit einem Mixbecher und etwas Phantasie dem schnell abgeholfen werden. So kann man Kindern die Milch schmackhaft machen oder einem verantwortungsbewussten Autofahrer ein Milchmixgetränk anbieten. Anlässe gibt es viele, und dem Einfallsreichtum sind keine Grenzen gesetzt.
Ernährungswissenschaftler weisen darauf hin, dass der Genuss von Milch die körperliche und geistige Leistungsfähigkeit fördert. Energielücken werden durch den hohen Eiweißanteil geschlossen, Vitamin-, Milchzucker- und Milchfettgehalt machen schnell wieder topfit.
In den letzten Jahren haben alkoholfreie Mixgetränke auf Milchbasis einen immer größer werdenden Freundeskreis gefunden. Durch die Vielzahl der neu auf dem Markt erschienenen exotischen Säfte und Sirups sind die Möglichkeiten, interessant schmeckende Mixgetränke herzustellen, um ein Vielfaches gestiegen. So lässt sich außer den bisher bekannten Milch-Shakes, die aus Milch, Eiscreme und pürierten Früchten bestehen, in Verbindung mit Gemüsesäften, Fruchtsaucen oder Ei eine große Anzahl an Geschmacksrichtungen mixen. Die Möglichkeiten reichen von einfachen Mischungen – Milch mit Sirup – bis zum vitaminreichen Gesundheitsdrink mit entsaftetem Gemüse.
Milchmixgetränke lassen sich am einfachsten mit Sirup oder Säften zubereiten. Die Verwendung von frischen Früchten, pürierten Gemüsen oder gehackten Kräutern ist etwas arbeitsaufwändiger.
Milchmixgetränke mit Eiscreme bieten besonders an heißen Tagen

Milch

beliebte Varianten. Grundsätzlich gilt, dass jede verwendete Milch, ob frisch oder im Handel gekauft, sich zum Mixen eignet. Jedoch, je fetthaltiger die Milch ist, desto besser schmeckt das daraus gemixte Getränk.
Da die meisten Milchmixgetränke kalt serviert werden, empfiehlt es sich, vorgekühlte Zutaten zu verwenden. Die Milch sowie Säfte, Sirupe, Früchte etc. sollten zur Zubereitung dem Kühlschrank entnommen werden.
Milchdrinks mit Fruchtsäften oder Obst müssen sehr kräftig gemixt werden, denn dadurch gerinnt die Fruchtsäure besonders feinflockig.
Für alle Milchdrinks gilt sofortiges Servieren nach der Zubereitung, da sie sich durch längeres Stehen farblich und geschmacklich verändern können.
Bei süßen Milchmixgetränken empfiehlt sich eine Sahnehaube, Schokoladen- oder Kokosraspeln, Mandelblättchen oder auch ein Zuckerrand als Garnitur. Solche hübsch dekorierten Gläser erfreuen bei Kindergeburtstagen Alt und Jung.
Ein Milchmixgetränk mit Gemüsesaft ist ein idealer Durstlöscher nach sportlicher Betätigung oder einfach eine gesunde Erfrischung zwischendurch. Zu pikanten Getränken passen Zitronenscheibe, Oliven und Radieschen.
Fruchtspieße aus frischen oder Dosenfrüchten eignen sich bei vielen Frucht-Milch-Mixgetränken, sie zieren jedes Getränk und werden von Kindern begeistert aufgenommen.
Als Knabberei reicht man süßes Kleingebäck, Waffeln, Käsekräcker, Kartoffelchips und Ähnliches.

Bergbauern Milch

„Bergbauern Milch" ist kein Phantasiename, sondern eine Herkunftsbezeichnung, denn diese wertvolle Milch stammt von staatlich anerkannten, bayerischen Bergbauern.

Die Bergbauern-Gebiete wurden vor über 20 Jahren von der EU festgelegt. Landwirte, die als Bergbauern staatlich anerkannt sind, leben und wirtschaften in Gemeinden, die in oder direkt an die Alpen angrenzen. Sie erhalten aufgrund der Höhenlage, was reduzierte Erträge mit sich bringt und der extremen Hangneigungen der bewirtschafteten Flächen, die erschwerte Arbeitsbedingungen mit sich bringen, Zuschüsse von der EU. Kennzeichnend für die Wirtschaftsweise ist ein durchschnittlicher Viehbestand von ca. 10-12 Kühen. In der klein strukturierten Berglandwirtschaft mit einem hohen Anteil an Grünflächen, die aufgrund der Hangneigungen sehr schwer und nur in aufwändiger Handarbeit geerntet werden können, wird traditionell noch extensiv, naturnah gewirtschaftet.

Die Wirtschaftsweise der Bergbauern

Die Durchschnittsgröße der Betriebe (einschl. Wald) beträgt 6,8 ha Land. 78% aller Betriebe bewirtschaften Hanglagen mit einer Hangneigung von über 40%, die von Hand gemäht werden müssen. Diese Extremflächen haben im Durchschnitt einen Anteil von einem Drittel an der gesamten Betriebsfläche.

Die Bergbauern bewirtschaften ihre Höfe unter Verzicht auf Intensivdüngung und Massentierhaltung. Diese Kühe leben durch freies Weiden noch im Einklang mit der Natur. Sie sind nachweislich weniger krankheitsanfällig, benötigen dadurch seltener den Tierarzt und weniger Medikamente. Als Futtergrundlage steht ein üppiger Artenreichtum an Gräsern, Alpenkräutern und sogar Heilpflanzen zur Verfügung wie er sonst kaum mehr anzutreffen ist, im Winter wird würziges Almheu verfüttert. Die Kombination all dieser Faktoren ergibt als Endprodukt Milch von besonders hoher geschmacklicher und gesundheitlicher Wertigkeit.

Die Molkerei Berchtesgadener Land

1927 gründen 54 Bauern eine landwirtschaftliche Verwertungsgesellschaft.

1973 Beginn der separaten Erfassung und Vermarktung von Bio-Milch – anfänglich von drei Bauern.

1974 Aufgrund der schwierigen Vermarktungsituation von Bio-Milch entscheidet man sich zur Zusammenarbeit mit dem Demeter-Bund, dem in Deutschland ältesten ökologisch anerkannten Anbauverband. Die Bio-Produkte werden seither unter dem Markennamen Demeter verkauft.

1988 Einführung der „grünen" Premiumlinie mit echter Herkunftsgarantie. Milch von staatlich anerkannten Bergbauernhöfen wird separat abgeholt, verarbeitet und vermarktet.

1998 Zur Demeter-Milch werden zusätzlich 6 Mio. kg Naturlandmilch separat erfasst und vermarktet.

2006 Von knapp 1000 Bergbauern aus dem Berchtesgadener Land, dem Chiemgau und dem Isarwinkel wird täglich die Milch frisch erfasst und verarbeitet.

Die Produkte

In der Produktgruppe Bergbauernmilch wird in der markanten grünen Ausstattung frische und haltbare Bergbauernmilch, außerdem Trinkjoghurt, Fruchtjoghurt, Topfen (Quark) und Butter angeboten.

Das Bio-Sortiment bietet Frische Alpenmilch, Joghurt und Butter, frische und haltbare Vollmilch und fettarme Milch.

Snoopy

2 cl Mandelsirup
2 cl Kokossirup
2 cl Zitronensaft
14 cl kalte Milch

Im Shaker mit einigen Eiswürfeln gut schütteln und in ein Longdrinkglas auf einige Eiswürfel abgießen.

Cherry Banana

3 cl Kirschsirup
3 cl Bananensirup
4 cl Orangensaft
12 cl kalte Milch

Im Shaker mit einigen Eiswürfeln gut schütteln und in ein Longdrinkglas auf einige Eiswürfel abgießen. Mit einem Fruchtspieß garnieren.

Pfefferminz-Bananen-Milch

3 cl Pfefferminzsirup
3 cl Bananensirup
10 cl kalte Milch
4 cl Orangensaft

Im Shaker mit einigen Eiswürfeln gut schütteln und in ein Longdrinkglas auf einige Eiswürfel abgießen. Mit einer Orangenscheibe, einer Cocktailkirsche und einem Pfefferminzzweig garnieren.

Cranberry-Mix

1/4 l Vollmilch (heiß oder kalt)
2 TL Nescafé
2 TL Instant-Kakao
1 EL Cranberrysirup
1 EL Honig

Alle Zutaten im Glas gut verquirlen. Heiß oder kalt servieren.

Cassismilch

15 cl kalte Milch
4 cl Cassissirup
1 cl Zitronensaft

Die Milch in ein Longdrinkglas geben, den Cassis und den Zitronensaft einrühren.

Latte di Mandorla

16 cl kalte Milch
2–4 cl Mandelsirup

Die Milch in ein Longdrinkglas geben und den Sirup einrühren. Mit Mandelsplittern bestreuen.

Tropische Milch

12 cl kalte Milch
4 cl Ananassirup
4 cl Pfefferminzsirup

Die Milch in ein Longdrinkglas geben, den Ananassirup und den Pfefferminzsirup einrühren.

Sweet Dreams

16 cl kalte Milch
2 cl Mandelsirup
2 cl Erdbeersirup

Die Milch in ein Longdrinkglas geben, Mandel- und Erdbeersirup einrühren.

Fix-Mix

10 cl Erbeermilch
6 cl Orangensaft
4 cl Himbeersirup

Alle Zutaten in ein Longdrinkglas geben und gut verrühren. Eine Erdbeere an den Glasrand stecken.

Fruchtmilch

4 cl Maracujasirup
10 cl Ananassaft
10 cl kalte Milch

Im Shaker mit einigen Eiswürfeln gut schütteln und in ein Longdrinkglas auf einige Eiswürfel abgießen. Mit Früchten garnieren.

Frühstückstrunk

4 EL Haferflocken
4 EL Honig
2 EL Sanddornsirup
3/4 l kalte Vollmilch

Alle Zutaten im Elektromixer gut durchmixen. Kalt servieren.

Tomato Velvet

1/4 l Tomatensaft
1/4 l kalte Vollmilch
1 Eigelb
1 TL geriebener Meerrettich
Salz und Pfeffer nach Geschmack

Alles in den Elektromixer geben und gut durchmixen. Gut gekühlt servieren.

Gemüse-Milch-Mix

je 250 g Gurken, Möhren, Paprikaschoten, Tomaten und Spinat
1/4 l kalte Vollmilch
Tabasco, Zitronensaft
Salz und Zucker nach Geschmack

Das Gemüse waschen, putzen und entsaften. Den Saft mit der gekühlten Milch vermengen und abschmecken. Es kann auch ein halber Liter fertig gekaufter Gemüsesaft verwendet werden.

Milch-Prärieauster

1/4 l kalte Vollmilch
1/4 l Sahne
4 EL Ketchup
4 Eigelb
4 Spritzer Worcestershire-Sauce
4 Prisen Muskat

Alle Zutaten im Elektromixer gut durchmixen. Kalt servieren.

Vanillemilch

2 Eier, getrennt
2 Päckchen Vanillinzucker
1 EL Zucker
1 EL Puderzucker
1/2 l kalte Vollmilch

Eigelb mit Vanillinzucker, Zucker und Milch im Elektromixer gut durchmixen. Eiweiß steif schlagen, den Puderzucker zuletzt untermengen. Die Hälfte davon unter die Vanillemilch geben, mit dem Rest die Drinks garnieren.

Monkey Milk

4 cl Kokossirup
4 cl Bananensirup
12 cl kalte Milch

Im Shaker mit einigen Eiswürfeln gut schütteln und in ein Longdrinkglas auf einige Eiswürfel abgießen. Mit Früchten garnieren.

Cherry Velvet

1 cl Bananensirup
3 cl Amarena-Kirsch-Sirup
16 cl kalte Milch

Im Shaker mit einigen Eiswürfeln gut schütteln und in ein Longdrinkglas auf einige Eiswürfel abgießen. Mit Früchten garnieren.

Banana Mix

4 cl Bananensirup
1 Eigelb
1 cl Grenadine
20 cl kalte Milch

Im Elektromixer gut durchmixen und in ein großes Glas gießen.

Pick me up in the Morning

4 cl Tomatensaft
1 Eigelb
15 cl kalte Milch
Salz, Pfeffer
Worcestershire-Sauce
Tabasco

Im Elektromixer gut durchmixen und in ein großes Glas gießen.

Melonentraum

500 g Zuckermelone
4 EL Sahne
1/2 l fettarme kalte Milch
Saft von 1 Limette
1 Päckchen Vanillinzucker
Honig nach Geschmack

Das gut gekühlte Melonenfleisch mit Sahne im Elektromixer pürieren, dann Milch und Limettensaft darunter mixen und abschmecken.

Erdbeer-Bananen-Milch

12 cl kalte Milch
5 Erdbeeren
1/2 Banane
2 cl Erdbeersirup
Vanillinzucker

Im Elektromixer gut durchmixen und in ein großes Longdrinkglas gießen. Mit Fruchtspieß garnieren.

Café Oriental

4 cl Maracujasirup
12 cl Orangensaft
2 cl Zitronensaft
2 Eigelb
4 TL Nescafé
1/2 l kalte Vollmilch
brauner Zucker nach Geschmack
etwas Muskat

Alle Zutaten im Elektromixer gut durchmixen und in Longdrinkgläser gießen.

Tropical Banana

1/2 Banane
4 cl Ananassaft
10 cl kalte Milch
1 EL Honig
2 cl Cream of Coconut

Im Elektromixer gut durchmixen und in ein großes Glas gießen. Mit einem Fruchtspieß garnieren.

Sportlermilch

1 Eigelb
1 TL Honig
2 TL Ovomaltine
20 cl kalte Milch

Im Elektromixer gut durchmixen und in ein großes Glas gießen. Mit Schokoladenraspeln bestreuen.

Coco Mystery

2 cl Kokossirup
2 EL Schokoladensauce
4 cl Sahne
10 cl kalte Milch

Im Elektromixer gut durchmixen und in ein großes Glas gießen. Mit Kokosraspeln besteuen.

Bananino

1 Banane
100 g Joghurt
1 TL Honig
1 Ei
10 cl kalte Milch
Im Elektromixer gut durchmixen und in ein großes Glas gießen.

Bananen-Ananas-Milch

2 cl Bananensirup
1 cl Kokossirup
8 cl Ananassaft
10 cl kalte Milch
Mit Eiswürfeln im Shaker kräftig schütteln und durch das Barsieb in ein Fancyglas auf einige Eiswürfel abgießen.

Pink Cloud

4 cl Cranberrysirup
1 Kugel Vanilleeis
2 cl Sahne
10 cl kalte Milch
Im Elektromixer gut durchmixen und in ein großes Glas gießen.

Jogging Mix

2 cl Mandarinensirup
10 cl roter Traubensaft
10 cl kalte Milch
Mit Eiswürfeln im Shaker kräftig schütteln und durch das Barsieb in ein Fancyglas auf einige Eiswürfel abgießen. Einen Spieß mit Mandarinenspalten und Trauben über den Glasrand legen.

Feige Milch

2 Feigen aus der Dose
4 cl Sahne
10 cl kalte Milch
Im Elektromixer gut durchmixen und in ein großes Glas gießen.

Pink Coconut

2 cl Cream of Coconut
4 cl Kirschsirup
4 cl Ananassaft
10 cl kalte Milch
Im Elektromixer gut durchmixen und in ein großes Glas gießen.

Möhrenmix

1/4 l kalte Vollmilch
1/4 l Möhrensaft
1 Prise Ingwerpulver
4 EL Sahne
4 TL gemahlene Haselnüsse
Honig nach Geschmack
Die gekühlte Milch im Elektromixer mit dem Möhrensaft verquirlen, mit Honig und Ingwerpulver abschmecken und mit Sahne und Haselnüssen verfeinern. Je nach Geschmack mit Honig süßen.

Honigmandel

2 cl Mandelsirup
1 EL Honig
10 cl Orangensaft
10 cl kalte Milch
Im Elektromixer gut durchmixen und in ein großes Glas gießen.

< Im Bild: Bananen-Ananas-Milch und Jogging Mix

Erdbeermilch

50 g Erdbeeren
10 cl kalte Milch
1 cl Grenadine
1 Kugel Erdbeereis
4 cl Sahne
Im Elektromixer gut durchmixen und in ein großes Glas gießen.

Honig Egg Nog

1 Ei
2 EL Honig
4 cl Sahne
20 cl kalte Milch
Im Shaker mit einigen Eiswürfeln gut schütteln und in ein Longdrinkglas abgießen. Oder die gekühlten Zutaten im Elektromixer gut durchmixen und in ein großes Glas gießen. Mit Muskat bestreuen.

Pinocchio

2 cl Kokossirup
2 cl Erdbeersirup
8 cl Ananassaft
10 cl kalte Milch
Die Milch in eine große Cocktailschale geben, den Sirup und den Saft einrühren. Einen Fruchtspieß mit Erdbeeren und Ananasstücken über den Glasrand legen.

Orangenmilch

1 mittelgroße, geschälte Orange
10 cl kalte Milch
4 cl Sahne
2 cl Orangensirup
Im Elektromixer gut durchmixen und in ein großes Glas gießen.

Wer Gesundheit und Fitness in besonders angenehmer Form zu sich nehmen will, sollte zu Milcherzeugnissen greifen. Sie sind durch ihre fein-säuerliche Geschmacksnote vor allem an heißen Tagen sehr erfrischend, äußerst bekömmlich, ernährungsphysiologisch wertvoll und werden in einer so breiten Palette angeboten, dass für jeden Geschmack und für jeden Anlass das Richtige zu finden ist.

Mit Milcherzeugnissen lassen sich aber auch durch die Zugaben von Eiscreme, Saft, Sirup, Gemüse oder Früchten vielerlei Mixgetränke in vielen Geschmacksrichtungen zubereiten. Die gesäuerten Milcherzeugnisse werden aus pasteurisierter Milch hergestellt, der man je nach Sorte noch spezielle Bakterienkulturen, Gewürze und sonstige Geschmackskomponenten beigibt. Je nach Konsistenz unterscheidet man trinkbare, löffel- oder stichfeste Sauermilcherzeugnisse.

Mixgetränke mit Milchprodukten wie Kefir, Joghurt, Buttermilch oder Dickmilch (Sauermilch) haben immer Saison und schmecken auch zu jeder Stunde des Tages. Als Bargetränk und im Angebot der gastronomischen Betriebe – im Gegensatz zu Mixgetränken mit Milch – noch etwas vernachlässigt, haben sich diese gesunden und bekömmlichen Drinks im Privathaushalt längst durchgesetzt.

Besonders Kinder genießen diese „verschönerten" Milchprodukte mit ihren abwechslungsreichen Farben, Geschmacksrichtungen und Garnierungen. Außerdem macht das Zubereiten Spaß, und ein selbst gemixter Drink schmeckt besser als ein Glas Buttermilch oder Joghurt. Es finden sich unter den Rezepten auch „Katerkiller" für den strapazierten Magen am Tag danach oder für eine kleine Mahlzeit zwischendurch. Beim Mixen vom Milchprodukten gelten in der Regel die Tipps, die auch beim Mixen mit Milch beachtet werden sollten. Um Ihnen die Entscheidung, welches Milchprodukt Sie verwenden wollen, etwas zu erleichtern, finden Sie hier eine kleine Beschreibung der bekanntesten Milcherzeugnisse.

Buttermilch entsteht bei der Verarbeitung von Rahm zu Butter. Durch diese Art der Herstellung unterscheidet sie sich von allen anderen gesäuerten Milcherzeugnissen, die unmittelbar aus der Milch bereitet werden. Ihr Fettgehalt liegt mit 0,3 Prozent bis 1,0 Prozent extrem niedrig. „Reine Buttermilch" enthält keinerlei Fremdwasser.

Die Sauermilch oder Dickmilch wird durch Dicklegung von Milch erzeugt, indem ihr Milchsäurebakterien zugeführt werden. Es entstehen mild säuerliche, trinkbare oder dickgelegte (stichfeste) Sauermilchsorten mit denselben Fettstufen wie die Ausgangsmilch. Durch den Abbau des Milchzuckers sind die Sauermilchsorten noch bekömmlicher als ihre jeweilige Ausgangsmilch bei nur wenig geringertem Nährstoffgehalt.

Joghurt in jeder möglichen Form wurde vor allem als leichte Zwischenmahlzeit in den letzten Jahren bei uns zum großen Hit. Seit die Bulgaren ihn im 8. Jahrhundert n. Chr. zu uns brachten, ist die Herstellung zwar modernisiert, aber im Wesentlichen nicht verändert worden. Er entsteht in der Molkerei durch Zusatz von Reinkulturen zur pasteurisierten Milch.

Milchprodukte

Es gibt neben der löffelfesten auch eine trinkbare Form des Joghurts. Joghurterzeugnisse werden in den Fettgehaltstufen 0,3 Prozent (Magermilchjoghurt), 1,5 Prozent bis 1,8 Prozent (fettarmer Joghurt), 3,5 Prozent (Joghurt) und 10 Prozent (Sahne- oder Rahmjoghurt) angeboten.

Kefir, ein ursprünglich türkisch-tatarisches Getränk, das erst seit 1880 bei uns bekannt ist, gilt in seiner Heimat als „Lebensverlängerer". Kefir wurde mittlerweile unseren Geschmacks- und Verbrauchergewohnheiten angepasst und hat auch bei uns viele Freunde gefunden. Kefir kann neben Kohlensäure geringe Mengen von Alkohol (0,1 Prozent bis 0,6 Prozent) enthalten. Das pikant süß-sauer schmeckende Getränk wird aus pasteurisierter Milch unter Zusatz von Kefirkulturen hergestellt. Wie Joghurterzeugnisse wird der Kefir in vier Fettgehaltstufen angeboten. Neben dem sämigen Trinkkefir, der Sauermilch ähnelt, gibt es eine löffelfeste Sorte und auch fertige Mischgetränke mit Kefir.

Bio-Milch stammt von Bauern, die traditionell und nach streng kontrollierten Vorgaben wirtschaften. Dazu gehört der Verzicht auf chemisch-synthetische Düngemittel und Pestizide, eine natürlich artgerechte Tierhaltung und die schonende Weiterverarbeitung der Milch.

Bergbauern Milch stammt von staatlich anerkannten Bergbauern, die in von der EU festgelegten Gebieten naturnah wirtschaften (siehe Milch Seite 204).

Wer Gesundheit und Fitness in besonders angenehmer Form zu sich nehmen will, sollte zu Milcherzeugnissen greifen. Sie sind durch ihre fein-säuerliche Geschmacksnote vor allem an heißen Tagen sehr erfrischend, äußerst bekömmlich, ernährungsphysiologisch wertvoll und werden in einer so breiten Palette angeboten, dass für jeden Geschmack und für jeden Anlass das Richtige zu finden ist.

Mit Milcherzeugnissen lassen sich aber auch durch die Zugaben von Eiscreme, Saft, Sirup, Gemüse oder Früchten vielerlei Mixgetränke in vielen Geschmacksrichtungen zubereiten. Die gesäuerten Milcherzeugnisse werden aus pasteurisierter Milch hergestellt, der man je nach Sorte noch spezielle Bakterienkulturen, Gewürze und sonstige Geschmackskomponenten beigibt. Je nach Konsistenz unterscheidet man trinkbare, löffel- oder stichfeste Sauermilcherzeugnisse.

Mixgetränke mit Milchprodukten wie Kefir, Joghurt, Buttermilch oder Dickmilch (Sauermilch) haben immer Saison und schmecken auch zu jeder Stunde des Tages. Als Bargetränk und im Angebot der gastronomischen Betriebe – im Gegensatz zu Mixgetränken mit Milch – noch etwas vernachlässigt, haben sich diese gesunden und bekömmlichen Drinks im Privathaushalt längst durchgesetzt.

Besonders Kinder genießen diese „verschönerten" Milchprodukte mit ihren abwechslungsreichen Farben, Geschmacksrichtungen und Garnierungen. Außerdem macht das Zubereiten Spaß, und ein selbst gemixter Drink schmeckt besser als ein Glas Buttermilch oder Joghurt. Es finden sich unter den Rezepten auch „Katerkiller" für den strapazierten Magen am Tag danach oder für eine kleine Mahlzeit zwischendurch. Beim Mixen vom Milchprodukten gelten in der Regel die Tipps, die auch beim Mixen mit Milch beachtet werden sollten. Um Ihnen die Entscheidung, welches Milchprodukt Sie verwenden wollen, etwas zu erleichtern, finden Sie hier eine kleine Beschreibung der bekanntesten Milcherzeugnisse.

Buttermilch entsteht bei der Verarbeitung von Rahm zu Butter. Durch diese Art der Herstellung unterscheidet sie sich von allen anderen gesäuerten Milcherzeugnissen, die unmittelbar aus der Milch bereitet werden. Ihr Fettgehalt liegt mit 0,3 Prozent bis 1,0 Prozent extrem niedrig. „Reine Buttermilch" enthält keinerlei Fremdwasser.

Die Sauermilch oder Dickmilch wird durch Dicklegung von Milch erzeugt, indem ihr Milchsäurebakterien zugeführt werden. Es entstehen mild säuerliche, trinkbare oder dickgelegte (stichfeste) Sauermilchsorten mit denselben Fettstufen wie die Ausgangsmilch. Durch den Abbau des Milchzuckers sind die Sauermilchsorten noch bekömmlicher als ihre jeweilige Ausgangsmilch bei nur wenig geringertem Nährstoffgehalt.

Joghurt in jeder möglichen Form wurde vor allem als leichte Zwischenmahlzeit in den letzten Jahren bei uns zum großen Hit. Seit die Bulgaren ihn im 8. Jahrhundert n. Chr. zu uns brachten, ist die Herstellung zwar modernisiert, aber im Wesentlichen nicht verändert worden. Er entsteht in der Molkerei durch Zusatz von Reinkulturen zur pasteurisierten Milch.

Milchprodukte

Es gibt neben der löffelfesten auch eine trinkbare Form des Joghurts. Joghurterzeugnisse werden in den Fettgehaltstufen 0,3 Prozent (Magermilchjoghurt), 1,5 Prozent bis 1,8 Prozent (fettarmer Joghurt), 3,5 Prozent (Joghurt) und 10 Prozent (Sahne- oder Rahmjoghurt) angeboten.

Kefir, ein ursprünglich türkisch-tatarisches Getränk, das erst seit 1880 bei uns bekannt ist, gilt in seiner Heimat als „Lebensverlängerer". Kefir wurde mittlerweile unseren Geschmacks- und Verbrauchergewohnheiten angepasst und hat auch bei uns viele Freunde gefunden. Kefir kann neben Kohlensäure geringe Mengen von Alkohol (0,1 Prozent bis 0,6 Prozent) enthalten. Das pikant süß-sauer schmeckende Getränk wird aus pasteurisierter Milch unter Zusatz von Kefirkulturen hergestellt. Wie Joghurterzeugnisse wird der Kefir in vier Fettgehaltstufen angeboten. Neben dem sämigen Trinkkefir, der Sauermilch ähnelt, gibt es eine löffelfeste Sorte und auch fertige Mischgetränke mit Kefir.

Bio-Milch stammt von Bauern, die traditionell und nach streng kontrollierten Vorgaben wirtschaften. Dazu gehört der Verzicht auf chemisch-synthetische Düngemittel und Pestizide, eine natürlich artgerechte Tierhaltung und die schonende Weiterverarbeitung der Milch.

Bergbauern Milch stammt von staatlich anerkannten Bergbauern, die in von der EU festgelegten Gebieten naturnah wirtschaften (siehe Milch Seite 204).

Grenadine Milk

1 Kugel Vanilleeis
2 cl Grenadine
15 cl kalte Milch
Im Elektromixer gut durchmixen und in ein großes Glas abgießen. Eine Erdbeere an den Glasrand stecken.

Erdbeer-Vanille-Mix

4 cl Erdbeersauce
4 cl Vanillesauce
4 cl Sahne
10 cl kalte Milch
Im Elektromixer gut durchmixen und in ein großes Glas gießen. Eine Erdbeere an den Glasrand stecken.

White Dream

2 cl Mandelsirup
2 cl Orangensirup
16 cl kalte Milch
Im Elektromixer gut durchmixen und in ein großes Glas gießen. Eine Orangenscheibe an den Glasrand stecken. Mit Mandelsplittern bestreuen.

Weiße Wolke

2 cl Mandelsirup
2 cl Cream of Coconut
4 cl Sahne
12 cl kalte Milch
Im Elektromixer gut durchmixen und in ein großes Glas gießen. Mit Muskatnuss bestreuen.

< ***Im Bild: Grenadine Milk***

Kirsch Shake

10 cl Sauerkirschnektar
10 cl kalte Milch
1 EL Honig
steif geschlagene Sahne
Schokoladenraspel
Sauerkirschnektar, Milch und Honig im Elektromixer gut durchmixen und in ein großes Glas abgießen. Die Sahne als Haube darauf setzen und mit Schokoladenraspeln bestreuen.

Bananen-Mandel-Milch

2 cl Bananensirup
2 cl Mandelsirup
16 cl kalte Milch
Im Elektromixer gut durchmixen und in ein großes Glas gießen. Einen Fruchtspieß mit Bananen und Kirschen über den Glasrand legen.

Blaue Ananasmilch

4 cl Blue Curaçao Sirup
10 cl Ananassaft
10 cl kalte Milch
Im Shaker mit einigen Eiswürfeln gut schütteln und in ein Longdrinkglas auf einige Eiswürfel abgießen. Mit Früchten garnieren. Trinkhalme dazugeben.

Johannisbeermilch

50 g Johannisbeeren
4 cl Cassissirup
10 cl Johannisbeernektar
10 cl kalte Milch
Im Elektromixer gut durchmixen und in ein großes Glas gießen. Mit Johannisbeeren garnieren.

Brombeermilch

4 cl Brombeersirup
1 Kugel Zitroneneis
16 cl kalte Milch
Sirup und Milch im Elektromixer gut durchmixen, in ein großes Glas abgießen und die Eiskugel dazugeben. Mit einem langstieligen Löffel und einem Trinkhalm servieren.

Bananen Flip

1 Eigelb
2 cl Sahne
2 cl Bananensirup
8 cl Bananennektar
8 cl kalte Milch
Im Shaker mit einigen Eiswürfeln gut schütteln und in ein großes Stielglas abgießen. Mit Muskat bestreuen.

Blauer Engel

2 EL Heidelbeeren
1/2 Banane
2 EL Zucker
20 cl kalte Milch
Im Elektromixer gut durchmixen und in ein großes Glas gießen.

Lolly Pop

2 cl Bananensirup
2 cl Maracujasirup
4 cl Orangensaft
10 cl kalte Milch
1 Eigelb
Im Shaker mit einigen Eiswürfeln gut schütteln und in ein großes Stielglas abgießen. Mit Muskat bestreuen.

Kiwi-Ananas-Mix

1 Scheibe Ananas
einige Scheiben Kiwi aus der Dose mit etwas Saft
20 cl kalte Milch

Im Elektromixer gut durchmixen und in ein großes Glas gießen.

Kirschmilch

2 EL Kirschsauce
10 cl Sauerkirschnektar
10 cl kalte Milch

Im Elektromixer gut durchmixen und in ein großes Glas gießen.

Mandarinenmilch

2 EL Mandarinenstücke aus der Dose mit etwas Saft
1 cl Zitronensaft
1 Kugel Vanilleeis
10 cl kalte Milch

Im Elektromixer gut durchmixen und in ein großes Glas gießen.

Milch-Frucht-Mix

100 g frische oder tiefgefrorene Früchte bzw. Dosenware (Beeren, Aprikosen, Pfirsiche, Bananen)
1/4 l kalte Vollmilch
Zitronensaft
Zucker oder Honig und Zimt, Vanillinzucker, Bar-Sirup Havana

Früchte im Elektromixer pürieren, Milch, Zitronensaft und Zucker dazugeben und weitermixen, bis das Getränk schaumig ist. Nach Wunsch mit Zimt etc. abschmecken. Mit einer Johannisbeerrispe garnieren und gut gekühlt servieren.

Pfirsichmilch

1/2 Pfirsich aus der Dose mit etwas Saft
4 cl Sahne
1 Kugel Vanilleeis
10 cl kalte Milch

Im Elektromixer gut durchmixen und in ein großes Glas gießen.

Schoko-Bananen-Mix

2 EL Schokoladensauce
20 cl kalte Milch
1 Eigelb
1/2 Banane

Die gekühlten Zutaten im Elektromixer gut durchmixen und in ein großes Glas gießen.

Egg Nog

1 Ei
2 cl Zuckersirup
4 cl Sahne
20 cl kalte Milch

Im Elektromixer mit einigen Eiswürfeln gut durchmixen und in ein großes Glas gießen. Mit Muskat bestreuen.

Pfefferminz Egg Nog

1 Ei
2 cl Pfefferminzsirup
4 cl Sahne
20 cl kalte Milch

Im Shaker mit einigen Eiswürfeln gut schütteln und in ein Longdrinkglas abgießen. Oder die gekühlten Zutaten im Elektromixer gut durchmixen und in ein großes Glas gießen. Mit Minzezweigen garnieren.

Cocos Egg Nog

1 Ei
2 cl Cream of Coconut
4 cl Sahne
10 cl Ananassaft
10 cl kalte Milch

Im Elektromixer mit einigen Eiswürfeln gut durchmixen und in ein großes Glas gießen. Mit Kokosraspeln bestreuen.

Maracuja Egg Nog

1 Ei
2 cl Maracujasirup
4 cl Sahne
10 cl Maracujanektar
10 cl kalte Milch

Im Elektromixer mit einigen Eiswürfeln gut durchmixen und in ein großes Glas gießen.

Bananen Egg Nog

1 Ei
2 cl Bananensirup
4 cl Sahne
10 cl Bananennektar
10 cl kalte Milch

Im Elektromixer mit einigen Eiswürfeln gut durchmixen und in ein großes Glas gießen.

Kirsch Egg Nog

1 Ei
2 cl Kirschsirup
4 cl Sahne
10 cl Sauerkirschnektar
10 cl kalte Milch

Im Elektromixer mit einigen Eiswürfeln gut durchmixen und in ein großes Glas gießen.

Orange Egg Nog

1 Ei
2 cl Zuckersirup
4 cl Sahne
10 cl Orangensaft
10 cl kalte Milch

Im Elektromixer mit einigen Eiswürfeln gut durchmixen und in ein großes Glas gießen.

Erdbeer Egg Nog

1 Ei
2 cl Erdbeersirup
4 cl Sahne
20 cl kalte Milch

Im Elektromixer mit einigen Eiswürfeln gut durchmixen und in ein großes Glas gießen. Eine Erdbeere an den Glasrand stecken.

Aztec King

4 cl Bananensirup
6 cl Orangensaft
10 cl kalte Milch
1 Eigelb

Im Shaker mit einigen Eiswürfeln gut schütteln und in ein großes Stielglas abgießen. Einen Fruchtspieß mit Orangen- und Bananenstücken über den Glasrand legen.

Vanille-Schoko-Mix

4 cl Vanillesauce
4 cl Schokoladensauce
4 cl Sahne
10 cl kalte Milch

Im Elektromixer gut durchmixen und in ein großes Glas gießen. Mit Schokoblättchen bestreuen.

Die heute besonders im Sommer beliebten Bowlen haben ihre Vorläufer in den Kräuter- und Gewürzweinen des späten Mittelalters. Ihren Namen verdankt die Bowle der englischen Bezeichnung für Schüssel – bowl.

Bowlen eignen sich hervorragend als leichtes Sommergetränk in den Nachmittags- und Abendstunden. Sie bieten dem Gastgeber die Möglichkeit, viele Personen gleichzeitig und ohne Hektik mit einem köstlichen Getränk zu versorgen.

Die Herstellung

Bei der Entalkoholisierung werden die Weine im Vakuum auf nur 28 °C erwärmt. Bereits bei dieser geringen Erwärmung entweicht der Alkohol als Gas, wird abgekühlt und in Auffangbehältern gesammelt. Die leicht flüchtigen Aromastoffe, die ansonsten bei der Destillation den Alkohol begleiten, bleiben dabei dem entalkoholisierten Wein erhalten. Sie werden aufgefangen und in einem speziellen Verfahren, der Aroma-Rückgewinnung, dem entalkoholisierten Wein wieder zugeführt. Das gesamte Verfahren benötigt nur wenige Minuten und ist auch dadurch äußerst effektiv. Der so entstandene alkoholfreie Wein bleibt mit einem Alkoholgehalt von bis zu 0,2 %vol deutlich unter der vorgeschriebenen Obergrenze von 0,5 für alkoholfreie Produkte.

Die Verwendung

Nicht nur für Bowlen bieten sich die alkoholfreien Weine und schäumenden Weine an. Mit ihnen lassen sich auch Heißgetränke wie Glühweine oder Punsche und Wein- und Sektdrinks wie Kir oder Kir Royal und viele spritzig-fruchtige Mischungen herstellen.

Weinkönig

Die in Koblenz ansässige Weinkellerei Weinkönig, von der die abgebildeten Weine stammen, produziert seit 1988 alkoholfreie Weine. Vor einigen Jahren erweiterte man das Sortiment mit Weinen aus kontrolliert biologischem Anbau. Des Weiteren werden schäumende entalkoholisierte Weine hergestellt.

Alkoholfreie Weine

Das Sortiment

Romance en blanc Ein weißer, äußerst fruchtiger Bio-Wein aus je 50 Prozent Sauvignon blanc und Sémillon aus dem Bordeaux.

Romance en rouge Ein geschmeidiger, bouquet-reicher Bio-Wein aus 40 Prozent Merlot und je 30 Prozent Cabernet Sauvignon und Cabernet Franc aus dem Bordeaux.

Bacchus aus Baden Bacchus ist eine Kreuzung von Silvaner mit Riesling und Müller-Thurgau. Ein trockener Bio-Wein mit niedrigem Säureanteil.

Weißgold Aus deutschem Silvaner und Müller-Thurgau. Ein halbtrockener frischer Wein mit wenig Säure und viel Frucht.

Riesling Ein trockener Riesling aus Rheinhessen

Rosé Ein typischer Rosé du Roussillon, fruchtig, frisch und süffig. Dieser halbtrockene Rosé wird aus den Roussillon-Traubensorten Carignan, Syrah und Mourvèdre bereitet.

Rotes Gold Ein eleganter, halbtrockener Rotwein aus Bordeaux- und Roussillon-Weinen.

Merlot Ein sortenreiner, trockener Rotwein mit den Merlot-typischen Aromen von schwarzen Beeren.

Mona Claudia Dieser trocken ausgebaute Bio-Sekt besteht aus denselben Weinen wie der „Romance en blanc".

Lady in White Ein halbtrockener „schäumender Wein" aus je 45 Prozent Müller-Thurgau und Silvaner und 10 Prozent Riesling.

Lady Blue Ein halbtrockener „schäumender Rosé" aus Weinen aus dem südfranzösischen Perpignan.

Die heute besonders im Sommer beliebten Bowlen haben ihre Vorläufer in den Kräuter- und Gewürzweinen des späten Mittelalters. Ihren Namen verdankt die Bowle der englischen Bezeichnung für Schüssel – bowl.
Bowlen eignen sich hervorragend als leichtes Sommergetränk in den Nachmittags- und Abendstunden. Sie bieten dem Gastgeber die Möglichkeit, viele Personen gleichzeitig und ohne Hektik mit einem köstlichen Getränk zu versorgen.

Die Herstellung

Bei der Entalkoholisierung werden die Weine im Vakuum auf nur 28 °C erwärmt. Bereits bei dieser geringen Erwärmung entweicht der Alkohol als Gas, wird abgekühlt und in Auffangbehältern gesammelt. Die leicht flüchtigen Aromastoffe, die ansonsten bei der Destillation den Alkohol begleiten, bleiben dabei dem entalkoholisierten Wein erhalten. Sie werden aufgefangen und in einem speziellen Verfahren, der Aroma-Rückgewinnung, dem entalkoholisierten Wein wieder zugeführt. Das gesamte Verfahren benötigt nur wenige Minuten und ist auch dadurch äußerst effektiv. Der so entstandene alkoholfreie Wein bleibt mit einem Alkoholgehalt von bis zu 0,2 %vol deutlich unter der vorgeschriebenen Obergrenze von 0,5 für alkoholfreie Produkte.

Die Verwendung

Nicht nur für Bowlen bieten sich die alkoholfreien Weine und schäumenden Weine an. Mit ihnen lassen sich auch Heißgetränke wie Glühweine oder Punsche und Wein- und Sektdrinks wie Kir oder Kir Royal und viele spritzig-fruchtige Mischungen herstellen.

Weinkönig

Die in Koblenz ansässige Weinkellerei Weinkönig, von der die abgebildeten Weine stammen, produziert seit 1988 alkoholfreie Weine. Vor einigen Jahren erweiterte man das Sortiment mit Weinen aus kontrolliert biologischem Anbau. Des Weiteren werden schäumende entalkoholisierte Weine hergestellt.

Alkoholfreie Weine

Das Sortiment

Romance en blanc Ein weißer, äußerst fruchtiger Bio-Wein aus je 50 Prozent Sauvignon blanc und Sémillon aus dem Bordeaux.

Romance en rouge Ein geschmeidiger, bouquet-reicher Bio-Wein aus 40 Prozent Merlot und je 30 Prozent Cabernet Sauvignon und Cabernet Franc aus dem Bordeaux.

Bacchus aus Baden Bacchus ist eine Kreuzung von Silvaner mit Riesling und Müller-Thurgau. Ein trockener Bio-Wein mit niedrigem Säureanteil.

Weißgold Aus deutschem Silvaner und Müller-Thurgau. Ein halbtrockener frischer Wein mit wenig Säure und viel Frucht.

Riesling Ein trockener Riesling aus Rheinhessen

Rosé Ein typischer Rosé du Roussillon, fruchtig, frisch und süffig. Dieser halbtrockene Rosé wird aus den Roussillon-Traubensorten Carignan, Syrah und Mourvèdre bereitet.

Rotes Gold Ein eleganter, halbtrockener Rotwein aus Bordeaux- und Roussillon-Weinen.

Merlot Ein sortenreiner, trockener Rotwein mit den Merlot-typischen Aromen von schwarzen Beeren.

Mona Claudia Dieser trocken ausgebaute Bio-Sekt besteht aus denselben Weinen wie der „Romance en blanc".

Lady in White Ein halbtrockener „schäumender Wein" aus je 45 Prozent Müller-Thurgau und Silvaner und 10 Prozent Riesling.

Lady Blue Ein halbtrockener „schäumender Rosé" aus Weinen aus dem südfranzösischen Perpignan.

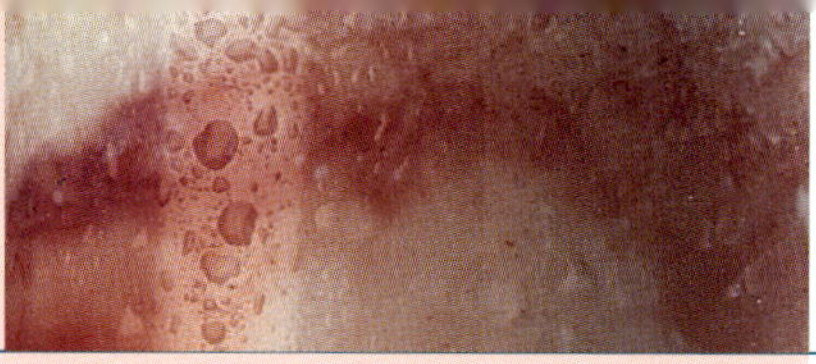

Kiwi-Joghurt-Drink

1 Kiwi
150 g Joghurt
2 EL Zucker
1 Kugel Vanilleeis

Kiwi mit Joghurt und Zucker im Elektromixer gut durchmixen. Das Vanilleeis in ein Longdrinkglas geben und die Kiwi-Mischung darüber gießen. Kiwischeiben an den Glasrand stecken und mit Löffel und Trinkhalm servieren.

Cassisjoghurt

150 g Joghurt
4 cl Sahne
4 cl Cassissirup
4 cl schwarzer Johannisbeernektar

Im Elektromixer gut durchmixen und in ein Glas gießen. Mit einer Rispe Johannisbeeren garnieren.

Kressie

250 g fettarmer Kefir
2 EL frische Kräuter (Petersilie, Schnittlauch, Kerbel, Dill, Kresse)
1 EL Zitronensaft
1 Spritzer Worcestershire-Sauce
Salz, Pfeffer

Kräuter fein hacken, zum Kefir geben und gut verquirlen. Mit Zitronensaft abrunden und mit den Gewürzen pikant abschmecken.

Erdbeertraum

1 Eigelb
einige Erdbeeren
2 cl Erdbeersirup
4 cl Sahne
10 cl kalte Milch

Die gut gekühlten Zutaten im Elektromixer gut durchmixen und in ein großes Glas gießen. Eine Erdbeere an den Glasrand stecken.

Bananentraum

1 Eigelb
1/2 Banane
2 cl Bananensirup
4 cl Sahne
10 cl kalte Milch

Die gut gekühlten Zutaten im Elektromixer gut durchmixen und in ein großes Glas gießen. Mit einem Fruchtspieß mit Bananenstücken und Cocktailkirschen garnieren.

Orangentraum

1 Eigelb
1/2 geschälte Orange
2 cl Orangensirup
4 cl Sahne
10 cl kalte Milch

Die gut gekühlten Zutaten im Elektromixer gut durchmixen und in ein großes Glas gießen. Eine Orangenscheibe an den Glasrand stecken.

Im Bild: Pink Power und Exotic Cream >

Orangensahne

1/4 l Sahne
1/4 l kalte Vollmilch
1/4 l Orangensaft
abgeriebene Schale einer halben unbehandelten Orange
Zucker nach Geschmack

Zutaten im Elektromixer gut durchmixen und in 4 mit Eiswürfeln gefüllte Longdrinkgläser gießen. Mit etwas Muskat bestreuen.

Pink Power

4 cl Cranberrysirup
15 cl kalte Buttermilch

Buttermilch in ein Glas geben und den Cranberrysirup einrühren.

Exotic Cream

2 cl Sahne
2 cl Kokossirup
2 cl Erdbeersirup
8 cl Ananassaft
8 cl kalte Milch

Mit Eiswürfeln im Shaker kräftig schütteln und durch das Barsieb in ein Stielglas auf einige Eiswürfel abgießen. Eine Erdbeere an den Glasrand stecken.

Aprikosen-Orangen-Drink

300 g Aprikosen
(oder eine kleine Dose Aprikosenhälften)
500 g fettarmer Kefir
10 cl Orangensaft
1 Päckchen Vanillinzucker
Zucker oder Süßstoff nach Geschmack

Aprikosen waschen und entsteinen, Früchte aus der Dose abtropfen lassen. Dann im Mixer pürieren und gut mit Kefir, Vanillinzucker, Zucker bzw. Süßstoff und Orangensaft verquirlen. Gut gekühlt servieren.

Fettarmer Kräuterkefir

500 g fettarmer Kefir
2 EL Zitronensaft
je 2 EL Dill, Petersilie, Schnittlauch (frisch, fein gehackt)
1 TL fein gehackte Zitronenmelisse
einige Blättchen frischer Estragon-oder eine Messerspitze getrockneter, fein zerriebener Estragon
1 kleine gepresste Knoblauchzehe
1 Spritzer Worcestershire-Sauce
weißer Pfeffer
Salz

Den fettarmen Kefir mit Zitronensaft verquirlen, die gehackten Kräuter und den Knoblauch zugeben und durchmixen. Dann mit Worcestershire-Sauce, Pfeffer und Salz abschmecken.

Apfel-Karotten-Mix

500 g Karotten
1 Apfel
Saft einer halben Zitrone
500 g fettarmer Kefir
Salz, weißer Pfeffer
1 Prise Zucker

Die Karotten im Mixer fein pürieren oder im Entsafter entsaften. Den geschälten Apfel raspeln und mit Zitronensaft vermengen. Mit dem Kefir verrühren und mit Salz, Pfeffer und Zucker abschmecken.

Minze-Cocktail

8 Blätter frische Minze
250 g Salatgurke
2 EL Zitronensaft
500 g fettarmer Kefir
1 Prise Zucker

Die gewaschene Minze und die geschälte, entkernte Salatgurke im Mixer zerkleinern und mit gekühltem Kefir vermischen. Mit Zitronensaft und Zucker abschmecken.

Greeny

300 g tiefgefrorener Spinat
1 Apfel
500 g fettarmer Kefir
2 EL fein gehackte Petersilie
2 Spritzer Worcestershire-Sauce
2 cl Zitronensaft
Knoblauchsalz
Muskat
Pfeffer

Spinat auftauen lassen, Apfel schälen und entkernen, dann zusammen im Mixer pürieren. Kefir langsam zugeben, Petersilie unterrühren. Mit Zitronensaft, Worcestershire-Sauce und den Gewürzen pikant abschmecken.

Bananen-Quark-Drink

200 g Quark
20 cl Sahne
1/2 l kalte Milch
2 Bananen
1 Päckchen Vanillinzucker
Zitronensaft nach Geschmack

Im Elektromixer gut durchmixen und auf vier Gläser verteilen.

Fenchel-Kefir

1 Apfel
1 Banane
1 große Fenchelknolle
500 g fettarmer Kefir
2 EL Honig

Apfel schälen, Kerngehäuse entfernen. Banane schälen, Fenchelknolle putzen, Strunk entfernen und grob zerkleinern. Alles im Mixer pürieren, den Kefir zufügen, mit Honig abschmecken. Mit etwas Fenchelgrün bestreut servieren.

Tomaten-Kefir

250 g fettarmer Kefir
1 geriebene Zwiebel
1 Spritzer Tabasco
Knoblauchpulver
Salz
schwarzer Pfeffer
edelsüßes Paprikapulver
1/4 l Tomatensaft

Alle Zutaten gut vermischen und pikant abschmecken.

Kirsch-Joghurt

0,2 l kalte Milch
150 g Joghurt
10 cl Kirschsauce
Im Elektromixer gut durchmixen und in zwei Gläser gießen. Mit Muskat bestreuen.

Trimm-dich-Cocktail

500 g fettarmer Kefir
Saft einer halben Zitrone
Salz, weißer Pfeffer
Knoblauchsalz
1 Bund Kerbel
Den Kefir mit Zitronensaft, Salz und Gewürzen gut verrühren, den fein gehackten Kerbel dazugeben.

Apfel-Karotten-Drink

500 g Karotten
500 g fettarmer Kefir
1 geraspelter Apfel
Saft einer halben Zitrone
Salz, Pfeffer, 1 Prise Zucker
Karotten im Mixer fein pürieren und mit Kefir und geraspeltem Apfel verquirlen. Salz, Zucker und etwas Pfeffer zugeben und mit Zitronensaft abschmecken.

Sanddorn Flip

1 Eigelb
2 TL Traubenzucker
2 EL Sanddornsaft
0,1 l Orangensaft
0,1 l fettarmer Kefir
Das Eigelb mit Traubenzucker gut verrühren, dann Sanddorn- und Orangensaft unterrühren. Mit Kefir auffüllen und gekühlt servieren.

Nuss Flip

150 g Joghurt
1 TL Nescafé
1 EL gehackte Haselnüsse
2 EL Sahne
Zucker, 1 Eigelb
Im Elektromixer gut durchmixen und in ein großes Glas gießen.

Schoko-Bananen-Joghurt

150 g Joghurt
0,2 l kalte Milch
1 Banane
2 EL Schokoladensauce
Vanillinzucker
Im Elektromixer gut durchmixen und in zwei Longdrinkgläser gießen. Mit Schokoladenraspeln bestreuen.

Kiwi-Frappé

1 Kiwi
150 g Joghurt
1 EL Zucker
1 Kugel Vanilleeis
Die geschälte Kiwi mit Joghurt und Zucker im Mixer pürieren. Die Vanilleeiskugel in ein großes Glas geben und den Kiwi-Joghurt darüber gießen.

Erdbeer-Soda

8 cl Sahne
4 cl Erdbeersirup
1 Kugel Erdbeereis
kaltes Sodawasser
Sahne, Erdbeersirup und Erdbeereis im Elektromixer gut durchmixen. In ein großes Glas gießen, mit Sodawasser auffüllen und leicht rühren.

Vitamin-Drink

6 geschälte Tomaten
1 kleine Zwiebel
1 Bund Dill
150 g Joghurt
500 g Buttermilch
Selleriesalz, weißer Pfeffer
Zucker nach Geschmack
Die Tomaten im Mixer pürieren, geschälte Zwiebel und Dill fein hacken. Joghurt, Buttermilch, Gewürze und eventuell Zucker damit vermischen, alles nochmals kurz durchmixen und gut gekühlt in Gläser abgießen. Mit Selleriegrün garnieren.

Pink Cherry

2 cl Sahne
2 cl Amarena-Kirsch-Sirup
1 Kugel Vanilleeis
10 cl kalte Milch
Im Elektromixer gut durchmixen und in ein Fancyglas gießen.

Kokos-Trauben-Traum

2 cl Sahne
2 cl Kokossirup
8 cl kalte Vollmilch
12 cl roter Traubensaft
Mit Eiswürfeln im Shaker kräftig schütteln und durch das Barsieb in ein Fancyglas auf einige Eiswürfel abgießen. Mit frischen Trauben garnieren.

Jogger

500 g Buttermilch
1/2 l Tomatensaft
50 g Magerquark
2 EL Schlagrahm
2 EL Zucker, 1 Prise Salz
Alle Zutaten im Elektromixer cremig rühren und gut gekühlt servieren.

Grapefruit-Joghurt-Drink

20 cl Grapefruitsaft
150 g Joghurt
2 cl Grenadine
Im Elektromixer gut durchmixen und in zwei Gläser gießen. Mit Schokoladenraspeln bestreuen.

Im Bild: Kokos-Trauben-Traum >

Melonen-Basilikum-Bowle

1 Netz- oder Kantalupemelone
4 Bund Basilikum
2 Flaschen trockener entalkoholisierter Wein
1 Flasche schäumender entalkoholisierter Wein

Die Melone halbieren und entkernen, das Fruchtfleisch mit einem Kugelausstecher herausschälen und in das Bowlengefäß geben. Drei Bund Basilikum zusammenbinden und in das Gefäß hängen. Die beiden Flaschen entalkoholisierten Wein darüber gießen und etwa eine Stunde zugedeckt im Kühlschrank stehen lassen. Vor dem Servieren das Basilikum herausnehmen. Die Blätter des verbliebenen Bundes Basilikum in die Bowle geben und mit dem schäumenden entalkoholisierten Wein auffüllen.

Kinder-Kiwi-Bowle

2 cl Kiwisirup
10 cl Kiwi-Zitrus-Nektar
10 cl Mineralwasser
Kiwischeiben, Erdbeeren

Sirup und Nektar in ein Longdrinkglas mit Eiswürfeln geben, mit Mineralwasser auffüllen und leicht aufrühren. Dann die Kiwischeiben und Erdbeeren dazugeben.

Trauben-Melonen-Bowle

500 g blaue Trauben
1 Honigmelone
4 cl Zitronensaft
8 cl Zimtsirup
1 Flasche entalkoholisierter Wein
1 Flasche schäumender entalkoholisierter Wein

Die Melone halbieren und entkernen, das Fruchtfleisch mit einem Kugelausstecher herausschälen. Melonenkugeln mit den halbierten Trauben in das Bowlengefäß geben. Zitronensaft und Zimtsirup dazugeben. Mit dem entalkoholisierten Wein und dem schäumenden entalkoholisierten Wein auffüllen.

Karibik-Bowle

3 Maracuja
1/2 frische Ananas
1 Mango
1 Karambole
10 cl Maracujasirup
2 Flaschen trockener entalkoholisierter Wein
2 Flaschen schäumender entalkoholisierter Wein

Die Maracujafrüchte schälen und das Fruchtfleisch pürieren. Mango und Ananas schälen und das Fruchtfleisch würfeln. Die Karambole in Scheiben schneiden. Das Maracujapüree mit den Früchten und dem Sirup in ein Bowlengefäß geben, mit einer Flasche entalkoholisiertem Wein übergießen und gut gekühlt einige Zeit ziehen lassen. Dann mit dem restlichen entalkoholisierten Wein und dem schäumenden entalkoholisierten Wein aufgießen.

Im Bild: Melonen-Basilikum-Bowle >

Himbeerbowle

500 g Himbeeren
12 cl Himbeersirup
1 Zitronenschalenspirale
2 Flaschen trockener entalkoholisierter Wein
1 Flasche schäumender entalkoholisierter Wein

Die Himbeeren, den Sirup und die Zitronenschalenspirale mit einer Flasche entalkoholisiertem Wein ansetzen und zugedeckt im Kühlschrank etwa eine Stunde ziehen lassen. Danach mit der zweiten Flasche Wein und dem schäumenden entalkoholisierten Wein auffüllen.

Pfirsichbowle

8 mittelgroße weiße Pfirsiche
12 cl Pfirsichsirup
1 Zitronenschalenspirale
2 Flaschen entalkoholisierter Wein, 1 Flasche schäumender entalkoholisierter Wein

Klein geschnittene Pfirsiche, Sirup und Zitronenschalenspirale mit einer Flasche entalkoholisiertem Wein ansetzen und zugedeckt im Kühlschrank eine Stunde ziehen lassen. Danach mit der zweiten Flasche Wein und dem schäumenden entalkoholisierten Wein auffüllen.

Kirschbowle

500 g Kirschen
10 cl Kirschsirup
1 l Sauerkirschnektar
2 Flaschen schäumender entalkoholisierter Wein

Die Kirschen entkernen und mit dem Sirup und dem Sauerkirschnektar in ein Bowlengefäß geben. Kurz umrühren und mit dem schäumenden entalkoholisierten Wein auffüllen.

Melonenbowle

2 Honig- oder Netzmelonen
8 cl Rose's Lime Juice
8 cl Maracujasirup
1 Flasche Bitter Lemon (0,7 l)
2 Flaschen schäumender entalkoholisierter Wein

Die Melonen halbieren und entkernen, das Fruchtfleisch mit einem Kugelausstecher herausschälen und in das Bowlengefäß geben. Lime Juice Cordial und den Sirup darüber geben, mit Bitter Lemon und dem schäumenden entalkoholisierten Wein auffüllen.

Ananas-Erdbeer-Bowle

1 Ananas
250 g Erdbeeren
2 Flaschen trockener entalkoholisierter Wein
1 Flasche schäumender entalkoholisierter Wein

Die Ananas der Länge nach achteln, das harte Mittelstück herausschneiden, das Fruchtfleisch schälen und würfeln. Die Ananasstückchen mit den Erdbeeren in ein Bowlengefäß geben. Mit dem Wein übergießen und etwa eine Stunde im Kühlschrank ziehen lassen. Danach die Bowle mit dem schäumenden Wein auffüllen.

Williams-Christ-Bowle

4 Williams-Christ-Birnen
1 l Birnensaft
4 cl Zitronensaft
1 Flasche entalkoholisierter Wein
1 Flasche schäumender entalkoholisierter Wein

Die Birnen schälen, das Kerngehäuse entfernen und das Fruchtfleisch in Würfel schneiden. In ein Bowlengefäß geben und Zitronen- und Birnensaft dazugeben. Mit dem entalkoholisierten Wein und dem schäumenden entalkoholisierten Wein auffüllen.

Erdbeerbowle I

500 g Erdbeeren
1 Zitronenschalenspirale
2 Flaschen trockener entalkoholisierter Wein
1 Flasche schäumender entalkoholisierter Wein

Die Erdbeeren halbieren und mit der Zitronenschalenspirale in das Bowlengefäß geben. Mit dem entalkoholisierten Wein übergießen und zugedeckt etwa eine Stunde im Kühlschrank ziehen lassen. Danach mit dem schäumenden entalkoholisierten Wein auffüllen.

Erdbeerbowle II

500 g Erdbeeren
4 cl Zitronensaft
1 l klarer Birnensaft
2 Flaschen schäumender entalkoholisierter Wein

Erdbeeren abzupfen, halbieren und in das Bowlengefäß geben, mit Zitronensaft übergießen und zugedeckt eine Weile ziehen lassen. Danach mit Birnensaft und dem schäumenden entalkoholisierten Wein aufgießen.

Kiwibowle

8 Kiwis
12 cl Kiwisirup
1 Zitronenschalenspirale
1 Fläschchen Rumaroma
2 Flaschen trockener entalkoholisierter Wein
1 Flasche schäumender entalkoholisierter Wein

Die Kiwis schälen und in Scheiben schneiden, mit der Zitronenschalenspirale ins Bowlengefäß geben, darüber Kiwisirup, Rumaroma und die beiden Flaschen entalkoholisierten Wein gießen. Etwa eine Stunde zugedeckt im Kühlschrank ziehen lassen und danach mit dem schäumenden entalkoholisierten Wein auffüllen.

Aprikosenbowle

12 Aprikosen
100 g Zucker
1 Zitronenschalenspirale
1 Fläschchen Rumaroma
2 Flaschen entalkoholisierter Wein, 1 Flasche schäumender entalkoholisierter Wein

Die entsteinten Aprikosen vierteln und in ein Bowlengefäß geben. Mit dem Zucker bestreuen, die Zitronenschalenspirale und das Rumaroma dazugeben. Eine Flasche entalkoholisierten Wein darüber gießen und zugedeckt einige Zeit im Kühlschrank ziehen lassen. Danach den restlichen entalkoholisierten Wein und den schäumenden entalkoholisierten Wein dazugeben.

Ananasbowle

1 Ananas
4 cl Ananassirup
4 cl Orangensirup
1 Flasche entalkoholisierter Wein
2 Flaschen schäumender entalkoholisierter Wein

Die Ananas der Länge nach achteln, das harte Mittelstück herausschneiden, das Fruchtfleisch schälen und würfeln. Die Stückchen mit dem Sirup in ein Bowlengefäß geben. Mit entalkoholisiertem Wein übergießen und zugedeckt im Kühlschrank etwa eine Stunde ziehen lassen. Mit dem schäumenden entalkoholisierten Wein auffüllen.

Kiwi-Bananen-Bowle

6 Kiwi
3 Bananen
4 cl Kiwisirup
4 cl Bananensirup
2 Flaschen trockener entalkoholisierter Wein
1 Flasche schäumender entalkoholisierter Wein

Bananen und Kiwi schälen, in Scheiben schneiden und in ein Bowlengefäß geben. Den Sirup dazugeben und mit einer Flasche entalkoholisiertem Wein ansetzen. Einige Zeit zugedeckt im Kühlschrank ziehen lassen, dann den restlichen entalkoholisierten Wein und den schäumenden entalkoholisierten Wein dazugeben.

Kalte Ente

1 Zitronenschalenspirale
2 Flaschen trockener entalkoholisierter Wein
1 Flasche schäumender entalkoholisierter Wein

In einen Glaskrug mit Eiseinsatz die Zitronenschalenspirale hängen und den kalten entalkoholisierten Wein darüber gießen. Die Zitronenschalenspirale nach einiger Zeit herausnehmen. Je nach Geschmack kann man das Verhältnis entalkoholisierter Wein und schäumender entalkoholisierter Wein ändern.

Waldmeisterbowle

1 Büschel Waldmeister
2 Flaschen trockener entalkoholisierter Wein
1 Flasche schäumender entalkoholisierter Wein

Ein Büschel noch nicht aufgeblühten Waldmeister waschen, den entalkoholisierten Wein in einen Bowlenkrug geben und den Waldmeister an einem Bindfaden hineinhängen, ohne dass die Stiele in den Wein eintauchen. Vor dem Servieren etwa eine halbe Stunde im Kühlschrank ziehen lassen, dann den Waldmeister entfernen und den schäumenden entalkoholisierten Wein dazugeben.

Teebowle

2 Zitronen
1/2 l starker kalter schwarzer Tee
4 cl Zitronensaft
8 cl Zitronensirup
1 Fläschchen Rumaroma
2 Flaschen schäumender entalkoholisierter Wein

Die Zitronen in Scheiben schneiden und mit Tee, Zitronensaft, Sirup und Rumaroma in ein Bowlengefäß geben. Im Kühlschrank zugedeckt einige Zeit ziehen lassen und dann den schäumenden entalkoholisierten Wein dazugeben.

Zitronen-Tee-Bowle

1 l kräftiger schwarzer Tee
20 cl Rose's Lime Juice
2 Zitronen
3 Flaschen schäumender entalkoholisierter Wein

Den Tee in der Tiefkühltruhe zu Eiswürfeln gefrieren lassen. Die gefrorenen Tee-Eiswürfel in das Bowlengefäß geben, die Zitronen in Scheiben schneiden und dazugeben. Darüber den Lime Juice und die drei Flaschen schäumenden entalkoholisierten Wein gießen.

Im Bild: Bananen-Beeren-Bowle >

Sangria

5 Pfirsiche
3 Orangen, 2 Zitronen
2 Zimtstangen
8 cl Orangensirup
3 Flaschen entalkoholisierter Rotwein

In einen Bowlenkrug gibt man die enthäuteten, in Stücke geschnittenen Pfirsiche, den Saft einer Orange sowie den einer Zitrone, eine Zitronenschalenspirale und die Zimtstangen, das Fruchtfleisch von zwei in Stücke geschnittenen Orangen, den Orangensirup und eine Flasche entalkoholisierten Rotwein. Diesen Ansatz stellt man zugedeckt ein bis zwei Stunden kühl und gibt dann die beiden restlichen Flaschen entalkoholisierten Rotwein dazu.

Bananen-Beeren-Bowle

300 g Beeren (Brombeeren, Himbeeren, Erdbeeren – auch tiefgefroren)
100 g Zucker
4 Bananen
1 Flasche entalkoholisierter Wein
1 Flasche schäumender entalkoholisierter Wein

Die Beeren in das Bowlengefäß geben, zuckern und mit etwas entalkoholisiertem Wein übergießen. Ziehen lassen und danach die in Scheiben geschnittenen Bananen dazugeben. Vor dem Servieren mit entalkoholisiertem Wein und schäumendem entalkoholisiertem Wein aufgießen.

Register

Da dieses Buch nach Getränkegruppen aufgebaut ist, sind nachfolgend, um die Suche nach Before-Dinner-Drinks, After-Dinner-Drinks, nach Aperitifs und Hot Drinks zu erleichtern, die wichtigsten zusammengefasst.

Before-Dinner-Drinks

After-Dinner-Drinks

Aperitifs

Hot Drinks

Rezepte von A–Z

CAMPARI
SIERRA
PITU

Wein-Aperitif

A & A – Asbach & Auslese	Team Spirit
Cinzano	Campari
Dubonnet	z. Zt. nicht bekannt
Noilly Prat	Bacardi
St. Raphaël	Schlumberger

Campari – Campari

Aperol – Campari

Anisées

Marie Brizard Anisette	Reidemeister
Ouzo 12	Campari
Pastis 51	Pernod Ricard
Pernod	Pernod Ricard
Ricard	Pernod Ricard
Tsantali Ouzo	Borco

Absinth

Absente	Eggers & Franke
Pernod Absinthe	Pernod Ricard

Sherry

Domecq La Ina	z. Zt. nicht bekannt
Dry Sack	Borco
González Byass Tio Pepe	Reidemeister & Ulrichs
Harveys	Maxxium
Lustau	Schlumberger
Osborne	Eggers & Franke
Sandeman	Pernod Ricard
Williams & Humbert Coll.	Borco

Port

Delaforce	Eggers & Franke
Fonseca Guimarens	CWD
Osborne	Eggers & Franke
Ramos-Pinto	Schlumberger
Royal Oporto	Borco
Sandeman	Pernod Ricard
Warre	z. Zt. nicht bekannt

Champagner

Bollinger	z. Zt. nicht bekannt
Deutz	Segnitz
Alfred Gratien	Henkell & Söhnlein
Charles Heidsieck	Maxxium
Piper-Heidsieck	Maxxium
Lanson	Borco
Laurent-Perrier	Henkell & Söhnlein
Moët & Chandon	Moët Hennessy
Mumm	Pernod Ricard
Perrier-Jouët	Pernod Ricard
Pommery	Vranken, Pommery
Roederer	Schlumberger
Taittinger	Wein Wolf Import

Deutscher Sekt

Deinhard	Henkell & Söhnlein
Fürst von Metternich	Henkell
Henkell	Henkell & Söhnlein
Kessler	Kessler
Mumm	Rotkäppchen-Mumm
Rotkäppchen	Rotkäppchen-Mumm
Söhnlein	Henkell & Söhnlein

Österreichischer Sekt

Schlumberger	Schlumberger

Spanischer Sekt (Cava)

Castillo Perelada	Schlumberger
Freixenet	Eckes

Italienischer Sekt, Asti und Prosecco

Canella	Eggers & Franke
Cinzano	Campari
Endrizzi	Sabitzer
Prosecco Yello	Henkell & Söhnlein

Internationaler Sekt

Blanc Foussy	Team Spirit
Gratien & Meyer	Henkell & Söhnlein
Krimskoye	Team Spirit
Kriter	Borco
Roederer Quartet	Schlumberger

Gin

Beefeater	Pernod Ricard
Bombay	Bacardi
Finsbury	Borco
Gordon´s	Diageo
Hendrick´s	Team Spirit
Svensk	z. Zt. nicht bekannt
Tanqueray	Diageo

Wodka

Absolut	Maxxium
Alpha Noble	Borco
Gorbatschow	Henkell & Söhnlein
Grasovka	Team Spirit
Moskovskaya	Team Spirit
Russian Standard	Campari
Skyy	Campari
Smirnoff	Diageo
Stolichnaya	Team Spirit
Svensk	z. Zt. nicht bekannt
Wyborowa	Pernod Ricard

Rum

Appleton	Schlumberger
Captain Morgan	Diageo
Havana Club	Pernod Ricard
Lemon Hart	Pernod Ricard
Mount Gay	Maxxium
Myers´s	Diageo
Old Pascas	Borco
Robinson	Team Spirit
Ron Varadero	Borco

Tequila

Olmeca	Pernod Ricard
Sauza	Maxxium
Sierra	Borco
Silla	Team Spirit

Cachaça

Cachaça 51	Campari
Janeiro	Pernod Ricard
Mangaroca	Henkell & Söhnlein
Nêga Fulô, Canario	Borco
Pitú	Team Spirit
Tropicana	Schlumberger

Cognac

Camus	Team Spirit
Courvoisier	Borco
Delamain	Schlumberger
Frapin	Reidemeister & Ulrichs
Hennessy	Moët Hennessy
Martell	Pernod Ricard
Rémy Martin	Maxxium
Renault	Pernod Ricard

Weinbrand

Asbach	Team Spirit
Jacobi	Maxxium
Scharlachberg	Henkell & Söhnlein

Brandy

Cardenal Mendoza	Henkell & Söhnlein
Carlos I.	Pernod Ricard
Gran Duque d´ Alba	Borco
Lepanto	Eggers & Franke
Metaxa	Maxxium
Vecchia Romagna	Berentzen

Pisco

Capel	Schlumberger
Control	Borco

Calvados

Boulard	Schlumberger
Roger Groult	Burgard
Château du Breuil	Team Spirit
Dauphin	Eggers & Franke
Marquis d´Aguesseau	Segnitz
Papidoux	Borco
Père Magloire	EMG

Obstbrand

Bailoni	Borco
Bon Père	Team Spirit
Coeur du Breuil	Team Spirit
Dettling	Team Spirit
Lantenhammer	Lantenhammer
Massenez	Schlumberger
Pascall	Borco
Pfanner	Sabitzer
Schladerer	Schladerer

Scotch Whisky – Blended

Ballantine´s	Pernod Ricard
Chivas Regal	Pernod Ricard
Dimple	Diageo
Famous Grouse	Maxxium
Grant´s	Team Spirit
J & B	Diageo
Johnnie Walker	Diageo
Old Smuggler	Campari

Scotch Wkisky – Malt

Aberlour	Pernod Ricard
Auchentoshan	Schlumberger
The Balvenie	Team Spirit
Bowmore	Schlumberger
Glenfiddich	Team Spirit
Glen Garioch	Schlumberger
Glen Grant	Campari
The Glenlivet	Pernod Ricard
The Famous Grouse	Maxxium
Highland Park	Maxxium
Laphroaig	Borco
Macallan	Maxxium
Scapa	Pernod Ricard
Slyrs	Lantenhammer

Irish Whiskey

Bushmills	Team Spirit
Connemara	Borco
Jameson	Pernod Ricard
Kilbeggan	Borco
Locke´s	Borco
Paddy	Pernod Ricard
Tullamore Dew	Maxxium
The Tyrconnell	Borco

American Whiskey

Jim Beam	Maxxium
Blanton´s	Schlumberger
Elijah Craig	Borco
Four Roses	Pernod Ricard
Jack Daniel´s	Bacardi
Maker´s Mark	Maxxium
Old Grand Dad	Maxxium
Wild Turkey	Kammer-Kirsch

Canadian Whisky

Canadian Club	Maxxium
Old Canada	Borco
Crown Royal	Diageo

Cointreau – Maxxium

Curaçao

Amanda	Team Spirit
Bols	Maxxium
Marie Brizard	Reidemeister & Ulrichs
De Kuyper	Borco

Grand Marnier – Campari

Drambuie	Team Spirit
Chartreuse	Borco
Galliano	Maxxium
Amaretto Disaronno	Borco
Midori	Schlumberger
Batida de Coco	Henkell & Söhnlein
Malibu	Pernod Ricard

Kokos- und Nussliköre

Marie Brizard Coconut	Reidemeister
De Kuyper Coconut	Borco
Frangelico	Borco
Koko Kanu	Schlumberger
Pitú Cocotida	Team Spirit
Roner Nusseler	Eggers & Franke
Toschi Nocello	EMG

Pecher Mignon	Schlumberger

Likörklassiker

Amanda	Team Spirit
Bols	Maxxium
Marie Brizard	Reidemeister & Ulrichs
De Kuyper	Borco

Likörspezialitäten

Marie Brizard Watermelon	Reidemeister
Charleston Follies	Reidemeister
Coeur du Breuil	Team Spirit
Kwai Feh	Borco
Passoa	Maxxium
Pimm´s	Diageo
Pisang Ambon	Maxxium
Soho	Pernod Ricard

Fruchtliköre

Amanda	Team Spirit
Bols	Maxxium
Marie Brizard	Reidemeister
De Kuyper Peachtree	Borco
Lantenhammer	Lantenhammer

Kaffeeliköre

Borghetti	Borco
Kahlúa	Pernod Ricard
Tia Maria	Pernod Ricard

Creamliköre

Amarula	Team Spirit
Baileys	Diageo
Carolans	Borco
Crema de Alba	Borco
Sangster´s	Schlumberger
Sheridan´s	Diageo

Kirschliköre

Bols	Maxxium
De Kuyper	Borco
Heering	Maxxium
Lantenhammer	Lantenhammer
Schladerer	Schladerer

Pfefferminzliköre

Bols	Maxxium
Marie Brizard	Reidemeister
De Kuyper	Borco

Bitterspirituosen

Angostura	Berentzen
Averna	Team Spirit
Becherovka	Pernod Ricard
Cynar	Campari
Fernet Branca	Borco
Kümmerling	Maxxium
Amaro Nonino	Schlumberger
Ramazzotti	Pernod Ricard
Hemmeter Angostura	Team Spirit
Hemmeter Orangen-Bitt.	Team Spirit
The Bitter Truth	The Bitter Truth
Rossbacher	Schlumberger
Underberg	Team Spirit
Zwack Unicum	Team Spirit

Hitchcock „Ready to Shake" Mixdrinks

Ready to shake Mixdrinks	Gastro-Trend

Sirup

Riemerschmid	Team Spirit
Coco Tara	Schlumberger
Rose´s	z. Zt. nicht bekannt

Fruchtsaft

Hitchcock	Sportfit
Wolfra	Wolfra

Schäumender Wein ohne Alkohol

Cantor	Henkell & Söhnlein

Weine ohne Alkohol	Weinkönig
Milch	Molkerei Berchtesgadener Land
Gläser	Schott-Zwiesel
Easy Caipi-Limettenpresse	Leopold

Adressen der Hersteller und Importeure

Bacardi, Hamburg
http:/www.bacardi-deutschland.de

Borco, Hamburg
www.borco.com

Berentzen, Haselünne
www.berentzen-gruppe.de

Burgard, Saarbrücken
www.wein-burgard.de

Campari, München
www.campari.com

CWD, Tornesch
www.cwdwein.de

Diageo, Wiesbaden
www.diageo.de

Easy Caipi
www.easycaipi.de

Eckes, Nieder-Olm
www.eckes-ag.de

Eggers & Franke, Bremen
Mail: office@egfra.de

EMG, Trier
Mail: emg@monin-sirup.de

Henkell & Söhnlein, Wiesbaden
www.henkell-und-soehnlein.de
www.wodka-gorbartschow.de

Gastro-Trend, Erding
www.gastro-trend.info

Kammer-Kirsch, Karlsruhe
www.kammer-kirsch.de

Kessler, Esslingen
www.kessler-sektkellerei.de

Lantenhammer, Schliersee
www.lantenhammer.de

Leopold, Altdorf
www.leopold-vienna.de

Maxxium, Wiesbaden
www.maxxium.de

Moët Hennessy, München
www.moet-hennessy-service.de

Molkerei Berchtesgadener Land, Piding
www.bergbauernmilch.de

Pernod Ricard, Köln
www.pernod-ricard-deutschland.com

Reidemeister & Ulrichs, Bremen
www.rundu.de

Rotkäppchen-Mumm, Eltville
www.rotkaeppchen.de

Sabitzer, München
www.sabitzer.de

Schladerer, Staufen
www.schladerer.de

Schlumberger, Meckenheim
www.Schlumberger-OnWine.de

Schott-Zwiesel, Zwiesel
www.schott-zwiesel.de

Segnitz, Weyhe
www.segnitz.de

Sportfit, Rheinberg
www.hitchcock.de

Team Spirit, Underberg AG, Rheinberg
www.teamspirit.de

The Bitter Truth, München
www.the-bitter-truth.com

Vranken/Pommery, Kirkel-Limbach
www.vranken-pommery.net

Weinkönig, Koblenz
www.weinkoenig.de

Wein Wolf Import, Bonn
www.weinwolf.de

Wolfra, Erding
www.wolfra.de

Bildnachweis

Bacardi, Hamburg, 6, 31 o., 183 o.
Borco, Hamburg, 123
Campari, München, 29 l.
Molkerei Berchtesgadener Land, Piding, 204, 210, 212
Eggers & Franke, Bremen, 4u., 5u., 33, 141 o., 143 o., 145 o., 151 o.
Diageo, Wiesbaden, 65 o., 75 o., 77, 155 o., 221
Henkell & Söhnlein, Wiesbaden, 44, 45, 49, 63, 64, 109, 133, 167, 170, 171, 195, 196, 197, 199
Gastro-Trend, Erding, 163
Lantenhammer, Schliersee, 95, 96, 97
Maxxium, Wiesbaden, 7, 11 o., 19 , 21, 22, 23, 25, 41 m., 43, 55, 61, 67 o., 68 m., 69 o., 71 o., 80 o., 81 o., 82 m., 83 o., 99 o., 99 m., 100, 101 o., 103 o., 106, 107o., 112, 113, 117o., 124, 125, 126, 127, 131 o., 147 o., 173 o., 177 o., 201 o.
Pernod Ricard, 161 o.
Team Spirit, Rheinberg, 115 o., 160, 161

Flaschenabbildungen von den jeweiligen Firmen oder von FotoStudio Leupold, Stuttgart und von Rohner Fotodesign, München

Drinks und übrige Abbildungen: Reinhard Rohner, Fotodesign München

Der Autor

Franz Brandl war in den 1970er Jahren der Jüngste unter den wenigen deutschen Barmeistern und war einer der Wegbereiter des Wiedererstehens der Bar- und Cocktailkultur. Seit dem Erscheinen seines ersten Buches, dem „MIXGUIDE" im Jahre 1982 – der in neuester Überarbeitung im Jahr 2006 in diesem Verlag erschienen ist– folgten weitere rund fünfundzwanzig Bücher zu den Themen Cocktails und Getränke-Warenkunde. Heute ist Franz Brandl beratend tätig und befasst sich mit dem Schreiben von Büchern rund um das Thema Bar.

Dank

Meinen Dank möchte ich den Spirituosen- und Getränkeherstellern sowie -importeuren aussprechen, ohne deren freundliche Unterstützung dieses Buch nicht realisierbar gewesen wäre.
Der Firma Schott Zwiesel möchte ich für die Bereitstellung der Gläser danken.
Nicht unerwähnt bleiben soll die fundierte und verständnisvolle Zusammenarbeit mit dem Verlag.
Franz Brandl

Projektleitung: Susanne Kirstein
Redaktionelle Mitarbeit: Silvia Brandl
Umschlaggestaltung und Konzeption:
R. M. E. Eschlbeck/Kreuzer/Botzenhardt
unter Verwendung eines Fotos von: Stockfood, München/Bodo Schieren
Layout und Gestaltung: Andreas Rimmelspacher
DTP/Satz: Andreas Rimmelspacher und v|Büro – Jan-Dirk Hansen
Korrektorat: Susanne Langer
Reproduktion: Artilitho, Lavis (Trento)
Druck und Bindung: Neografia, Martin

Printed in Slovakia

ISBN 978-3-517-08305-6

579/066750505X817 2635 4453 6271